中国社会科学院近代史研究所中华民国史研究室

国家出版基金项目
NATIONAL PUBLICATION FOUNDATION

总编 李 新

中华民国史

第八卷

(1932—1937)

下

周天度 郑则民 齐福霖 李义彬 等著

中 华 书 局

第六章　全国抗日救亡运动的新高涨

第一节　"一二九"运动

一　中国共产党关于建立抗日民族统一战线新政策的提出

(一)"八一宣言"和"秘密指示信"

鉴于德、日、意的法西斯主义十分猖獗,共产国际于 1935 年七八月间在莫斯科召开第七次代表大会。共产国际总书记季米特洛夫在会上作报告,揭露法西斯的极端反动性,分析法西斯上台的原因和共产党应记取的教训,并着重论述了建立反法西斯统一战线的有关问题。8 月 20 日,大会通过的决议强调指出:为战胜法西斯,必须建立广泛的统一战线,并具体指出:"在中国,必须扩大苏维埃运动和加强红军的战斗力,同时要在全国范围内开展人民反帝运动。在运动中要提出如下口号:武装人民进行民族革命战争,以反对帝国主义奴役者,首先反对日本帝国主义及其中国仆从。苏维埃应成为联合全国人民进行解放斗争的中心。"①

会议期间,中共驻共产国际代表团根据会议精神,于 8 月 1 日以中华苏维埃政府和中共中央名义起草了《为抗日救国告全体同胞书》(通称"八一宣言"),不久公开发表。这个宣言抛弃了只要"下层统一战线"

① 《共产国际有关中国革命的文献资料》第 2 辑,中国社会科学出版社 1982 年版,第 448—449 页。

的主张,提出建立包括上、下层都在内的统一战线。宣言郑重宣布:"只要国民党军队停止进攻苏区行动,只要任何部队实行对日抗战,不管过去和现在他们与红军之间有任何旧仇宿怨,不管他们与红军之间在对内问题上有任何分歧,红军不仅立刻对之停止敌对行动,而且愿意与之亲密携手共同救国。"①"八一宣言"还抛弃了打倒一切帝国主义的口号,提出"联合一切同情中国民族解放运动的民族和国家,与一切对中国民众反日解放战争守善意中立的民族和国家建立友谊关系"②。"八一宣言"还提出抗日民族统一战线的组织形式——抗日联军和国防政府,以及抗日救国的十大纲领。"八一宣言"初步纠正了关门主义的错误,提出了抗日民族统一战线的基本内容,标志着中国共产党的策略方针开始了一个新的转变。

1935 年 10 月的中共《中央为目前反日讨蒋的秘密指示信》③比"八一宣言"又前进一大步。它对华北事变后政治形势的发展、阶级关系的变化、党面临的主要任务、党的策略方针以及统一战线的具体对象、工作方法和领导权等问题都作了分析和阐述。

指示信对国内阶级关系的变化作了全面分析,认为目前中国社会各阶级的政治态度和 1927 年大革命失败时的情形已经"大不相同了":广大小资产阶级已投入反日反蒋的革命洪流;"甚至一部分民族资产阶级及一些国民党的军官政客"也加入了"反日反蒋的革命漩涡";"一些国民党的将军们,他们一面不愿当亡国奴和日本的走狗,另方面又为士兵群众革命所威胁,不能不另图生路"。总之"目前中国革命的社会基础大大的扩展了"。

"指示信"提出:党的策略方针是进行广泛的统一战线,指出"党现

---

　　①　《中共中央文件选集》(十),中共中央党校出版社 1991 年版,第 522 页。

　　②　《中共中央文件选集》(十),中共中央党校出版社 1991 年版,第 524 页。

　　③　《中共中央文件选集》(九),中共中央党校出版社 1991 年版,第 561—571 页。

在如果不见到中国这样新的阶级变动,不认识新的革命力量,不会使用这些新的力量,那么中国革命的胜利是不可能的"。"指示信"提醒全党要充分认识统一战线的广泛性:"不管什么阶级(从工农起资本家止),若果他们不愿做亡国奴,愿尽一点救中国的义务,中国共产党愿与之联合以共同策谋抗日反蒋行动";"不管什么党(自生产党至社会民主党、国家主义派止),若果他们愿意做任何反日反蒋的活动,有一点救国救亡的情绪时,中国共产党都愿意很诚意诚恳的与之统一战线以共同担负起救中国的责任"。当然,参加统一战线的人"因阶级利益之不一致,其参加革命斗争的热情与程度也各有差异,但是,现在若果他们有分厘的革命性,革命者都不能拒绝与之联合战线"。"指示信"还指出,统一战线能否胜利实现,关键是正确的实现党的领导权。

(二)瓦窑堡会议决议

红军开始长征后,中共中央即与共产国际失掉了电讯联系。共产国际第七次代表大会后,中共驻共产国际代表团积极设法与国内中共中央取得联系,以便向中央传达共产国际"七大"制定的新政策。首先是派张浩(原名林祚培,号育英,湖北黄冈县人)返国。乔扮成小商人的张浩穿越蒙古沙漠,于1935年11月上旬到达陕北定边,后由赤卫队护送到中共中央所在地瓦窑堡。毛泽东、周恩来正在前线指挥直罗镇战役,张浩先向张闻天、邓发等传达了共产国际"七大"精神和"八一宣言"内容。12月8日,张闻天、张浩等到安塞迎接从直罗镇归来的毛泽东,张浩向他传达了共产国际"七大"精神。

张浩回国不久,中国共产党就开始调整政策。1935年11月28日发表《抗日救国宣言》,郑重提出:"不论任何政治派别、任何武装队伍、任何社会团体、任何个人类别,只要他们愿意抗日反蒋者,我们不但愿意同他们订立抗日反蒋的作战协定,而且愿意更进一步的同他们组织抗日联军与国防政府。"①这是中共中央在国内发表的第一个反映"八

---

① 《中共中央文件选集》(十),第581页。

一宣言"精神的文件。

1935年12月17日至25日,中共中央政治局在陕北瓦窑堡召开会议。出席会议的有张闻天、毛泽东、周恩来、刘少奇、王稼祥、秦邦宪、邓发、李维汉、张浩等。会议由张闻天主持,主要讨论军事问题和政治问题。会议于25日通过了《中央关于目前政治形势与党的任务决议》①。决议指出,日本帝国主义的侵略,使中国人民面临着"亡国灭种的大祸"。空前的民族危机,"把一切不愿当亡国奴,不愿充汉奸卖国贼的中国人,迫得走上一条唯一的道路:向着日本帝国主义及其走狗卖国贼展开神圣的民族革命战争"。在新的革命高潮中,工人农民积极参加革命斗争;"广大的小资产阶级群众与知识分子,现在又转入了革命";"一部分民族资产阶级,许多的乡村富农与小地主,甚至一部分军阀,对于目前开始的新的民族运动,是有采取同情中立以至参加的可能的。"总之,"民族革命战线是扩大了"。会议确定"党的策略路线,是在发动、团结与组织全中国全民族一切革命力量去反对当前主要的敌人……开展神圣的民族革命战争"。

决议重申"八一宣言"提出的国防政府与抗日联军这种抗日民族统一战线的组织形式,"不但是可以的,而且是必要的","它是在反日反卖国贼共同目标之下的各阶级联盟"。会议决定将苏维埃工农共和国口号改为苏维埃人民共和国口号。人民共和国不仅代表工人农民,而且代表中华民族。它以工农为主体,团结广大的小资产阶级,也团结民族资产阶级和一切反日反卖国贼的个人、团体、政治派别和武装力量。瓦窑堡会议还强调要用自己彻底的正确的反日反汉奸卖国贼的言论与行动去取得反日斗争的领导权,否则抗日战争的胜利是不可能的。

瓦窑堡会议后,12月27日,毛泽东在瓦窑堡党的活动分子会议上作了《论反对日本帝国主义的策略》②的报告。毛泽东根据瓦窑堡会议

① 《中共中央文件选集》(十),第598—623页。

② 见《毛泽东选集》第1卷,人民出版社1952年版,第137—156页。

精神,进一步阐述了党的抗日民族统一战线策略思想,特别是对中国民族资产阶级的政治态度及其历史表现,对大地主大资产阶级内部的矛盾和分裂的客观必然性作了深刻分析,有力地批判了"左"倾关门主义错误,论述了建立抗日民族统一战线的必要性和可能性。毛泽东指出:目前形势的基本特点是日本帝国主义要变中国为它的殖民地。这就给中国一切阶级和一切政治派别提出了"怎么办"的问题。他列举"九一八"事变后民族资产阶级及其代表人物政治态度变化的大量事实,批驳了那种看不见民族资产阶级的两重性及其变化,拒绝同他们结成抗日民族统一战线的错误观点;并提出为了集中反对日本帝国主义及其走狗,"我们要把敌人营垒中间的一切争斗、缺口、矛盾,统统收集起来,作为反对当前主要敌人之用"。"勇敢地抛弃关门主义,采取广泛的统一战线"。

毛泽东批判了革命队伍中"左"倾关门主义的幼稚病。他说,革命的道路总是曲折的,不是笔直的,"组织千千万万的民众,调动浩浩荡荡的革命军,是今天的革命向反革命进攻的需要。只有这样的力量,才能把日本帝国主义和汉奸卖国贼打垮"。毛泽东指出:"只有统一战线的策略才是马克思列宁主义的策略。关门主义的策略则是孤家寡人的策略。"

瓦窑堡会议的政治决议和毛泽东的《论反对日本帝国主义的策略》的报告,是中国共产党建立抗日民族统一战线的纲领性文献,标志着抗日民族统一战线策略方针的正式形成。

瓦窑堡会议的政治决议和毛泽东的报告,虽然都指出了地主买办阶级营垒分裂的可能性,提出了要利用敌人内部"争斗""缺口"的正确方针,但是由于没有看到1935年华北事变后,特别是国民党五全大会后蒋介石的对日态度已由软弱趋向强硬,由一味妥协退让趋向抵制,而继续把他看成是"卖国贼头子",仍旧采取"反蒋抗日"方针,把蒋排斥在抗日民族统一战线之外。显然,这与当时已经改变了的国内外形势和阶级关系是不相适应的。

（三）"逼蒋抗日"方针的确定

中国共产党 1936 年 5 月 5 日发表的《停战议和一致抗日通电》，第一次没有称蒋介石为"卖国贼"，而称之为"蒋介石氏"、"南京政府诸公"。《通电》表示：中国共产党"愿意在一个月内与所有一切进攻抗日红军的武装队伍实行停战议和，以达到一致抗日的目的"①。可以说，这是中国共产党由"抗日反蒋"到"逼蒋抗日"策略方针转变的开始。而促成中国共产党放弃"反蒋"立场，确定"逼蒋抗日"方针的原因，按着历史发展顺序，主要有以下三点：

一、张学良的影响。瓦窑堡会议结束不久，中国共产党就开始争取张学良东北军联合抗日。经过 1936 年 1 月李克农与张学良第一次洛川会谈，中国共产党已得知张学良"同意抗日，但不同意讨蒋"。当李克农准备再次与张会谈时，中共中央和中央军委指示他要"坚持抗日反卖国贼不可分离，反对抗日不讨卖国贼"，同时又要他"在此次谈判中，不应因这些策略问题与张造成尖锐对立，致妨碍初步协定的订立"。总之是要"原则不让步，交涉不破裂"②。3 月初，李克农与张学良再次在洛川会谈，对其他问题谈得都很顺利，很快取得一致意见；唯独在对待蒋介石态度问题上双方意见相左，谁也没有说服谁。双方的分歧是：张学良认为，蒋介石掌握着几乎整个国家的力量，又有参加抗日的可能，抗日民族统一战线应包括蒋介石在内；李克农则认为，蒋介石对日妥协退让，"围剿"抗日力量，破坏反日运动，抗日民族统一战线不应包括蒋介石。这次会谈后，李克农到山西前线向中共中央汇报与张会谈情况，并列席 3 月下旬在晋西石楼等地召开的中央政治局会议。毛泽东在 3 月 27 日会议上谈到与张学良谈判的问题时，仍坚持反日与反蒋不可分离。4 月 9 日，周恩来与张学良在肤施会谈，张重申并坚持他的上述意

---

① 《中共中央文件选集》（十一），中共中央党校出版社 1991 年版，第 21 页。

② 《中共中央及中央军委给李克农训令》（1936 年 2 月 20 日），未刊件。

见。周恩来回答:"这个问题很重要,我回去报告中央,认真考虑后再作答复。"①张学良是当时最早接受中国共产党抗日民族统一战线主张的国民党爱国将军,已和红军秘密达成了停战、通商等协议;可是他始终没有接受"反蒋"方针,主张抗日民族统一战线应包括蒋介石在内。张学良的态度,不能不使中共中央考虑在民族危亡日益严重、亟须团结御侮的形势下,"反蒋"方针究竟能否行得通,是否有修改的必要。周恩来、张学良会谈后,4月25日发表的《中国共产党中央委员会为创立全国各党各派的抗日人民阵线宣言》,第一次把国民党列入抗日民族统一战线行列。《宣言》说:"不管我们相互间有着怎样不同的主张和信仰,不管我们相互间有着怎样的冲突与斗争,然而我们都是中华民族的子孙,我们都是中国人,抗日救国是我们共同的要求。为抗日救国而大家联合起来,为抗日救国而共赴国难,是所有我们中国人的神圣义务!"②随后发表的"五五通电",不仅不称蒋介石为卖国贼,而且表示愿与南京订立抗日协定。所有这些,不能说没有受到张学良的影响。

　　二、随着蒋介石对日态度的日趋强硬,中共中央对蒋介石、国民党的认识也在日益深化。这是促使中国共产党放弃反蒋方针的根本原因。瓦窑堡会议后三个月,中共中央在晋西石楼召开的政治局会议仍坚持反蒋抗日方针。6月,"两广事变"爆发。两广地方实力派出兵湘南,与蒋形成武装对峙的严重局面。面对这种形势,南京当局为集中力量对付两广,避免共产党与两广联合起来共同反蒋,它在与共产党的秘密谈判中态度有所变化,表示愿在一定条件下停止"剿共"内战,共同抗日。7月10日,国民党召开五届二中全会,蒋介石在他所作的关于外交方针的报告中,对日本的侵略表示了比较强硬的态度,全会并作出设立国防会议的决定,已如前述。

---

　　①　《周恩来与张学铭夫妇谈话纪要》(1961年7月4日),转引自《刘鼎在张学良那里工作的时候》(二),原载《党的文献》1988年第3期。

　　②　《中共中央文件选集》(十一),第18页。

　　国共两党秘密谈判的新进展,国民党五届二中全会的召开,从莫斯科返国的潘汉年8月8日来到陕北,汇报邓文仪在莫斯科主动找王明谈国共合作抗日,和他在上海、南京同曾养甫等谈判的情况,所有这些使中共中央对蒋介石、国民党的认识前进了一大步。在8月10日召开的政治局会议上,毛泽东充分肯定蒋介石对内外政策的变化,承认"南京是一种民族运动的大的力量"。他说,过去提的"抗日必须反蒋,现在不适合",主张"我们要与蒋联合","而不是与他对立起来,讨伐他"。毛泽东还提出,为与蒋结成抗日民族统一战线,共产党准备做出必要的让步与妥协,"红军改人民军,苏维埃改人民政府","我们承认统一指挥、统一编制"①。周恩来在会上也提出"过去抗日必须先反蒋口号,现在不适合,现在应以抗日联合战线为中心"②。张闻天指出南京政府"有许多变动",并举例说:"在二中全会,蒋不能不提到国防政府,现在反日运动更加可公开,CC也要联俄联共。"张闻天提出要促使蒋介石走向抗日,并说"只要他来抗日","我们只要提出'停止内战,民主自由',就可与他联合"。至于取消红军、苏维埃名义问题,张闻天说"要看事变的发展,如果大家真抗日,名义取消也是没有问题的"。张闻天认为在革命转变时期要处理好"民族革命与土地革命的关系"。他强调指出"现在民族革命第一,土地革命的策略的改变,主要是适合民族革命"③。

　　三、共产国际的指示,加速了"逼蒋抗日"方针的最后形成。共产国际1935年召开"七大"时,曾要求中国共产党实行反蒋抗日方针。1936年中,他们改变了在中国问题上的策略。7月,他们从中共中央来电中得知瓦窑堡会议确定"抗日反蒋"方针后,7月下旬召开会议,专门讨论中国问题,要求中国共产党放弃"抗日反蒋"策略,实行"逼蒋抗日"方针。8月15日共产国际书记处致电中共中央,指出:"我们认为,把蒋

---

① 毛泽东在1936年8月10日中共中央政治局会议上发言。
② 周恩来在1936年8月10日中共中央政治局会议上发言。
③ 张闻天在1936年8月10日中共中央政治局会议上发言。

介石与日本侵略者相提并论是不对的。这个观点在政治上是错误的，因为日本帝国主义是中国人民主要的敌人，在现阶段，一切都应服从于对日本帝国主义的斗争。此外，不可能左右开弓，即顺利进行反对日本侵略者的斗争，又顺利进行反蒋斗争。同样，也不能认为整个国民党和蒋介石的军队全都是日本的同盟者。要真正武装抗日，还必须有蒋介石或他的绝大部分军队参加。"共产国际主张，中国共产党"应该采取的方针是：停止红军与蒋介石军队间的军事行动，同蒋军达成联合抗击日本侵略者的具体协议"。共产国际的电报还提出了中国共产党在与国民党谈判中应提出和坚持的四条原则：

（1）停止内战，联合中国人民的一切武装力量真正抗击日本侵略者。

（2）建立总指挥部，制定对日作战的总计划，同时保存红军在政治和组织上的独立性，红军负责对日作战的某些战区。

（3）向红军提供相应的根据地和必要的武器装备。

（4）释放被关押的共产党员，在国民党地区停止对共产党员迫害①。

中共中央收到共产国际电报后，立即彻底放弃了"反蒋"策略。张闻天在后来说："过去我们对南京的策略，虽然有些修改，但基本上是没有转变的……后来接到国际电报，才完全转变过来。"②毛泽东后来在谈到中国共产党由"抗日反蒋"到"逼蒋抗日"的转变过程时也说，"在五月还是渐渐在变，彻底的转变是国际指示以后"③。

8月10日政治局会议决定起草的致国民党公开信，8月25日才正式成文。它反映了共产国际8月15日来电精神。这个《中国共产党致国民党书》表达了中国共产党关于建立第二次国共合作的主张和有关

---

① 《共产国际与中国革命》，莫斯科1986年俄文版，第266—269页。

② 张闻天在1936年9月15日中共中央政治局会议上发言。

③ 毛泽东在1937年1月24日中央政治局常委会上发言。

政策。它是中国共产党放弃"反蒋"策略、实行"逼蒋抗日"方针的宣言，是为促成第二次国共合作所采取的一个重大步骤。

《致国民党书》首先指出，日本帝国主义的侵略"得寸进尺，沦亡惨祸，迫在目前"。在这"亡国灭种的紧要关头"，中国共产党再次呼吁国民党改弦更张，"把向内的枪口转到向外"，"把退让的政策转到抗战"，"把分离的局面转到团结"，"把涣散的情况转到统一"。《致国民党书》向南京严正指出：你们如仍执迷不悟，"祸患之来，不堪设想，而诸位先生千秋万世的罪名，亦将无可以挽回"。

对南京政府在对日态度上的日趋强硬，蒋介石在国民党五届二中全会上关于外交方针的讲话所表示的绝不承认伪满洲国，绝不订立损害国家领土主权的协定，《致国民党书》给予肯定和赞扬，说蒋介石的这种解释，"较之过去是有了若干进步，我们诚恳的欢迎这种进步"。同时，对蒋在国民党五届二中全会上所说的现在"并未达到和平绝望的时期"，"并未达到最后关头"也提出批评。《致国民党书》列举日本侵略中国的种种事实和一系列丧权辱国协定后指出："和平早已绝望，牺牲早已到了最后关头"，现在"除了发动全国人民全国武装力量的坚决的自卫战争外，中国领土主权的全部沦亡是无法挽救的。"

《致国民党书》呼吁国民党"恢复孙中山先生革命的三民主义精神，重振孙中山先生联俄联共与农工三大政策"，和"全国各党各派各界爱国领袖与爱国人民一道"，挽救国家和民族的危亡。同时向国民党郑重表示："假如你们真正这样干的时候，我们坚决的赞助你们，我们愿意同你们结成一个坚固的革命的统一战线，如像一九二五至二七年第一次中国大革命两党结成反对民族压迫与封建压迫的统一战线一样，因为这是今日救亡图存的唯一正确的道路。"①

为了把《致国民党书》早日送到国民党中央及其各级党政军等机关团体，中共中央书记处于9月7日指示中共北方局胡服（刘少奇）和上

---

① 《中共中央文件选集》（十一），第77—86页。

海地下党组织负责人李允生（冯雪峰），令他们"以快信付给南京中央党部一份，以后再给他几份"，同时让他们翻印九千份，"分寄国民党中央委员，各省县市党部、中央政府各要人各部会、各省县市政府、中央及各省县市中外报馆、学校、团体、各界名人、各地军队师团长、各地警察机关、文化机关等"①。

9月1日，中共中央书记处向党内发出《关于逼蒋抗日问题的指示》，指出："目前中国人民的主要敌人是日帝，所以把日帝与蒋介石同等看待是错误的，'抗日反蒋'的口号也是不适当的。"对如何进行"逼蒋抗日"，文件明确指出："我们的总方针，应是逼蒋抗日。一方面继续揭破他们的每一退让，丧权辱国的言论与行动，另一方面要向他们提议与要求建立抗日的统一战线，订立抗日的协定。……共产党中央立刻准备派代表出去，或接受国民党和蒋介石的代表到苏区来，以便进行谈判。"②

9月15日至17日中共中央召开政治局会议，讨论贯彻共产国际指示。与会者认为，去年12月瓦窑堡会议的决议"基本上是正确的，它决定了民族抗日统一战线的政策"，"一年来的工作获得许多的成绩"；"但是决定本身及以后的工作中犯着一些错误，这里主要的是把抗日反蒋并提着，这在政治上是错误的，因为中国人民的主要敌人是日本帝国主义。在现阶段上，一切应当服从抗日斗争"，不能把整个国民党和所有蒋介石的军队看成是日本的同盟者，而且"同时进行抗日反蒋的斗争是不会得到成功的"③。会议通过的《中央关于抗日救亡运动的新形势与民主共和国的决议》，全面反映了共产国际8月15日电报的指示精神。在谈到国内形势时，《决议》说："在日寇继续进攻，抗日救亡运动继

---

①　《中共中央书记处给胡服、李允生的信》，(1936年9月7日)，未刊件。

②　《中共中央文件选集》(十一)，中共中央党校出版社1991年版，第89页。

③　《中共中央书记处致胡服、允生函》(1936年9月22日)，未刊件。

续发展，国际形势新的变动等条件之下，国民党南京政府有缩小以至结束其动摇地位，而转向参加抗日运动的可能。"《决议》指出："为着集中全国力量去抵抗日寇的侵掠，驱逐日寇出中国，我们不仅要收集更广泛的民众的力量，和一切真正革命的觉悟的纯洁的分子，而且要争取统治阶层中一切可能的部分到抗日斗争中来，使抗日民族统一战线更加扩大起来，更加增强自己的阵容与力量。推动国民党南京政府及其军队参加抗日斗争，是实行全国性大规模的严重的抗日武装斗争之必要条件。"[①]中共中央政治局"九月决议"的通过，标志着"逼蒋抗日"方针从组织上的最后完成。

二　"一二九"运动爆发

在国家和民族濒临灭亡的紧急关头，富有爱国传统的北平青年学生冲破国民党的白色恐怖，在 1935 年 12 月 9 日和 16 日两次举行示威游行，反对"华北自治"，反对成立冀察政务委员会，要求停止内战、一致抗日。"一二九"运动唤醒了全国人民，抗日救亡浪潮奔腾向前，席卷全国。

（一）"华北之大，已经安放不下一张平静的书桌了"

华北事变后，北平人心惶恐，社会浮动，一派黑云压城城欲摧的景象。在北平的国民党达官显贵纷纷携带细软和眷属南下，故宫博物馆的稀世珍宝开始装箱南运，一些高等学府也在酝酿搬迁，清华大学准备迁往长沙，东北大学要搬到西安。富有政治敏感的北平青年学生，面对华北危在旦夕的险恶形势，无限感慨地喊出："华北之大，已经安放不下一张平静的书桌了！"[②]这些热血青年心系着祖国的安危和民族的兴亡，一首救亡歌曲《毕业歌》唱出了他们的心声："同学们！大家起来，担

---

① 《中共中央文件选集》（十一），第 93—94 页。
② 《清华救国会—二九告全国民众书》，《清华副刊》第 45 卷第 8、9 期合刊。

负起天下的兴亡！听吧，满耳是大众的嗟伤；看吧，一年年国土的沦丧！我们是要选择'战'还是'降'；我们要做主人去拼死在疆场；我们不愿做奴隶而青云直上！……"北平的青年学生在20世纪初的民族危机面前，曾经站在时代前头，掀起了波澜壮阔的五四爱国浪潮；在30年代新的民族危机面前，他们再次挺身而出，不顾国民党的白色恐怖，发起了声势浩大的"一二九"抗日救亡运动。

（二）"一二九"请愿游行

"一二九"运动的爆发是由于民族危亡客观形势的刺激，也与中国共产党"八一宣言"的影响和北平地下党组织的工作分不开。

"一二九"前，由于敌人多次破坏，北平的中共地下党组织已不复存在，但党的外围组织"中华民族武装自卫委员会"（简称"武委会"）还在，20多名失掉组织关系的共产党员仍在群众中从事革命活动。

"何梅协定"后，蒋介石的嫡系部队和蒋孝先的宪兵三团从华北撤走，华北的国民党部也撤销，国民党在北平的统治力量有所削弱，这对中共地下党组织的恢复和开展活动颇为有利；但直接组织抗日革命团体还不可能，对国民党也不宜正面攻击，于是决定从组织灰色团体，开展救灾活动入手。1935年秋后，黄河中下游洪水泛滥成灾，河南、山东的大批难民拥入北平。北平地下党通过"武委会"开展救灾活动，成立了由十几所大中学校代表参加的"黄河水灾赈济会"，会务负责人是清华大学的姚克广（姚依林）。地下党通过这个机构发动学生义卖、义演和募捐，将募集的钱物派代表送往灾区。赈济会还开展宣传活动，向广大师生讲灾民的痛苦，国民党见死不救；讲日本帝国主义的企图，揭露南京的不抵抗政策；讲民族危亡和青年肩负的历史重任，等等。

中共的"八一宣言"在国外发表后，通过多种渠道传回国内，也传到北平。北京饭店一楼法国人开的书店，陈列和出售《共产国际通讯》、《共产国际》半月刊等外文刊物，姚克广等从这些刊物上看到共产国际"七大"文件、季米特洛夫报告和"八一宣言"，就把这些刊物买回后在共产党员和进步分子中传阅讨论。党的抗日救国主张、抗日民族统一战线政策以及红军长征到达陕甘的消息,使他们深受鼓舞。在地下党组织的引导下,1935年10月北平各大学相继成立自治会。在清华大学,蒋南翔、姚克广、杨述等被选入自治会的代表会和干事会。燕京大学地下党张兆麟、龚普生、陈洁被选为学生会主席、副主席和文书,王汝梅(黄华)、陈翰伯、龚维航(龚澎)分别担任学生会执委会主席、膳务部长和财务部长。北平师范大学的反动势力较强,直到北平学联成立后,才成立师大学生会,于刚被选为主席。在这些由党团员和进步学生掌握了学生会的学校,沉闷空气为之一扫,抗日救亡活动十分活跃。

11月1日,平津十校学生自治会发表"为抗日救国争自由宣言",要求蒋介石乘国民党召开四届六中全会之机开放言论、集会、结社的自由,禁止非法逮捕学生。平津十校联合宣言的发表,表明学生的抗日救亡运动由分散趋向联合。中共北平地下党组织因势利导,决定将赈济会改组为北平大中学生抗日救国联合会。11月18日,北平市学联成立,郭明秋任执委主席,姚克广任秘书长。由彭涛、黄敬、姚克广、郭明秋等组成学联党团。市学联的成立,使北平学生的抗日救亡运动有了公开统一的领导机构。

日本关东军奉天特务机关长土肥原到华北策动"独立"运动,他不断给控制平津和冀察的宋哲元施加压力,限他11月20日前宣布"自治",否则日军将进攻山东和河北。何应钦12月3日到达北平后,再次屈辱妥协,拟于12月9日成立半傀儡式的政权"冀察政务委员会"。北平学联当得知冀察政务委员会将于12月9日成立的消息后,即于12月8日在燕京大学召开各校代表大会,决定第二天组织学生到新华门前集合,向何应钦请愿。

北平国民党当局事前侦知学生将于9日去新华门请愿,便派军警把守各主要学校大门,不许学生队伍走出校门;并把西直门、阜成门等城门关闭,以阻止地处西郊的燕京大学、清华大学等校学生进城。9日晨,当燕京、清华两校学生在各自操场集合准备出发时,发现他们事先租来的汽车被开走,校门外有大批军警把守。学生们决定冲出校门,徒步进城。五百多名燕大学生高喊着"打倒帝国主义!""反对华北自治!"口号,冲出校门,步行 16 里路,到达西直门外。清华的学生队伍也冲出校门,徒步走到西直门外。

清华、燕京两校学生队伍在高粱桥会合后,全副武装的警察列队桥头,不准学生通过。站在桥头的燕大学生冲破了警察的防线。当局已令西直门关闭,并派军警在阜成门、德胜门、安定门等处戒备,拦阻郊外学生进城。学生到西直门下,见城门紧闭,遂派代表与军警交涉,要求开门进城,并表示进城请愿是为了国家和民族。守门的警察说,没有上面命令,不能开门。这天,寒风凛冽,气温降至零下 10 度,学生们的脸和耳朵冻红了,脚冻僵了。两校学生留部分人坚持在原地斗争;大队人马沿城墙南下,从别的城门入城。但阜成门、西便门、广安门也都关闭,并有军警把守。学生又原路返回西直门。此时,传来城内请愿学生遭军警镇压的消息,同学们在西直门外召开大会,控诉日军的侵略暴行,谴责南京当局的不抵抗政策,口号声此起彼伏,直至下午 4 时才散会返回学校。

9 日这天,由于燕大、清华学生被阻于城外,东北大学学生成了城内行动的主力军。这些背井离乡、过着流亡生活的东大学生,对日本帝国主义的侵略怀有刻骨仇恨,爱国热情十分高涨。9 日上午,他们在四人一排,手挽着手,列队冲出校门。这支三百多人的队伍沿途几次冲破军警阻拦,并接应出被军警围困的北平大学法学院等校的同学,最后到达新华门前。中国大学、师范大学、女一中、女二中、艺文中学、东北中山中学的队伍已到达这里。聚集在新华门前的学生共有二千多名。原计划由燕大和清华学生代表准备请愿书并向当局交涉,但他们既被阻城外,大家临时推选中国大学的董毓华、东北大学的宋黎、师范大学的陈泽云和敖白枫(高锦明)作为代表,并拟出"反对华北特殊化和伪自治运动"、"停止内战,一致对外"等六条请愿要求。

何应钦拒不接见学生代表,11 时许才派代表侯成出来应付学生。学生被激怒,决定将请愿改成示威,以表达抗日的愿望。

　　学生开始游行时,几名同情学生爱国行动的中外记者(如燕大教师埃德加·斯诺夫妇)也与学生走在一起。走到西单牌楼,遇上八九十名军警拦阻,学生高呼:"中国人不打中国人!""枪口对外,一致抗日!"口号,多数学生冲了过去,后边的学生遭到袭击。

　　游行队伍经过护国寺、沙滩时,辅仁大学和北京大学各有二百多人参加进来。时近下午4时,四千余人的游行队伍来到王府井,当局非常害怕学生冲入东交民巷示威。在日本大使馆的日军紧急出动,在东交民巷架起机枪;国民党当局调集大批军警,在王府井南口布置一条严密封锁线。走在队伍前头的学生领袖与军警交涉,要求他们不要阻挡游行队伍。残暴的军警举起水龙头袭击学生,学生穿的棉袍顿时变成冰袍,有的学生脸被水注射肿了。学生手挽手地顽强前进,军警又从两侧包抄过来袭击学生。学生忍无可忍,夺过水龙头向军警还击。赤手空拳的学生敌不过全副武装的军警,几次冲击均未成功,不少学生负了伤,当场有三十多人被送进医院。王府井成了恐怖世界。当晚,北平学联发表罢课宣言,申明:"我们为反对出卖华北而罢课","我们为争取民族的自由与解放而罢课"。宣言指出:"我们认定解救中华民族危亡的只有民众自己。"①

　　(三)"一二一六"大示威

　　"一二九"后,北平各校的抗日救亡团体如雨后春笋般出现,几天内,有七十多个学校成立了自治会或学生会。北平师范大学9日晚宣告成立学生自治会,于刚当选为执委会主席。学生自治会根据市学联决定,宣布从第二天起全校罢课。北京大学10日成立学生会,为罢课还组织了纠察队。10日,东北大学学生在礼堂召开大会,遭到学校当局的干涉与反对,会议仍决定从即日起罢课,并宣布成立东大救国会。校方勾结军警于当日午夜入校逮捕六名学生,接着又宣布"紧急戒严令",由宪兵把守学校大门,不许学生外出,并规定13日学生不上课者,

---

　　①　传单原件,存中国社会科学院近代史研究所。

降为自费旁听生，14日不上课者开除校籍。东大学生聚集在校方负责人的办公室外示威，强烈要求撤走校内宪兵，释放被捕学生，不得干涉学生的爱国活动。如校方不答应上述要求，他们将自动驱逐宪兵出校，自动夺回被捕同学。在学生的坚决斗争和社会各界的声援下，驻校宪兵撤走，"紧急戒严令"撤销，被捕同学也获释返校。

国民党当局不顾学生和社会各界的强烈反对，坚持成立"冀察政务委员会"。何应钦在12月13日离开北平南返时，要求学生埋头读书，"不必涉及课外之活动"①。北平学联决定再组织一次大规模的示威游行，日期选定在12月16日"冀察政务委员会"预定成立的日子。

事先，北平学联做了认真准备，决定16日以一些学校为中心，分区集合，最后到天桥集中，召开市民大会。12月16日，学生队伍分四路向天桥进发。第一路是东北大学、中国大学等西城区的大中学校；第二路是师范大学、北平大学法商学院及南城各校；第三路是北京大学及东城各校；第四路是燕京大学、清华大学等城外各校。

16日晨学生开始行动时，军警又包围了各主要学校，关闭了西直门和阜成门，各主要路口都派重兵把守。各路队伍在向天桥行进途中，都遭到军警的拦阻和袭击，不少学生负了伤，有的还被逮捕。上午10时，多数学校的学生或结队或分散地来到天桥，召开学生和市民大会，决定向全国发出通电，反对成立"冀察政务委员会"。会后，示威游行开始。浩浩荡荡的游行队伍由天桥出发，计划经前门、天安门、东单，到外交部大楼"冀察政务委员会"成立的地方去示威。游行队伍从前门大街向正阳门进发时，燕大、清华等郊外的学生队伍赶来了。学生队伍到达正阳门前，城门内外布满了军警，城门楼上架起了机枪。学生要求进城，军警鸣枪示警。学生连续冲击城门，均未成功。此时，当局又派来大批军警，严阵以待。学生见进城无望，打算回天桥再次召开市民大会，之后各校分头宣传。警方不准学生回天桥开市民大会，要学生就地

---

① 《晨报》(北平)，1935年12月14日。

解散。学生即就地召开市民大会,通过了"反对秘密外交"、"反对中国人打中国人"、"平市各大学组织南下团请愿"、"请求释放被捕同学"等九项决议案。

当局最后允许北大、中大由前门进城返校,清华、燕大、东大、师大、平大则由宣武门进城返校。这是企图分裂学生队伍。指挥部决定,两支队伍进城后,再在宣武门内汇合,继续在城内示威游行。北大、中大学生进城后,城内、城外两支学生队伍分头向宣武门走去。下午 4 时许,两支队伍到达宣武门时,见城门紧闭,军警把守,不准城外学生入内。学生发现受骗上当,个个义愤填膺,城内城外的口号声连成一片。站在城外队伍中第一排的清华女生陆璀身材较小,从城门下边缝中爬进去,迅速将城门上的铁闩抽掉,又用手解开缠在两扇门上的铁丝,她还鼓动城外同学用力冲击城门。一二十名武装警察猛扑过来,一阵拳打脚踢,将陆璀打倒在地,并把她抓走。随队采访的美国记者斯诺在附近的警察所采访了陆璀,随即登上城门楼,向城外学生报告了陆璀被捕事件。

愤怒的学生要求当局立刻释放陆璀。晚 7 时许,城外学生与军警达成协议:释放陆璀,清华、燕大等西郊学生出西便门返校,城内学生进宣武门返回宿舍。当清华、燕大等校学生走后,当局再次食言,紧闭宣武门,把东大、师大、平大法商学院以及辅仁的学生仍关在宣武门外。在严寒中斗争了整整一天的学生,此时饥寒交迫,指挥部为避免无谓牺牲,决定组织撤退,让学生分别到东大、师大去休息。城内同学刚要行动,当局调来三卡车宪兵和消防队,把周围的胡同口堵死,向学生包围冲杀过来。六名女同学被砍成重伤,轻伤者五六十名,被捕者五人。准备去东大休息的学生走进菜市口附近一条胡同,被军警夹在中间,惨遭毒打,上百人受伤。去东大的学生走到骡马市大街北口时,也同样遭到袭击。据事件发生后第四天燕京大学出版的《一二九》特刊第三号登载的不完全统计,参加"一二一六"示威有组织的学生共 7775 名,被捕者 8 人,受重伤者 85 人,受轻伤者 297 人,失踪者 23 人。

北平"一二九"运动的星星之火,迅速燃遍神州大地,从东海之滨到嘉陵江畔,从西南边陲到长城脚下,几十个大中城市和一些县镇的学生纷纷举行请愿、游行、示威、罢课,一些地方当局为阻止学生去南京请愿竟断绝交通。抗日救亡运动的参加者很快越出学生界,发展成全民性的爱国运动。"一二九"运动成了全国抗日救亡运动高潮的起点和催化剂。

(四)中华民族解放先锋队的诞生

蒋介石和国民党当局采取种种措施来压制和瓦解学生的爱国运动。国民政府教育部长王世杰12月9日公开发表谈话,禁止学生游行、请愿、罢课。1936年1月5日,蒋介石指令平津各学校提前放寒假,强迫学生各自回家。接着教育部通知各地学校都提前放寒假。

蒋介石通过北平师范大学教授杨立奎出面宴请北平学联代表,让学生听蒋介石的话,答应南京可以出钱"资助"学联。接着蒋以行政院名义,通知各地大中学校选派校长代表和学生代表到南京"聆训"。1月15日蒋在南京对各地来的师生代表发表了题为《政府与人民共同救国之要道》的讲话,竭力为政府"攘外必先安内"误国政策进行辩解,说"九一八"时"我们政府虽然不抵抗,但绝对没有放弃东北","绝对没有一时一刻忘记东北","绝对不会签订任何丧权辱国的条约"[1]。

1935年12月26日,根据中共北方局指示,"平津学生联合会"这个跨地区的学生组织宣告成立,并决定组织扩大宣传团,深入民间,唤起民众,一致抗敌救国。组织学生南下宣传,是为了对抗和抵制南京当局提前放假和"晋京聆训"。南下宣传团约有五百人参加,第一、二、三团由北平学生组成,第四团由天津学生组成。1936年1月初,宣传团成员分别从天津、北平出发,约定到河北省固安县会合。北平的学生沿着不同路线徒步前进。他们在卢沟桥、青云店、礼贤镇、良乡、琉璃河、长辛店等地向工人,农民进行抗日宣传,帮助组织反日爱国团体,先后

---

[1]　《中华民国重要史料初编》绪论(一),第774—745页。

于1月七八日到达固安。第四团的天津学生1月2日出发,经杨村奔向固安,沿途也开展了抗日宣传活动。

平津四百五十名学生到达固安时,该县县长奉令关闭城门,城墙上布满军警,架起机枪。学生们向守城的二十九军士兵和当地群众进行抗日救亡宣传。1月9日,四个团联合召开大会,通电全国,说明这次南下宣传的意义;并决定全体步行到保定乘火车南下。学生开始行动后遭到国民党当局镇压。总指挥董毓华被扣留,第二、三团被武力押解回北平。21日,第一团到达保定城外,接到中共北平市委通知:大批学生运动骨干南下后,北平空虚,国民党当局趁机组织"新学联",分裂学生队伍,南下宣传团要适可而止。第一团便自动返回北平。

通过南下宣传,同学们更深切感到进一步组织起来的必要。1月21日,第二、三团被军警围困在保定师范学校礼堂,决定组织"民族解放先锋队",以便回京后有组织地开展救亡工作。中共北平市委也感到原来的"民族武装自卫会"已不适应形势要求,为把"一二九"运动中涌现出来的骨干分子组织起来,2月1日正式组建"中华民族解放先锋队",南下宣传团团员是民先队的第一批成员。民先队具体的斗争纲领主要是:动员全国武力驱逐日本帝国主义出境;成立各地民众武装自卫组织;成立各界抗日救亡会;铲除汉奸卖国贼。民先队的工作有:站在最前线,参加一切救亡斗争;与各种救亡团体密切联系,并采取一致行动;把握现实,分析目前国际形势,并研究民族革命的理论与实践;学习军事技术与理论,促进民众武装自卫运动。民先队的组织系统有四级:总队部、区队部、分队、小队;小队是基层单位,人数由三至五人组成。

民先队总部领导成员,开始时由中共北平市委指定:总队长敖白枫,组织部长萧敏颂,宣传部长王仁忱,秘书长刘导生。总队部设中共党团,上述人员均是党团成员,党团书记先由市委负责人黄敬兼任,后由敖白枫接任。8月,民先队总队进行民主改选,总队长由李昌担任,队部领导成员有刘导生、杨雨民、杨克冰(女)、孙传文、顾德欢等。民先队迅速向全国发展,统一了青年革命团体,带领广大青年开展救亡运动,使"一二九"运动不断深入发展;在斗争中,民先队也不断壮大。

第二节　救国运动的兴起

一　上海救国运动的兴起

华北事变后,中华民族面临空前严重的危机。危急的局势,引起一切不愿做亡国奴的人们的严重关注,知识分子尤为敏感。和北平"一二九"学生爱国运动开展的同时,上海的知识界也在积极酝酿发起救国运动。

在1935年这一年中,上海文化界一部分爱国知识分子,围绕日本侵华问题举行了各式各样的时事座谈会、报告会和读书会,甚至采取聚餐会的形式,探求挽救祖国危亡、寻找民族出路的方策。是年5月,杜重远创办并主编的《新生》周刊第二卷第十五期登载了艾寒松以"易水"笔名写的《闲话皇帝》一文,其中提到日本天皇说:"日本的天皇是一个生物学家,对于做皇帝,因为世袭的关系,他不得不做。一切的事虽也奉天皇的名义而行,其实早作不得主。接见外宾的时候,用得着天皇,阅兵的时候,用得着天皇,举行什么大典礼的时候,用得着天皇,此外天皇便被人民所忘记了。日本的军部、资产阶级,是日本的真正统治者。……目下的日本却是舍不得丢弃'天皇'的这一个古董,自然,对于现阶段的日本统治者,是有很大的帮助的。这就是企图用天皇来缓和一切内部各阶层的冲突,和掩饰了一部分人的罪恶。"这篇经国民党中央图书杂志审查委员会审查通过的一般性叙事文章发表后,日本驻上海领事竟以"侮辱天皇,妨害邦交"为由,向上海市政府及南京国民政府提出抗议,要求向日本"谢罪",封闭《新生》周刊社,判处作者及编者徒刑。南京政府竟然屈服于日本的压力,向日本道歉,封闭了《新生》周刊,以满足日方的要求。7月9日,江苏高等法院第二分院开庭审理《新生》案件,以诽谤罪判处杜重远一年零二个月徒刑,不得上诉。《新生》事件发生后,在全国特别是上海文化界人士中引起了强烈的不满和愤慨。案件宣判的第五天,沈钧儒写了下题为《我所爱之国》的诗:"我欲入山兮虎豹多,我欲入海兮波涛深。呜呼嘻兮! 我所爱之国兮,你到哪里去了? 我要去追寻。""国之为物兮,听之无声,扣之无形,不属于一人之身兮,而系于万民之心。呜呼嘻兮! 我所爱之国兮,求此心于何从兮,我泪淋浪其难禁。"①

流亡在美国的邹韬奋获悉杜重远含冤入狱后,愤怒和悲痛"不能自抑"②。8 月 27 日,他由美国赶回上海,下船后就奔往漕河泾监探望被囚禁的杜重远。

邹韬奋主编的《大众生活》于 11 月 16 日出版,他写的发刊词《我们的灯塔》指出:"中国大众的唯一生路,是在力求民族解放的实现,从侵略者的剥削压迫中解放出来。这是中国大众的生死问题,也是我们所要特别注意的重要目标。……但同时不要忘却为虎作伥的封建残余的势力。所以封建残余的铲除,是我们所要注意的第二目标。"他表示:"我们愿竭诚尽力,排除万难,从文化方面推动这个大运动的前进。"③他在另一篇文章中大声疾呼:"我们当前的最严重问题,是全民族争生存的问题",华北问题"是全民族争生存的整个问题的一个部分";要求"动员全民族大众的集体力量,共同起来为着整个民族的存亡作殊死战"④。

12 月 12 日,马相伯、沈钧儒、邹韬奋、章乃器、王造时、陶行知、李公朴、钱俊瑞、周新民、钱亦石、沈兹九、顾名、金仲华等二百八十余名文化界知名人士联名发表了《上海文化界救国运动宣言》,宣言说:"国难日亟,东北四省沦亡之后,华北五省又在朝不保夕的危机之下了。'以

---

① 沈钧儒:《寥寥集》,峨嵋出版社 1944 年版,第 26 页。
② 邹韬奋:《笔谈》,《生活星期刊》第 15 号,1936 年 9 月 30 日。
③ 《大众生活》第 1 卷第 1 期,1936 年 11 月 16 日。
④ 邹韬奋:《华北问题》,《大众生活》第 1 卷第 3 期,1935 年 11 月 30 日。

土事敌，土不尽，敌不餍。'在这生死存亡间不容发的关头，负着指导社
会使命的文化界，再也不能苟且偷安，而应当立刻奋起，站在民众的前
面而领导救国运动！"宣言最后提出坚持领土主权的完整，否认一切有损
领土主权的条约和协定；坚决反对在中国领土内以任何名义成立由外力
策动的特殊行政组织；坚决否认以地方事件解决东北问题；要求用全国
的兵力财力反抗敌人的侵略；要求人民结社、集会、言论、出版之自由等
八项主张。严重的民族危机迫使人们首先是最先觉悟的知识分子奋起
自救。章乃器曾说："上海的文化人，和北平的青年学生，虽然是隔得很
远，竟像是心印着心，大家'不约而同'的同时展开历史的救亡运动。"①

　　同日，文化界救国会还发表通电声援"一二九"学生爱国运动。其
致南京国民党中央党部、国民政府暨北平宋哲元电说："北平学生救国
运动发扬民意，拱卫国权，万不能再加压迫，否则听任汉奸冒替民众，是
非泯灭，国亡无日。"②致北京大学学生会转各校学生会电文说："诸君
在高压之下，奋起抗争，意义之大，远过五四运动，千望再接再厉，全国
响应，即在目前。"③

　　12月19日至20日，上海复旦等大中学校学生八千余人，冒着刺
骨的寒风连夜游行，并向上海市政府请愿，要求政府维持领土主权之完
整，出兵收复失地，保护救国运动，保障言论集会自由。游行学生高呼
"打倒日本帝国主义"、"打倒卖国贼"、"大家起来救国"等口号。

　　12月21日，史良、沈兹九、王孝英、胡子婴、杜君慧、陈波儿等人发
起的妇女救国会首先成立。史良在成立会上发表了激昂慷慨的演讲，
她说："诸位，任何人都知道国家是土地、人民、主权三种要素所构成的，
但是我们现在的中国，人民可以受人压迫，任人残杀，土地今天被割去
一块，明天被人抢去几省，我们的内政外交，没有一件不受人家的强制，

---

① 章乃器：《救亡言论集·序》。
② 《大美晚报》1935年12月12日。
③ 《大美晚报》1935年12月12日。

人家的干涉,还能叫国家吗? 还能成为国家吗? 我们居人民半数的妇女还能装痴装聋躲在家里过苟安的生活吗? ……不,决不! 今天我们上海各妇女团体和各个妇女个人在此地总集合,就是我们中国妇女救亡运动的开始。"①何香凝讲话说:"我们要奋起精神,我们要武装起来,我们不再做奴隶,不再做生男育女的性机器。我们是要与男子一样的负起重大的责任,争取民族生存,同到战场上去,起来!"②

大会通过宣言、章程,并推选史良、沈兹九、王孝英、胡子婴、罗琼、杜君慧等十一人为理事。宣言指出:"四年以来,敌人夺取了我们东北四省,屠杀了我们无数同胞,现在又步步进迫,开始向华北进攻。……冀察两省已经名存实亡,千万同胞又要跟着东北民众而变成亡国奴了。""在这民族危机极度深刻的现在,要求独立生存,只有用我们的满腔热血去同敌人斗争。"③宣言提出坚决保卫中国领土和主权的完整,反对秘密外交,否认一切破坏领土和主权完整的条约和协定;全国妇女立刻自动的组织起来等八项主张。

当日,上海包括各大中学校的女学生、女工、律师、作家、医生、教育家等近千名妇女,为支援学生爱国运动,在南京路举行示威游行。这次妇女游行对上海学生运动起了推动作用,24 日上海学生的大请愿示威,就是受了妇女游行的影响而爆发的④。

随后,妇女救国会发表《告全国妇女书》指出,从东北事件到华北事变,明明是日本一贯的"大陆政策的两个步骤",华北事变一方面是东北事件的后果,另一方面,假使我们再不急起抵抗,不久又会变成华中、华南事件的前因;要求"打破妇女只会在家庭里烧饭抱孩子的反动理论",

---

①　《妇女生活》第 2 卷第 1 期,1936 年 1 月 16 日。

②　《妇女生活》第 2 卷第 1 期,1936 年 1 月 16 日。

③　《生活知识》第 1 卷第 8 期。

④　《一二九以来上海学运之史的检讨》,《救亡情报》第 23 期,1936 年 10 月 25 日。

同爱国的男子共同负起救国的重任①。

12月27日，上海文化界救国会召开成立大会，有三百多人参加。沈钧儒在成立会上讲话说："本会以团结上海文化界同人，推进文化运动，发扬民族精神，保障国家主权领土之完整为宗旨。我国现已至危急存亡之秋，凡我国民，均应自动奋起，以负救亡图存之重任。文化界为国民之先导，更应悉力赴难。"②会议推选马相伯、沈钧儒、邹韬奋、章乃器、陶行知、李公朴、王造时、史良、顾名、沈兹九等三十五人为执行委员，并发表第二次救国运动宣言，提出"停止一切内战"；"开放民众组织，保护爱国运动，迅速建立起民族统一阵线"；"释放一切政治犯，共赴国难"等主张③。文化界救国会在成立会上讨论名称时，沈钧儒鉴于"一二八"抗战爆发时政府因受日本的压力取缔抗日团体，以及《新生》事件的前例，提出不加"抗日"、"反日"字样，以避免日本政府的干涉和日本浪人的捣乱，这一意见为大家所接受。

接着成立的是顾名、沈钧儒、曹聚仁、周新民、潘大逵、张定夫等六十余人发起的大学教授救国会，他们发表的救国宣言指出："日本帝国主义侵占中国的野心，越来越明显激进了，无论用枪炮威胁或借外交计诱，总以并吞中国为其最后的目的。……抵抗则存，不抵抗则亡；抵抗则万众一心，为政府之后盾，不抵抗则万众离心，日为汉奸败类所胁迫。"④此外，上海复旦大学等一些大中学校也成立了学生救国会。

上海文化界救国会等救亡团体的成立，打破了"九一八"事变和"一二八"抗战时期蓬勃发展的群众抗日运动后几年来的沉寂状态，从此，南北救国运动进入了一个狂飙突起的新时期，对于后来推动抗日战争的进程具有重大的意义。

---

① 《生活教育》第2卷第22期，1936年1月16日。
② 周天度编：《沈钧儒文集》，人民出版社1994年版，第230页。
③ 《大众生活》第1卷第9期，1936年1月11日。
④ 《生活教育》第2卷第22期，1936年1月16日。

随着爱国运动的热烈开展,资产阶级小资产阶级知识分子的思想日趋激进,章乃器写的《四年间的清算》一文,历数了国民党当局四年来执行"先安内,后攘外"路线造成辱国害民的种种事实,并指出:"倘使他们到今朝还要隐过饰非,为了要保存自己的历史而不惜断送民族的历史,或者将错就错,甘为敌人的虎伥而不肯自拔,那不但是误国,而实在是不折不扣的卖国了! 这种人,只要中国民族的历史一天不断送,民众自然会起来诛伐他们的。"他大声疾呼:"停止一切内战,大家枪口一齐向外,大家一齐联合起来抗战自卫!"①沈钧儒曾称赞说,这是一篇"有血有肉"的好文章②。王造时为纪念"一二八"抗战四周年写的《四年以来的教训》一文指出:"日本帝国主义的侵略政策非吞并我全中国不止。因此,我们与他绝对没有妥协的可能,如果不愿做亡国奴,我们与它只有拼一个你死我活。"③陶行知发表《战斗》一文说:我们只要把攘外必先安内,读书救国和科学救国,建设救国,本位救国,英雄救国等等,"这些有形无形的麻醉品一扫而空,那伟大的中华民族的战斗力便如千军万马向前冲来,谁能抵挡!"④

上海文化界救国会、妇女救国会、大学教授救国会、一些大中学校学生救国会、上海市民联合会,以及职业界救国会和国难教育社筹备会等团体发起,于1936年1月28日在上海市商会举行"一二八"四周年纪念大会,有农、工、商、学及妇女等各界民众共八百余人参加,公推马相伯、沈钧儒、何香凝、章乃器、史良、王晓籁、吴耀宗、沈兹九、张一麐等十九人为主席团。会议正式成立上海各界救国联合会,并决定进一步扩大组织,筹备成立全国救国联合会。会后全体与会代表由主席团

---

① 《大众生活》第1卷第11期,1936年1月25日。

② 章乃器:《我和救国会》,周天度编:《救国会》,中国社会科学出版社1981年版,第431页。

③ 《大美晚报》1936年1月28日。王造时稍后将此文编入《救亡言论集》一书作为"代序"。据他说《大美晚报》发表此文时,将其中很重要的一段删去。

④ 《生活教育》第2卷第23期,1936年2月1日。

率领,整队步行至庙行镇,公祭"一二八"抗战无名英雄墓。

2月9日,沙千里领导的职业界救国会成立。其成员多为公司、字号、海关、银行、保险、出版以及教育职业界的爱国人士,主要是属于下层职员的爱国青年,也有少数上层人士。以提倡新文化为宗旨的综合团体"蚂蚁社"(简称"蚁社"),以及量才补习学校、立信会计学校、中华职业教育社补习学校等单位的社员和学员参加者最多。2月23日,陶行知领导的教育界救国组织国难教育社成立,有工人、农民、商人、学生、店员、大学教授、中学教员、新闻记者等四百余人参加。会议通过了宣言、简章和工作大纲,并选举了执行委员。《发起组织国难教育社缘起》说:"整个中华民族已经到了最后的生死关头……我们除了反抗敌人的侵略,没有法子可能获得民族解放;我们除了流血,不会获得民族自由。"①其共同目标是"用国难教育来挽救民族的灭亡"②。这两个团体均加入了上海各界救国联合会。与此同时,袁牧之、陈波儿等还组织了电影界救国会。

上海各界救国联合会成立后,先后创办了《上海文化界救国会会刊》和《救亡情报》。《上海文化界救国会会刊》于3月28日出版,4月30日停刊,共出了五期,接着《救亡情报》于5月6日创刊。《救亡情报》为上海文化界救国会联同上海妇女界救国会、职业界救国会、各大学教授救国会、国难教育社所共同创办。《救亡情报》每星期出一张(四开)半。参加编辑工作的有徐雪寒、吴大琨、柳乃夫、刘群、恽逸群、陆诒。该刊出版后,登载了上海各界救国联合会和随后不久成立的全国各界救国联合会的许多文件,报道了上海和全国各地以及海外华侨救国活动的开展情况,揭露批评国民党当局对救国运动的迫害,对推动全国抗日救亡运动起过积极作用。1936年12月中旬,因沈钧儒等救国会负责人被捕入狱和西安事变先后发生,被迫停刊,共出了30期。

---

① 《生活教育》第3卷第2期,1936年3月16日。

② 《国难教育社成立经过及其现状》,《救亡情报》第6期,1936年6月14日。

　　为了扩大宣传和唤起民众共同起来救国,上海各界救国联合会在"三八"、"五九"、"五卅"等纪念日,举行了几次大的群众集会和示威游行。"三八"国际妇女节举行反日大示威,参加的男女群众万余人,"为'一二八'以来未有之壮举"①。5月30日,各界民众6000人举行大会纪念"五卅","盛大的集会,团结着六千人的心灵;壮烈的游行,唤醒了全上海的民众"②。上海救国运动得到宋庆龄、何香凝、冯玉祥的积极支持。

　　救国运动的最初发起者和参加者,主要是一小部分具有正义感的爱国知识分于,但不久以后,就有各阶层各党派的人参加。由于国民党残酷的白色恐怖,和王明第三次"左"倾机会主义路线错误,当时上海共产党的地下组织几乎遭到彻底破坏,许多共产党员如钱亦石、柳湜、曹亮、周新民、邓洁、胡乔木、周扬、顾准、钱俊瑞、张执一、王新元、王纪华等,都参加了各界救国会,成为其中的骨干,他们把中共建立抗日民族统一战线的主张带了进去,大大加强了救国会的力量。据章乃器回忆说:"那时党在上海的地下组织尽遭破坏,当然更没有用党组织的名义来同我们接触的。事后发觉,这是一些隐蔽下来的党员,主要地也是激于'国亡无日'的危惧,产生了一种认为不论为党还是为祖国都应该奋不顾身地加倍努力的自觉,从而起来推动工作的。周新民、钱亦石便是这些人的例子。他们所运用的不是党的某一个文件,而是党在长时期中对于他们的教导,是一些重要的理论原则和重大的政策原则,这些原则在不断的斗争锻炼中,已经驯化为可以用通常语言表达而为一般人所喜闻乐见的他们自己的思想,而不是生硬的、难于接受、难于消化的教条。这种成熟的自觉的东西,和我们的自发的但是已经经过深思熟虑的东西,很容易融合,从而产生了一批气势磅礴、热情奔放而又言之

---

① 《救国时报》(巴黎),1936年3月10日;《上海文化界救国会会刊》创刊号,1936年3月28日。

② 《救亡情报》第5期,1936年6月7日。

有物的救亡文献。"①1936年4月下旬,冯雪峰受中共中央的委派,从陕北到达上海。他到上海不久,即与沈钧儒接上了头,同时还会见了章乃器,向他们传达毛泽东及共产党中央的抗日民族统一战线思想和政策,并同他们建立了关系。后来中共中央又在上海成立办事处,由潘汉年任主任,冯雪峰为副主任,潘委派胡愈之分管救国会的事。救国会的活动从此也就成为中国共产党领导的新民主主义革命事业的一部分。

救国会是一个松散的半公开的群众团体,入会没有什么限制,只要不是汉奸卖国贼,主张抗日救国,赞成抗日民族统一战线的人,不论属于什么党派,什么阶层,以及从事何种工作,都可以参加。除共产党人外,还有国民党、国家社会党、第三党、中华民族革命同盟的成员参加,大部分则是无党无派的爱国人士。由于是这样一群人的结合,因此除了抗日救国这一个大目标相同外,在抗日的方法和其他问题上,则很难趋于一致。各党各派政治观点的分歧常常在救国会内部反映出来,其中一个经常发生争论的问题,即是如何对待国民党。以王造时为代表的包括国社党、第三党在内的一小部分人主张反蒋抗日;而以沈钧儒、章乃器为代表的大部分无党派成见的人,包括许多共产党员在内,则从全民族团结抗日的立场出发,同时考虑到蒋介石和南京政府有可能抗日,以及国民党统治区具体情况,如避免和当局发生对抗,争取救国运动的公开合法,以求生存和发展,不主张一般地整个地反对国民党,笼统地提反蒋的口号,而只是反对它的不抵抗和内战政策;认为只有这样才能得到群众更多的同情和支持,有利于救国会队伍的扩大和救国运动的开展。

上海救国运动的开展,在各地引起了连锁反应。北平、南京、武汉、天津、广西、山东、杭州等地的妇女界救国会和文化界救国会随之相继成立,并与上海"文救"和"妇救"取得联系。北平文化界救国会率先于

① 章乃器:《我和救国会》,《救国会》,第443页。

1936年1月27日成立,有文化界、教育界、新闻界的知名人士一百五十余人参加,选举马叙伦、白鹏飞、陈豹隐、张申府、崔敬伯等三十一人为干事。发表宣言,完全赞同上海文化界救国会两次宣言所提出的一切主张,指出:中国的危亡已到最后关头,整个民族快要沦为奴隶,我们不能等待、迟疑,"只有起来抵抗,是民族的生路,也是我们的责任。……我们宁为自由而死,不为奴隶而生"①。

二　全国各界救国联合会的成立及其政治主张

1936年上半年,日本在华北大量增兵,华北五省名存实亡,民族危机进一步加深。形势的发展迫切需要将各地的救国力量团结起来,建立一个全国统一的救国联合阵线,以进一步推进抗日救国运动。同时,救国运动的倡导者们认为,只有人民自己首先联合起来,才能促进国内各党派的联合,形成全国全民的抗日民族统一战线。

这一年1月,平津学联代表在山东济南与齐鲁大学学生开会,议决发起成立全国学生联合会,并筹备全国各界救国联合会。3月间,在上海召开的全国学生救国联合会筹备会,把促进全国各界救国联合会的成立作为它的工作任务之一,随后派人前往华北、华中、华南各地联络,物色邀请出席全国学联成立会和全国各界救国联合会的代表。

经过两个多月的筹备,在宋庆龄、马相伯、沈钧儒、章乃器的号召和领导下,1936年5月31日至6月1日,全国各界救国联合会(以下简称全救会或救国会)在上海圆明园路中华基督教青年会全国协会召开成立大会,到会有华北、华南、华中及长江流域二十余省市六十多个救亡团体代表共七十余人,有沈钧儒、章乃器、王造时、史良、沙千里、吴耀宗、钱亦石、钱俊瑞、胡子婴、杜君慧、潘大逵、高士其、曹亮、王新元、黄

---

① 《大众生活》第1卷第14期,1936年2月15日。

敬、刘江陵、李嘉宇、陆璀、董毓华、张申府、刘清扬、曹孟君、孙晓村、薛
保鼎、汪德彰、狄超白、王枫、何伟、段君毅、何明理、吴祖贻、李章达、何
思敬、吴涵真、石不烂、洪飙、方少逸、吴超炯、谭冬青、唐守愚、徐范、李
仲融等①。第二天(6月1日),又有无锡、泰安和十九路军代表赶来参
加大会。主席沈钧儒致开会词说:"目下中国的危机,已经不是'国难严
重'四字所能全部表现,而是快到亡国境地了。所以,全国不愿意做亡
国奴的同胞,实在有大家团结起来的必要。同时,我们一定要促进全国
各党各派各实力分子,停止内战,一致联合,抗日救国。但是人民自己
假使不先联合起来,便无从促进各党各派合作的。"②会议听取了平津
民族解放先锋队、南京救国协进会、上海各界救国联合会、广东教育界、
广西全省学联会、武汉文化界救国会等三十余团体代表的报告,通过了
《全国各界救国联合会成立大会宣言》、《抗日救国初步政治纲领》、《全
国各界救国联合会章程》等重要文件,选举宋庆龄、何香凝、马相伯、邹
韬奋、吴耀宗等四十余人为执行委员,沈钧儒、章乃器、李公朴、王造时、
史良、沙千里、陶行知、孙晓村、曹孟君、张申府、刘清扬、何伟等十四人
为常务委员。《救亡情报》记者报道说:"综计大会继续二日夜,各代表始
终精神鼓舞,尤其是大会对于抗日救国,完成具体的共同认识,形成全国
人民的民族大联合战线,实为救国之一更高阶段的表现。"③从此,救国
运动有了一个全国性领导机构和更明确的救国方针,这对于联合全国
各种抗日救国力量,推动救国运动的向前发展,是有极大的意义的。

　　全救会的宣言和政治纲领等文件指出:日本大陆政策的主要目的
在灭亡中国,中国人民唯一救亡图存的要道,在全国各实力派即日停止

---

　　①　参加全救会成立大会的人,无纪录可查,这个名单是作者根据调查访问得来
的,参见《救国会》,第94页。

　　②　《全国各界救国联合会成立大会纪详》,《救亡情报》第6期,1936年6月
14日。

　　③　《全国各界救国联合会成立大会纪详》,《救亡情报》第6期,1936年6月
14日。

一切自相残杀消耗国力的内战，从速团结起来，一致对外，废弃一切引导人民亲敌、堕落民族气节的所谓"合作"、"亲善"、"敦睦邦交"等可耻口号，并给予人民以抗敌的组织和言论的自由。谁如果"放弃了当前的大敌，对敌人作无限止的让步，而想用武力征服敌党敌派，用权威排除异己，用权术巩固政权，那结果反只有使人心离散，而自陷于覆亡"。"中央已往的错误，是在政治上放弃了民族革命的任务，而只在武力上企图征服全国；中央目前的错误，是对外放弃了民族共同的大敌，而只对内在消灭异己上面把国防力量作孤注之一掷。我们为整个民族打算，不忍再见任何力量在内部冲突中消耗，尤其不愿意中央在错误政策之下，消耗了它高度优势的实力"①。

　　文件规定全救会的宗旨是："团结全国救国力量，统一救国方策，保障领土完整，图谋民族解放。"②现阶段的主要任务是促成全国各党各派的团结合作，共同抗日；要求各党各派立即停止军事冲突，派遣正式代表进行谈判，"以便制定共同抗敌纲领，建立一个统一的抗敌政权"③。人民救国阵线愿为中介人，以全部力量保证各党各派对于共同纲领的忠实执行，制裁任何党派违背共同纲领以及一切足以削弱抗敌力量的行为；并且郑重声明：人民救国阵线没有任何政治野心，没有争夺政权的企图，而不过是要尽一份人民救亡的天职；它同国民党当局的抗争，只"是一个政策之争，而不是政权之争"④。还指出：中国需要一个争取自由独立的民族革命，是人民大众的一致要求，救国阵线的共同敌人，是日本帝国主义和汉奸；并且认定，民主制度的确立，是各党各派彻底合作的基本条件，因此要求保障人民结社、集会、言论、出版的自由，坚决反对以指导民众组织名义消灭民众组织，以统制舆论名义消灭

----

① 《救国会》，第89页。
② 《救国会》，第106页。
③ 《救国会》，第90页。
④ 《救国会》，第91页。

舆论。文件还提出外交上要求联络欧美、苏联和弱小民族,建立太平洋安全制度,并对国内教育、工商业、士兵、劳工、农民、妇女、儿童、国内民族、侨胞、失业及灾荒等问题,提出了具体方案①。

7月15日,沈钧儒、章乃器、陶行知、邹韬奋四人联名发表《团结御侮的几个基本条件与最低要求》的重要文章。文章系潘汉年授意,由在香港的胡愈之、邹韬奋起草,陶行知适因出席欧洲世界新教育会议和世界学生青年大会途经香港,亦参与了商讨。文稿完成后,由邹韬奋携至上海,再与沈钧儒、章乃器等救国会同人作详尽的讨论并修改,最后由四人署名发表②。文章分析了国内一般政治形势,系统地阐述了他们关于建立救亡联合阵线(亦即抗日民族统一战线)的立场和主张。文章明确要求蒋介石国民党改变先安内后攘外的政策,与红军停战议和,共同抗日,指出:"五年来安内的经验告诉我们,这一主张是失败了。五年来安内的结果,剿共军事并没有片刻停止,到最近中央和西南却发生了裂痕。可见安内政策并不能促成真正的内部统一,而唯一得到'安内'的利益的,却是我们共同的敌人。照这样情形下去,恐怕'内'不及'安',而中国全部早成为日本的殖民地了。"文章表示赞同中国共产党提出的停止内战,建立抗日民族统一战线的主张,希望共产党在"具体行动上,表现出他主张联合各党各派抗日救国的一片真诚";要求"红军方面,应该立即停止攻袭中央军,以谋和议进行的便利;在红军占领区域内,对富农、地主、商人,应该采取宽容态度;在各大城市,应该竭力避免有些足以削弱抗日力量的劳资冲突"。还要求共产党纠正党内某些青年在救国运动中,"提出阶级对阶级的口号,以及反对国民党和国民政府的口号,以破坏联合战线"的左倾幼稚行动。文章表示要坚定不移地站在救亡阵线的立场上,不动摇,不妥协退让,直到中华民族解放取

①　《救国会》,第97—105页。

②　《韬奋文集》第3集,第346页;《沈钧儒文集》,第542页;胡愈之:《我的回忆》,第301页;章乃器:《我和救国会》,《救国会》,第438页。

得完全胜利。

　　救国会的宣言、政治纲领和沈钧儒等四人联名的上述公开信发表后，引起国内各方面的强烈反响。巴黎《救国时报》全文转载了宣言和政治纲领等文件，编者按语中说："该会之成立，显然为我国救国运动一最重大的进展；该宣言与纲领之发布，显然为我国救国之最重要的文件。"①同时发表社论说：宣言不仅接受了四年以来我中华民族从血泪中所得来的一切教训，提出团结抗日的主张，"正是目前时局的重心"，"恰代表了全国人民的心声"②。一篇题为《良药》的文章说：沈钧儒等团结御侮的文章，各方应把他们的意见当做苦口的良药，逆耳的忠言。"不抵抗无以救亡，不缔结联合战线无以抵抗，不争取国共合作，无以形成联合战线。四位先生不辞大声疾呼，正给了我们以良好的示范，就是我们要以集锐攻坚的态度，来争取国共合作的实现。"③一位署名为"忠实的国民党员"在信中指出："四位先生的宣言，不独给了我们救亡联合战线的正确立场，而且指出了目前各党各派的最低任务，说得真是诚恳、中肯、具体、公平与周到。这宣言给我以极大的勇气来说话。我身为国民党党员，忠实于革命事业的国民党员，是百分之百的赞成宣言的每一句话每一个字。"④还有的读者撰文说："他们的话是代表着千千万万的民众从心坎儿发出的要求。联合各党派一致抗日，已不是某一党某一派的主张，而是全国民众共同的愿望。读了这个宣言以后，使我对国事前途抱着无限的乐观，因为中国内部渐渐的团结；同时也更明白了国内团结问题的症结之所在。"⑤成都救国会的《力文半月刊》第四期刊载了"团结御侮"的文章后，受到各阶层群众的重视，广大青年更是争相

---

　　①　《民族出路问题论坛》，《救国时报》，1936 年 7 月 8 日。

　　②　《救国时报》，1936 年 7 月 8 日。

　　③　《救国时报》，1936 年 8 月 30 日。

　　④　《救国时报》，1936 年 9 月 10 日。

　　⑤　何伟：《读〈团结御侮的几个基本条件与最低要求〉以后》，《救国时报》，1936 年 9 月 5 日。

阅读,影响很大①。冯玉祥后来写道:"《团结御侮的几个基本条件与最低要求》这篇文章真是震动了全中国各界的人们的心。大家都希望按照他们这篇文章去做,并希望马上就实行。"②

中共中央和毛泽东充分肯定了救国会提出的全国团结一致,抗日救国的主张。1936年8月10日,毛泽东在给章乃器、陶行知、邹韬奋、沈钧儒及全国各界救国联合会一封信中,对救国会的宣言与纲领,以及《团结御侮的几个基本条件与最低要求》文章,表示极大的同情和满意,说:"这些文件已经在我们这里引起了极大的同情和兴奋,认为这是代表全国最大多数不愿作亡国奴的人民之意见与要求。因此,我特代表我们的党、苏维埃政府与红军,向你们致送热烈的敬礼! 同时并向你们及全国民众申明:我们同意你们的宣言、纲领与要求,并愿意在你们这些纲领和要求下面,同你们同一切愿意参加抗日救国的党派、团体和个人诚意合作与共同奋斗!"他在信中还指出,共产党员应当参加各地方的救国运动和救国组织。"我们愿意经过这些团体和运动贡献我们所有力量,并在这些团体中和各党各派及一切不愿作亡国奴的人民,共同为挽救中华民族的灭亡而奋斗。但我们的党员绝对遵守服从这些团体的章程、纲领和大多数通过的决议。"毛泽东在信的最后表示:"我们很荣幸的签字于各界救国联合会的纲领之后!"③

毛泽东随后在另一封信中又说:"先生们抗日救国的言论和英勇的行动,已经引起全国广大民众的同情,同样使我们全体红军和苏区人民对先生们发生无限的敬意! 但要达到实际的停止国民党军队对红军进攻,实行停止内战一致抗日,先生们与我们还必须在各方面作更广大的努力与更亲密的合作。"毛泽东在信中还宣布已委托潘汉年与他们联

---

① 林蒙:《成都地区的抗日救亡运动》,《大西南的抗日救亡运动》,第1页。

② 冯玉祥:《我所认识的蒋介石》,黑龙江人民出版社1980年版,第56页。

③ 《中共中央抗日民族统一战线文件选编》(中),档案出版社1985年版,第195—205页。

系,交换意见,并转达对他们的热烈希望①。

三　各地救国运动的开展

全国各界救国联合会成立后,决定在各地设立分会和各种形式的抗日救国组织,以推进救亡运动。在它的指导和影响下,各地救国组织进一步发展和加强,海外华侨中也建立了抗日救国联合会。抗日救亡运动广泛开展,进入一个新的发展阶段。几个重要的与全救会有密切关系的地区救国会组织,概述如下:

南京各界救国联合会:南京是国民政府的所在地,国民党统治的中心,控制十分严密,救国会是在秘密和艰苦环境中建立并进行活动的。孙晓村、曹孟君等出席全救会成立大会后,回到南京,积极活动,将原有各行业救国组织联合起来,于8月成立包括文化界、妇女界、职业界和学生界的南京各界救国联合会(简称"南救"),负责人除孙晓村、曹孟君外还有后文瀚、李庚、薛宁人、狄超白、王昆仑、吴茂荪、胡济邦、王枫、千家驹等。"南救"的组织情况:妇女界救国会的成员主要是小学教师和部分中学教师、大中学校学生、职业界妇女以及一些家庭妇女(其中多系冯玉祥部下家属)。文化界救国会发展了新文字研究会等团体以及文艺界中一些人士。学生救国会的主要队伍在金陵大学和中央大学以及安徽中学等几个学校中,在国民党的军事院校如辎重兵学校、步工兵学校中,也发展了组织。职业界救国会的组织主要依靠几个工人夜校和上海介绍的关系来发展的。中国农村经济会也参加了南京和上海的救国会组织。此外,通过王昆仑、孙晓村、千家驹的关系,"南救"同国民党的上层分子如张继、许宝驹等有一定的联系,其中冯玉祥、李德全对"南救"的活动十分关心。冯玉祥常常通过孙晓村、千家驹等给他讲学的机会,把一些重要消息告诉"南救",并对当时的政治局势作出分析。

---

① 《毛泽东书信选集》,人民出版社1983年版,第63—64页。

"南救"成立后，因为不能用本身的名义出现活动，曾以"绥远抗日后援会"的名义公开活动。"南救"与全救会始终保持密切联系，基本上每周由孙晓村、王昆仑去上海一次，汇报国民政府的内情，带回全救会的文件，有时还带回中共的文件①，它实际上是全救会的一个分会。

全救会华南区总部：简称"南总"，是全救会在华南的一个分支机构，总部设于香港。"南总"设理事会，由李章达、何思敬、吴涵真（以上三人任常务理事）、陈此生、陈希周、梅龚彬等人组成，李章达负总责，何思敬任宣传部长，吴涵真任组织部长。"南总"成立后，全救会曾派钱俊瑞、章乃器、胡子婴、张劲夫等人先后南下以取得联系，开展工作②。"南总"名义上负责指导广西、广东、福建省市救国运动，实际作用限于香港、广东两地。在"南总"领导下，9月18日，广东各界救国联合会筹备会成立。其宣言和纲领指出："全广东人民，只要不愿意做亡国奴的，不做汉奸的，不分党派、阶层、职业、团体、个人，都不容迟疑的参加到这救国联合会来。"③同时，东莞等县也成立了各界救国联合会。原定年底召开华南救国会代表大会，正式成立全救会华南分会，后因上海救国领袖沈钧儒等被捕而中止。

西北各界救国联合会：1936年初，西安一些中学学生和教职员组织了救国会，随后联合成西北抗日救国会。6月1日，西北抗日救国会的代表出席上海全救会成立大会后，又改名为西北各界救国联合会（简称"西救"），"西救"认定全救会的宣言和纲领就是它的宣言与纲领，将这两个文件翻印了两千多份，在群众及在野名流中散发，影响颇大，获得普遍的同情与支持④。"西救"的负责人之一徐彬如说："我们'西北

① 以上据孙晓村给著者写的关于南京救国会的回忆，见《救国会》第477—482页。

② 连贯：《"一二九"运动前后华南的爱国群众运动》，《"一二九"运动回忆录》第1集，第419页。

③ 《救亡情报》第21期，1936年10月11日。

④ 《救亡情报》第25期，1936年11月8日。

救联'的政治主张与政治纲领,也就是'全救'代表大会所决议的一切整体的意见与具体的计划。"①全救会鉴于西北抗日救亡工作已日见成效,建议"西救""以救联名义相机公开活动"②。"西救"从此逐渐公开组织,扩大活动,"九一八"五周年纪念日,它与正在筹建中的东北民众救亡会在西安联合召开了 8000 人的大会,并游行示威,向当地的国民党政府请愿,要求立即抗日。11 月下旬,全救会派执委张语还到西安参加"西救"工作。12 月 9 日,"西救"发表"一二九"宣言,并组织近万名学生和市民到临潼向蒋介石请愿,要求停止内战,一致抗日。悲壮的爱国游行队伍使张学良深受感动,从而对西安事变的发生起了促进作用。西安事变爆发后,"西救"正式公开,并在西安《解放日报》全文刊载了全救会的宣言与纲领③。西安事变前,"西救"下属救亡团体有学生救国会、妇女救国会等二十三个,事变后有极大的发展,新成立的各行各业救国会如雨后春笋,抗日救亡运动如打开闸门的潮水汹涌澎湃。"西救"的负责人有韩琢如(总务部)、杨明轩(交际部)、谢华(组织部)、张兆麟、徐彬如(宣传部)、宋黎、李祥九(民众武装部,西安事变后成立)、田润芝(妇女部)。

重庆、成都地区救国会:受"一二九"学生爱国运动和全国各界救国联合会成立的影响,重庆于 1935 年 12 月成立学联,展开各项救亡活动。1936 年 6 月正式成立重庆各界救国联合会。领导机构是干事会,下属有学生界、职业界、文化界、妇女界四个救国会组织。成都各界也同时涌现一批抗日救亡积极分子。他们出版了《力文》半月刊,宣传抗日救国主张,受到各阶层群众的重视。10 月 18 日,在成都青年会礼堂召开成都各界救国联合会筹备会。从此,四川的抗日救亡运动由宣传

---

① 《西北各界救国联合会宣传部负责人徐彬如的讲话》,《解放日报》(西安),1936 年 12 月 21 日。

② 《西北各界救国联合会宣传部负责人徐彬如的讲话》,《解放日报》(西安),1936 年 12 月 21 日。

③ 《解放日报》(西安),1936 年 12 月 21 日。

进入组织阶段。《力文》半月刊于 11 月间被国民党当局查禁，接着车耀先创办的《大声》周刊出版发行。1937 年 3 月 14 日，成都各界救国联合会正式成立①。

北平的救国运动虽然开展较早，但活动主要是在一部分文化教育界知识分子特别是青年学生中进行的。全救会成立后，曾两次派代表到北平与张申府等进步教授联系，促进救国运动的开展和救国力量的联合。1937 年 1 月 20 日北平各界救国联合会成立。2 月 1 日华北各界救国联合会成立②。主要负责人有张申府、许德珩、杨秀峰、黄松龄、刘清扬和张友渔，徐冰也参加了，但他不出面，对外活动主要是张申府和许德珩。"该会实际是中共的外围组织，接受党的领导，公开搞抗日救国工作"③。"七七"抗战爆发后，张申府到南京与沈钧儒会面，一起研究开展抗日救国问题，从此，北平、上海两个救国会联合会融合为一体。

此外，广西、武汉、杭州、济南等地也先后成立了救国会组织，并与上海全救会保持联系。

爱国华侨在民族危机刺激和国内蓬勃发展的抗日救国运动影响下，亦纷起组织抗日救国会，开展救亡运动。1936 年初，旅居欧洲各国华侨先后组织抗日救国会，但因没有"总的中心组织做指导，致救亡运动无密切关系，而呈散漫状态"④。8 月间，全救会代表陶行知、钱俊瑞和全国学联代表陆璀因出席国际会议到达巴黎，竭力宣传华侨团结抗日，建立救国联合会，各国侨胞纷起响应。9 月 20 日，全欧华侨抗日救国大会在巴黎召开，参加者有英、法、德、瑞士、荷兰等国华侨代表共四百余人。各代表发言一致表示奋起救国之决心，为华侨团结抗日救亡

①　林蒙：《成都地区抗日救亡运动》，《大西南地区的抗日救亡运动》，第5页。

②　《救国时报》(巴黎)，1937 年 3 月 31 日。

③　张友渔：《我的回忆》，中国人民政治协商会议北京市委员会文史资料委员会编：《文史资料选编》第 9 辑，第 12 页。

④　《全欧华侨奋起救国》，《救国时报》(巴黎)，1936 年 9 月 30 日。

之"空前盛举"①。陶行知、钱俊瑞和陆璀在大会上发言,阐明全救会团结御侮的主张,介绍了国内救亡运动进行情况,受到与会者的热烈欢迎。大会发表宣言,提出停止一切内战,团结全国军事力量,组织抗日救国军,武装民众,收复失地,保护祖国的主权和领土;政治上应不分党派,一致合作,确立民主制度,给人民以救亡结社集会言论出版的自由,释放一切政治犯等五项主张②。大会决定以该会为永久组织,定名为"全欧华侨抗日救国联合会",与全救会作密切之联络。全欧华侨抗日救国联合会成立后,对团结与推动华侨参加抗日救国斗争,起过重要作用。美国、暹罗(今泰国)、菲律宾、新加坡、缅甸、越南等国华侨也成立了各界抗日救国会,并与全救会保持联系。1936 年 11 月 22 日,纽约全侨抗日救国会通过决议,加入全救会,与祖国同胞团结一致,为抗日救亡而斗争③。

四　上海救国运动的进一步发展

上海是全国救国运动的中心,全救会成立后,救国运动有进一步发展。

茅盾是救国运动的积极支持者,是努力促成中国文艺作家救亡联合战线的一名战士。为推进爱国文艺作家在抗日救国的大目标下联合一致,1936 年 6 月 7 日,他和傅东华、夏丏尊发起成立中国文艺家协会④,入会者百余人。其宗旨为:"以联络友谊,商讨学术,争取生活保障,推进新文艺运动,致力中国民族解放。"⑤宣言声称:"文艺作家有他

---

① 《救国时报》(巴黎),1936 年 10 月 5 日。
② 《救亡情报》第 24 期,1936 年 11 月 1 日。
③ 《救国时报》(巴黎),1937 年 1 月 20 日。
④ 《救亡情报》第 6 期,1936 年 6 月 14 日。按:左翼作家联盟解散以后,原左联一部分负责人即筹组中国作家协会,后又改称文艺家协会。
⑤ 《生活知识》第 2 卷第 4 期。

特殊的武器。文艺作家在全民族一致的救国阵线中有他自己的岗位。"
文艺作家协会是"全民族运动中的一环","坚决拥护民族救国阵线的最
低限度的基本要求：团结一致抵抗侵略,停止内战,言论出版自由,民众
组织救国团体的自由！"①针对当时文艺界周扬提出的"国防文学"和鲁
迅的"民族革命战争的大众文学"口号上的某些分歧和争论,文艺家协
会特别提议,在全民族一致抗日救国的大目标下,文艺上主张不同的作
家们可以是一条战线上的战友,文艺主张的不同,并不妨碍我们为了民
族利益而团结一致；同时,为了民族利益团结一致,并不拘束了作家们
各自的文艺主张向广大民众声诉而听取最后的判词。"要求更多的作
家们来共同负起历史决定了的使命,把我们的笔集中于民族解放的斗
争"②。茅盾还就作家的联合战线和现阶段的救亡运动对《救亡情报》
的记者说："我们要求作家的条件,只能是这样：'你愿意救国。'否则,便
把联合战线的范围限止得太狭小了,不能争取一批比较落后的作家,共
同踏上争取民族解放的道路。"③

　　鲁迅当时虽然没有参加文艺家协会,但对救国会和文艺家协会倡
导的统一战线救国运动,表示完全的赞同和支持④。他说："民族危难
到了现在这样的地步,联合战线这口号的提出,当然也是必要的。"他主
张以文学来帮助革命,不赞成"徒唱空调高论,拿'革命'这两个辉煌的
名词,来抬高自己的文学作品"⑤。还表示："我对于文艺界统一战线的
态度,我赞成一切文学家,任何派别的文学家,在抗日的口号之下统一

----

① 《中国文艺家协会成立宣言》,《救亡情报》第 6 期,1936 年 6 月 14 日。

② 《生活知识》第 2 卷第 4 期。

③ 《茅盾之话》,《救亡情报》第 13 期,1936 年 8 月 2 日。

④ 据唐弢回忆说："鲁迅当时支持救国运动,但没有参加救国会的活动,他的文
章也很少提到救国会,是因当时斗争形势决定的。因鲁迅目标太大,国民党很注意他；
另外救国会的负责人为了照顾他的安全,也有意不让他参加。"(编者访问唐弢笔录)

⑤ 《前进思想家鲁迅访问记》,《救亡情报》第 4 期,1936 年 5 月 30 日。

起来的主张。"①6 月 15 日,鲁迅和巴金、黎烈文、张天翼等 63 人发表《中国文艺工作者宣言》指出:"一种伟大悲壮的抗战摆在我们的面前的现在,我们绝不屈服,绝不畏惧,更绝不彷徨犹豫,我们将保持我们各自固有的立场,本着我们原定坚定的信仰,沿着过去的路线,加紧我们从事文艺以来就早已开始了争取民族自由的工作。""我们愿意和站在同一战线的一切争取民族自由的斗士热烈的握手。"②

　　在文化领域内,抗日联合战线进一步扩大发展并具体化。9 月 20 日,平时不过问政治和国事的鸳鸯蝴蝶派作家周瘦鹃、包天笑等也都参加到抗日救国的文学运动中来,他们与鲁迅、茅盾、巴金、郭沫若、傅东华、谢冰心等联名发表关于团结御侮与言论自由的宣言。宣言分析了日本帝国主义加紧侵略所面临的危急形势后说:"我们是文学者,因此亦主张全国文学界同人应不分新旧派别,为抗日救国而联合。文学是生活的反映,而生活是复杂多方面的,各阶层的;其在作家个人或集团,平时对文学之见解、趣味与作风,新派与旧派不同,左派与右派亦各异,然而无论新旧左右,其为中国人则一,其不愿为亡国奴则一;各人抗日之动机或有不同,抗日之立场亦许各异,然而同为抗日则一。……我们不必强求抗日立场之划一,但主张抗日的力量即刻统一起来。"宣言还认为:"言论自由与文艺活动的自由,不但是文化发展的关键,而在今日更为民族生存之所系。"③要求政府当局即刻开放人民言论自由,凡是阻碍人民言论自由法规,如报纸检查、刊物禁扣等应立即概予废止。周瘦鹃、包天笑还将他们编辑的鸳鸯蝴蝶派刊物《礼拜六》贡献给救国阵线,连续几期刊载有不少关于救国的文章,如"双十节"专号就有章乃器的关于辛亥革命回忆及其他激发民族意识的文章。

----

① 《答徐懋庸并关于抗日统一战线问题》,《鲁迅全集》第 6 卷,第 529、530 页。

② 《作家》(月刊)第 1 卷第 3 号,1936 年 6 月;《文学丛报》(月刊)第 4 期,1936 年 7 月。

③ 《文学》(月刊)第 7 卷第 4 号,1936 年 10 月 1 日。

　　爱国戏剧运动也有新的发展。文化戏剧界同人发表宣言,反对租界当局压迫上演救国戏剧。为配合救国运动,周信芳排演了京剧《明末遗恨》,描写当时汉奸误国的情景非常动人,给予社会的影响很大①。

　　继文艺家协会成立后,6月28日,由曾虚白、周新民、金则人等发起的上海著作人协会召开成立大会。全救会、文艺家协会、妇救会、全国学联代表沈钧儒、章乃器、何家槐、胡子婴以及王造时、李公朴等都在大会发表演说,强调著作人团结一致,负起救亡运动重任的必要性。章乃器着重指出:"文化人的任务,是站在指导救亡工作的地位。不待言,是先该把自己的统一战线建立起来。文化人的联合战线,和别的救亡联合战线也是一样的。联合战线无非是对付共同敌人的结合。我以为联合战线不是折中的,调和的,也不是说各党各派的人,参加了联合战线就放弃他们的主张,而是在一个同样【目标】下一致对外。"②由彭子冈、王纪元、周新民、成舍我、王造时、章乃器等140人签名发表的《上海著作人协会成立宣言》说,自"九一八"后四年多来,在民族敌人有加无已的进攻形势之下,中华民族已显然到了剥夺全体中国民众生存条件的最后生死关头。"每个中国人,为了要争取他们的生存,为了不甘做日本帝国主义的奴隶,都应该团结起来,联合起来,建立和运用集体的力量来粉碎敌人的侵略压迫,来挽救整个民族的最后危机。"中国觉悟的民众,已经团结起来,建立了铁一般的联合救亡战线,"每个著作人,为了争取自己的生存,都应该参加这一神圣的抗争,都应该参加这一民族解放的运动";"与一切救亡的集体力量联合起来,肩并着肩,展开和完成全中华民族解放的使命"③。

　　1936年下半年,上海工人救国会和学生救国会先后成立。职业界救国会到10月份已发展为七个干事会,共有会员一千三百多人,还联

---

① 《全国救国运动最近发展之鸟瞰》,《救国时报》(巴黎),1936年12月10日。
② 《救亡情报》第9期,1936年7月5日。
③ 《生活教育》第3卷第11期,1936年8月1日。

系了广大的职工和店员。"职救"的基层会员群众，主要是量才补习学校、中华职业教育社补习学校、立信会计学校的在职学生和蚁社社员，上海先施、永安等几个大百货公司的店员大部分都参加了"职救"。"职救"是上海救亡运动中一支生力军，上海各界救国联合会组织的一些大的群众性抗日救亡活动，主要参加者都是"职救"的会员及其所联系影响的群众。

全救会成立时，正值广东军阀陈济棠联合广西军阀李宗仁、白崇禧，为了扩张并加强自己的地位，以抗日反蒋为名，发动"两广事变"（详下节）。李、白等派陈劭先到上海与救国会联系，邀请沈钧儒和章乃器去广西，指名要章当财政部长，并交给救国会 2000 元捐款，要求给予支持，想通过救国会了解中国共产党的态度。与此同时，国民党在湘粤边境陈兵，准备在必要时对西南进行讨伐，内战一触即发。全救会常委们开会研究这一事变的性质及其所应持的态度，认为在当前严重的民族危机情势下，西南领袖提出抗日主张，并宣布北上抗日，是值得欢迎的；但应真正从抗日救国的立场出发，以国家民族利益为重，团结抗日，不宜轻率对内用兵，酿成内战，更不赞成中央讨伐西南。全救会发表对时局紧急通电，强调："务使全国兵力，一致向外，抗日战争，立即展开，恢复我已失之河山，拯救我被压迫之同胞。倘有违背此旨，发动内战者，则本会愿全国民众共弃之。"①《救亡情报》发表了《我们对于西南事件的认识和态度》、《反对内战！要求全国团结御侮》、《请求政府下令对日宣战》、《下令讨伐西南呢还是下令抗日》等一系列文章，指出："我们民众对任何一方都没有偏好，我们所拥护者为抗日救国，我们所反对者是不抵抗。所以我们希望中央和西南双方实现团结御侮的诺言，立刻发动抗日战争。"②"中国一切的内战无异自杀，尤其是中央与西南之争，

---

① 《全国各界救国联合会对时局紧急通电》，《救亡情报》第 6 期，1936 年 6 月 14 日。

② 《反对内战！要求全国团结御侮》，《救亡情报》第 7 期，1936 年 6 月 21 日。

非特消耗有用之国防力量于无谓之内争，而且徒为外敌利用。"①章乃器事后总结说："西南事件起来时，我们即决定表示同情，而绝对不放弃一丝一毫救国阵线的立场。那就是说，如果西南来加入救国阵线，接受了我们的纲领，我们是很欢迎的。但是我们不能放弃自己的纲领去依附西南。"②

7月10日，国民党五届二中全会开幕，全救会发表宣言说："在中国的政治舞台上，目下有两种不同的努力。一种是少数汉奸的活动：他们一面向地方当局进行分离运动，一面向中央请求讨伐运动；他们的目的在挑拨内战，消灭抗日。另一种是多数人民的呼声：他们赞同地方当局督促中央抗日，然而反对向外投降的分离运动；他们要求中央当局以抗日来统一，反对以内战求统一；他们的目的在消弭内战，促成抗日。"宣言要求二中全会接受人民的要求，督促中央立即对日宣战，"只要对外能够发动抗日战争，对内就可以根本消灭一切的纠纷"，"国内政权就可以在人民的欢呼中求得自然的统一"③。与此同时，全救会推派沈钧儒、章乃器、史良、沙千里、彭文应五名代表前往南京请愿，要求二中全会议决停止内战，立即对日作战，开放民众救国运动，并准许代表在大会上发言五分钟。国民党派中委、南京市市长马超俊出来接见。请愿虽未获具体结果，但南京中央当局并不以全救会为不合法而拒绝接见，马超俊且表示愿将请愿各点向大会报告，代表们认为这也是请愿的一个收获。

日本政府不顾我国主权，强欲在我成都设领，以作为侵略我四川之策源地，四川同胞群起反对。8月23日，四川旅沪各界谢持、杨庶堪、黄复生等二百余人联名发表宣言表示抗议，并在上海召开了大会，沈钧

---

①　《请求政府下令对日宣战》，《救亡情报》第7期，1936年6月21日。

②　《章乃器先生的谈话》，《救亡情报》第13期，1936年8月2日。

③　《全国各界救国联合会对二中全会宣言》，《生活教育》第3卷第11期，1936年8月1日。

儒、章乃器均被邀请出席，发表演说，予以声援。全国各界救国联合会同时致电南京政府和四川省政府，要求立即予以拒绝，"将外交情形随时公布，并火速备战，与敌人一拼"①。

9月初，国民政府外交部长张群与日本大使川越就解决中日争端在南京举行外交谈判，日方提出华北五省自治，中日经济合作，减低进口关税，取缔抗日运动，解散救国团体，中日合作防共等灭亡中国的条件。9月18日，全救会召开第二次执委会，针对这一新情况，提出严密组织，扩大救国阵线，加强吸收落后人物和争取张学良、冯玉祥等上层分子的工作②。宋庆龄因故未赴会，事后她致信执委们，对他们的工作给予肯定性评价："月来诸同志在各地努力奋斗，甚慰心怀，整个领导，亦甚正确，其所以能使运动日益开展者，非偶然也。惟救国功业，至为艰苦，如欲获得最后之胜利，尚须有更大之努力。尚希诸同志再接再厉，以取得民族之解放。"③全救会发表《为团结御侮告全国同胞》一文，揭露日本帝国主义灭亡中国的新阴谋，要求国民政府立即停止外交谈判，团结全国力量，共同抗日，并且重申："救国阵线在唤起群众与组织群众上的努力，目的是单纯的，那就是：在战争以前是督促政府抗日，而在战争以后是拥护政府抗日。"④

随即上海的救国会会员与爱国市民印就《为中日外交已到最后关头宣言》，发起广泛的签名运动，拟签名十万人后呈送政府，以示民意，数日内即有一千六百余人签名⑤。南京救国会亦印发《为中日问题敬告全国同胞》一文，征求广大同胞签名。10月14日，北平文化教育界

　　①　《救亡情报》第20期，1936年10月4日。

　　②　《全救会第二次执委会时事报告》，《救亡情报》第22期，1936年10月18日。

　　③　《宋庆龄先生给全救第二次执委会信》，《救亡情报》第22期，1936年10月18日。

　　④　《救亡情报》第21期，1936年10月11日。

　　⑤　《上海各界爱国市民发起签名请愿运动》，《救亡情报》第26期，1936年11月15日。

代表徐炳昶、顾颉刚、钱玄同等七十余人,起而遥相呼应,发表对时局宣言,向政府提出立即集中全国力量,在不丧失主权的原则下,对日交涉;中日外交绝对公开;反对日人干涉中国内政及在华的非法军事行动;反对在中国领土内以任何名义成立由外力策动之特殊行政组织;反对日本在华北有任何所谓特殊地位;反对以外力开发华北、侵夺国家处理资源之主权;立即以武力制止走私活动;立即出兵绥东,协助原驻军队剿伐借外力以作乱之土匪共八项要求,嗣后陆续在这份宣言签名者多达一百五十余人,"实可代表华北一般知识阶层之真正意见"①。上海各界救国联合会等团体闻讯后立即致电响应说:"此间同志认为生死搏斗之时期已至,吾人任务重大,决非一纸文书之所能了事。切望北方同志能即日更进一步,先自加紧组织,同时切实领导青年并扩及一般民众,成为坚不可摧之统一阵线,为实力派抗战之后盾。敝会等自当遥为呼应,合力进行,以争取民族解放之最后胜利。"②10 月 18 日,上海实业界、教育界褚辅成、穆藕初、项康元、沈恩孚、黄炎培等 215 人也联合发表《为团结御侮告全国同胞书》的通电响应,说日本如有"轨外行动",政府应"立以武力制止,遏未来之萌蘗,收已失之桑榆,万勿存投鼠忌器之心,贻噬脐莫及之悔③,并表示完全赞同北平文化教育界宣言中提出的各项主张。由于人民和舆论的压力,加上国民党内抗日倾向的增长,南京政府后来在中日谈判中采取了比较强硬的态度,使谈判停顿下来。

从 8 月开始,日本帝国主义及其豢养的伪蒙军侵犯绥东,随后发动了对绥远大规模的进攻,全救会和上海各界救国联合会等团体立即发表宣言,呼吁援绥抗日。9 月 6 日,救国会组织三百多个宣传队共约 2000 余人,走上街头,进行援绥募捐,并分送宣传品,扩大抗日宣传,当

---

① 《国闻周报》第 13 卷第 43 期,1936 年 11 月 2 日。

② 《上海各救国团体致北平文化界快邮代电》,《救亡情报》第 23 期,1936 年 10 月 25 日。

③ 《国讯》第 144 期,1936 年 10 月 21 日。

日接触群众数万人。救国会立即将所募得款项如数全部汇交绥省主席傅作义,作为犒劳前线士兵之用。傅作义收到后,复函称救国会诸先生"热心爱国,慷慨输将,拜领之余,莫名惭篆"①。后来傅作义在接见上海《大公报》记者时曾说:"我跟他们并没有关系可言,以前也不认识,未曾见过面,不过,在绥远抗战时,我们这儿收到的第一件捐款,是他们救国会捐来的,而且都由他们这几位先生署名在沪经募的。"②11月,在全国范围内掀起了风起云涌的援绥运动。南京救国会在孙晓村、曹孟君等人领导下,与王昆仑、许宝驹等密切配合,并取得冯玉祥的大力支持,推动国民政府中的上层人士如张继、孙科、居正、覃振等发起援绥抗日运动。11月中旬,在南京中央饭店召开各界人士参加的援绥大会,由国民党元老张继主持会议,并发表讲话,国民党左派如经亨颐、柳亚子和不少立法委员、监察委员都到会参加。大会通过成立"首都各界援绥后援会"。这次大会在一定程度上冲破了国民党不准抗日救国的禁令,使南京的救国运动出现了高潮。会后开展的抗日救亡宣传和募捐运动,一直深入到政府各机关、学校、工厂、商店以及医院的病房里,成为1932年以来南京规模最大的爱国运动③。此外,华北、西北、华南地区,在当地救国会参与领导下,也开展了大规模的群众性援绥抗日运动。

11月中旬,全救会再次发表《为绥远问题宣言》,要求政府发动全国规模的抗战,立刻停止内争,停止和日本的谈判。同时分别打电报给国民政府和张学良、傅作义、宋哲元、韩复榘等,要求出兵援绥,坚决抗日。给张学良的电报说:"中央信誓旦旦,以不丧失寸土及丝毫主权为言,绥远岂仅寸土,权利何止丝毫,若又以绥远为地方冲突,默认沦亡,

---

① 《救亡情报》第24期,1936年11月1日。

② 《桂林日报》,1937年4月11日。

③ 以上据孙晓村给著者写的关于南京救国会的回忆,见《救国会》,第481—482页。

则国事真不必闻问矣！望公本立即抗日之主张,火速坚决要求中央立即停止南京外交谈判,发动全国抗日战争,并电约各军事领袖,一面对中央为一致之督促,一面对绥远实行出兵援助。事急国危,幸即图之。"①

在援绥抗日运动热烈开展的同时,上海日商纱厂工人数万人,因不堪日本资本家剥削压榨,同时受上海抗日爱国运动的影响,于11月上旬开始举行反日大罢工,提出增加工资,保护工人权益,反对日兵进厂压迫工人等12项条件。救国会发表宣言,呼吁全国同胞援助,并组织罢工后援委员会,予以支持,将募得的捐款在纱厂附近的市场上买了米票,直接发给因罢工而遭到生活困难的工人和家属。罢工最后获得了胜利。

11月12日孙中山诞辰纪念日,救国会发表《为纪念孙中山先生诞辰告全国同胞书》的文章,认为"救国阵线一再提议联合英、美、法、苏,成立太平洋反侵略的集体安全制度,这就是先生当时联俄政策的发展;救国阵线一再提议联合全国各党各派及社会各阶层,建立全民族的抗日统一战线,这就是先生当时容共政策的发展;救国阵线一再提议改善工农生活以增强抗日的力量,就是先生当时保护工农政策的发展"。文章指出,政策的含义虽然由于时代的改变有所不同,但"民族解放的路线是一贯的";还说:孙中山的三大政策在 1925 年—1927 年的北伐战争中取得伟大胜利,当前救国阵线师承他的遗教决定的联合战线也必然会胜利。要求每一个救国战士学习孙中山不屈不挠的革命精神,抱宁死不做汉奸顺民的决心,和敌人拼死斗争,取得抗日战争的伟大胜利②。宋庆龄也写了纪念词,要求继承孙中山的遗志,建立反侵略的国际联合战线及联合各党派各阶层的民族统一战线,争取中华民族的解放③。沈钧儒发表的《孙中山主义与救亡阵线》一文说,孙中山有"博大

---

① 《救亡情报》第 27 期,1936 年 11 月 22 日。

② 《救亡情报·中山先生诞辰纪念号外》,1936 年 11 月 12 日。

③ 《救亡情报·中山先生诞辰纪念号外》,1936 年 11 月 12 日。

宽容"的革命人格,所以"是民族联合阵线的首创者"。"孙中山主义就是救国主义,而三大政策就是救亡联合阵线政策"。救国阵线所倡导的各党各派联合御侮的政策,与孙中山手订的联共政策,"立意完全相同"。文章还强调指出:"打开窗子说亮话,现在共产党固然一时消灭国民党不了,国民党也一时消灭共产党不了,按照过去'剿匪'的经验,我们可以晓得,而抗战却已万万不能再行等待。那么只要共产党能够改变反国民党、反政府的策略,恢复孙总理的联共政策,停止一切内战,以共同对外,还会有什么问题呢。"①是日救国会在上海静安寺路女青年会举行盛大的纪念大会,有千余人参加。李公朴、章乃器、王造时、史良、沈钧儒、沙千里均在会上发表了演说,一致高度赞扬了孙中山"锲而不舍"的革命精神,表示要继承他联俄、联共、扶助农工三大政策,加紧民族解放斗争的活动,以挽救当前严重的民族危机。

　　救国运动普遍深入到各阶层,不但为工人、职员、知识分子和青年学生所拥护,而且得到工商界人士和某些国民党上层军政人员的同情与支持,促进了国民党统治集团内部的分化。救国会以它鲜明的抗日爱国号召和艰苦努力精神,团结了广大群众,据估计,到1936年底,全国救国会会员达数十万人②。救国会广泛宣传了建立抗日民族统一战线的主张,对推动抗日民主运动,促进国内和平,起了重要作用。

第三节　抗日救亡运动的影响

一　两广"六一"事变

　　1936年6月1日爆发的"两广事变"(亦称"六一"事变),是广东实

---

　　①　《沈钧儒文集》,第262—264页。
　　②　《火线下的救亡运动》,《时论半月刊》1936年11月30日;马相伯、何香凝、宋庆龄:《为七领袖被捕事件宣言》,《救亡情报》1936年12月18日。

力派陈济棠，广西实力派李宗仁、白崇禧等为反对蒋介石剪除异己，吞并地方势力而发动的一次事变。这次事变的主要特点是打出"出兵抗日"的旗帜，从反蒋抗日到逼蒋抗日。

两广事变是在民族危机日趋加剧，全国人民抗日救亡运动高涨的历史背景下发生的。其导火线是蒋介石要撤销国民党中央委员会西南执行部和西南政务委员会，消除两广半独立局面。两广地方实力派与蒋介石长期存在矛盾。1931年2月，粤系领袖胡汉民因约法事件被扣留，陈济棠乘机夺取广东大权，树起反蒋旗帜。1932年蒋复出总揽军权，1935年11月兼任行政院长，实际上重新掌握了国民党党政军大权。原广州非常会议虽早已撤销，但继之成立的"国民党中央委员会西南执行部"、"国民政府西南政务委员会"和"军事委员会西南军事分会"，仍以"均权分治"的名义在两广继续存在，保持着半独立的状态。

1932年1月陈济棠任西南军分会委员长兼执行部和政委会常委，其后把广东党政军的权力集于一身，登上了"南粤王"的宝座，并借助西南盟主胡汉民的资望及西南三机构招牌，与蒋介石抗衡。广西桂系李宗仁、白崇禧则利用上述情况，积极推动陈济棠等西南地方实力派组成反蒋联合阵线，以抗衡蒋介石的"削夺"。当蒋介石以全力用兵"剿共"之时，对两广的半独立状态暂取容忍态度，蒋在能腾出手来时，就下决心剪除异己势力。1936年1月，蒋继染指川、黔、滇之后，便将矛头转向西南的两广。

蒋介石要解决西南地方割据，削夺两广，蓄谋已久。其首要目标是拉拢西南盟主胡汉民。早在1934年，蒋介石以国民政府为名，诱胡北上，胡未为所动。次年初，国民党中央召开五届一中全会，蒋介石再次以调整负责人名义，提胡汉民为中央常务委员会主席的高位拉胡入京，又为胡所拒。胡汉民一方面依靠陈济棠的军事实力与蒋对抗，另一方面又受制于陈济棠，深感在粤无可作为，遂以养病为由赴欧游历。1936年1月5日，胡汉民准备回国。蒋介石特派司法院长居正及叶楚伧、陈策专程去香港，准备把胡汉民接到南京，就任国民党中央常务委员会主席。1月7日,蒋又特派魏道明为蒋私人代表持蒋亲笔信直赴新加坡迎候胡汉民,并电胡入京主持中央大计。西南方面则先派了与胡关系密切的西南政务委员会刘芦隐、潘宜之、林翼中、李晓生到新加坡等候。陈济棠为拉住胡汉民,与李宗仁、白崇禧商议,并接受白崇禧提出的三点办法:(一)政治上尊重;(二)经济上支持;(三)生活上照顾。1月25日,胡汉民拒绝蒋介石之邀,从香港到广州。陈济棠为他安排了盛况空前的欢迎仪式和大会,表示西南愿意接受并需要胡汉民的领导。1月30日,胡汉民电复蒋介石,以"须稍休养"为名,拒绝入京。胡居住广州,时而同陈济棠、李宗仁等西南军政要人磋商政局,或约见各界,发表谈话,抨击蒋介石的内外政策。蒋对此极为忌恨,决心相机结束西南半独立局面,加强中央集权。就西南的政局来看,胡汉民为国民党元老,德望素著,推举胡做西南领袖,主掌西南党务和政事,原是顺理成章的事。但是,陈济棠担心独霸广东地盘,称雄南粤将受到胡的牵制,唯恐实权旁落。故陈济棠千方百计留住胡汉民,并非为了实施胡汉民提出的一系列政治主张,只是想用胡汉民作为与南京对抗的政治筹码而已。

　　5月12日,胡汉民在其妻兄、西南政务委员会秘书长陈融家中下围棋,因构思过度,突然从坐椅翻落在地,右侧脑溢血,抢救无效,在广州颙园逝世。胡汉民一死,两广靠山顿时倒塌,阵脚晃动,西南局面发生了根本变化。

　　蒋介石认为西南盟主胡汉民之死,是解决两广问题的大好机会。5月13日,蒋电陈济棠,请其兄陈维周赴京晤谈。次日,陈维周乘飞机往南京见蒋。蒋介石对陈维周说:中央将对桂用兵,但维持广东现状,嘱其转达陈济棠。陈在南京探悉"中央解决西南的三大原则:(一)彻底解决广西李、白,由中央协助广东出兵。(二)驱逐萧佛成等反蒋的元老离粤。(三)广东仍维持原来局面"①,企图挑起粤桂战争,拆散两广联盟。

---

　　① 《李宗仁回忆录》(下),广西文史资料研究委员会1984年版,第662—663页。

陈对此大惊失色,认为粤桂唇齿相依,桂系若垮,广东地盘何存? 与其坐以待毙,不如铤而走险,先发制人,联合桂系共同反蒋。

蒋介石见陈济棠动作迟疑,于5月19日,以祭胡汉民为名,派孙科、王宠惠等到广州,要求两广当局加强与全国"精诚团结"。次日,由王宠惠出面,对陈济棠提出五项条件:(一)西南执行部和西南政务委员会取消;(二)改组广东省政府,省主席林云陔调京任职;(三)在西南执行部和政委会工作的负责人,愿意到京工作者,中央将妥为安排,愿意出国者,将给以路费;(四)陈济棠的第一集团军总司令改为第四路军总指挥,各军师长由军委重新任命;(五)统一币制。这五条实际上是要陈济棠把广东军权和政权交还南京①。这也就是说,陈济棠必须从"南粤王"宝座上退下来,同时表明了蒋介石已把先收拾广西,稳住广东的战略方针,改为先解决广东,再吃掉广西,以实现各个击破,彻底解决两广问题。

陈济棠当即与前来吊唁胡汉民的白崇禧密商,催促李宗仁迅速到广州共商大计。时值华北日本侵华气焰嚣张,逼蒋签订了《塘沽协定》、"何梅协定"、《秦土协定》之后,又对华北大举增兵,威逼中国签订中日"共同防共协定"。而蒋介石坚持"攘外必先安内",对日一再退让,已激起全国人民的义愤。陈济棠看到当时抗日救亡运动的兴起,一个可供利用的借口是"掮起抗日大纛,要求中央领导抗日"②。他致电李宗仁,认为全国民众抗日救国呼声日高,两广联合反蒋,唯有打出"出兵抗日"大旗,才能争取全国民众的支持和响应。

白崇禧见陈济棠抗日反蒋意志坚决,势在必行,而两广原属一体,广东一旦发动,广西方面不论愿与不愿,也必被拖下水。另一方面,白崇禧认为蒋介石军队的主力正集中在黄河流域,急于解决西北剿共问题,又要防范山东的韩复榘、山西的阎锡山、陕西的张学良和杨虎城发

---

① 程思远:《政坛回忆》,广西人民出版社1986年版,第77页。

② 《李宗仁回忆录》(下),广西文史资料研究委员会1984年版,第663页。

生异动,加上华北日本侵华局势吃紧,蒋介石决无余力可以南犯;两广联合打出抗日旗帜,进可以争取全国舆论同情,扩大西南声势,退可以使蒋投鼠忌器,向西南让步。陈济棠敢于起事反蒋,还受其兄迷信阴阳五行、星相之术的陈维周及身边术士翁半玄的怂恿。陈维周入京谒蒋回粤后,对陈济棠说,蒋介石实在没有帝王之相,气运将尽,难过民国二十五年(1936)这一关。术士们也进言,谓蒋气数已尽。伯公(陈济棠字伯南)运气正阳,不顺天应人取蒋而代之,还待何时。翁半玄为陈济棠扶乩,得"机不可失"①之语,加上白崇禧对形势的分析,认定举兵反蒋时机已到。

李宗仁于5月20日飞抵广州,与陈济棠商议两广联合行动。两广方面为抗日反蒋着手军事部署。白崇禧与陆军少将、高级参谋刘斐到粤桂边境视察地形,并拟定出作战计划:对福建和贵州方面采取守势;对江西、湖南方面采取攻势;粤军主力集中在全州、桂林地区,准备进攻湖南,并在粤桂两省与各邻省的边境地区构筑防御工事。

两广方面的兵力如下:

陈济棠的第一集团军,原有三个军,军长余汉谋、陈济棠、李扬敬,副军长李振球、张达、黄廷祯,每军三个师,师长是莫希德、叶肇、邓龙光、巫剑雄、李振良、李汉魂、黄质文、张瑞贵等,另外有独立师,师长黄任寰,一个教导师,师长缪培南,一个独立旅,旅长陈章,一个警卫旅,旅长陈汉光,四个警卫团及财政厅的两个特务营。事变时,又以原来的独立师和教导师为骨干,扩编为四、五两个军,以黄任寰、缪培南为军长。粤军共有七十个团,共计二十万左右的兵力。

李宗仁的第四集团军有两个军,第七军军长廖磊,第十军军长夏威。临时又扩编两个军(包括第十九路军的翁照垣师)。另外有作战能力的广西民团九十九个大队,共计约有十多万兵力。

---

① 阚宗华:《陈济棠、李宗仁、白崇禧发动两广"六一"事变经过》,《陈济棠史料专辑》第2辑。

两广兵力总计，陆军有三十万人以上；空军有广东六个中队，司令黄光锐；广西三个中队，司令林伟成；海军有广东江防舰艇数十艘，司令张之英。

陈济棠、李宗仁、白崇禧以中国国民党西南执行部的名义，于5月27日发出"反对日本增兵华北"的通电，打响"两广事变"的信号。6月1日，西南执行部和西南政务委员会召开联席会议，决定命令第一、四集团军北上抗日；吁请南京国民政府和国民党中央领导抗日，通过了给南京中央的呈文，并于次日以同样内容通电（即"冬"电）全国，宣称"日本侵我愈亟，一面作大规模走私，一面增兵平津，经济侵略、武力侵略同时迈进。瞻念前途，殷忧曷极。属部属会等，以为今日已届生死关头，惟抵抗足以图存，除全国一致奋起与敌作殊死战外，则民族别无出路"。"国家之土地，先民所遗留，亦民族所托命，举以资敌，宁异自杀。属部属会，以为黄河以北，寸土不容予人。切冀中枢毅然决然，从事抗战，用以致诚，吁钧府钧部，领导全国，矢抵抗之决心，争最后之一着"。"时危势急，敝部等认为非立即对日抗战，国家必无以求生"。"乞一致主张，即行督促中枢，领导全国从事抗日"①。同时，派出代表分赴山东、山西、陕西、四川、云南、贵州等省联络，欢迎全国要求抗日反蒋的党派、团体及有关人士南下，共商抗日反蒋大计。

6月4日，陈济棠、李宗仁领衔率两广将领数十人率先发出"支"电，护拥"冬"电，表示要率部北上抗日，"为国家雪频年屈辱之耻，为民族争一线生存之机"。广州市各团体在大东路省参议会礼堂开会，发起向西南当局请愿"出兵抗日，以救危亡"。同日，陈济棠对广州《民国日报》记者发表谈话，谓："今日我民族已届生死关头，非抗日必无出路。""冬"、"支"两电发出后，粤桂大造舆论，四处张贴"中国人不打中国人！""反对内战，一致对外！""全国抗日势力联合起来！"等标语，争取各团体群众的响应。西南两机构联席会议还决定成立军事委员会，把两广部

---

① 《民国日报》（南宁），1936年6月2、3日。

队改称为"中华民国国民革命抗日救国军"（亦称"抗日救国西南联军"），由陈济棠任军事委员会委员长兼总司令，李宗仁任副司令，开始向湖南进军。

　　蒋介石对两广事件的发生虽甚为恼怒，但又故作镇静，未敢动用武力镇压。原因是：当时中央嫡系兵力正分散各地，在南方乘"追剿"红军长征之机，对川、黔、康、滇各省分兵驻防，以求军、民、财等的"统一"；在北方则分出一部兵力进入山西，又在洛阳、潼关一带驻重兵，督促张学良、杨虎城"剿共"。蒋介石能用于对付两广的兵力，不过十余万至二十万左右。蒋原拟集中力量催逼张、杨剿灭经过长征到达陕北的工农红军，但两广事变使他不得不先着手解决两广问题，在军事上急令原驻贵州的薛岳部开往桂北边境，原驻福建的蒋鼎文移防粤东边境，令调甘丽初部集结衡阳；陈诚、卫立煌等部集中湘赣边境，准备进攻两广；将空军集中于赣、湘两省基地，以一部分海军集中厦门，海空协同陆军作战①。此时，蒋重申"攘外必须安内，统一方能御侮"，还通电全国，发起设立"国民经济建设运动委员会"于南京，各省、直辖市设分会，县设支会，蒋任总会长，企图"以建设求统一"，笼络人心。蒋介石除从政治上对两广施加压力，并采用缓兵之计外，又派戴笠指挥军统特务进行反间、收买活动；还故作姿态，宣布在南京召开国民党五届二中全会，邀两广派员出席。6月7日，蒋致电陈济棠指出："今日救亡图存，必以整个国力，取一致之步骤"，若"一隅独标揭于先，则整个国家之尊严，即已失于国际之间"②，劝告两广不应同南京中央政府对立，如有大计，可派代表进京相商。次日又称"相信两广决不会脱离中央，单独对外，亦决不会借外交之名，作内战之口实"③。9日，蒋电陈济棠称："中央秉承五全大会关于外交的报告之决议，以努力和平与不惜牺牲的方针，遵循不渝。

①　参见刘斐：《两广"六一"事变》，《文史资料选辑》第3辑，第12页。
②　《申报》，1936年6月10日。
③　《国闻周报》第13卷第23期。

诸同志关怀迫切,尤具同情,自应于最近期内召开全体执监会议,于一贯方针之下,进为步骤缓急之谋,希望所属部队勿以轻率之自由行动,致误救亡大计。"①蒋在暗中却紧急调集两个军兵力,抢先控制了衡阳,监视两广军事行动。同日,南京国民党中央复电西南两机构,令其转饬两广部队不得自由行动。10日,蒋再电陈济棠谓:"我全国军人听命党国,万不宜自由行动……务希严饬粤所有北进部队即日停止行进,迅速归复原防,以扫除谣诼与不安。"同时指出,倘两广继续行动,即为"地方将吏抗命"②。蒋力图先行安抚,防止事态扩大。11日,陈济棠、李宗仁、白崇禧复电蒋介石,申明西南当局无对中央作兵谏行动,只要求由中央出面正式领导抗日,并请中央指定北上路线、集中地点与供应军铕军火接济。同日,西南执行部发出真电,对蒋所谓"统一方能御侮"加以驳斥,揭露其无御侮之心:日本在华北用兵,未见向北开动一兵一卒,反而调集兵力向粤、桂压迫,要求国民党中央放弃贻误全国抗战之内战政策③。

　　正当蒋介石对两广用兵之际,6月21日,国民党冀察政务委员会委员长宋哲元、山东省主席韩复榘发出"马"电,呼吁"克日停止各方军事行动",以图观察宁、粤双方局势动向。6月23日,蒋介石在复宋、韩的"梗"电中,表示两广问题将交由国民党五届二中全会解决,并称中央"决无丝毫轻启内战之意"④。意在争取宋、韩的支持,使他们不与两广采取一致行动。

　　两广打出"出兵抗日"旗帜后,粤、桂军队立即分别从湘赣两省边境向湖南推进。6月5日,桂系精锐强渡黄沙河,于6月6日进抵湖南永州,7月占领零陵。粤军也于6月9日进占郴县,直指衡阳,作出一举

---

①　《民国日报》(南宁),1936年6月13日。

②　中国第二历史档案馆藏档案。

③　中国第二历史档案馆藏档案。

④　中国第二历史档案馆藏档案。

下长沙而直逼武汉之态势。部队所到之处,散发抗日传单,以争取沿途各界民众的支持。

两广"北上抗日",必须借道湖南,首先要争取何键的支持。6 月 6 日,白崇禧派李品仙偕何键的女婿李觉飞抵长沙,游说何键响应两广抗日的行动。何键一方面表示待桂军到达长沙时,他才能有所行动,另一方面请全国基督教教育会会员刘廷芳到南京与蒋介石联系,报告两广行动计划,表示对南京绝对忠诚、绝对服从,欲以所部湘军十余万兵力拨归中央直接指挥。此举换得蒋介石的 40 万元的奖赏,蒋立即派陈诚坐镇长沙,同时决定令调驻浏阳一带的中央军第七十七师以及驻防武汉、武胜关一带的第四十三、第九十七师兼程南下。6 月 10 日早晨 6 时左右,三个师师长等随中央军先头部队,比粤、桂军队早三个小时到达衡阳。桂军获悉中央军已全部达衡阳,北上道路被堵,白崇禧遂令已到达祁阳的广西部队停止前进,此时,何键见形势对两广不利,不敢应允桂军借道湖南。李品仙联系湖南计划失败,怏怏而返。6 月 16 日,陈济棠和李宗仁令粤桂军撤出湘境,同时发出"铣"电斥蒋"诬抗日为对内","指救国为异动",要求蒋介石"调攻击粤桂之中央军北上抗日"①。

蒋介石为挫败两广事变,一方面调重兵南下,阻止粤、桂军北上,另方面对陈济棠部属采用各种手段进行收买和策反工作;从内部瓦解广东势力,以图搞垮陈济棠。其中戴笠运用特务组织为蒋介石瓦解两广事变发挥了特殊作用。戴笠对南方地区的特务活动早有安排。1936年春天,他获港粤区有关两广军队调动、备战的情报,即派员加强该地区的特务力量。两广事变发生时,在广州方面的特务骨干有梁干乔等,在韶关方面有谢镇南等,他们工作的重点是在粤海陆空军中进行策反。6 月 30 日,戴笠等通过了与陈济棠发生过摩擦的陈策,收买广东空军第五中队飞行员黄智刚,在从化机场率轻型轰炸机四架,收买第二中队飞行员黄居谷等在广州天河机场率驱逐机三架,分别北飞南昌投蒋。

---

①　刘斐:《两广"六一"事变》,《文史资料选辑》第 3 辑,第 14 页。

随后又有梅锦昭等率机四十架投蒋,并于 7 月 5 日在南昌联名发表倒陈拥蒋的通电。蒋介石立即封黄智刚为上尉队长,其余人员均晋升为上尉飞行员,发给赏金 12 万元。

针对上述情况,陈济棠下令封闭机场,将剩余的所有飞机入库,并派宪兵在机场严加把守,将第二中队长丁纪徐扣押。但仍不能稳住粤军的阵脚。接踵而来的是发生李汉魂的"封金挂印"事件。李汉魂原为独立第三师师长兼西绥靖区委员,因遭陈的猜忌被免去这两个职务,而委任以第二军副军长及东绥靖区委员的空衔。李因此心怀不满,于 7 月 6 日不辞而别,离开汕头,到香港后分别致电陈济棠和南京政府,表明了拥蒋倒陈的态度。同日,广东军政人员李洁之、黄涛、张健等也离穗赴港,联名发表致陈济棠的公开信,责其假借抗日,危害国家,劝陈不要做"亲痛仇快"之事。

在"两广事变"中,置陈济棠于绝境的分化事件,是第一军军长余汉谋的反戈一击,拥蒋倒陈。促使余汉谋投奔南京的原因有二:一是余汉谋与陈济棠早年就有积怨。1929 年的两次粤桂战争中,陈济棠曾以余勾结徐景唐和李宗仁、白崇禧,并有私存枪械,擅权贪财等罪状,对其软禁,撤掉余第一旅旅长之职,余部对此不满,这是余倒陈拥蒋的潜因。二是蒋介石对陈部属长期进行分化收买的结果。早在 1932 年在江西"围剿"红军时期,蒋介石就通过陈诚手下干将上官云相(余汉谋的妻舅),与在赣南"剿共"的余汉谋来往甚密,对其进行收买活动,故此余汉谋早已是身在曹营心在汉了。6 月间,余汉谋奉陈济棠电召赴广州商量反蒋时,已经暗里进行倒陈拥蒋的准备,与邓龙光、李汉魂、莫希德等将领密谋反陈。7 月 5 日,余汉谋从广州回到大余,立即召集他的 3 个师长及军部幕僚开会讨论对策,会议决定回师倒陈拥蒋。会后,余汉谋致电蒋介石,报告陈抗日反蒋的计划。7 月 7 日,余汉谋在上官云相陪同下乘飞机到南京,向蒋介石表示愿意受命收拾粤局。蒋立即委余为第四路军总司令,统辖广东军队,迅速回粤倒陈,除拨给军费 200 万元外,另给临时活动费 100 万元。余于 7 月 9 日致电粤军各将领,要求他们服从南京,号召粤军内部反陈势力行动起来。

余汉谋倒戈拥蒋,使"两广事变"形势急转直下,陈济棠被迫采取应急措施。7月8日、9日两天,召集何荦、张达、陈维周、黄光锐、陈章甫等开会,决定缩短防线,加强北江防务,并命令第二军第四师师长巫剑虹率部撤出原驻地韶关,退至大坑口,控制由北南下的咽喉。桂军一师由梧州东下转赴北江,海军舰队集中黄埔待命。

7月10日,粤桂双方在广州达成两项协议:(一)成立第一、四两集团军的联合司令部,粤桂两军协同作战;(二)粤军采取内线作战部署。15日,西南政委会委任陈济棠为抗日救国军第一、四两集团联军总司令,李宗仁为副司令。两广采取应变措施,竭其全力挽回危局。

是日,国民党二中全会在南京开会,蒋介石在会上发表演讲说:"最近两粤运动,揭橥对外之旗帜,摇动统一之根本,使国家于忧患痛苦之中,增分崩离析之惧。""广东军事当局,即已首唱异议,自由行动,破坏党国纪律,摇动革命根基,虽经中央苦心之容忍,仍无悔悟之表示,律以国家之纪纲,宜为国民所不想。"①7月13日,蒋又在中央纪念周上说:"我们也要有整饬纪纲,维持统一的决心和勇气,负起责任来,弭乱定变,决不能因外患严重而放弃平定内乱的工作;决不可因顾虑外患之压迫,就听少数地方军人破坏纪律,自由行动。"②当天,国民党五届二中全会通过决议,撤销国民党西南执行部和西南政务委员会,蒋介石又以军事委员长名义发布命令,取消第一、四两个集团军,并对陈济棠、李宗仁采取分化政策,任命李宗仁、白崇禧为广西省绥靖正、副主任,免去陈济棠本兼各职,命余汉谋为广东绥靖主任兼四路军总司令。

余汉谋部是陈济棠的主力,余被蒋介石收买过去后,广东局势急剧恶化。李宗仁、白崇禧不得不采取救粤保桂之策。7月14日,白崇禧派李品仙飞广州,建议陈济棠把可靠的部队集结掌握,并将现款和武器

---

①　秦孝仪:《中华民国重要史料初编》绪论(三),第50—51页。
②　秦孝仪:《中华民国重要史料初编》绪论(三),第50—51页。

装备妥善保存,伺机再起,还企图以桂军东下援助,挽救广东之危。

是日,余汉谋在大余通电就职,声明拥护"中央",指责陈济棠称兵背叛中央。余通电说:"外患日亟,非御侮不能图存;非统一不能御侮,中央之力图和平统一,实为集中力量之救国要图","我广东当国难日亟之际,忽然称兵,阴结外寇,进窥邻省,发动内战,破坏统一",限陈济棠24 小时之内离开广东,"听命中央,释兵入京"①。次日,余汉谋命令莫希德第一师回师广东,向韶关、翁源等地进发。因驻防韶关第二军军长张达已被余汉谋收买,不战而退。16 日,莫希德的先头部队顺利进驻韶关。接着莫希德又以 20 万元的"伙食费"买通扼守大坑口的巫剑虹,巫部后撤至广州近郊江村。余汉谋不费一弹一卒,顺利推进,把主力部队集结在英德、军田一带,准备向广州发起攻击。巫是陈济棠的亲信,巫倒戈对陈是一个重大打击,北线失去防御屏障,使广州处于余汉谋的直接威胁之下。在这期间,直接发生第三军第九师两个团长通电倒陈,另一团长率队响应。原第九师师长邓龙光不辞而离穗,转入香港,萧佛成也离穗赴港。

7 月 17 日,陈济棠私人代表陈光汉飞南京谒见蒋介石,带去陈致蒋的亲笔信,表示可"遵命下野",但对粤事交余汉谋主持有异议,提请另派一孚众望之大员来粤主持,未被蒋介石所接受。18 日,蒋介石以"巧"电复陈济棠迎余汉谋就任。此时,又发生了导致陈济棠完全崩毁的事件。

独立的广东空军是陈济棠苦心经营的一张王牌。"两广事变"发生后,蒋介石遣戴笠、郑介民携带巨款,同当时在香港的广东空军参谋长陈卓林谈判。双方议定广东空军反陈投蒋,每架飞机赏金二万元,飞行员官晋升一级,队长另加汽车洋房等优惠条件。朱家骅来穗祭奠胡汉民时,已经通过中山大学天文台主任兼广东航空学校学科主任张云的关系,与广东空军司令黄光锐联系,获得了率机投蒋的许诺。此后,两

---

① 《国闻周报》第 13 卷第 29 期。

人在广东空军内策动倒陈投蒋。7月上旬,有几架蒋介石方面的侦察机来广东空投传单,黄光锐、陈卓林借机献上加强空防,迎击蒋机的机谋。陈济棠不知是计,准其所请。18日清晨,广州天河机场大批飞机起飞,其中黄光锐、陈卓林乘飞机飞至香港新界降落,大部分北飞韶关、南雄。黄、陈飞抵港后,发出团结御侮通电,表示倒陈投蒋。这次由各中队长率领北飞的共有72架飞机,150名飞行员、机械员,在韶关受到余汉谋的接见,于20日飞赴南昌。陈济棠视为王牌的空军共六个中队,一百余架飞机,终于归顺了南京政府。

　　陈济棠已处于内外交困,四面楚歌的绝境。17日晚11时,陈济棠面告李宗仁说,大势已去,决定一走了之,并赠以巨款和武器弹药,作为"散伙费",劝李回桂处理善后。18日,陈济棠携带家眷乘英国"蛾号"军舰赴香港,并发出"巧"电宣布下野,声明自行解职离穗。电文称:"此次呈请中央领导抗日,不蒙鉴谅,致徒怀救国之心,未遂请缨之志。诚恐所部将士,因受外部压迫,发生内战,为免纠纷起见,特于昨日解除职务,乘舰离省。"①同日致电余汉谋:"棠诚信未孚,现决摆脱仔肩,此后对于救国责任,广东治安,袍泽维系,偏劳吾兄,独负其责,望善为之,以补吾过。"②至此,陈济棠失去了"南粤王"的宝座,结束了他对广东的统治。

　　陈济棠出走香港,两广联盟解体,西南变局的重心移至广西。李宗仁派靠广西约十余万兵力,处内线作战之势,内部较粤团结,蒋介石一时无隙可乘,局面尚可维持。广东已失,唇亡齿寒,广西已成孤立势态。李宗仁、白崇禧退回广西后,也无进一步动作的良策。于是借五届二中全会上蒋介石发布"广西维持现状,仍以、李、白分任正副绥靖主任"的命令为由,采取"缓和"之策,于7月20日分电致吴忠信、张定璠、黄绍竑,表示"广西仍坚持抗日主张,如中枢真诚抗日,则广西军民效命驰

　　①　《民国日报》(广州),1936年7月19日。
　　②　《民国日报》(广州),1936年7月19日。

驱"，请他们代为转达广西的态度。广西的这番表态没有得到蒋介石的积极反应，蒋反而改变了原先准备拆散两广联盟后，就罢战言和的打算，决定兵锋直指广西，企图一举了却多年的心腹之患。7月25日，蒋介石突然以国民政府名义撤销国民党五届二中全会对李、白的任命，另委李宗仁为军事委员会常务委员，白崇禧为浙江省政府主席，特委黄绍竑、李品仙为广西绥靖正副主任。同时，蒋介石命主力卫立煌部由广东北江方面从连山向广西富川、贺县、八步方向进逼；又以陈诚的第十八军由广东肇庆循西江而上，向广西梧州逼近；并以甘丽初部由湖南威胁桂林，令顾祝同指挥的汤恩伯、薛岳等部由黔南压迫广西西北的宜山；再令余汉谋一部由广东高州一带围逼广西南部，一时大军云集，从四面压境的兵力不下四五十万。同时以空军对桂林、梧州一带上空进行连续威胁扰乱，企图从军政两方面威逼李、白就范。

　　李宗仁、白崇禧认为蒋介石擅自改变二中全会决定，派大兵压境，已将他们逼上梁山，非兵戎相见不可，当即召集黄旭初、廖磊、夏威、李品仙、韦云淞、李任仁、潘宜之、刘斐、王公度等举行会议。会议决定，蒋如悍然进犯，即将武力抵抗，成败利钝，在所不计；并复电中央，指出蒋介石更调李宗仁、白崇禧原来广西绥靖署主任的职务，是"别有用心的"，斥蒋为"阴险毒辣的野心家"，"墨沉未干，自毁信誉"，把持二中全会，诛锄异己，表示对任命"殊难遵令"[①]。同时，在广西下达全民动员令，迅速扩编退役军人组成战斗部队，将民团改编为"别动队"，数天之内就编组二十一个师。7月下旬，桂系驻梧军政干部举行"效忠宣誓大会"，发表《告军民书》，"期望全部将士宁为玉碎，不为瓦全，与蒋奋战到底"[②]。南宁等地还举行刺血宣誓。李宗仁、白崇禧对外发表讲话，称决不因广东内变而停止抗日运动，竭诚欢迎各抗日反蒋党派、团体、人士到南宁共商救国大计。李、白还派特使黄旭初赴香港邀请李济深，告

---

① 《李宗仁回忆录》下册，第672页。
② 《广西文献》第10期，第13页。

以"德公有意请任公出来主持大计",同时函请抗日名将蔡廷锴、区寿年等入桂重组十九路军。7月底,李济深、蔡廷锴、翁照垣、胡鄂公等陆续入桂。全国各界救国联合会的杨东莼、华南救国会代表何思敬、第三党的章伯钧和民族革命同盟,中华职业教育社,乡村建设派、民社党、青年党,均有代表到南宁。国内各界名流邓初民、彭泽湘、刘芦隐、邓龙光、张文、翁照垣等也应邀来桂。在抗日救国的号召下,广西全省各界都发动了起来,学生纷纷入伍,老百姓订立《抗日公约》,民众抗日激情持续高涨。

广西当局在全国范围大造抗日声势,号召各方抗日力量,摆出与蒋介石决一死战的姿态。蒋介石看到用强硬压力不能逼广西就范,又闻广西将于8月1日组织独立抗日政府,恐局面再度恶化将不可收拾。到8月1日,未见广西就组府采取行动,遂于是日以"东"电向李、白解释两点:第一,调李宗仁、白崇禧任新职,是为了摆脱他们6月1日以来所处的困难境地,并实现国家统一,加强团结,以便一致对外。第二,对李、白攻击他违反二中全会决议问题,诡称二中全会决议发表李、白广西绥署职务后,未见他们正式就职,以为他们一定有现实的困难,所以另调新职作为转圜,只要真心想完成党国的统一和团结,则任何命令都应该是乐于接受的;至说到任命地方官吏,本是政府的职权,全会也并没有不能变更的限制,断不能看作是违反决议、违法失信。蒋还在电文中警告李、白不可攻粤犯湘,如无视中央爱惜国力,企望和平,也决不容对内有用兵自残的举动,如果他们竟出兵邻省,只有自陷于绝境①。实际上,当时整个局势不利于蒋介石对广西战事旷日持久。同日,黄绍竑到广州找程潜面见蒋介石,提出反对以军事解决广西问题的意见。黄绍竑说:"对广西用兵三个月,未必即能解决问题,当前日军集中多伦,绥东吃紧;西北国共两党对抗,形势亦未可乐观,似宜

---

① 《国闻周报》第13卷第31期。

经由政治途径解决，以保全国家元气。"①蒋介石亦看到四川刘湘、山东韩复榘、云南龙云等对"伐桂"态度暧昧，遂渐有放弃武力解决的打算。适冯玉祥自南京上庐山，劝蒋毋断丧国家元气。在冯缓颊之下，蒋介石为了避免被广西长时间拖住，答应和平解决广西问题。以广西方面来讲，摆出欲与蒋介石决一死战的姿态，就是抓住蒋介石怕被拖进一场旷日持久战争这一个弱点上，逼蒋知难而退，以图保持广西割据一方之目的。李宗仁、白崇禧清楚知道单凭广西一省人力、财力去与蒋之中央军火并，弊多利少，对抗日也无利可言，因而也谋求"避免"战事之良策。蒋桂双方表面上调兵遣将，严阵以待，私下都在寻找转机。

自7月底至9月初这一个多月期间，蒋桂双方派出的使者开始频繁往来，一触即发的战局有了转机。7月30日起，蒋介石先后派香翰屏、邓世增、程潜、何应钦、陈诚、张任民、居正、朱培德等去南宁，对李、白进行疏导，以试探广西态度。8月10日，李宗仁、白崇禧委托刘斐随香翰屏、邓世增赴粤，了解蒋之真实意图。蒋介石在黄埔立即见刘斐，刘斐转达李、白对蒋介石"攘外必先安内"政策的看法。蒋与刘斐就此问题发生争执。刘斐最后表示："只要不自己打自己，只要不是无尽期地准备，而是有限度地来从事抗战准备工作，就好商量了。我可想法劝说广西当局。"蒋说："好，就照你的意见去办吧，看他们还有什么要求？"②刘斐回南宁向李、白汇报并商定和平的具体办法。李宗仁、白崇禧为此征求各方抗日人士意见。全国各界救国会代表杨东莼力劝李、白："真正从抗日救国出发，以国家民族利益为重，不宜轻率对内用兵，酿成内战。"③此时，中共方面赶抵广西的代表云广英，也按照中共中央在"两广事件"后，依据共产国际执委会关于对中国抗日的指示精神，告

---

①　程思远：《我所知道的白崇禧》，《学术论坛》1987年第4期。

②　刘斐：《两广"六一"事变》，《文史资料选辑》第3辑，第24页。

③　沙千里：《回忆救国会的七人案件》，《文史资料选辑》第89辑，第4页。

诉李、白说,中共中央分析国内国际抗日形势的发展,宜将"抗日反蒋"政策调整为"逼蒋抗日",并向李、白表示了中共希望蒋、桂通过和平谈判解决冲突的意见,希望看到广西方面"在实际行动上表现他们抗日的诚意"①。李、白接受了中共、救国会及其他抗日力量的中肯意见,同意在蒋介石真正领导抗日的前提下接受和谈要求,并提出议和方案六条:(一)关于抗日问题,中央承认以中日现状为基础,积极准备抗战,如日人再进一步,立即实行全面抗战,抗战一开始,广西保证出兵参加作战;(二)中央收回以前调李、白职务的决定,重新协调职务;(三)中央补助广西自事变以来的财政开支及部队复员费用;(四)复员后,广西保存部队的编制员额及经常费用;(五)中央特派大员入桂和谈,公开昭示信守;(六)和谈告成后,李、白通电服从中央领导②。

8月21日,邓世增、唐星、舒宗鎏到广西斡旋和平,带回广西方面和平谈判条款。李、白获悉蒋基本接受和平条款后,于8月23日再次派刘斐以正式和谈代表身份赴广州见蒋介石,蒋对刘斐说:"好,叫我吃亏我是愿意的,我的地位可以吃得起亏,就是对国民失点信用,也没什么。他们是吃不起亏的,为了他们的政治生命,我也不能叫他们吃亏。"③8月25日,李、白致电程潜等表示欢迎他们入桂举行和平谈判。

9月2日,程潜、居正、朱培德飞抵南宁,并携带蒋介石致李、白的亲笔信开始正式和谈。根据六条原则达成以下各条协议:(一)重申开放抗日救国运动及言论、集会、结社自由;(二)撤退南下各军,恢复各方交通;(三)确定抗日计划及时期,务求在最短期间实现;(四)李宗仁任广西绥靖主任,并保留第四集团军;(五)白崇禧以国民政府军事委员会常务委员名义出国考察;(六)广西党政人事一仍其旧;(七)广西军队保

---

① 云广英:《"六一运动"前后我党在南宁活动的片断》,《广西文史资料选辑》第9辑。

② 刘斐:《两广"六一"事变》,《文史资料选辑》第3辑,第25页。

③ 刘斐:《两广"六一"事变》,《文史资料选辑》第3辑第26页。

留三个师,军费由中央支付;(八)以上各条除第三条保密外,余均请蒋委员长以谈话方式宣告国人①。程等三人于9月4日回广州向蒋复命。9月6日,刘斐致电李、白:"蒋5日在程潜寓所与居、程、朱以及辞修、季宽会议决定:撤兵、新命、谈话均于6月发表。"②是日,南京政府明令改任李宗仁为广西绥靖主任,白崇禧为军事委员会常务委员,黄旭初为广西省主席,黄绍竑回任浙江省主席。李、白遂于9月10日电程潜等,表示愿意接受新命,请中央派员监督。9月14日,李宗仁、白崇禧发表和平通电:"痛念国家危亡,激于良心职责驱使,爰有前次请缨出兵抗战救亡的举动,唯一目的,即欲以行动热忱,吁请中央领导,俾能举国同仇,共御外侮。……无如抗敌之志未伸,而阋墙之祸将起,内战危机,如箭在弦,群情惶惑,中外咸惧。所幸中央当局,鉴于民众爱国情绪之不忍过拂,以及仅有国力之不可重伤,特一再派大员入桂观察,对桂省一切爱国之真相,已彻底明了,同时对宗仁等救亡等项意见,并全部俯予接纳。今后一切救国工作,自当在中央整个策略领导之下,相与为一致之努力。"③16日,李宗仁、白崇禧、黄旭初在南宁举行了隆重的就职仪式。

9月中旬,蒋介石电召白崇禧飞穗晤面,白夫人马佩璋深恐蒋介石食言,力阻白赴穗。李宗仁只好代白前往广州。9月17日李宗仁偕程潜、黄绍竑、黄旭初飞穗谒蒋。这是蒋介石、李宗仁自1929年蒋桂战争以来的第一次会晤。据在场者说:"李宗仁这位老实人,一见到蒋先生走了进来,竟当堂面红耳热,不知所措,表情尴尬之极。"而蒋则"满面春风,笑容可掬"④。经过一场轩然大波之后,两广事变以和平方式结束。9月28日,蒋介石离粤赴赣。两广事务另设广州行营,委任何应钦负

①　程思远:《政坛回忆》,第82—83页。
②　《一周间国内外大事要述》,《国闻周报》第3卷第27期。
③　刘斐:《两广"六一"事变》,《文史资料选辑》第3辑,第32页。
④　《蒋李第一次离合内幕》,香港《春秋杂志》1960年1月2日。

责处理。各路大军同时撤回原防①。

两广事变的发生,再次表明蒋介石坚持反共内战,而对日本执行妥协退让政策不得人心。事变的和平解决,使中国避免新的内战,符合全国人民团结抗日的愿望,顺应了国内"停止内战,一致抗日"的形势。

二　绥远抗战

(一)绥远抗战的经过

绥远抗战发生在全国抗日救亡运动处于高潮,中国由局部抗战向全国抗战过渡的阶段,是局部抗战中完全胜利的重大战役。

1. 日军侵占绥远的图谋

绥远省位于内蒙古西部,是贯通华北和西北、联结内蒙与外蒙的重要战略地带。日本在中国东北建立"满洲国"后,便进而图谋在内蒙古西部地区以绥、察为基地,建立"蒙古国"。它的计划是:"关东军首先设法扩大和加强内蒙的亲日满区域,随着华北工作的进展,而使内蒙脱离中央而独立。"②还打算在侵占宁夏、甘肃、青海、新疆后建立"回回国"。而绥远就成为联结"满洲国"和"回回国"的纽带,进而成为日本肢解中国北疆的基地;侵占绥远也是日本便于"反共反苏",称霸世界的需要。在日本看来,"日本基于1932年日满议定书,实际上全面担任了防苏重点的满洲国的国防","但远东的苏联战备急剧扩展,在1933年间,已完全打破了日苏之间的均衡状态","关东军痛感对苏国防的危险"③。关东军特务机关长土肥原1936年2月在东京演讲日本大陆政策与"满"

①　《民国日报》(南宁),1936年9月16日。
②　《对内蒙措施要领》,《日本帝国主义对外侵略史料选编(1931—1945)》,第170页。
③　日本防卫厅战史室编、天津市政协编译组译:《华北治安战》,天津人民出版社1982年版,第2页。

苏及内蒙的关系时称："苏俄之武装外蒙，意在包围满洲国，而将日本大陆政策根本推翻。故主张日本应使内蒙古团结坚固，包含于日本势力，以使俄国远东作战大感困难。易言之，日本果将内蒙古之察、绥各地控制在握，则等于将苏俄势力下之外蒙古包围，军事上可占极优越地位。"①日本控制了绥远，就可以对苏联造成自辽宁、热河、察哈尔、宁夏、甘肃直达新疆的铁壁包围圈，并在预想的对苏作战中从正面出击西伯利亚，将苏联截成两半，与德国法西斯侵略欧洲相呼应，以实现称霸世界的战略。日本陆相荒木贞夫认为："如果日本不能在满蒙建立势力范围，日本将无法实现其最大理想。"②当时日本军部正在为南进、北进问题争吵不休，夺取内蒙完成反苏包围圈，在持北进态度的关东军看来，是迫在眉睫的问题；日本侵占绥远是想断绝中国接受苏联军援的通道。著名记者范长江撰文指出：日本图谋绥远还想在中国的北面造成封锁中国的壁垒。它自认为可凭借其海军实力封锁中国沿海，以断绝国际对华的援助。只是在陆路方面，中国有被迫与苏联联合的可能，因此决定先完成对中国的封锁。日本"从东北经察绥，西至宁夏新甘，造成封锁中国，隔绝中俄的阵线"，"他们所预定的这条封锁线，是从东北到西北，一条长蛇式的地形。这条长线的中心点，也可以说是封锁的津梁，是在绥远"③。傅作义也认为："敌人在长城以北，从察哈尔东边多伦起经过张北、商都、百灵庙，迤西经过阿拉善而达青海之北之额济纳为止，划成一条联络线。第一交通站，设有特务机关、无线电台、飞机场、防御工程，彼此节节联络，企图截断我对苏联的交通"④；绥远还是中共与共产国际取得联系的主要路线；绥远若失，"则新疆、宁夏、陕西、

①　天津《大公报》社评：《绥东问题》，1936 年 8 月 8 日。

②　《荒木陆相致斋藤总理及紧急措施基本方案》，《日本帝国主义对外侵略史料选编(1931—1945)》，第 102 页。

③　范长江：《百灵庙战役之经过及其教训》，政协全国委员会文史资料研究会编：《傅作义生平》，文史资料出版社 1985 年版，第 203 页。

④　黄炎培：《绥远劳军一瞥》，《申报》每周增刊，1936 年第 47 期。

山西都在敌人的掌中,而华北一带更成为日本的囊中物","不但我们的国难更形加重,即全民族的生存也受到最大的威胁了"①。

1935 年 6 月《秦土协定》签订后,察哈尔省主权遭到严重侵害,绥东屏障失去,日本图谋绥远的野心日炽。是年秋,日本在归绥设立特务机关,派羽山喜郎为特务机关长,进行绥远特殊化的阴谋活动,搜集我方情报,收买汉奸流氓,从事捣乱,制造事端,寻找侵略借口。他们在归绥更主要的工作是挑拨破坏蒙汉民族关系,唆使各蒙旗独立。羽山向绥远省政府提出取消"九一八纪念堂"和"长城抗日阵亡将士公墓",迫使傅作义分别将其改为公共会堂和烈士公园。羽山还在归绥挂出"羽山公馆"的牌子,公开进行特务活动,并有飞机经常往来绥、包两市,在包头修建了飞机库。7 月,关东军参谋部制订了以政治谋略和军事进攻两手并用侵占绥远的计划,即《对内蒙措施要领》,内中指出:"对于绥远的傅作义将军,随着华北工作的进展,如果可能,或者先行收买,努力使其行动符合于关东军的意图;但如果认为无论如何难以实现时,就抓住时机,把他打倒,驱逐到山西省内。"②1936 年 1 月,关东军制定了新的《对蒙(西北)措施要领》,决定"先对现在军政府管辖区域内的重要部门进行整顿巩固,根据工作的进展,扶植其势力伸向绥远。然后向外蒙、青海、新疆、西藏等地区扩大之"③。12 日,天津日本驻屯军参谋中井升太郎偕驻太原特务机关长和知鹰二和羽山喜郎往太原访阎锡山,又访傅作义,策动晋绥加入冀察政务委员会。3 月 28 日,即将就任关东军参谋长的板垣征四郎露骨地表示:"西部内蒙古及其以西的地带,在实行日本大陆政策上有着重要的价值。如果该地带一旦入于日满方面的势力之下,积极地可以成为进一步怀柔同民族的外蒙古的根据地,

---

①　张明养:《绥远战争》,《中华民国史事纪要》第 1012 页。

②　《日本帝国主义对外侵略史料选编(1931—1945)》,第 172 页。

③　[日]防卫厅研究所战史室:《中国事变陆军作战史》第 1 卷第 1 分册,第 57 页。

更向西进可以遏止自新疆侵入的苏联势力并切断中国本部与苏联的陆上联系"，"日军数年来已对西部内蒙古逐步进行着工作，日本决心排除一切困难，将来更将其工作加以推进"①。

伪蒙古军政府成立后，德王即着手扩充伪蒙古军。兵源除李守信统率的原有部队和从伪满东三盟各旗招来的新兵外，又从锡、察两盟的各旗征来一批新兵。至 1936 年 8 月大致编制完成两个军共八个师，另有一个警卫师、一个炮兵团和一个宪兵队。以德王为总司令兼第二军军长，统率五、六、七、八各师；李守信为副司令兼第一军军长，统率一、二、三、四各师和一个直属炮兵队。总兵力约一万余人。《何梅协定》签订后，平绥铁路特务机关长盛岛角芳、羽山喜郎策动王英组织"西北防共自治军"。王英收罗土匪、流氓、失意军人步骑约三四千人，编为五个旅。这些军队，连级以上都有日本顾问官，是蒙汉伪军的实际指挥者。关东军补给伪军全部武器装备，承诺给德王每月 3000 万日元，战时补助讨伐费 30 万日元。日本侵略者令德王所部驻嘉卜寺，李守信部驻察哈尔张北及庙滩，王英部驻尚义、商都，伪蒙古军第二军第七师穆克登宝部驻百灵庙。从伪满洲国抽调骑兵 5000 人驻察北多伦、沽源、平定堡一带，并计划在必要时指挥伪满洲国军队和德王、李守信、王英的伪军合力占领绥远。

8 月，新任日本华北驻屯军司令田代皖一郎在天津召集太原、归绥、张垣等地特务机关长和北平、塘沽等地驻军头目讨论如何加强对绥远的策反和入侵活动。23 日，关东军参谋长板垣征四郎由长春秘密飞往百灵庙，与德王、李守信等举行军事会议，部署侵绥事宜。9 月，关东军批准了田中隆吉起草的《绥远工作实施要领》，并委任其负责实施。9日，伪蒙古军新募壮丁七八千人开往商都、德化，由日方派军官训练。15 日，田中由长春飞抵天津，王英亦赴天津。随后王英携日方接济的

---

① 　张效林译：《远东国际军事法庭判决书》，群众出版社 1986 年版，第 326—327 页。

六万元飞抵绥东。同月,板垣在化德飞机场检阅伪蒙古军,对几个月来的训练成绩表示满意。阅兵式结束后,当即由化德乘飞机赴伊盟札萨克旗和宁夏省所属阿拉善旗等地,对伊盟盟长沙王和阿旗的达理扎雅亲王进行拉拢。10月1日,任内蒙古特务机关长的田中隆吉到德化,与德王举行军事会议,决定侵占绥远,"首先进攻平地泉附近,然后夺取绥东四县,接着进入归绥或大同"①。蒙政会成立后,为削弱德王势力,国民政府将察哈尔右翼四旗划归绥境蒙政会管辖,致使德王失去了富庶的产粮区,关东军西进的咽喉被扼住。德王和关东军都想夺回该四旗。王英一直希望重返河套,控制绥远。

10月,王英的"西北防共自治军"初步编成,伪蒙古军也已初步编练就绪,田中隆吉遂亲自策划侵占绥远。田中对德王说:"'九一八'事变时,东北军一打就跑,我们没费多大力量,就占领了东北四省,建立了满洲国。绥远军更是不中用的,可能一吓唬就跑,很快就能拿下绥远。""我计划叫王英部队打前锋,利用汉人打汉人。你们蒙古军督后,作第二线的支援,即或发生冲突,蒙古军也可少受损失。"②德王和王英都对此计划表示支持。日本完成了进攻绥远的准备:伪蒙古第一军部署于察、绥边境的尚义、兴和等县的边境线上,伪蒙古第二军部署于土木尔台迤北西至百灵庙之线,其第七师全部驻作为后方基地的百灵庙,"西北防共自治军"集结于察哈尔商都附近。

11月1日,李守信、王英部在商都集结步骑兵九千余人,在日军官指挥下建筑防御工事。王英部三千余人窜扰武川、陶林间黑山子,以分散傅作义兵力。5日,田中隆吉在嘉卜寺主持召开侵绥军事会议,德王、李守信、王英、张海鹏等与会。会议决定以"西北防共自治军"(11月3日改称"大汉义军")、伪蒙古第一军主力进犯绥远。"西北防共自

---

① 《中国事变陆军作战史》第1卷第1分册,第101页。
② 德穆楚克栋鲁普:《抗战前我勾结日寇的罪恶活动》,《文史资料选集》(合订本)第22册第63辑,第46页。

治军"由商都进攻红格尔图,伪蒙古第一军由张北以西的南壕堑进攻兴和,作第二线的支援。德王率领第五、六、八、九等师布置在尚义、化德一带守护后方,将百灵庙作为后方基地,派第七师驻守。得手后,以伪蒙古第一军由兴和出动,以伪蒙古第二军由绥北土尔木台出动,以穆克登宝伪蒙古骑兵第七师由百灵庙出动,分路进攻归绥。再分兵进占绥东集宁和绥西包头及河套地区。会后,关东军飞机多架集结于张北及商都机场,每日飞临绥东及武川上空进行侦察活动。

　　面对日本对绥远的步步进逼,南京国民政府和晋绥地方当局采取了强硬的态度。1936年春蒋介石调集中央军五个师入晋,准备打击经过长征进入西北的红军,同时也准备对日本侵犯绥远进行有限度的抵抗。9月18日,中央军小炮队1个大队开抵绥远。10月12日,中央军第十三军汤恩伯部及骑兵第七师门炳岳部亦奉令入绥参战。同日,蒋致电阎锡山,决定调中央军第四、第二十一和第八十九三个师增援绥远。21日,蒋又电告阎,正在南京举行的中日谈判"仍无进步,默察情势,绥远敌在必得,且预料其攻绥时期,当不出下月初旬"。关于绥远的作战方针,蒋指示:"乘敌准备未完以前,决以优势兵力由平地泉附近向东取积极攻势,并以有力部队由丰镇进至兴和,遮断匪伪南北两路之联络,迅速扑灭匪军,以绝其占领绥远之企图。"[①]28日,蒋介石对记者表示:"对中日交涉,政府始终本既定方针守必要限度,以竭诚周旋,而河北省内行政完整之恢复,察北绥东匪祸之取缔,在我方尤为必要。"[②]30日洛阳军事会议开会,傅作义向蒋介石、阎锡山汇报了绥远形势,取得了蒋"不亢不卑,相机应付"的默许[③]。蒋同意傅进占百灵庙,赶走德王的伪蒙古军。

　　绥远是阎锡山的势力范围,日军图谋绥远,觊觎山西,对阎构成了

①　《中华民国重要史料初编——对日抗战时期》绪编(三),第677页。
②　《蒋介石对(大公报)记者谈话》,《国闻周报》第13卷第44期。
③　潘纪文:《跟上时代的步伐》,《傅作义生平》,第42页。

严重的威胁。阎提出"守土抗战"的主张,同意援助傅作义抵抗日伪侵略。他对兵力作出新的部署:"第十九军(王靖国部)在晋部队(该军有四个团在绥)及六十八师(李服膺部)并独立第七旅(马延守部)、独立第八旅(孟宪吉部)、炮兵四个团,为先遣入绥参加挺战之部队,尔后视情况之必要,凡属晋省军队,全数入绥挺战。先以六十八师一部开绥,其余分驻晋北及大同附近集结",由傅作义随时调用①。8月9日,晋军第六十八师一部抵达兴和、丰镇,担任前方战备。10月24日,傅作义赴洛阳向阎锡山请示作战有关问题。阎同意驻绥远的亲信王靖国第十九军和赵承绶骑一军及驻雁北李服膺部归傅指挥,以最近所筑国防工事为据点进行抗战。11月11日,阎锡山以军委会副委员长、太原绥靖公署主任的名义发布绥远作战部队序列令:(一)傅作义为晋绥剿匪总指挥兼第一路军司令,第一路军所部为第三十五军,附第二〇五旅(欠四〇七团),独立第七旅,补充第十二团,炮兵第二十一、二十九两团,及小炮大队(欠一、三中队);(二)汤恩伯为第二路军司令,指挥所部第十三军,附第七十二师,及炮兵第二十七团;(三)李服膺为第三路军司令,指挥所部第六十八师,附炮兵第二十四团,及小炮第一、三中队;王靖国为预备军司令,指挥所部第七十师(欠二〇五旅),附独立第八旅;(五)赵承绶为骑兵军司令,门炳岳为副司令,指挥骑兵第一、第二、第七师。

日本在绥远的侵略行径激起绥远省主席傅作义的愤怒,傅同日本在绥远的特务机关进行了坚决的斗争。1936年春,傅作义破坏了归绥特务机关长羽山在土默特旗总管署强设的专与德王通讯的无线电台一组,7月又毁掉羽山在伊盟札萨克旗政府所在地设立的无线电台,秋天阻止羽山在包头修建飞机库。傅作义自1936年初就开始着手抗战的准备工作,并顶住关东军对其诱降的压力。8月18日,他对《大公报》记者谈话时表示:"绥境人力、物力两感缺乏,而防匪之决心,并不因困难而稍感气馁。""绥方对于将来之成功与否,并未作此计虑,但'成仁'

---

①　傅作义:《绥战经过详记》,《军事杂志》第100期。

则已早有决心。"①自 24 日起,傅作义亲赴各地视察,鼓动抗战,提出"誓保国土,以尽责任","决心牺牲,以雪国耻"等口号。26 日,板垣飞赴绥远,对傅作义游说,要求以百灵庙为中心,将阴山以北的蒙古地区划归德王管辖,傅和日方携手合作,由日方推举傅负整个华北责任,如不同意,德王将以武力解决,日方予以支持。傅作义坚定地表示:让不让我负华北责任的问题,是我们中国内部事务,要由国民政府去决定,至于德王如强行侵占绥远,我是绥远省主席,守土有责,决不能听之任之。"友好必须以国家领土主权完整为前提。我是国家边防负责人,守土有责,不允许寸土受损失"②。板垣又要求将绥东四旗划给德王,并说这些地方原是察哈尔省的蒙旗。傅作义说:那是中国法令早就划定的,不能更改③。板垣还表示,德王参加防共,是有远见的,绥远当局应与他合作,共同完成防共大业;板垣甚至提出在局部地区和日本缔结防共协定。傅未作承诺,交涉没有结果④。10 月,傅作义去洛阳向蒋介石一再陈述准备反击日军及蒙奸,抗敌御侮的意见。11 月 3 日,傅作义在归绥对记者发表谈话,称凡扰害绥民治安者,当予以痛击。4 日,傅偕骑兵司令赵承绥赴前线视察,与各部队讲话,表示誓保国土。

11 月 5 日,德王对傅作义发出最后通牒式的通电,蛮横无理地提出:一、即日将察盟右翼四旗退还察盟;二、即日取消百灵庙以南一带的军事设施和经济封锁;三、将保安队"叛乱"官兵的武器如数退还;四、将应划给蒙政会的特税 20 万元从速拨给;五、将百灵庙"叛乱"的首要人员一律遣返处分。8 日,傅作义复电逐项驳斥。蒋介石也电责德王,指出:"台端职为察境蒙政会委员长,应管察境蒙政会之事,何必过问绥、蒙间之问题。今竟陈兵相见,台端所谓积年倾心内向者,不知将何以自

---

① 《中华民国史事纪要》,第 410 页。
② 《文史资料选辑》第 92 辑,第 59 页。
③ 刘春方:《我所知道的傅作义先生》,《傅作义生平》,第 129 页。
④ 《中国事变陆军作战史》第 1 卷第 1 分册,第 101 页。

解？务希以国家前途为重,即日停止军事冲突,听候中央处理。"①

　　得知日伪蒙军将进犯绥东的消息后,11 月 8 日晚傅作义在总部会议室召开营长以上军官秘密军事会议,商议抗敌对策。傅坚定地表示:"日寇占我察北,又犯我绥东、绥远,是我全军将士的耻辱。爱国军人守土有责,我们一定要打!"②会议决定:进击绥东之敌的任务,由晋绥骑兵第一师师长彭毓斌和第三十五军第七十三师第一二八旅旅长董其武指挥;进击绥北之敌的任务,由晋绥军骑兵第二师师长孙长胜和第七十三师第二一一旅旅长孙兰峰指挥。11 日,绥远省府任命达密凌苏龙为绥东四旗剿匪司令。13 日,就绥东作战问题,傅作义向彭毓斌和董其武面授机宜,任命彭为前线总指挥,董为副总指挥,并会商了作战部署问题。傅作义指出:"红格尔图是敌人进犯的重点,因为它东与察北日伪巢穴紧密相连,西与百灵庙遥相呼应,要打通西犯的通道,必定要夺取红格尔图这个咽喉要地。我们的对策是一条黄瓜打中间——全断。红格尔图就是黄瓜的中间,我们不但要坚守住这个战略要点,还要在这里狠狠地挫败敌人。"③

　　2. 红格尔图战役

　　红格尔图是绥东的门户,是由察哈尔省西部商都县通往绥远的必经之地,又与百灵庙、大庙形成犄角之势,成为敌军进攻的首选目标。12 日,日本侵略者命令王英为前敌总指挥,率领两个骑兵旅、三个步兵旅和两个炮兵连,准备向红格尔图进犯。主攻兵力四千余人,日机六架和炮兵配合行动,企图侵占红格尔图后,直逼绥远省府归绥,同时从百灵庙和兴和两翼一齐包围,一举占领绥远。守卫红格尔图的晋绥军只有第二一八旅第四三六团第三营一个步兵连,骑兵团第二团两个骑兵

---

　　①　德穆楚克栋鲁普:《抗战前我勾结日寇的罪恶活动》,《文史资料选集》(合订本)第 22 册第 63 辑,第 47—48 页。

　　②　董其武:《傅作义先生生平概述》,《傅作义生平》,第 5 页。

　　③　董其武:《戎马春秋》,中国文史出版社 1986 年版,第 91 页。

连,共二百余人。此外,还有当地自卫队百余人。

13日夜,日伪先头部队同我守军发生前哨战,被我军击退。14日上午8时,日伪军千余人在飞机大炮的掩护下,向我军猛烈冲击,我军奋勇还击,战至下午5时,击退敌军。15日凌晨6时,田中隆吉亲自指挥五千余名日伪军,在装甲车、飞机和野炮的掩护下向我军阵地先后七次发起猛烈冲击。我骑兵及当地保卫团分入碉堡应战,至下午6时击退敌人的进攻。当晚,我骑兵第二团团长张培勋率骑兵两个连星夜驰援。

当战斗激烈进行时,15日夜傅作义、赵承绶亲赴集宁前线指挥。根据前线敌我态势,他们分析后认为,虽然正面敌军有百灵庙、红格尔图、商都、兴和诸路,但首先应该打击侵犯红格尔图之敌。这是因为,进犯红格尔图的伪军王英部虽非敌人主力,然其诸兵混合,部队庞大,挟其优势围攻我红格尔图孤军。如其得手,首战告捷,则可增长伪军的气势,威胁绥省民众,影响我军士气,并有可能西出绥西,构成对我军的严重危害;"以绥省现有之兵力,若分路迎击,必至兵力分散,处处薄弱,又蹈过去长城抗战,各不相及之覆辙,难期成果。必须集结优势,先击一路,再及其他,期能各个击破。"①16日上午傅作义发出作战命令:令董其武率所部抄袭敌后,为保守秘密,董其武快速运兵,董旅李作栋团、第二一一旅王雷震团、第六十八师李钟颐团、骑兵第一师周承章团、炮兵第二十五团杨茂材营,分别由卓资山、集宁星夜乘汽车开往红格尔图西的丹岱沟一带集结,限17日夜12时前到达。

17日拂晓,进击部队步、骑、炮兵已隐蔽集结于八苏木附近。夜11时,董其武在十二苏木召开秘密会议,下达进攻命令:董亲自指挥王雷震、李作栋团,各配属炮兵一个连,于18日凌晨2时分别向红格尔图东北的打拉村、土城子、七股地、二台子一带的日伪军进行包围袭击;骑兵第一师周团秘密迂回打拉村、土城子以东地区,截击溃退和增援之敌,

---

① 傅作义:《绥战经过详记》,《军事杂志》第100期。

并担任追击任务；其余为预备队随指挥部前进。各部队遵令开始行动，向打拉村、土城子等地之敌进行猛烈袭击。敌军仓促应战，战至拂晓不支，向西北方向溃退，从土城子冲出七辆汽车，拼命仓皇东逃，田中隆吉和王英均在车中，我军未能截住。当晋绥军增援部队进攻打拉村、土城子等地敌军时，红格尔图我守军乘势出击，狠狠打击敌军。至 19 日上午 7 时，敌全线溃退。日伪军残部向北逃窜，南面之敌也由东面向北绕道而撤。我步骑兵追至察哈尔省境内的统令地，即停止追击。8 时许，晋绥军骑兵第一师师部进入红格尔图镇。至此，红格尔图保卫战胜利结束。

红格尔图战役进行七昼夜，打退了日伪军的进攻，打死打伤日伪军一千七百余人，俘虏伪军三百余人，捣毁田中隆吉和王英司令部，俘虏王英部电台台长日人八牟礼吉、雇员松村利雄，缴获很多战利品，其中包括王英乘坐的马车、关东军使用的电台联络表和电报密码本。我方官兵及民众亦有相当伤亡。田中隆吉原以为绥远军队不堪一击，然而绥远方面既有傅作义第三十五军的兵力，又有晋军的支援，总兵力约有三万余人。而伪蒙古军则是甫经编成，训练很差，担任前方作战的王英部又属乌合之众，战斗力更弱。总计伪蒙古军和王英率领的"大汉义军"的兵力至多不过 1.5 万人，日本仅在伪军部队中配备少数顾问和指挥官，并未开来大批日军助战。日伪军围攻红格尔图的图谋未能得逞。

当红格尔图战事激烈进行之际，17 日阎锡山在太原召集晋绥高级将领等十余人共商绥省军事。同日蒋介石自洛阳亲赴太原晤阎，18 日在绥署召集各机关公务员训话，大意略谓："（一）晋、绥一般同志与全体将士，在国家最前线艰难奋斗，自强不息，本人时刻惦念，此来特表嘉佩慰劳之意；（二）绥东蒙伪匪军扰乱问题之性质与关系，虽至为重大，然政府已有充分准备与整个计划，以吾观之，实甚安全，无须惊异。现在吾人一切应以坚固宁静之态度沉着处理。"①

---

① 《中华民国史事纪要》，第 977—978 页。

红格尔图战役结束后,傅作义令董其武派李钟颐步兵团接替红格尔图及其附近地区的防务;另派骑兵两个连驻防土木尔台;其余部队返回原驻地,待命行动。

田中隆吉和德王对其在红格尔图的失败大为恐慌,担心我军乘胜捣其老巢,遂召集李守信、王英等在商都开紧急会议,决定一面加强商都、化德等地防务,一面由各地调遣部队再犯红格尔图。11月20日,王英令其副司令张万庆指挥安华亭、王子修等部向兴和县进犯。兴和县县长孟文仲指挥该县部队和地方团队将其击退。21日,三架日机飞至红格尔图上空投弹、扫射,被我守军用步枪击中其中一架的油箱,在飞回商都附近时焚毁。

红格尔图战役的胜利为我军攻打百灵庙扫清了障碍,并极大地鼓舞了我军民的士气,成为百灵庙战役的先声。

3.百灵庙战役

百灵庙是绥北乌兰察布盟草原上一个有名的大庙,东连察哈尔,西达宁夏,南通归绥、包头,北与外蒙古接壤,是绥北的政治、经济与交通中心。日本侵略者对百灵庙的地位极为重视。著名记者范长江曾指出:"从东北经察绥,西至宁夏新甘,造成封锁中国,隔绝中俄的阵线,是某方最近一二年来努力的目标。他们准备四万万元巨款,来完成这一工作。据今年上期所得消息,他们已用去六千万元。"这条长线的中心点在绥远,"而在绥远本部未被占领前,东西策应的根据地就是百灵庙"。日方并运来大批给养,"存在庙上的子弹有百万发以上,白面约有二三万袋"①。德王投靠日军后,企图将百灵庙变为其在绥北的根据地,"近则以该地为中心,对绥蒙人士,威胁利诱,愚弄离间,以潜移默转其内向之心,远则以该地为根据,向西北延伸其政治侵略,期遂其蚕食鲸吞之欲"②。11月初,伪蒙古军第二军第七师由化德经嘉卜寺绕过

---

① 范长江:《百灵庙战役之经过及其教训》,《傅作义生平》,第202、203页。

② 傅作义:《绥战经过详纪》,《军事杂志》第101期。

草地,开赴百灵庙。红格尔图战役后,日伪害怕我军乘胜摧毁其伪政权,遂派王英部两个旅进占大庙,以增强百灵庙外围的防御力量,并令穆克登宝部沿百灵庙山顶、山腰、山脚构筑防御工事,积极备战。总计伪军兵力达一个多师,三千余人,并有日军指挥官四五十人。关东军还派要员到嘉卜寺召集田中隆吉、德王、李守信、王英等召开军事会议,决定增派日军官二百余人补充到各伪部队任指挥官,此外,还拟抽调伪满洲国军队及日军一部,由赤峰开进多伦、商都、百灵庙等地,待机进犯绥东和绥北。田中隆吉因红格尔图战役失败,拟暂时放弃进攻绥东的计划,转而先向绥北进攻,认为绥北是傅作义军事防御的薄弱环节。

红格尔图战役胜利后,傅作义决心挟初战告捷之威,先发制人,立即发起百灵庙战役。蒋介石对此予以支持。16日,蒋从洛阳致电阎锡山:"应即令傅作义主席向百灵庙积极占领,对商都亦可相机进取,对外交决无顾虑,不必犹豫,以弟之意,非于此时乘机占领百灵庙与商都,则绥远不能安定也。"①傅作义获悉敌人待机进犯绥东和绥北的企图后,18日发出电令,命令预定使用于百灵庙方向的各部队开始行动。20日傅在绥远新城召开营以上军官秘密会议,指出日伪军可能在近期由百灵庙向绥北发动进攻,我军应在敌军未进攻前先发制人,出其不意,以远距离奔袭战术收复百灵庙。令骑兵第二师师长孙长胜为前线总指挥,第二一一旅旅长孙兰峰为副总指挥,限各部11月23日下午6时前秘密集结于百灵庙东南50里附近的二分子、公胡同一带。

11月23日,各部队到达指定地点。孙兰峰召集连长以上军官会议,说明敌军兵力部署,工事构成等情况后,下达作战命令:第二一一旅(欠第四二二团)附山炮一营,苏鲁通小炮大队、汽车队和装甲车为主攻部队,其所属第四一九团为左梯队,从百灵庙南面攻击;第四二一团(欠第一营)为右梯队,从百灵庙东面攻击,并抽调一部先期至该庙东北通滂河的大道上,选择有利地形伏击敌人,断敌归路;刘效曾步兵团为佯

---

①　秦孝仪编:《西安事变史料》下册,台北正中书局1985年版,第422页。

攻部队,由百灵庙以西地区先行向敌袭击,吸引敌人的注意力;骑兵团绕出百灵庙东北地区,与步兵右梯队协同由庙北面攻击。占领北山,控制敌飞机场,并追击败退之敌;步兵第四二一团第一营为预备队,位置于百灵庙南山东南大道以左高地附近;各部均须在23日夜12时到达攻击准备位置,开始向敌军攻击,并互相密切联系。

24日零时,我军突然发起猛攻。日伪军事先对我军的活动情况一无所知,从睡梦中惊醒,仓皇抵抗。第四一九团团长张成义亲率官兵向敌人发起猛烈冲击。日特务机关长盛岛角芳亲自指挥督战,集中全部火力阻止我军进攻,并向女儿山阵地增加十余挺轻重机枪,激战达三四个小时。敌人凭借工事火力顽强抵抗,我军进展较慢。这时离天明只有两小时,如在拂晓前不能结束战斗,天明后敌5000名援军赶到,再加上十多架飞机助战,百灵庙战局将会逆转。傅作义令孙兰峰孤注一掷,将山炮营推进至百灵庙南山大道以东高地附近占领阵地,集中猛烈炮火向女儿山之敌发起摧毁性猛攻,掩护我装甲车队及步兵攻击前进。而后延伸射程向庙内固守之敌猛轰,支援步兵向庙内射击,并令预备队第四二一团第一营营长韩天春指挥装甲车车队,配以汽车多辆,共同向百灵庙东南山口冲击。

我军在装甲车和炮火的掩护下,向敌军发起拂晓总攻,置生死于度外,视弹雨如无睹,敌阵地被我猛烈的炮火摧毁。我装甲车及步兵由东南山公路向敌军猛烈冲击,汽车六辆满载步兵也由最大的土山口冲入。敌军不支,纷向庙内撤退,我军追至庙内。这时刘效曾团和其他部队也向庙内敌人包围过来。张成义团长选拔敢死队突破庙前缺口,将前院后院分割数段。我骑兵团攻占北山,控制了敌人的飞机场,断了敌军后路。敌军惊慌失措,无心再守。恰在此时,伪蒙古军一排官兵二十余人在战场起义,调转枪口向日指挥官射击。盛岛角芳和穆克登宝见我军攻入庙内,援军又一时无望,绝望中急乘数辆汽车朝东北方向逃窜。孙兰峰令五辆汽车追击,因道路不熟,行驶过快,汽车陷入山涧沟渠,未能追上,敌人逃往大庙。伪军失去首领,全线崩溃,纷纷投降。激战至24

日上午 9 时 30 分,我军收复了百灵庙。是役共打死日伪军三百余人,打伤六百余人,俘虏四百余人;缴获步兵炮三门,迫击炮六门,步枪六百余支,无线电台三部,汽油五百余桶,白面二万余袋,以及其他军用轻重器材。我军伤亡三百余人。百灵庙战役摧毁了日伪军在内蒙古西部的一个极其重要的政治和军事基地,拔掉了日伪侵略势力安插在绥北的一颗钉子,使其西侵绥远、宁夏,南窥山西、河北的图谋遭到挫折。

早在百灵庙战役之前,傅作义就设想了我军在收复后退兵诱敌、守庙打援的作战部署:“袭击成功后,除留一部在庙构筑工事、向敌警戒外,应将主力立即撤出,控置于原集结地,故意示敌以庙方空虚,诱敌增加部队,向我反攻,则我主力临时进入,期能多杀敌人,并免初占庙时之敌机成群轰炸。”①因此,按照原计划,傅作义除留一个步兵营和两个骑兵连驻守诱敌外,其余主力于 24 日下午 3 时全部撤回二份子镇一带待命,准备迎击敌人的反扑。果然,日本侵略者对其在百灵庙的失败极不甘心,连日派飞机向集宁和百灵庙侦察、轰炸,准备反攻。11 月 28 日晚,敌以汽车百余辆陆续运援军三千余人到大庙。同时王英率所部骑兵二千余人从商都以北绕过土木尔台,经草地窜至乌兰花一带。29日,田中隆吉和德王在嘉卜寺召开军事会议,决定以大庙为基地,夺回百灵庙。

我军也在积极部署。28 日,傅作义、王靖国、赵承绶在归绥举行军事会议,制订了新的作战方案:“策定将敌遮断,各个解决之方略”,即将王英伪军与大庙之敌加以分隔,集中绥军主力予以各个击破,实现既歼灭敌军,又保卫百灵庙和攻占大庙的一石三鸟的目的。按照这个方案作出军事部署:“一、以骑兵二师孙师长率该师(三个团)附炮两门,进出乌兰花,另以四二〇团附炮一连,乘汽车支援骑兵。二、以二一一旅孙旅长,指挥第四二一团、补充第一团、炮兵两连、小炮四门,为固守百灵庙之部队,但除四二一团现在庙之部队外,余在庙外准备,临时进入。

---

①　傅作义:《绥战经过详记》,《军事杂志》第 101 期。

三、以四一九团附炮一连,在后厂汗次老为伏兵。四、以独立第七旅之两团,由卓资山开驻武川、黑老各一个团。"①

12月2日晚,盛岛角芳和王英的副司令雷中田率日伪军四千余人,乘百余辆汽车由大庙向百灵庙急进,3日拂晓发起进攻。我军高度戒备,发现了在西山坡反穿皮袄伪装成羊群的日伪军。孙兰峰旅长令警戒部队阻止敌人前进;令韩天春营的敢死队张振基连也将皮衣外翻,装扮成羊群绕道敌后,占领西山东南以左高地,居高临下,对敌人实施前后夹击;令山炮营集中火力射击伪装之敌,掩护敢死队进攻。这时庙东南及西北之敌以猛烈火力向我守军阵地进攻。孙兰峰又令韩天春营强袭敌之侧后。战斗从黎明至上午9时,激战三个多小时。我军全线出击,敌军不支溃败。是役打死打伤日伪军五百余人,俘虏二百余人,雷中田被当场击毙。

傅作义决定乘机收复大庙,4日上午召集孙长胜、李思温等开会,决定派孙长胜为收复大庙的前敌总指挥,指挥骑兵两个团、步兵李思温团,并附炮兵一个营、装甲车四辆、汽车一队,当晚出发收复大庙。6日,孙长胜指挥的骑兵第二师两个团及李思温团,在四子王府北黄草洼一带截断伪军王英部,独立第七旅马延守两个团也奉命在乌兰花以北向敌进逼。7日,李思温团由乌兰花出发,向伪军石玉山部前哨驻地发起攻击,歼敌一小股。8日,包围了石玉山部驻地哈拉伊力根。石玉山旅当即在阵地反正。在大庙,9日金宪章旅处死日本顾问小滨大佐等27人,并将伪蒙古军第七师穆克登宝残部缴械,10日正式通电反正。9日,我军向日伪残部发起攻击,敌向草地逃窜。我军派骑兵一部跟踪追击。上午10时,大庙被李思温团占领,百灵庙战役全部结束。14日,傅作义令汤恩伯、门炳岳军挺进至绥东前线南壕堑一带,迫使王英部的王子修、安华亭两个旅20日反正。至此,日军对绥远的侵略遭到惨重的打击,其苦心培植的德王、李守信、王英部等的卖国势力被摧毁。

_____

① 傅作义:《绥战经过详纪》,《军事杂志》第101期。

　　绥远抗战,历时五个多月,共歼灭和瓦解伪军一个步兵师、两个步兵旅和两个骑兵连,收复了百灵庙、大庙等战略要点,肃清了绥远境内的伪军,粉碎了日军西进绥远,建立"蒙古帝国"的阴谋,极大地鼓舞了全国人民的抗战热情。绥远抗战,作为中国人民反侵略战争的光辉一页载入史册。

　　(二)全国各界援绥运动和绥远抗战的意义

　　绥远抗战沉重打击了日本侵略者的嚣张气焰,引起了全中国乃至全世界的瞩目。全国各党派、各阶层人士掀起了一场轰轰烈烈的援绥运动。

　　绥远抗战得到了中国共产党的支持。毛泽东于1936年8月和10月两次致函傅作义称:"先生北方领袖,爱国宁肯后人? 保卫绥远,保卫西北,保卫华北,先生之责,亦红军及全国人民之责也。""今日红军渐次集中,力量加厚,先生如能毅然抗战,弟等决为后援。"①红格尔图首挫敌锋后,11月21日毛泽东和朱德代表中国共产党和红军向傅作义发出贺电称:"足下之英勇抗战,为中华民族争一口气,为中国军人争一口气。"②收复百灵庙的消息11月24日中午传到全国各地后,民心振奋。中共中央在贺电中说:傅作义将军发起的绥远抗战,是中国人民抗日的先声。以南汉宸为代表的中共代表团,携带题有"为国御侮"的锦旗和致前方将士的慰问信赴绥慰问。12月1日,中共中央和中华苏维埃中央政府向南京国民政府和各党各派各军发出关于绥远抗战的通电,要求南京政府调集大军增援晋绥前线,停止内战一致抗日;并号召全国人民不分党派、不分阶级、不分职业,更亲密的联合起来,自动的组织各种救国团体与武装力量,援助绥远抗日将士③。

────────────

　　①　《毛泽东书信选集》,人民出版社1983年版,第43、82页。

　　②　《红军领袖贺绥远守军抗日胜利》,《红色中华》第312期,1936年11月23日。

　　③　中国人民解放军政治学院党史教研室编:《中共党史参考资料》第7册,第437页。

　　全国人民发起了声势浩大的援绥运动。全国各界救国联合会发表绥远问题宣言,要求国民政府对绥远的安全应负完全的责任,应该发动全国规模的抗战,全国不愿做亡国奴的同胞,全力援助绥远抗敌的军队。国内外向傅作义将军和前方抗日将士祝贺和慰问的电信纷至沓来。爱国人士和进步青年还组成团体,到绥做战地服务工作。北平学生救国联合会冲破冀察政务委员会的阻挠,发起绝食一天和停火节煤活动,捐款援绥,并积极发动组织全市各界援助绥远抗战委员会。北平学生发起万件皮衣劳军运动,并成立义勇军、救护队、慰劳队等组织,直赴前线参加工作。天津《大公报》记者范长江赴绥远访问我军收复百灵庙的经过,回平津后专门发行了号外进行宣传。天津学界发起募捐二十辆汽车及万件绒衣劳军运动。南开学生联合会内推代表赴绥慰问。法商学院各处停伙三日,节款作捐款,该校国剧及话剧社公演助捐。天津市男女青年会分别组织募款委员会。上海日商纱厂的四万五千名工人为抗议日本侵略绥远举行罢工。上海中华国产厂商联合会等三十多个团体先后成立了各界援绥后援会。上海市文化界成立绥远剿匪后援会。上海市中等学校教职员联合会举行全体理事会,通告全市各中等学校,努力募捐。上海市妇女界成立绥远剿匪慰劳会,议决募集手套十万双、丝绵背心五万件。中国佛教徒会员代表大会开会,决议致电蒋介石和傅作义,表示慰问。全国邮务总工会发起援绥捐,通令全国邮工踊跃输将。上海三十五种杂志联合发起了"以一日援绥"的募捐活动。上海市著名电影表演艺术家陈波儿赴绥远演出《放下你的鞭子》。著名音乐家吕骥写了一首《三十五军军歌》,亲自到部队教唱,并向各地军民教唱《义勇军进行曲》。著名作家谢冰心为绥远抗战中涌现出的战斗英雄写小传。上海联华电影公司导演和山西太原西北电影制片厂导演赴绥远战地拍摄纪录影片。国民党沪市党部召集各机关团体,商讨组织沪市国民贡献一日推行委员会。在南京,上自国民政府主席林森、监察院长于右任、财政部长孔祥熙,下至乞丐、妓女都踊跃参加了捐款活动。南京各界救国会发起援绥军民抗日运动,并成立"南京各界援绥后援会"。中央大学校长罗家伦除亲赴绥远前线视察外,并发表慰勉将士书。南京市工人福利会通知各工会转饬各会员,节食三日,移充慰劳前方将士之用。津浦全路员工发起捐薪一日活动。青岛各界成立慰劳前方将士会,参加者数十团体,规定募捐办法。浙江慈溪县南乡富孀陈氏,其夫在东北从事矿业时被日军惨杀,见绥战又起,痛心往事,感到国事日急,遂倾其家产输助绥军,遗书家人,服毒自杀。杭州中等以上学校开代表会,议决联合组织援助前线将士会。广州培正中学教员捐款千余元。蚌埠各校师生绝食一日,捐款慰劳绥远将士。郑州各界纷纷发起捐款活动。汉口市工界召集各业工会代表会议,决定全市工界以一日收入慰劳绥远将士。重庆市民对绥事极为关注,除致电慰问傅作义外,学生在市中募捐,各界捐款,情绪热烈。济南报业公会、新闻记者公会联名致电慰问前敌将士,并由全体新闻界先捐 300 元,同时决定各报一律代收慰劳捐款。山东中等以上校联会决定全省各校教职员以一日所得援助。齐鲁大学师生工友组织慰劳将士劝捐团。该校华山足球队联合其他球队举行慰劳绥远将士募捐球类比赛。湖南常识指导会联络各人民团体组织援助绥远将士委员会。湖南省党部捐薪一日。《国民日报》社联合上海银行募款。西北各界抗日救国联合会、东北民众救亡会和西安学联发起西安各界援绥大会,发表宣言,要求国共两党应立即把打内战的军队开赴绥远前线,共御暴敌,会后举行大规模游行示威。晋、绥两省在日本的留学生捐款慰问绥远抗日将士;留学德国的绥远学生秦丰川向留学生作绥远抗战的报告。绥远中等学校学生联合会成立,呼吁全国援绥。绥远旅平同乡绝食一日,集资慰劳绥远将士。归绥教育界同人联合会为绥远将士购置皮衣募捐。土默特旗中学全体学生绝食一天,捐助前线将士。绥远国术馆通电全国国术馆,发起全国国术界募捐援助前线将士运动。绥远民众教育馆召集各街长商定民众援助办法,扩大宣传,普遍募捐。山西省各将领纷纷捐款。太原女子师范看护队二十余人为伤兵服务。太原山西陆军监狱全体监犯绝食一天,节省囚粮捐献绥东抗敌将士。

上海、北平、天津、西安、武汉及其他城市的民众团体携带慰问品和捐款相继于途,每日必十余起。全国各地先后赴绥远慰劳的有:上海市商会、上海市地方协会、中国红十字总会共同组成的绥远剿匪慰劳救护会推举的代表黄炎培等;北平市民战地服务团;清华大学绥远抗战前线服务团;北平师范大学、北平大学工学院等的代表朱自清教授等;西安各界抗日援绥大会代表团;旅陕东北民众慰劳绥远抗战代表团;两广代表团。

绥远抗战得到了绥远境内具有爱国思想的蒙古王公的支持。正黄旗总管达密凌苏龙率领的一支武装在守卫绥东十二苏木一带防线,攻击伪军王英部的战斗中发挥了积极作用。石王和其夫人也亲率蒙军在前线作战。蒙古族上层中不少深明大义的有识之士表示,"大多数的蒙人,深深地坚信着中华民族是一个整体,只有团结凝固我们民族各个分子、各种民族,才能阻遏当前侵略者的进攻"①。

国民党地方实力派也对绥远抗战表示支持。张学良、杨虎城在西安组织抗日援绥军第一军团。李宗仁、白崇禧发表通电,要求将前往西安的中央军开往绥远,将广西军一部或全部北上援绥。广东余汉谋捐款5万元,并组织"出察援绥军"准备北上。阎锡山遵父命将遗产87万元捐献绥远抗日将士。其他将领如冯玉祥、李济深、蔡廷锴、宋哲元、商震等都表示了对绥远抗战的声援。

著名华侨领袖陈嘉庚先生不远万里捐赠药品、服装和钱财,并撰写了《傅作义高义》一文,颂扬绥远抗战。菲律宾马尼拉中华商会致电傅作义,表示侨民誓为后盾。伦敦华商协会汇款2000元。华侨慰问团见塞外运输不便,捐献200辆载重汽车和2000件皮衣给前方将士。

据估计绥远前线收到的慰劳物资和现款,合计在三百万元以上。

绥远抗战在中国的局部抗战中具有重要的意义。范长江称:"红格

---

① 《察绥道上》,《绥远抗战集》,上海星华出版社1937年版,第17页。

尔图与百灵庙两次战争,只是我们民族解放战争的序幕。"①

绥远抗战打击了日本侵略者的狂妄气焰,粉碎了日本吞并绥远的阴谋,迫使其不得不调整对华政策。在绥战中,德王嫡系第七师全部覆灭;关东军精选的10名精通蒙、俄文的日本高级特务有7人丧生;在南京政府要求下,日本不得不撤走青、绥、宁地区的日本侨民;日军被迫撤消其在阿拉善地区的特务机关。日本在绥远惨淡经营的侵略资本丧失殆尽,不得不调整其侵略步伐。1937年1月,关东军参谋部提出《内蒙工作的经过和将来关东军的方针》,基调是"暂缓举起以前企图纠合整个蒙古地区的蒙古民族,造成大同团结的泛蒙古运动的旗帜"。为此,关东军提出伪蒙古军自动停战,必要时发表和平宣言;解散王英的"谋略部队";对绥远、山西、南京等其他中国方面的政权,不进行特别工作;确保《秦土协定》;"蒙古军政府"改组等紧急措施②。15日,日本陆军部也作出《内蒙军整顿要领》的决定,提出要确保锡盟和察东为范围的内蒙地区,巩固其治安,整顿蒙古军③。"在日本方面,事前虽认真研究了对华政策,但由于绥远事件的发生,现在已不允许对改变政策有所犹豫。1937年4月6日,决定了新的'对华政策'和'华北指导方案'。这一新政策明确规定了'不要进行华北分治,或打乱中国内政的政治工作',放弃了过去的华北分治方针。政府开始积极调整日中邦交。这是外交政策的空前转变"④。

绥远抗战中"我军坚守阵地,官兵誓死与阵地共存亡,个个英勇奋发,不时跳出战壕同敌拼杀"⑤。爱国将士英勇杀敌,视死如归,极大地振奋了中华民族抗击外来侵略的精神。傅作义表示:"岳武穆三十八岁

---

① 范长江:《百灵庙战役之经过及其教训》,《傅作义生平》,第202页。

② [日]《日中战争》1(《现代史资料》8),第612—613页。

③ [日]《日中战争》1(《现代史资料》8),第610页。

④ 日本防卫厅战史室编:《华北治安战》,第17页。

⑤ 董其武、孙兰峰:《一九三六年绥远抗战始末》。

壮烈殉国,我已过了三十八岁,为抗日死而无怨。"①"我以为今天的中国应下决心,不以利害来决定我们的行动,而应以牺牲的精神来博取最后的胜利!"②"我们的将士在这回绥战中,决没有一个人在考虑个人自身的利害问题,大家一致的信念是'为生存而战争'。"③百灵庙大捷后,在为此役举行的阵亡将士追悼大会上,于右任写的挽联"梦魂东四省,血泪大青山。"讴歌了为国捐躯的抗日将士。

绥远抗战促进了抗日民主运动的进一步发展,使蒋介石的"安内必先攘外"的误国政策遭受挫折,迟滞了其欲再次发动"剿共"内战的企图。百灵庙大捷的消息传出后,全国人民爱国热情空前高涨,抗日则生,不抗日则死,抗日救国已成为每个同胞的神圣天职,也使国民党"剿共"部队人心涣散。12月1日,毛泽东、朱德等在《致蒋介石书》中说:"夫全国人民对日寇进攻何等愤恨,对绥远抗日将士之援助何等热烈,而先生则集全力于自相残杀之内战。然而西北各军官佐之心理如何,吾人身在战阵知之甚悉,彼等之心与吾人之心并无二致,极欲停止自杀之内战,早上抗日之战场。"④中共中央认为:"在绥东局部抗战开始后,在全国以及西北各大城市(如西安、太原、绥远)抗日运动突飞猛进,不但使广大的小资产阶级群众与绝大部分的中等资产阶级参加,即大资产阶级内部也发生着决定的分化。"⑤

张学良一直背着"不抵抗将军"的恶名,而曾作为其部下的傅作义因绥战而成了抗日的英雄,也激发了他的爱国心。绥远、陕西唇亡齿寒,广大的东北军和西北军将士普遍喊出了"我们要援绥抗日,收复失地"的口号。一些东北军将领向张学良痛哭,呼吁即使国民党中央不同意,也要自行组织队伍援绥。11月27日,张学良向蒋介石递交了《请

① 《傅作义生平》,第5页。
② 傅作义:《用鲜血争起民族复兴》,《今日的绥远》,三江书局1937年版,第1页。
③ 范长江:《百灵庙战役之经过及其教训》,《傅作义生平》,第245页。
④ 《中共中央文件选集》第11册,第116页。
⑤ 《西安事变资料选辑》,第97页。

缨抗敌书》，表示："今绥东事既起，正良执殳前驱，为国效死之时矣。日夕磨厉，惟望大命朝临，三军即可夕发。""今者前锋既接，大战将临，就战略言，自应厚集兵力，一鼓而挫敌气，则调遣良部北上，似已其时；就驭下言，若非及时调用，则良昔日之以时机未至慰抑众情者，今亦疑为曲解。""调派东北军全部或一部，克日北上助战，则不独私愿得偿，而自良以下十余万人，拥护钧座之热诚，更当加增百倍。"①张学良的抗战请求被蒋介石所拒绝，认为有悖于他的"安内攘外""剿共"政策，因而引起张的不满。这与张学良、杨虎城随后在西安发动兵谏，不无关系。

绥远抗战也影响到蒋介石对日态度的变化。南京国民政府因绥战的胜利，对日态度变得强硬起来，在百灵庙战役胜利结束的当日电责德王轻启战端，并指出百灵庙为绥蒙区域，应遵前令，一律迁出。11月28日，外交部发言人发表谈话，称此次蒙伪匪军大举犯绥，政府负有保卫疆土、戡乱安民之责，不问其背景与作用如何，自应予以痛剿。30日，蒋介石发出贺电称："百灵庙之收复，实为我民族复兴之起点，亦即为我国家安危最大之关键。"②国民政府外交部秘书段茂澜奉令前往绥远实地收集日本卷入绥战的证据，30日返回南京，准备在中日第八轮谈判中提出。12月7日，外交部发表声明，指出绥远事件妨碍了外交的进行。蒋介石决定结束1936年9月因成都事件而进行的张群与川越的谈判。《东京朝日新闻》云："绥事发生后，中日交涉搁浅，交涉前途阴云笼罩，岂非事实。自张外长与川越大使第七次会见以来，虽已达到最后解决之一步，而直至今日尚在迁延不决中，且中国态度反而强化，不特不听从华北与防共两主张，甚且对已经意见一致之诸问题，亦不拟作成具体案。此盖绥东问题有以致之。非特此也，中国拟将借题发挥，抗日情绪尖锐强化之形势又将出现。"③

① 《西安事变资料》第1辑，人民出版社1980年版，第108—109页。
② 《绥远抗战实录》，《绥远抗战集》，第7页。
③ 转引自《今日的绥远》，第73—74页。

三　国民政府对日外交趋向强硬

(一)改变对日政策的国内外条件

南京政府对日政策由软弱趋向强硬，由妥协改为抵制，是从1935年华北事变之后开始的。而华北事变后，促使南京政府改变对日政策的国内外因素是多方面的。

首先，日本帝国主义染指华北，威胁了南京政府的统治地位。1935年华北事变时，南京再次屈服于日本压力，将察哈尔省主席宋哲元免职，撤销了于学忠的河北省主席职务，把驻守华北的中央军和于学忠部五十一军南调，华北各地的国民党党部亦被撤销。蒋介石的嫡系势力已被迫撤出华北。面对这种局面，蒋6月21日在给何应钦的电报中颇为感慨地说："冀于既去，察宋又撤，党部取消，军队南移，华北实已等于灭亡。"[①]在蒋介石看来，日本侵占东北，他采取不承认、不交涉、等待国联解决的方针，还可维持一时，况且他的势力从未直接控制过那里；现在日本侵略势力深入到华北，情况大不相同了。华北位于长城之内，素称中国本部，是中国的腹地，是东北通向华中、西北的咽喉要道。华北的安危，关系到中国的半壁江山。日本染指华北，对南京构成了直接威胁。蒋介石从维护其统治地位出发，不得不考虑改变对日政策。

其次，日本在华北的疯狂走私，严重影响了南京政府的财政来源。《塘沽协定》后，冀东成了"非武装区"，为日本在这里走私大开方便之门。特别是1935年夏、秋以后，在日本武力逼迫下，中国撤销了在长城线上的缉私巡逻人员和秦皇岛至芦台沿海的缉私巡逻船只，日本在华北的走私就更加畅行无阻并公开化了。日本从海路和陆路将大批人造丝、白糖、卷烟纸、呢绒、布匹等偷运入境，又将大量白银偷运出境。日本的走私，不仅沉重打击了中国的民族工业，也使南京政府的税收锐

---

① 秦孝仪：《中华民国重要史料初编》绪编(一)，1981年初版，第688页。

减。关税历来在南京政府的财政收入中具有举足轻重的地位,1935年全年税收的88％,系来自秦皇岛至宁波的21个海关的关税。据中国海关当局统计,因日本在华北走私使关税蒙受的损失:1935年8月1日至1936年4月30日,为2550多万元;1936年4月一个月,即损失800万元。如果"每月损失以八百万元计,则每年损失将达一万万元",几乎是全年税收的三分之一①。正因为日本在华北的走私严重威胁了南京的财政来源,南京外交部从1935年9月至1936年5月,先后五次向日方提出抗议,但均无结果,南京与日本的矛盾进一步深化。

　　第三,日本在华北的侵略扩张,扩大了它同英美等国的矛盾。"九·一八"时,英美姑息和纵容日本的侵略行动,希望它继续北上,将矛头对准苏联;可是,日军在侵占东三省后并未北上进攻苏联,而是移师南下,并在1934年4月发表"天羽声明",公开表示要排挤英美在华势力,把中国视为其独占的殖民地。这时,英美以共同支配中国的"九国公约"为武器,反对日本企图关闭中国门户,独吞中国。1935年后,日本对华北的步步进逼及疯狂走私活动,威胁和影响了英美在华利益。就在日本竭力策动华北"自治"时,英国外交大臣12月2日对中国驻英大使郭泰祺表示,"英政府对华政策,以九国公约原则为依归",并表示英国对华北局势的发展"甚所关切","已与美政府有所接洽,在东京亦有表示"②。美国国务卿赫尔12月5日对报界发表谈话,声称华北事态的发展,"为所有在华有利益的国家所关心","美国就是这种国家之一",他说:在中国华北,有"相当多的美国侨民、若干美国财产和大量的美国商业和文化活动,美国政府因此正密切注视着该地区发生的事情"。赫尔要求日本政府对其"庄严缔结的条约规定加以尊重"③。英美外交首脑的讲话表明英美两国政府从其自身利益出发,反对日本正在策动的

---

①　《日人操纵下之华北走私问题》(1936年5月),《民国档案》1987年第4期。
②　秦孝仪:《中华民国重要史料初编》第六编(二),第107页。
③　《中美关系资料汇编》第1辑,世界知识出版社1957年版,第480页。

华北"自治"运动,反对日本独吞中国的行动。英美的这种态度,对南京政府的对日政策,不能不发生影响。

第四,促使南京政府1935年后改变对日政策的另一个重要原因,是蒋介石对红军发动的第五次"围剿"得手。蒋在1935年末写的《自记民国二十四年中之所感》一文中说:"今年中心工作是为剿匪,可说已达七分成功,明年则可以抗倭为中心。"①他后来在《苏俄在中国》一书中写道:"五次围剿的胜利,使国民政府解除了两面作战的危机。此后,在国民政府面前的,就是对日与对俄外交上的两面作战。"②

最后,全国抗日救亡运动的开展,各阶层人民日益强烈的抗日要求,以及国民党内部因反日情绪的增长而进一步分化,也是南京政府改变对日屈辱外交的重要原因之一。在日本策动的华北"自治"运动前发生的华北事变中,南京政府对日本提出的种种无理要求,基本上还是采取妥协退让政策;而当华北"自治"运动开始时,南京的态度就有了比较明显的变化,采取了抵制态度,如本书前章述。

(二)拒绝"广田三原则"

日本内阁经过长期酝酿,于1935年10月4日通过了由外相广田弘毅提出的对华三原则。其主要内容是:"中国须绝对放弃以夷制夷政策,不得再借欧美势力牵制日本";"中日满三国关系须常能保持圆满",中国最好承认伪满洲国,起码"对于满洲事实的存在,必须加以尊重";"防止赤化","在中国北部边境一带有与日本协议防止赤化之必要"。日本自知这种独霸中国的行为必引起别国干涉和中国人民的强烈反对,所以10月8日广田外相在向中国驻日大使蒋作宾通报"广田三原则"时,特别叮嘱"勿向外公表,以免惹起实行上之障碍"③。

南京政府认为"广田三原则"内容严重,必须严肃对待。10月13

① 秦孝仪:《中华民国重要史料初编》绪编(一),第742页。
② 张其昀主编:《先总统蒋公全集》第1册,台北1984年版,第301页。
③ 秦孝仪:《中华民国重要史料初编》绪编(三),第642页。

日蒋介石在给汪精卫的电报中说:广田三原则"形式似较减轻,而其内容"是要中国"脱退国联,承认伪国与联盟对俄之变相",所以"其意义深重,不得不郑重考虑"①。怎样对待"广田三原则",对蒋介石来说是一个颇为棘手的问题。他后来在《苏俄在中国》一书中回忆说:"当时的情势是很明白的,我们拒绝他的原则,就是战争,我们接受他的要求,就是灭亡。"蒋介石既不想立即抗日,也不准备降日,便采取了"拖"的方针,即不断然公开反对,也不无条件接受,而是提出一些日方根本不能接受的条件与之讨价还价。

　　10月20日,蒋作宾代表中国政府照会日本外相广田,对其提出的对华三原则作了正式答复。关于广田所提第一点,指出"中国本无以夷制夷之意",今后"中国与其他各国关系事件,决不使中日关系受不良之影响","日本与其他各国事件,亦须对于中国采取同样之方针"。关于广田所提第二点,声明中国对于东北现状,"决不用和平以外之方法,以引起变端"。关于广田所提第三点,声称如日本对中国采取友善态度,中国拟与日本协商"中国北部一带之境界地方,应如何防范"。蒋作宾在照会中强调:除满洲问题外,日本必须一切回复到"九一八"以前之状态,必须立即撤销有损中国领土主权的《淞沪停战协定》、《塘沽协定》和"何梅协定"等,"以谋中国地方秩序之安宁及中日关系之根本改善"②。

　　就在蒋作宾照会日本外务省的同一天,蒋介石在南京会见日本大使有吉。此时土肥原正在华北大肆策动"自治",蒋介石要求日本停止分裂华北的行动,他对有吉表示他本人对"广田三原则""不但赞成,且欲促其实践"③。其实这是一种幻想,"华北自治"和"广田三原则"是日本内阁于10月4日同时通过的两项侵华政策,它决不会轻易放弃其中

----

①　秦孝仪:《中华民国重要史料初编》绪编(三),第642页。

②　秦孝仪:《中华民国重要史料初编》绪编(三),第645页。

③　秦孝仪:《中华民国重要史料初编》绪编(一),第719页。

任何一项。

正因为蒋介石有上述表示，一个月后，有吉在与南京新任外交部长张群会谈时，一开始便问：日本所提三原则，蒋介石上月20日已表示无条件赞同，"贵部长之意见如何？"张群回答说：蒋介石对日本所提的三原则"绝非无条件的赞同"，而是要求日方"提出更具体之意见，以便商谈"。在谈到根本解决中日关系问题时，有吉再次要求中方承认伪满洲国，张群断然拒绝，并要求日本停止策动"华北自治"、分裂中国的行动。此时，北平学生掀起的"一二九"反日爱国浪潮正席卷神州大地，有吉向张群提出："学生运动逐渐扩大，殊堪忧虑，拟请注意。"张群除表示南京政府十分注意，已采取压制措施外，还向有吉说："学生何以有此举动，应请贵方亦特别加以认识。"①其意十分明显，即是说学生运动的兴起，是由日本的侵略行动引起的。

日本外相广田于1936年1月21日在国会发表演说，声称中国政府对"广田三原则"已"充分谅解"，"表示了赞成的意思"②。第二天，南京外交部发言人奉命予以否认，说日本提出的"广田三原则""措词过涉空泛，无从商讨。当要求日方提示其具体内容，日方迄今尚未提出"，并指出广田在国会所说"中国业已同意，殊非事实"③。

日本把"广田三原则"作为调整中日两国关系的基础。1936年3月日本新任驻华大使有田八郎到任后，就调整两国关系问题与张群接连会谈三次，要求中国接受"广田三原则"。张群则反对以"广田三原则"作为调整两国的基础，并提出调整中日邦交，最正当的办法应从东北问题谈起。张群还向日本大使表示："非满洲问题解决，则不能谈共同防共问题"，起码亦应先行设法消灭妨碍冀察内蒙行政完整之状

---

① 《张群、有吉会谈记录》(1935年2月20日)，《民国档案》1988年第2期。
② 《日本帝国主义对外侵略史料选编(1931—1945)》，第196页。
③ 《大公报》(天津)，1936年1月23日。

态①。会谈以无结果告终。日本强迫中国接受"广田三原则"的企图没有得逞。

（三）张群、川越会谈

1936 年日本"二二六"政变后，广田弘毅出任内阁总理大臣，加快了侵华步伐。4 月 18 日，日本军部根据内阁决定将驻华北的日军增加三倍以上，由原来的 1700 多人增至 5700 多人。从 5 月起，大批日军涌入华北，为发动全面侵华战争作准备。南京政府反对日本增兵华北，驻日大使许世英于 6 月 1 日奉命约见日外相有田，"严重诘问日本在华北增兵事，谓中国政府以为日本不应出此"②。随后不久，蒋介石在国民党五届二中全会上作报告，对日本侵略采取不屈服、不妥协的态度日趋明朗化。

日本侵略者不断在中国滋事寻衅，制造事端，借机向中国提出种种无理要求。日本当局不经中国政府同意，强行在成都设领事馆，激起四川人民反抗，8 月 24 日发生成都事件。9 月 3 日广东又发生了北海事件。为解决这些事件，从 9 月 5 日到 12 月 3 日，张群与日本驻华大使川越会谈了七次。在此期间，南京外交部亚洲司司长高宗武与日本驻南京总领事须磨也会谈了十多次。

交涉既由成都事件引起，张群主张会谈应集中解决成都事件，不要与整个调整两国关系混为一谈；而川越则认为"蓉案不难解决，但仅解决蓉案仍不能缓和日方空气"。他借机向中方提出七项无理要求：一、取缔排日问题；二、华北问题；三、共同防共问题；四、减低入口税问题；五、上海、福冈间中日民用航空联络问题；六、聘用日籍顾问问题；七、取缔鲜人问题。他说中方只有"一并解决"这些问题，方显出"中国方面的诚意"③。

---

① 《张群、川越会谈摘要》(1936 年 11 月 10 日)，《民国档案》1988 年第 2 期。

② 《大公报》(天津)，1936 年 6 月 2 日。

③ 秦孝仪：《中华民国重要史料初编》绪编(三)，第 690—691 页。

　　南京国民政府拒绝了日方的这些无理要求。在 9 月 23 日和后来的几次会谈中,张群向川越表达了中方的立场和态度,对日方的 7 项无理要求逐一批驳。关于"取缔排日"问题,张群说:中国人民的反日情绪,是日本的侵略行为激起的,中国"政府当局能够制止公开的行为,却不可能制止国人的感情",如要"除去这种恶感,日本方面要避免以武力干涉或高压手段来对待中国","须表示尊重中国的主权及行政的统一"①。关于"华北问题",张群说:"倘日方之真意,不在平等互惠之经济合作,而在华北之政治及财政方面,甚至欲造成独立或半独立之政权,则此种计划,显系破坏中国领土主权之完整,绝无商讨之余地。"②关于"共同防共"问题,张群说:日本在"广田三原则"中提出"共同防共",原来中方予以拒绝;"现在打算使国策来一个大转换,且作为'对日诚意'的一大表示",故拟与日方讨论此问题,但"防共"范围"只限于从山海关、古北口、张家口、绥远、包头之线以北,而且其方法以防御为主,而不以攻击为目的"③。日本要求将防共线往西延至山西雁门关,并要求在上海互换有关情报。这些遭到张群拒绝。在 11 月 10 日的会谈中,川越透露其反苏目的,表示:"日本因对俄关系在远东责任非常重大,故对北境一带之共同防共甚为重视。"他威胁说:"若中国连此问题亦不肯谈,日本将发表中国已答应变更国策,与日本共同防共之谈话内容。"张群当即表示:"发表亦无不可",并针锋相对地说:"若贵方发表,我方亦可将一切情形发表。"④关于"减低入口税"问题,张群拒绝了日方希望参加修订税率的要求,并要求日方停止走私、不要妨害中方的缉私行动。关于"上海、福冈间通航"问题,张群向川越指出:此事"与贵国

　　①　《九月二十三日川越张群会谈时张群宣读之文件》,《党史研究资料》1987 年第 1 期。
　　②　秦孝仪:《中华民国重要史料初编》(三),第 691 页。
　　③　《九月二十三日川越张群会谈时张群宣读之文件》,《党史研究资料》1987 年第 1 期。
　　④　《张群、川越会谈摘要》(1936 年 11 月 10 日),《民国档案》1988 年第 2 期。

飞机之侵犯我国领空事件有连带关系",日本飞机"在华北之不法举动不早解决,则上海、福冈间之联航问题殊难谈到"①。关于"聘用日籍顾问"问题,张群说:"须待关系得到相当调整时机到来时方可办理,不能作为要求。"②关于"取缔非法鲜人"问题,张群说:"日方如指明事实及确实地点,我方可协助缉捕。其在中国各地(尤其华北一带)之非法日籍人民(尤其是鲜人及台人),日方官宪尤须从严惩办。"③

张群根据蒋介石指示,在9月23日和12月3日的会谈中向日方提出了反要求。他对川越说:"《塘沽》、《上海》两协定之取消,冀东伪组织之取消,华北非法飞行之终止,察绥伪匪军之消灭及走私停止等等问题,系我方最低限度之要求,均应同时解决。"④调整国交谈判开始不久,蒋介石10月8日在南京接见川越,强调指出,在调整中日国交中,中方所要求者"重在领土不受侵害,及主权与行政完整之尊重","中日间一切问题,应根据绝对平等及互尊领土、主权及行政完整之原则,由外交途径,在和平友善空气中从容协商"。蒋指派张群与川越会谈,并向川越声明:"张部长之意见,即政府之意见。"⑤

在12月3日最后一次会谈中,张群针对不久前发生的绥远事件和青岛事件,揭露和谴责了日本的侵略行径。张群说:绥远事件,"据调查报告匪伪军中确有日本军人、日本飞机及日本各种新式武器"。关于青岛事件,张群揭露日方因一日纱厂闹工潮突将全部纱厂关闭,并派700名海军陆战队登陆,闯入中国机关,搜去重要文件,捕去公务员多人。张指出:"此种不法行为,不独足以激动风潮,实属侵害我国主权。"他要求日方"立将派驻各处陆战军撤退,恢复纱厂原状,即日分别释放送还

---

① 《张群、须磨会谈记录》(1936年1月22日),《民国档案》1988年第2期。

② 《张群、川越部分会谈记录》(1936年9月15日),《民国档案》1988年第2期。

③ 《张群、川越会谈记录》(1936年12月3日),《民国档案》1988年第2期。

④ 《张群、川越会谈记录》(1936年12月3日),《民国档案》1988年第2期。

⑤ 秦孝仪:《中华民国重要史料初编》绪编(三),第675页。

不法逮捕之人员及擅取之文件"①。

川越在 12 月 3 日会谈中宣读了他事前单方面起草的"会谈备忘录"。张群当即指出，"备忘录"与历次会谈情形显有不符之处，表示不能接受。可是川越竟将"备忘录"置于案上，径自离去。南京外交部当即将此件退回。第二天，须磨又将此件送到南京外交部。12 月 4 日，南京外交部再派人将"备忘录"退还须磨，并在公函中指出："此件既非过去双方谈话之正确记载，不能作为参证之根据。"②12 月 7 日，南京外交部正式公布了张群先后与有田、川越会谈的经过，以正视听。

第四节　国共两党的秘密接触

从 1935 年末到西安事变爆发，国共两党代表通过多种渠道秘密接触，就停止内战、合作抗日问题进行谈判。这些谈判"是秘密进行的，因为若被日本人知道，很可能会提前发生战争"③。谈判是蒋介石主动发起的。从"四一二"以后，蒋介石一直坚持反共立场，接连进行"剿共"内战，此时他为什么主动发起与中共谈判呢？这和下述情况有关：一、在中苏南京谈判中，苏方要求蒋停止"剿共"，与红军结成抗日民族统一战线。蒋为获取苏联援助，对中共不得不做出一些姿态；二、蒋介石第五次"围剿"后，主力红军被迫撤出江南中心地带，转移到陕甘，实力又锐减。在蒋看来，此时的红军已构不成对他的威胁，他可用"政治收编"的办法予以解决；三、1935 年共产国际"七大"后，中共发表"八一宣言"，确定了抗日民族统一战线的方针。蒋介石把中共的"停止内战，一致抗日"主张误认为是"乞降"，将为其收编红军提供了可能。他是在见到王明在共产

---

①　《张群、川越会谈记录》(1936 年 12 月 3 日)，《民国档案》1988 年第 2 期。

②　《有关张群、川越会谈的几个文件》，《党史研究资料》1987 年第 1 期。

③　陈立夫:《成败之鉴——陈立夫回忆录》，台北正中书局 1994 年 6 月版，第 192 页。

国际"七大"发言后,派邓文仪去莫斯科发起与中共秘密接触的。

一　在莫斯科的接触

1935 年秋,南京政府驻苏使馆武官邓文仪回国述职,蒋介石命他设法打通与中共的关系。邓请苏联驻华大使鲍格莫洛夫从中斡旋,遭到拒绝。邓在上海苏联领事馆看到新出版的《共产国际》杂志,其中刊有王明在共产国际"七大"上的发言和论述抗日民族统一战线新政策的文章,邓连夜找人译成中文送给蒋介石。蒋看后,命邓迅速赶回莫斯科,设法与王明接触。

邓文仪 1935 年 12 月 21 日从上海启程,1936 年 1 月 3 日到达莫斯科。按照在国内与蒋介石、陈立夫商量的办法,他立即写信给中共驻共产国际代表团团长王明,请共产国际执委会秘书处代转,明确表示希望与王明会面,商谈国共两党关系问题。信发出几天后未见回音,他又找到在莫斯科的胡秋原,胡是陈铭枢等人组织的"中华民族解放行动委员会"的代表,在莫斯科负责与中共驻共产国际代表联系。邓请胡代为介绍,希望能与王明见面。

中共代表团 1 月 11 日得到消息,决定派在中央苏区曾担任中华苏维埃共和国临时中央政府外交人民委员会副委员长的潘汉年先会见邓文仪,弄清事情原委,再决定王明是否与邓会见。1 月 13 日晚,潘汉年与邓文仪在胡秋原寓所会晤。潘先问邓,你找王明谈话,"是以个人资格,还是正式代表南京政府"? "国民党与南京政府在全国同胞一再要求停止内战,一致抗日的今天,到底有什么表示没有"? 邓答道:"我这次来,完全是受蒋先生的委托,要找到王明同志讨论彼此间合作抗日问题。"关于国民党对抗日的态度,邓说:"我们在南京曾召集过几次高级干部会议,蒋先生亲自提出统一全国共同抗日的主张,大家全都同意蒋先生的主张。可以说联合共产党的原则已经决定了。"关于要抗日为什么必须联共这一问题,邓文仪用蒋介石的话解释说："现在要抗日，首先是要集中八十个师的人马，否则必然受日本所制。可现在这八十个师的人马全都被红军牵制住了，因此我们两党需要合作。"潘汉年向邓文仪说明了中共的抗日主张，提出："虽然我们过去政见不同，但遭受亡国之耻辱，我们大家是一样的。所以我们认为，在内政问题上的歧见，彼此可以暂时放在一边，首先来救国。"潘汉年郑重表示："我可以代表中国苏维埃与红军的领袖朱、毛两同志和王明同志，向全体国民党员及南京军队的全体将士宣布说，只要你立即停止进攻红军，表示抗日，我们愿意与你们谈判合作问题。"那么要实现合作抗日会遇到什么问题呢？在潘汉年催问下，邓文仪谈了三点："一是联合以后对日作战，非统一指挥不可；二是我们现在子弹和粮饷都只够三个月的，如果要打持久战，就非另想办法不可；三是外交方面我们对英美是有些办法的，但英美离中国太远，远水不救近火，无论如何没有苏联与我们那样方便。最近我们得到消息，日本今年肯定要打外蒙，因此我们应当与苏联合作，让他们帮助我们军火与粮饷。这一点很重要。"对此，潘汉年回答说："如果真心抗日，这三个问题应该说都不难解决。统一指挥我们将来可以讨论一个双方都能接受的好办法。抗日应当利用英美的帮助，这一点我们不会反对，并且我们近来一直有人研究英、美、日之间的冲突，将来也许在这方面可以贡献一些具体的意见。关于找苏联帮助，这确很重要，根据他们一贯帮助被压迫民族反抗帝国主义侵略的原则，只要南京政府坚决站在团结全体民众反对日本的立场上，我个人相信苏联对中国的民族运动是会同情的。"潘汉年还说，这次初步交换意见后，下次见面希望邓文仪代表南京政府谈些具体想法。邓文仪坚持要求面见王明，他说："因为来莫时蒋先生特别叮嘱要我会见王明的。"

王明及时将潘汉年与邓文仪会谈情况向共产国际总书记季米特洛夫等作了汇报，共产国际领导人对国共两党代表的接触基本上给予肯定。于是，王明决定会见邓文仪。

　　1月17日，王明与邓文仪举行了第一次会谈。王明阐述了中共的抗日民族统一战线主张，邓文仪说"蒋先生确实要抗日"，并转达了蒋介石关于国共两党合作的四项条件："第一，关于政府问题，取消苏维埃政府，邀请所有苏维埃政府的领导人和工作人员参加南京政府的工作。第二，关于军队，红军应当改编为国民革命军，因为要抗日，一定要有统一的军事指挥。当然，红军不会接受南京政府的军事工作人员，但政府可以和红军交换他们的政工人员，政府派政工人员到红军中去，红军也可以派他们的政工人员到南京的军队里去，以表示相互间的信任与尊重。第三，关于党的问题，蒋先生考虑了两个办法，首先是恢复1924年—1927年的两党合作形式，其次是共产党独立存在，这个问题可以以后再来解决它。蒋先生知道红军没有军事装备和食品，南京政府可以提供一批军事装备和食品给红军。第四，关于防线问题，南京政府打算派一些军队和红军一起到内蒙去参加抗日斗争。因为南京政府的军队要主要用来保卫长江流域，因此它不能派很多的军队到其他地方去。"王明对蒋介石的这四条没有立即做过多评论，只是强调红军与国民党如果要建立密切的联盟，第一位的条件恐怕是：一、互相信任；二、停止内战。他对邓文仪说："如果国民党方面不能结束对红军的战争，红军的领导人是不会相信你们的。因此你们必须首先采取措施来证明你们与红军合作的想法是真实的。"这次会谈商定，国共谈判要在国内举行，由南京方面的代表与红军领导人朱德、毛泽东派出的代表直接谈判，两党都要保证对方代表的绝对安全。

　　1月22日，王明与邓文仪举行第二次会谈。邓文仪说他已收到蒋介石复电，同意他和中共代表回国谈判，并提议24日或25日启程。王明要求邓文仪写出保证中共代表回国后安全的文件，邓答应可以写。在这次会谈中，王明根据中共驻共产国际代表团集体讨论的意见，对蒋介石的四项条件进行了评论。王明说："蒋介石作为政治家，是不会提出对中共和红军有利的条件的，因此他所提出的条件，只是对红军有害。比如关于政府,你们建议取消苏维埃政府;关于军队,你们建议改编红军;关于抗日战线,你们建议给最困难的内蒙的防线。"他问邓文仪:"如果你们真的想要谈判,你最好是告诉我,蒋介石是否提出了一些对红军有好处的条件?"邓文仪答复说:南京方面的意见是初步的,不是最后的意见;既然谈判,双方都要做出让步。邓承认内蒙"确实离中心地区太远,缺少食品",可以考虑把"西北的某些地区"给红军①。邓文仪应允给中共代表办理回国护照,近日内即可动身。

这次会谈刚结束,邓文仪即收到蒋介石来电,令他即刻赶到德国柏林,参与李辅臣(陈立夫的化名——编者)与苏联的谈判。当他再一次会见王明说明上述情况后,由于事先毫无思想准备,王明怀疑邓是在耍手腕,并怀疑国民党对谈判的诚意。邓给王明看了蒋介石的来电,并说他将于1月25日或26日离开莫斯科,预计2月5日或6日赶回,之后再确定回国日期。

1月23日王明写信给在国内的毛泽东、朱德、王稼祥等,说明邓文仪将回国前往苏区与中共中央谈判两党合作抗日问题。同一天,潘汉年以中华苏维埃中央政府人民外交部副部长名义写信给蒋介石,代表毛泽东和朱德,保证邓文仪进入苏区谈判时的人身安全与自由。

二　CC派与中共北方局代表的谈判

蒋介石与中共秘密接触,采取国外、国内同时并举,国内多渠道同时进行的方针。CC派代表曾养甫与中共北方局代表周小舟、吕振羽的接触,是国内最早进行的一条渠道。

蒋介石把在国外打通共产党关系的任务交给邓文仪的同时,把在国内打通共产党关系的任务交给了CC派首领陈立夫。陈受命后,把

---

① 以上引文均见《1936年邓文仪与王明、潘汉年谈判经过与要点》,《党史研究资料》1994年第4期。

这项任务转交给其亲信曾养甫。曾是 CC 派重要成员,时任国民政府铁道部政务次长。曾命谌小岑具体实施这项使命。谌小岑是曾的下属,担任铁道部劳工科长。五四运动期间,他是天津"觉悟社"成员,与周恩来、邓颖超相识;1931 年在天津办《丰台》杂志,抨击蒋的不抵抗政策,与一些左翼文人有联系。因此,谌是曾养甫打通共产党关系的理想人选。

　　1935 年 11 月初,谌小岑在受命后的当天晚间,找在南京给司法院副院长覃振当秘书的翦伯赞商议此事。接着他用暗语和谐音写信给在北平中国大学任教的吕振羽,大意是:"近年以来,东邻欺我太甚,惟有'姜府'和'龚府'联姻,方期可以同心协力,共谋对策,以保家财。兄如有意作伐,希即命驾前来。"①吕振羽是北平地下党领导的"北平自由职业者大同盟"书记,他把谌的来信交给与他联系的中共北平市委宣传部长周小舟。中共北方局决定先派吕振羽去南京,探明此事系由何人发起和主持。11 月底,吕振羽到南京面见谌小岑。谌告以此事系由曾养甫出面进行。吕到南京的当天晚上,即由谌小岑陪同会见曾养甫。吕问曾:国共合作抗日的谈判,是曾先生自己的主张吗? 曾说,他是秉承宋子文的意旨办事,并说:日本侵略者步步进逼,看来非抗战不可了。他要吕振羽帮助寻找中共同他们谈判的线索。吕答应从北平的教授和学生中寻找。中共北方局见到吕振羽写的上述情况报告后,即派周小舟于 1936 年 1 月到南京。周告诉吕,组织上决定留他在南京与国民党代表谈判,并向他交待了中共与国民党谈判的条件:"一,组织国防政府与抗日联军;二,停止内战、一致抗日,停止进攻苏区,承认苏区的合法地位。"②周小舟在吕振羽陪同下与谌小岑见面,周根据"八一宣言"精神,向国民党方面提出要求,强调:"一、立即发动抗日战争;二、开放民

　　①　谌小岑:《西安事变前一年国共两党关于联合抗日问题的一段接触》,《文史资料选辑》第 71 辑。

　　②　吕振羽:《南京谈判的始末》,南京《群众论丛》1980 年第 3 期。

主自由;三、释放政治犯;四、恢复民众组织活动,保护民众爱国运动。"国民党代表则要求中共"帮助他们联苏";"要红军改编,苏维埃改制"①。周小舟在南京逗留两三天后返回北平。吕振羽则留在南京继续与曾养甫谈判,双方围绕谈判条件争论激烈。

1936年3月,周小舟应国民党方面要求第二次来到南京。他除带来与国民党谈判的六项要求外,还带来了由毛泽东、朱德、周恩来署名写给宋子文、孙科、冯玉祥、程潜、曾养甫等人的信,还有林伯渠写给覃振的信,每封信都附有中国共产党的"八一宣言"。

对中共方面提出的条件,国民党方面的答复是:一、"由他改编红军";二、"取消苏维埃";三、"延请中共领袖以个人资格参加南京政府";四、"要求红军由察绥走蒙古国进攻满洲。"②5月14日,曾养甫给毛泽东、周恩来、彭德怀复信,简略地谈论了团结抗日的重要性。

由于"一二九"后全国抗日救亡运动的发展和两广地方实力派在酝酿反蒋,南京对两党谈判表现出一定的积极性。5月中旬,陈立夫口授四项办法,回答中共方面提出的六项要求。这四项办法由谌小岑记录下来,转交吕振羽。其中"K方"代表国民党。"C方"代表共产党,大意是:

（一）K方欢迎C方的武装队伍参加对日作战;

（二）C方武装队伍参加对日作战时,与中央军同等待遇;

（三）C方如有政治上的意见,可通过即将成立的民意机关提出,供中央采择;

（四）C方可选择一地区试验其政治经济理想③。

6月两广事变爆发后,曾养甫通过谌小岑向吕振羽表示,这样转来

---

① 《小周报告——关于数次与蒋谈判的情况》(1936年8月19日),未刊件。

② 《小周报告——关于数次与蒋谈判的情况》(1936年8月19日),未刊件。

③ 谌小岑:《西安事变前一年国共两党关于联合抗日问题的一段接触》,《文史资料选辑》第71辑。

转去,不解决问题,希望中共方面派负责代表到南京谈判。陈立夫有意与周恩来在北方会见,当面解决一切。

中共北方局决定派周小舟再去南京。他7月1日动身前,北方局针对陈立夫口授的四项办法,提出了四项条件。周小舟到南京后,以这四条为基础与谌小岑谈判。会谈后,双方共同整理了一份"谈话记录",共五条,由双方代表负责签字,蒋介石、陈立夫也看过。"记录"全文如下:

(1)K、C双方一致确认为求民族之生存,须立即实现民族革命之联合战线,共同抗日。

(2)为使联合战线之巩固与实现,应先消灭国内现存之矛盾,集中力量。

(3)C方提议组织国防政府、抗日联军。K方在原则上接受此一协议,但C方须承认K方之指导权。C方代表认为K方在现形势下,应当而且可能成为抗日之主导力量。

(4)在上述三原则尤其在第三点上相互以文件承认后,K方在事实上以秘密方式停止围剿红军,红军停止反攻的军事行动。同时在C方停止反K方之行动与宣传的条件下,K方承认立即停止破坏C方组织、逮捕C方人员与爱国群众,并于暗中保护爱国运动(指在K方权力范围以内,冀察不在此限度内)。之后,C方公开发表宣言,要求K方一致抗日。

(5)双方于履行第四点要求后,共同组织一混合委员会,讨论具体实现抗日联合战线之政治、经济、军事、外交等问题。例如,在国防政府成立后,C方须改变苏维埃之政治形势,而统一于国防政府之下……以及联俄诸问题①。

周小舟这次到南京,还与曾养甫进行了会谈。双方围绕国防政府、红军改编、红军防地及南方游击队等问题交换了意见。在领导权问题

---

① 《雪夫工作报告——关于南京谈判及西南等问题》(1936年7月21日),未刊件。

上,双方展开了激烈地争辩。接着,吕振羽又与曾养甫面谈了五六次。在上述谈判基础上,谌小岑代表国民党起草了一个协定条款,经陈立夫修改,内容如下:

(一)K方为集中民族革命力量,要求集合愿意参加民族革命之一切武装力量,不论党派,在〈共〉同目的下,实现指挥与编制之统一。

(二)C方如同意K方之主张,应于此时放弃过去政治主张,并以其全部力量置于统一指挥之下。

(三)K方在C方承认全国武装队伍应统一指挥与编制的原则时,即行停止围剿,并商定其武装队伍之驻扎区域,与以其他国军同等之待遇。

(四)K方在C方决定放弃苏维埃政权的条件下,即以K方为主体,基于民主的原则,改善现政治机构,集中全国人才充实政府力量,以完成民族革命任务①。

曾养甫向吕振羽表示,希望能与中共主要负责人直接谈判,他请周恩来到南京来,或者他与张冲到陕北去。两广事变结束后,曾养甫被任命为广州市长,他去陕北已不可能。他去广州前,通过谌小岑交给吕振羽一份密电码,希望以后通过电台与陕北联系。

8月6日,谌小岑写信给周恩来,对邀他"西北之游"表示感谢,希望就"统一军政组织"和"停止军事行动"继续谈判。信中附上"电台符号及密码",表示"一切问题可用电报直接商谈",并说这样"既省时间,又免多人来往跋涉。如有所决定,即可约期晤谈"②。

吕振羽将上述情况及时报告给在天津的中共北方局负责人之一陈酋生(王世英)和在北平的周小舟。8月,从莫斯科归国的潘汉年到达

---

① 《雪夫工作报告——关于南京谈判及西南等问题》(1936年7月21日),未刊件。

② 《谌小岑来信》(1936年8月6日),未刊件。

陕北,中共中央任命他作为中共代表与南京直接谈判。中共中央9月23日通知北方局,"关于与宁方交涉问题,我们已派有正式代表谈判,请不必过问",同时提出"小周报告已阅,他是否可进苏区一谈,我们拟要他进来一次"①。于是,周小舟第四次去南京,从吕振羽处取走所有材料和密电码。至此,中共北方局与CC派代表间的谈判便告结束。

三　董健吾陕北送信

1935年末,宋子文与宋庆龄商议,派一名使者去陕北送信,向中共中央传递南京当局愿与中共谈判合作抗日的信息,并决定请董健吾前往陕北。董是宋子文在上海圣约翰大学时的同学,是中共地下党员,当过上海圣彼得教堂牧师,与宋家来往颇多。1936年1月初,董应邀来到宋庆龄寓所。宋请他去陕北瓦窑堡,将一封重要信件交给毛泽东、周恩来。董欣然接受委托,答应马上动身去完成这一使命。次日,董再次来到宋宅,宋庆龄将要件一包和行资百元交给他,并给他一张由孔祥熙签名委他为"西北经济专员"的委任状,作为董沿途的护身符。宋庆龄一再嘱咐董沿途要谨慎,对那包密封的文件要特别保藏好。

董健吾1月到达西安后,由于冰天雪地,雇不到车辆,无法前往苏区,在西安滞留四十余日。春节过后,董仍找不到合适的交通工具和安全路线,在万般无奈的情况下,他去找在西安的张学良,恳请张协助他去瓦窑堡。张见到他的"委任状",又去电南京得到证实,便于2月25日用飞机把董健吾及与其同行的张子华送到肤施(1936年改名延安),再派一个连的东北军护送他们出境。此前,在洛川与东北军谈判的中共中央联络局长李克农已将董等去陕北之事向中央作了报告,2月25日李给周恩来、博古的电报说:董、张已飞延安,"拟来瓦窑堡和你们见

---

① 《中共中央给世英指示信》(1936年9月23日),未刊件。

面,我电约他们廿七日由延安起身,请即妥派武装赶到延安之川口迎接"①。董、张2月27日到达瓦窑堡,董健吾化名为周继吾。

此时,毛泽东等正在山西前线指挥红军作战,董健吾在瓦窑堡见到博古、林伯渠,转交了宋氏姐弟的密信,转达了南京愿与中共谈判的意向。中共中央从他们谈话中,得知南京内部的分化情况,其中除有主张"联日反红"的右派外,还有主张"联俄联共"的左派,而且"蒋介石亦有与红军妥协反日的倾向"②。中共中央根据这一情况,决定直接与南京当局谈判。3月4日,以张闻天、毛泽东、彭德怀名义致电董健吾:"十分欢迎南京当局觉悟与明智的表示",说明"为联合全国力量抗日救国",中共"愿意与南京当局开始具体实际之谈判"③,并提出了谈判的五项条件。

董健吾带着中共中央的条件于3月5日离开瓦窑堡,回上海复命。宋庆龄对董的陕北之行十分高兴,向他表示感谢,后来又委托他把斯诺、马海德等国际友人送往陕北苏区。

四　张子华充当联络员

国民党CC派奉蒋命打通共产党关系后,除通过吕振羽与中共北方局取得联系外,还通过左恭与中共长江局取得了联系。左恭,中共地下党员,当时担任国民党中央宣传部下属征集部主任,1933年与谌小岑在南京办过进步刊物《力生》。他接受谌小岑委托后,通过中共长江局介绍一位黄同志与谌小岑接头。这位黄同志真名王绪祥,党内用名张子华,曾到陕北游击区巡视工作,熟悉那里的地形和交通。张子华与谌小岑接触几次后,便建议国民党派人去陕北与中共中央联系。

---

① 《李克农致博古、周恩来电》(1936年2月25日),未刊件。
② 《彭德怀、毛泽东致李克农电》(1936年2月28日),未刊件。
③ 《第二次国共合作的形成》,中共党史资料出版社1989年版,第90页。

此时,上海地下党组织决定派张子华随董健吾一道去陕北,向中共中央报告曾养甫等人情况。张子华动身前,通过谌小岑征得曾养甫同意,又取得国民党使者的身份去陕北苏区。董健吾并不了解这位同行者的真实身份。张子华到瓦窑堡后,单独向博古报告了南京内部在抗日和联俄联共问题上的分化,以及陈立夫、曾养甫等人急欲同中共联系的动向。1936年3月下旬,中共中央在晋西召开政治局会议,张子华又应召赶往石楼,向毛泽东、张闻天、彭德怀等作了口头汇报。

张子华4月底由陕北返抵南京,曾养甫在家中接见他。5月中旬,陈立夫口授4项办法,谌小岑抄写后也交给张子华一份。于是,张子华再次去陕北,面见周恩来,递交陈立夫口授的办法,转达曾养甫想会见中共主要负责人的意向。他还带去了覃振写给林伯渠的信。

6月初,张子华回到南京,带来了周恩来写给谌小岑、张伯苓、时子周等人的信。周向这些昔日的师友宣传中共的抗日民族统一战线主张,希望他们利用自己的地位和影响,促进国民党改变政策,联共抗日。周恩来在给谌小岑的信中还欢迎他和曾养甫"惠临苏土,商讨大计"①。

7月,张子华应曾养甫要求又一次去陕北,送去曾给周恩来的信。曾在信中希望两党能派负责代表面谈,欢迎周恩来来南京,并口头表示周如不能来,邓颖超来亦可。8月27日张子华到陕北,9月20日又从陕北赶到广州,递交周恩来给曾养甫和陈果夫、陈立夫的信。周恩来8月31日写给曾养甫的信强调"国难危急如此,非联合不足以成大举",表示愿与国民党方面的"负责代表进行具体谈判",欢迎曾养甫与陈立夫到苏区谈判,保证他们的安全。"万一有不便之处,则华阴之麓亦作为把晤之所"②。周恩来9月1日写给陈果夫、陈立夫的信,对他们年来的联俄联共之举予以肯定,指出"西北危亡迫在旦夕",国共两党的内战是"互消国力,自速其亡"。信中说,你俩"居贵党中枢,与蒋先生又亲

---

① 《周恩来统一战线文选》,人民出版社1984年版,第16页。

② 《第二次国共合作的形成》,第120页。

切无间,尚望更进一言,立停军事行动,实行联俄联共,一致抗日"①。陈立夫收到周恩来给他的信后曾给蒋介石看,蒋令其继续与中共联系,"惟不必立即告以蒋公已允考虑"②。

曾养甫9月27日在广州面见张子华,提出请周恩来来到广州见面。第二天,张子华向陕北中共中央发电报,转达曾养甫"约恩来飞往香港或广州会谈"③。此前,中共中央已考虑派周恩来出去谈判,"因七个月来,往来接洽者均次要代表",而"非负责人不能正式谈判"④。收到张子华9月28日电报后,中共中央作出3点答复:"切望南京坚持民族立场,立即准备抗战,我方愿以全力相助";"立即暂行停止进攻红军,以便双方主要代表谈判。恩来飞赴广州,在确保安全条件下是可行的";"红军首先实行停止向彼方进攻,作为停止内战一致抗日的诚意表示"⑤。为准备周恩来直接同国民党代表谈判,中共中央于9月起草了《国共两党抗日救国协定草案》。

10月15日张子华到西安,用书面向中共中央报告了国民党方面的答复:"一、苏维埃区域可以存在。二、红军名义不要,改联军,待遇与国军同。三、共产党代表公开参加国民大会。四、即派人具体谈判。"⑥中共中央见到上述条件后,认为国民党对谈判还算有诚意,同时得知蒋介石将于16日到西安,便派代表与国民党交涉,争取周恩来与蒋在西安谈判。但交涉未成,此设想没能实现。10月19日,周恩来致电在西安的张子华,作为他9月28日在广州给中共中央电报的答复。电报提出:"一、希望南京对日取强硬态度,我方愿以全力为助。二、要求停止军事进攻,双方各守原防,以便谈判。三、恩来已奉命为谈判代表,地点

①　《周恩来书信选集》,中央文献出版社1988年版,第100—101页。
②　陈立夫:《参加抗战准备工作之回忆》,《传记文学》第31卷第1期。
③　《文献和研究》1985年第4期。
④　《文献和研究》1985年第4期。
⑤　《第二次国共合作的形成》,第120页。
⑥　《第二次国共合作的形成》,第120页。

以西安为宜。四、南京方面代表希望陈辞修（陈诚——引者）、曾养甫、陈立夫三先生中，有二人来。五、一俟军事进攻停止，南京代表人选与谈判地点确定，并得到通知时，恩来立即起程。"①可是，"两广事变"解决后，蒋介石立即调集 30 万军队，企图剿灭陕甘的红军。周恩来拟往西安与蒋直接谈判的计划未能实施。

五 潘汉年与陈立夫谈判

1936 年 4 月，潘汉年偕被中共党组织派往莫斯科汇报工作的胡愈之离苏返国，5 月到达香港。胡愈之先期离港去上海，潘汉年则在香港给陈果夫写信，请其派人来港接头联系。

胡愈之到达上海后，会见了刚刚由陕北被中共中央派来上海的冯雪峰，向他报告潘汉年已到香港。于是，冯、胡二人一道赴港接潘。冯告诉潘，上海有秘密电台可直接与陕北联系，也有去陕北苏区的秘密交通线。不久，陈果夫派国民党中央组织部调查科总干事张冲到港迎潘。潘汉年到南京后，曾养甫与其会面，请他先到陕北会见中共中央负责人，弄清他们对谈判的具体意见后，再来南京与陈果夫谈判。

潘汉年根据冯雪峰提供的秘密交通线前往陕北，7 月 24 日到西安，8月8日到达保安。他向中共中央报告了邓文仪在莫斯科与王明和他接触情况以及他到南京后与曾养甫的谈话内容。随后，中共中央决定，在周恩来未出去以前，由潘汉年作为中共正式代表与南京当局谈判。

潘汉年 10 月中旬到达上海，带来了中共中央 9 月起草的《国共两党抗日救国协定草案》和毛泽东 9 月 18 日写给宋庆龄的信。

11 月 10 日，陈立夫与潘汉年在上海沧州饭店举行第一次谈判。潘将中共中央起草的两党协定草案交给陈。陈向潘转述蒋介石的意见："对立的政权与军队必须取消"；中共"目前可保留三千人之军队，师

---

① 《周恩来书信选集》，中央文献出版社 1988 年版，第 121 页。

长以上领袖一律解职出洋,半年后召回按材录用";"如果军队能如此解决,则你们所提政治上各点都好办"。潘听后气愤地指出:"这是蒋先生站在剿共立场的收编条例,不能说是抗日合作的谈判条件",指出"当初邓文仪在俄活动,曾养甫派人去苏区,所谈均非收编,而是合作"。陈立夫强调必须先解决军队问题,其他一切好办。他对潘汉年说:你我都非军事当局,从旁谈判也无结果,可否请周恩来出来一次,蒋介石愿意和他谈判。潘汉年明确答道:停战问题不解决,周恩来是不会出来的①。这次会谈的情况和陈立夫要求周恩来出来谈判事,潘汉年于 11 日电告中共中央。12 日,毛泽东复电潘汉年,提出"南京对红军究能容许至何限度,望询实电告";同时指出如南京的条件"使红军无法接受,恩来出去也无益"②。

11 月 19 日,陈立夫和潘汉年在南京举行第二次谈判。陈立夫说,蒋介石仍"坚持原提各点,无让步可能"。他要求潘汉年把上次会谈时他转达的蒋介石意见电告中共中央。陈立夫接着以威胁口吻说:日、德两国已签订反共协定,"日、德正在拉蒋先生加入反苏阵线,说不定中苏关系可一变而为恶劣",那时,红军处境"岂不更糟糕"。潘汉年斩钉截铁地说:"如蒋先生要加入反苏阵线,当无抗日之可言",我们今天的谈判也就不需要了。陈立夫表示,不希望中国加入反苏阵线,希望红军方面能为民族为国家捐除成见。潘汉年将中共中央起草的国共两党协定草案交给陈,并郑重地说:这是我党对民族对国家最负责、最尽职的意见,供两党合作参考。当谈到曾养甫提出的国共合作 4 项条件时,陈立夫竟矢口否认,说:"纯属子虚,蒋先生并未对第二人讲到关于与你们谈判的条件。"③至此,谈判陷入僵局,无法继续进行。当晚 10 时,张冲去

---

① 《关于与国民党谈判情况给毛泽东等的报告》(1936 年 11 月 12 日),《潘汉年诗文选》,上海人民出版社 1995 年版,第 403 页。

② 《第二次国共合作的形成》,第 152 页。

③ 《关于与国民党谈判情况给毛泽东等的报告》(1936 年 11 月 21 日),《潘汉年诗文选》,第 412—413 页。

看望潘汉年,委婉透露陈立夫左右为难,希望双方继续努力。他转达陈立夫意见,请潘把蒋的意见电告中共中央,如周恩来能与蒋面谈,条件尚可斟酌。

潘汉年11月21日将与陈立夫第二次会谈内容电告中共中央。中共中央没有立即复电。12月初,陈立夫派张冲到上海见潘汉年,表示谈判不宜中断,建议潘汉年继续留在上海,安全问题他们负责。

11月22日,中共中央致电潘汉年,断然拒绝蒋介石的无理要求,以张闻天、毛泽东署名的电报说:"我只能在保全红军全部组织力量、划定抗日防线的基础上与之谈判";并指出:"从各方面造成停止进攻红军的运动","以此迫蒋停止剿共,此是目前抗日统一战线的中心关键"①。见到潘汉年11月21日电报后,中共中央12月10日复电潘,明确指出:蒋介石没有抗日救亡决心,合作谈判缺乏必要前提,我们"根本不能同意蒋氏对外妥协对内苛求之政策,更根本拒绝其辱红军的态度",坚持"红军不能减少一兵一卒,而且须要扩充","离开实行抗日救亡任务无任何商量余地"②。

历时一年的两党秘密接触至此以无结果结束,但它打破了近十年来两党隔绝的状态,为西安事变爆发后两党负责人直接谈判作了准备。

第五节　国民党对救国运动的迫害

一　对救国运动的压制

30年代中期,在国民政府统治区,救国运动是在极端艰难的环境中开展起来的。上海救国运动刚开展不久,1936年2月初,国民党的

---

① 《第二次国共合作的形成》,第153页。

② 《周恩来年谱(1898—1949)》,人民出版社、中央文献出版社1989年版,第332页。

特工人员就在一份密报中称："文化界救国会组织,分子异常复杂,活动范围广大","将来毒焰所及,势必直接及于各地青年团体及文化团体,间接更有侵入各种职业、产业团体及民众之危险,故为防患未然计,不可不预筹严密之防范计划"①。国民党上海市党部开会议决,由中央禁止《大众生活》发行,查封生活书店,查封量才补习学校及量才图书馆,并逮捕其主持人李公朴;密令各团体禁止参加文化界救国会,实行新闻检查,封锁其消息②。紧接着,国民党中宣部发表《告国人书》,诬蔑上海文化界救国会倡导的救国运动,是在共产党的煽惑下,利用民众的一点热情,"借文化团体知识分子为工具,以逞其危害民国,破坏秩序之阴谋";其宣言"不曰反对中央,即曰颠覆政府,是皆利用'救国'的呼声,以作其叛逆行为的掩护",成为"赤色帝国主义者""汉奸之爪牙与工具"。文告威胁说,如果不听劝告,不加悔改,"政府自不得不本蝮蛇螫手,壮士断腕之决心,为维持社会之秩序,与保护国家之治安起见,当予以最后的严厉之制裁"③。

　　2月14日,上海文化界救国会发表《对中宣部告国人书之辨正》一文,对中宣部的诬蔑和恫吓作了驳斥。文章说:"上海的救国运动,兴起于华北伪自治运动抬头的时候。当时华北汉奸,组织烟民,冒称民众;华北报纸甚至公然以汉奸理论代表民意。中宣部在那是非颠倒、国格危殆的时候,默不一言;政府当局也未能当机立断,为有效之制裁。我们在悲愤之余,感匹夫之责,才有救国运动之发起。两月以来,赖各地学生及民众救国运动的勃发,和文化界正确理论的开展,舆论为之澄清,人心为之振奋,汉奸为之匿迹。如果党国诸公真能以民族利益为前提,对于这种现象应该是如何的爱护;即使中间有错误的所在,应该是

　　① 《一二九以后上海救国会史料选辑》,上海社会科学出版社1987年版,第77、79页。

　　② 《一二九以后上海救国会史料选辑》,上海社会科学出版社1987年版,第79页。

　　③ 《申报》,1936年2月12日。

如何的加以善意的指导。不幸得很,中宣部对于汉奸运动,则默加容许;对于救国运动,反严辞厉色,诬陷侮蔑,无所不用其极,这是我们所感到无限的失望的。"文章还反驳说:"中宣部又谓救国团体之宣言,'不曰反对中央,即曰颠覆政府',我们检查所有救国会的宣言,绝对没有此种激烈的文句。这许多铁一般的错误,足以证明中宣部显然是受人蒙蔽,更足以证明其所谓'受人利用'云云,也都不过是奸人捏造事实,诬陷救国运动。这种人造谣生事,为虎作伥,究竟是何居心?中宣部何以会被其蒙蔽?是否所谓'受人利用'者,正为中宣部本身?这是我们所感到无限的疑虑的。"文章庄严宣告:"'三军可夺帅,匹夫不可夺志',我们倘使是中宣部一纸诬蔑文告所能恫吓得倒的人,我们早就不敢在'救国有罪'的环境之下,公然以救国相号召。"①

沈钧儒曾在一封家信中描述当时的艰难情况说:"因抗日情绪勃发不能遏止,与朋辈中之为大学教授者、作家、出版者共同组织了一个上海文化界救国会。……中间惹起了许多烦恼,中央党政对此会极端嫉视,要解散及逮捕会中重要诸人,应付环境亦极费力。"②但他表示既参加救国运动,"就要准备坐牢,甚至砍头,否则就不参加"③。王造时也说:"要起来组织救国会,先要有准备进监牢的决心。"④章乃器则表示:刀锥斧钺,在所不辞。

南京政府不顾爱国群众和舆论的呼声,于2月20日颁布了《维持治安紧急办法》,规定:"军警遇有妨害秩序,煽惑民众之集会游行应立予解散,并得逮捕首谋者及抵抗解散之人。"⑤随后又以"鼓动学潮,毁谤政府"为名,查禁了《大众生活》等二十四种抗日刊物,并逮捕了上海复旦大学生救国会十一名负责人,同情救国运动的李登辉校长等均被

---

① 《大众生活》第1卷第15期,1936年2月22日。

② 周天度:《七君子传》,中国社会科学出版社1989年版,第66—67页。

③ 钱俊瑞:《爱国主义的伟大旗手》,《沈钧儒纪念集》,第80页。

④ 《韬奋文集》第3集,第126页。

⑤ 《申报》,1936年2月21日。

殴伤。《大众生活》于被迫停刊前发表《读中宣部告国人书》的评论,要求对爱国运动不要用恶意来估量,否则徒然损伤民族的元气。"客观的危亡事实推动着民众的救亡火焰,增高着民众的救亡热血,压迫的结果只是更惨痛地消耗民族元气而已。"①天津《益世报》也发表《爱国无罪》的社论,对救国运动予以声援,指出:救国会会员中许多是社会中或大学里有声望有品格的学者教授,他们的爱国心是真诚纯洁的。"我们如今只请求政府给人民这个最低限度的权利:爱国无罪! ……爱国有罪,人民不敢爱国,到了举国的人民畏罪而不敢爱国,国家必亡;国亡而政府亦随之而亡了。所以今日中国救国之道,中国政府自存之道,最少要做到爱国无罪!"②

冯玉祥对国民党压制救国运动感到愤愤不平,2月16日他在日记中写道:"收到章先生他们为救国会对此次中宣部的一篇宣言,可算是赤诚极了。读完了之后,〈谁〉不发生一种对中宣部的很不好的影响呢,真是晕【昏】聩糊涂无所不备了。""读上海救国会之宣言极有感,我拟即刻写一长函给蒋,请其特别注意造谣害人之人。"③3月5日日记又记:"到蒋先生处一谈,所谈事项甚多。……三,陶行知、江问渔、章乃器各位先生救国会事,不可压而可联也。"④他还对记者发表谈话说:"许多人疑文化界救国会等团体别有背影,我想这是由于报告者的夸大蒙蔽,正给敌人造机会。目前学生的爱国运动及国民自发的救国运动都是民气蓬勃的表现,若能加以适当指导,必可成为救亡工作的伟大力量。所以我觉得无论中央或各省市当局,都应多邀救国团体的领袖时常开诚布公的谈话,甚而相对流涕,务须彼此谅解、合作,共同对外,万不可使自己的力量互相摩擦,互相抵消。"⑤

---

① 《大众生活》第1卷第15期,1936年2月22日。

② 《益世报》(天津),1936年2月25日。

③ 《冯玉祥日记》第4册,江苏古籍出版社1992年出版,第684页。

④ 《冯玉祥日记》第4册,江苏古籍出版社1992年出版,第692页。

⑤ 《大公报》,1936年3月10日;《救国时报》,1936年4月10日。

　　全国各界救国联合会的成立,使全国的抗日救亡运动有了一个统一的领导,国民党更视为心腹之患,压迫随之加剧。6月2日,沈钧儒、章乃器将全救会的宣言和纲领等文件,亲自送交上海市市长吴铁城,希望得到当局的认可,争取合法公开。吴铁城不仅不予承认,反而恶言相加,说你们"要组织抗日政府,就是要推翻国民政府"。沈钧儒、章乃器劝他冷静考虑,不要听信特工人员的情报,无事生非,并说:"市长既然说政府是要抗日的,那么,现政府就会转变为抗日政府,有什么推翻另组的可能和必要呢?"吴说:"你们有了全国性的组织,又有独立的主张,那就是对抗国民政府的,那不是要另组政府又是什么呢? 现在我宣告你们的全国各界救国联合会为非法,命令你们:一、立刻写好通告,解散全国各界救国联合会;二、把所有印刷品送到市政府来,以备销毁。否则今天便把你们拘留起来!""你们要做民族英雄吗? 那就让你们尝尝民族英雄的滋味吧!"沈、章从容镇定地回答说:"全国各界救国联合会如同它的名称所表示的,是全国各地的救国会的代表联合组成的,我们没有权力解散它;印刷品已经统统发出去了,没有留存的,市长要逮捕我们吗? 那应当依法由法院出拘票来拘捕。"[1]并说明自己"为良心所驱使,根据全国人民一致的要求,积极从事抗日救国工作,除此以外,别无所求,更谈不上什么野心"[2]。坚决表示:"忠于宣言的每一句话,宁可坐牢而不愿卖国。"[3]他们驳斥说:"国难深重,市长不嘲笑汉奸卖国贼,而嘲笑起民族英雄,这使我们感到吃惊! 市长难道怕民族英雄太多吗? 民族英雄有什么罪过?"[4]双方争论了数小时,沈、章以"光明磊落

---

　　①　《救国会》,第439页。

　　②　《粉碎一切迫害和侮蔑,巩固我们的救国阵线!》,《救亡情报》第6期,1936年6月14日。

　　③　《宋庆龄先生致救国阵线领袖函》,《救亡情报》第6期,1936年6月14日。

　　④　《救国会》,第440页。

的态度,击退了一切意图中的迫害"①。

6月5日,吴铁城召集全市大中学校校长开会,再次对救国运动进行攻击,说:"现在有少数野心家,组织了一个甚么全国各界救国联合会,这里面不过是二三十人在那里包办,说得上什么全国联合呢? 这个团体简直是一个反动的东西。"他要求校长们负起责来,"取消各学校内的救国会以及一切类似的反动组织"②。

宋庆龄闻悉后,立即写信给救国会领袖表示声援,完全支持他们的正义行动,认为当局一面鼓吹"秘密准备抵抗日帝国主义",但又一面警告、逮捕我们救国会诸同志,这是一个讽刺,并说:"我们反日的最好方法,是只有加强我民族革命的力量,所以我敢担保你们将作坚持到底的努力。我们的路是长而艰苦的,但只有伟大的斗争才能获得胜利。如果我们能够尽力干去,这种胜利是有保证的。"她表示:"我们非常欣慰,签名于这救国会的纲领和宣言之后,我充分支持这个纲领和宣言。"③《救亡情报》也发表《粉碎一切迫害和侮蔑,巩固我们的救国阵线!》的文章,认为"我们的领袖充分表现了他们对于民族的忠心,对于人民的热爱,对于权威的不屈,而且我们应该给他们进一步的信任,拥护他们为中华民族独立解放奋斗到底"。宣称:"对于一切恶意的攻击,我们不需要解释和辩论,我们只有用不可动摇的救国阵线的力量和伟大的献身民族的决心来回答。"④

7月中旬,蒋介石又邀沈钧儒、章乃器、李公朴三人到南京面谈,并派戴笠到车站迎接,安排他们住宿在豪华的中央饭店。三人事先商定应付的三项原则:第一是要用联合战线去吸收各党各派,但不能把联合战线卖给任何党派;第二是用联合战线去运用各党派的势力,但不能被

---

① 《粉碎一切迫害和侮蔑,巩固我们的救国阵线!》,《救亡情报》第6期,1936年6月14日。

② 《救亡情报》第6期,1936年6月14日。

③ 《救亡情报》第6期,1936年6月14日。

④ 《救国会》,第200页。

任何党派来利用；第三是每一个参加联合战线的人，应将其社会、组织、政治关系来充实联合战线，而不能因自身关系削弱联合战线。同时确定，救国会的宣言和纲领原则立场决不妥协让步，但不同蒋正面冲突①。在谈话过程中，沈、章、李表示很关切对日作战准备情况，希望有所指示。蒋介石声称："日本人是要我们不战而屈，我现在有把握可以战而不屈。"沈钧儒等说："那太好了，可以立即反攻了，何以华北还要退让呢？"②蒋于是又重弹他"攘外必先安内"的老调，说"共产党捣乱后方"，不要国家，"共产党的话不能信"，等等③。蒋介石要求救国会接受国民党领导，沈等说："只要你停止内战，发动民众坚决抗日，那不领导也就领导了。我们救国会是代表全国人民的意志，要求停止内战，一致抗日，救亡图存，谁这样做，我们同谁团结。"④章乃器还提出希望蒋"以百姓为心腹，以舆论为耳目"，不要偏听偏信 CC 和军统的情报。蒋介石的目的未能达到，谈话无结果而散。

9 月 6 日，上海各界救国联合会为了援绥抗日，发动会员向民众进行抗日救国宣传并募捐，事后国民党上海市党部发表一项通令，攻击这一爱国行动为"借救国为名，敛钱肥己"，并声称救国会为"非法组织，且系反动分子之集团，如任其随处募捐，不啻助长反动势力"，必须予以严禁⑤。对此，救国会领袖马相伯、宋庆龄、何香凝、沈钧儒、章乃器、王造时、李公朴、史良联名发表声明，予以反驳说：救国会"曾否敛钱肥己，想为国人所共谅。十年来敛钱肥己者究为何种人，亦难逃国人之耳目"。还严正指出："国难严重若此，党政诸公既不能领导人民从事救亡工作，人民自动组织，应何欣慰之不遑，讵忍诬为反动，实所不解。且其所指事实，系九月六日上海各界救国联合会为绥远抗敌军队募捐，倘为政府

---

① 《章乃器先生的谈话》，《救亡情报》第 13 期，1936 年 8 月 2 日。
② 《救国会》，第 438 页。
③ 《救国会》，第 438 页。
④ 孙晓村：《"真堪衡岳比芳芬"》，《沈钧儒纪念集》，第 113 页。
⑤ 《救亡情报》第 21 期，1936 年 10 月 11 日。

抗敌军队募捐而竟成为反动,则岂非媚敌卖国,乃得称为正动乎?"①

二　"七君子"事件

1936年10月以后,抗日救亡运动更加广泛深入地发展,趋向高潮,显示出强大的声势和威力。此时,日本方面不断向国民党当局施加压力,要求取缔抗日运动,逮捕沈钧儒等救国会负责人。国民党既慑于日本的压力,又对人民群众抗日救亡运动感到惊恐,再也无法容忍,于是镇压开始了。

11月23日凌晨2时许,上海市公安局派出八个特务小组,会同英、法两租界的捕房西探,分别到沈钧儒、章乃器、邹韬奋、李公朴、王造时、史良、沙千里、陶行知的家里捕人。除陶行知因已先期出国,未遭逮捕外,沈钧儒等七人同时被捕。沈钧儒、李公朴、王造时三人被押到公共租界静安寺巡捕房,沙千里押于爱文义路捕房,邹韬奋、章乃器、史良则押于卢湾区法租界巡捕房。沈钧儒在寒风凛冽的深夜在捕房看守所冰冷的水门汀地上坐了一夜②。

由于害怕舆论谴责,上海市公安局通令各报不许登载沈钧儒等七人被捕的消息③。但《立报》和《华美晚报》于当日在第一版以显著位置披露了这个消息。《立报》的报道极简单,连七人的名字都未敢刊出,《华美晚报》则较详尽,还登载了他们的简历。随后上海及全国各报相继作了报道。上海市当局不得不于25日正式公布沈钧儒等人被捕的罪名说:"李公朴等自从非法组织所谓'上海各界救国会'后,托名救国,肆意造谣,其用意无非欲削弱人民对于政府之信仰。近且勾结赤匪,妄倡人民阵线,煽动阶级斗争,更主张推翻国民政府,种种事实,均可复

---

①　《救国会》第203—204页。

②　《韬奋文集》第3集,第119页。

③　《全国救国会领袖被捕记》,《救国时报》(巴黎),1936年12月12日。

按。政府当局年余以来,曲加优容,苦口劝喻,无如彼等毫不觉悟,竟复由言论而见诸行动,密谋鼓动上海罢工,以遂其扰乱治安,颠覆政府之企图,业经查有实据。现值绥边剿匪吃紧之际,后方尤应巩固,不得不行使紧急处置,以遏乱萌。"①这是捏造的莫须有的罪名。

　　23日上午7时,沈钧儒、李公朴、王造时、沙千里四人被解送到江苏高等法院第二分院(简称高二分院)受审。邹韬奋、章乃器、史良则被送到高三分院受审。10时,高二分院第一庭提审沈钧儒、李公朴、王造时。审判长宣布:"本案情节重大,禁止旁听。"②上海市公安局侦缉队的薛士林代表公安局作为原告,指控沈等有"反动嫌疑","鼓动工潮"、"危害民国"等罪,但拿不出任何犯罪的证据,又未具备公文,却要求移提(引渡)到内地法院。沈钧儒等当庭驳斥了公安局代表的诬蔑之词,并对非法逮捕提出抗议,表示坚决反对公安局违法移提③。依据上海法国租界和中国政府协定,除中国的司法机关无需证据即可向捕房和特区法院移提人犯外,像公安局一类的机关必须有证据才能移提④。三名被告的九位律师张以藩、张耀曾、俞钟骆、陈志皋等轮流进行辩护,声明:"一、搜捕时无法院捕状,违反特区法院决定;二、被告等所犯为'爱国未遂罪',毫无其他证件,应立予开释。"⑤法院被迫裁定:交责付律师保释,改期再讯。于是沈钧儒和李公朴、王造时先行退庭。当他们于中午12时走出法院时,守候在大门外的群众,向他们热烈鼓掌欢迎。

　　接着,审判长审问仍未保释的沙千里:"为什么组织救国会?"沙答:"为的是救国,因为现在国难正殷,为保全国家土地主权之完整,凡属国民一分子,均应同尽国民之责任。"问:"罢工事你干与吗?"答:"我不知

　　①　《中央日报》,1936年11月26日。
　　②　沙千里:《七人之狱》,生活书店1937年版,第18页。
　　③　沙千里:《七人之狱》,第19页;《漫话救国会》,第32页。
　　④　《韬奋文集》第3集,第103页。
　　⑤　《沈钧儒等昨再度被拘》,《益世报》(天津),1936年11月25日。

道。"问："你加入共产党吗？"答："没有。我在加入救国会以前是国民党党员，隶属于三区十八分部，不过他们开会我没有去过。"问："是否拿到第三国际命令，改为救国会的名义？"答："我完全不知道。公安局的话是不对的。如说因为救国会的会员中有共党，即认为救国会是共党组织，然则救国会会员有国民党，全部即为国民党？ 这真是不会论理之至。""不能说救国会的会员做共产党，其他会员也做共产党；如救国会会员做强盗，其他会员也要负责吗？"①沙千里据理指出公安局代表的指控"全属虚罔，毫无根据"②。蔡六乘等三位辩护律师也指出捕房拿不出犯罪的证据和事实，没有拘票逮捕罪责不明的公民是违法的，法庭不应当违法移提③。法院也被迫作出交责付律师保释的裁定。

　　章乃器、邹韬奋、史良于下午 4 时在高三分院受审。法庭第一个审问章乃器，审判长问他曾否煽动上海日商纱厂罢工。他大声地答道："我觉得很惭愧！因为我的力量还不够！倘若我有力量煽动日本纱厂罢工，我要很骄傲地回答审判长：我曾经煽动日本纱厂罢工！"审判长问："你如果有力量，是要煽动的，那你至少是同情的。"章乃器毫不加思索地说："是！中国工人在日本纱厂所受的虐待，和猪猡一样，请审判长问一问全法庭的每一个有良心的中国人，对于本国同胞遭受到侵略者这样惨酷的待遇，谁不表同情！"④在审问邹韬奋时，他坦白承认自己是全国各界救国联合会执行委员，深信参加救国运动是光明磊落的事情，用不着隐瞒。关于他和沈钧儒等三人联名发表的《团结御侮的几个基本条件与最低要求》，以及毛泽东的回信，涉及和共产党的关系问题，他认为此文所主张的是全国团结，一致对外，有原文可按，谁都可以看，可以评论。检查官当庭认为这不能作为犯罪的证据。关于

①　上海市公安局档案，未刊。
②　沙千里：《七人之狱》，第 19 页。
③　沙千里：《漫话救国会》，第 33 页。
④　《韬奋文集》第 3 集，第 103 页。

是否参加煽动上海日商纱厂罢工问题,邹韬奋说他所做的只是捐了一天的薪水所得,救济在纱厂里过着牛马生活,罢工饥寒交迫的同胞。法捕房律师也当庭宣称,捕房政治部曾经把所搜去的印刷品研究一番,觉得只是爱国文字,没有犯罪的证据,不允许公安局移提①。史良审讯的情况基本相同。结果三人均由责付律师保出,于当夜8时回家。

　　沈钧儒等刚刚出来几个小时,上海市公安局长蔡劲军又以从前拿获的共产党员供认沈钧儒等是救国会委员,有共产党嫌疑的口供新线索为借口,致函高二分院说:"查反动分子沈钧儒、李公朴、王造时、沙千里等业由捕房捕获解送贵院,并经讯问后交保定期再审在案,兹据确报,该沈钧儒等即有逃亡之虞,应请立予拘案,免生意外。"②高二分院又立即发出拘票,于当日深夜再次将沈钧儒逮捕。章乃器、邹韬奋、李公朴、王造时、沙千里五人也同时分别被捕或自动投案,与沈一同被羁押在捕房监狱。高三分院书记官孙瑛事先打电话把这一消息告诉史良,史良立即用电话通知沈钧儒、沙千里等人,叫他们赶快躲避,自己随即逃离寓所,前往陆殿栋一亲戚家避难③。

　　24日,高三分院审理时,公安局代表杨福麟指控说:"从前拿获的共党都说本案被告等是救国会委员,从前打伤警察的人犯亦说被告等是救国会委员。被告等阳假救国为名,阴施捣乱工作。"④公安局律师詹纪凤则称:"被告等从前曾鼓动人民与军警冲突,被告等所有一班党徒都是救国会内分子,假救国为名,和政府捣乱,应请准予移提。"⑤被告辩护律师鄂森说:"现在公安局来文亦说及新事实发现,如认被告有

　　①　《韬奋文集》第3集,第96页。
　　②　上海市公安局档案50—1—624,未刊。
　　③　史良个人未刊资料,见《七君子传》,第521页。
　　④　上海市公安局档案50—1—624,未刊。
　　⑤　上海市公安局档案50—1—624,未刊。

共产党嫌疑,要求移提,须提出相当证据,若无充分的证据,谈不到移送。"①李公朴说:"公安局说我们有鼓动工潮之嫌,究竟有什么凭据?"②王造时也申辩说:"公安局说我们鼓励工潮,有共产党嫌疑,究竟有何根据,不能空言主张。"③沈钧儒说:"所谓新事实,可是说公安局拿到的共产党嫌疑人犯说我们是救国会的委员,便认为有共产党嫌疑,这完全没有理由。"④"既指我有共党嫌疑,又无证据提出,实属不成理论,而保出后又加逮捕,更属违法。"⑤审判长于评议后宣布:"移送问题应由上海市公安局与上海公共租界工部局交涉办理。"⑥事实上,公安局与法院早已串通,沈钧儒等庭审后,就被公安局移提过去了。章乃器、邹韬奋也于 27 日上午从上海地方法院移送上海公安局。

按照《中华民国训政时期约法》第八条第二项规定:"人民因犯罪嫌疑被逮捕拘禁者,其执行逮捕或拘禁之机关,至迟应于二十四小时内移送审判机关审问。"⑦沈钧儒等被押解到公安局以后一直没有进行审理,引起社会各方面的责难。11 月 29 日,上海市公安局长蔡劲军找沈钧儒谈话达三小时。沈等要求恢复各人自由,蔡答:"未奉命不敢擅专。"⑧对公安局要求解散全国各界救国联合会,沈钧儒则答称,这是大家讨论决定成立的,他们无权解散⑨。

12 月 4 日下午 1 时半,公安局立即将沈钧儒、章乃器、邹韬奋、李公朴、王造时、沙千里六人解送吴县(今苏州)横街江苏高等法院看守分

---

①　上海市公安局档案 50—1—624,未刊。

②　上海市公安局档案 50—1—624,未刊。

③　上海市公安局档案 50—1—624,未刊。

④　上海市公安局档案 50—1—624,未刊。

⑤　《沪市府对沈钧儒等被捕案昨发表正式声明》,《大公报》(天津),1936 年 12 月 26 日。

⑥　上海市公安局档案 50—1—624,未刊。

⑦　《国民政府公报》,"法规",第 786 号,国民政府文官处 1931 年 6 月 1 日印行。

⑧　《大公报》(天津),1936 年 12 月 2 日。

⑨　《大公报》(天津),1936 年 12 月 5 日。

所羁押。

12月30日,史良去苏州投案,被羁押于司前街女看守所。

这就是震惊中外的"七君子"事件①。随后,国民党又在南京逮捕了全国各界救国联合会常委、南京救国会负责人孙晓村和曹孟君;在镇江逮捕了罗青、张仲勉、陈道弘、陈卓,查禁和没收了大批书刊。全救会执行委员、著名的爱国老人马相伯也被从上海移至南京居住。

材料充分证实,逮捕沈钧儒等救国会领袖是在日本的压力下,由南京政府直接下令进行的。8月10日,上海日本报纸《日日新闻》登载:日本领事寺崎为上海市民学生缉私抵制日货事访问市府秘书长俞鸿钧,请求严厉取缔一切抗日救国团体②。10月28日,该报又登载消息:"最近南京政府拟对上海抗日救国联合会加以弹压,即上海抗日救国联合会近来积极活跃,企图结成抗日救国阵线,但国民政府最近以中日国交调整名目,以中国共产党叛变者刘华(假名)之中心人物,召集上海蓝衣社指导部之'上海特区最高会议',讨论如何弹压抗日救国分子,最后决议如左:一,将王造时、章乃器、邹韬奋等数十名之抗日救国联合会首脑部,以对付史量才之手段,处以死刑。二,收买抗日救国联合会内之动摇分子,使其发生内部分化作用。三,绝对禁止抗日救国联合会一切言论、出版、集会等公开行动。"③《救亡情报》指出这是制造谣言,企图挑拨政府与救国阵线的恶感,但实际上也如实反映了日本要求取缔救国会,压制救国运动的真实意图。对此,全救会于10月30日致电国民政府和各党政要人,并致函上海市市长吴铁城,要求明令宣示保护

---

① "七君子"一词最早见于黄炎培1936年12月2日日记(未刊),因当时史良尚未被捕,故称沈钧儒等六人为"六君子"。1937年苏州审判开始前后,"七君子"一词才在报刊上出现。

② 《救亡情报》第15期,1936年8月16日。

③ 《沪日报造谣》,《救亡情报》第24期,1936年11月1日。

救国运动，严词驳斥日报造谣，不要"中其奸计，以期上下同心，共赴国难"①。

11月中旬，正当上海日商纱厂工人大罢工进入高潮时，日本驻沪领事又向上海市当局提出消灭救国运动三项要求：一、逮捕沈钧儒等七领袖；二、解散救国会；三、取缔日商纱厂罢工②。上海市当局也担心罢工扩大，形势恶化，局面不可收拾，要求公安局、工部局协助逮捕救国会负责人③。

18日，日商丰田纺织公司船津总务到上海市政府会见市长吴铁城和秘书长俞鸿钧，提出要"取缔隐藏在罢工背后的赤色分子"④。同日下午，日本驻沪总领事若杉派领事寺崎找俞鸿钧说，这次丰田纱厂罢工是"一次远远超出劳动纠纷的暴动，其背后有抗日救国会共产分子领导"；提出："（一）逮捕抗日救国会的幕后人章乃器（原浙江实业银行副经理）、沈钧儒（律师）、李公朴等五人；（二）搜捕共产党；（三）镇压各大学内的危险分子（特别是参加暴动的大夏大学）；（四）逮捕暴行犯等。"⑤俞鸿钧表示：第一条，"沈等同为市政府严加注意之人，只是鉴于他们的社会地位等，正等待确凿证据以便逮捕"。（寺崎说要等待确证，"会遥遥无期的，对此，中方应加以考虑"。）第二条，搜捕共产党应该实行。第三条，镇压各大学内的不稳定分子"已安排完毕"。第四条，"暴行犯还未逮捕一人，是怕事态恶化，目标确定后，很快就会逮捕"。俞还特地感谢日方出动海军陆战队的协助。寺崎警告说："为不使此次事态扩大而隐忍自重，以求无事，将来如果发生同样的事件，说不定会发生

---

① 《全国各界救国联合会电请政府辟谣并保护救国运动》，《救亡情报》第25期，1936年11月8日。

② 《日提三要求，谋消灭救国运动》，《救亡情报》第29期，1936年12月9日。

③ ［日］《日中战争》（五），《日本现代史资料》（13），第32页。

④ 《日本插手"七君子"事件的有关材料》，《上海滩》1987年第4期。

⑤ ［日］《日中战争》（五），《日本现代史资料》（13），第38页。

不测的情况。"①寺崎随即向工部局提出了上述同样的要求。23日逮捕沈钧儒等七人的当天上午,俞鸿钧秘密通知寺崎,说明这次在公共租界和法租界的逮捕是"不顾法律常规进行的,鉴于这种逮捕引起的反映,希望不要在报上发表这一消息"②。同日下午,若杉总领事会见吴铁城,吴谈了这次逮捕"所费苦心",表示"无论如何尽了最大努力";若杉"对其努力表示感谢"③。上引的日文材料,是日本驻上海总领事若杉给外务大臣有田八郎的密电,充分说明日本插手"七君子"事件的幕后活动情况。宋庆龄当时指出:"任何理智清晰的人士都明白,这种逮捕以及这些罪名都是由于日帝国主义者的影响所致。"④

上海市政府吴铁城、俞鸿钧等之所以敢于逮捕爱国领袖,除了日本的压力外,还因为蒋介石和南京政府在背后支持。11月23日,上海市公安局代表唐豹及律师詹纪凤在法院提审沈钧儒等人时均明白声称:"各被告均有共党嫌疑,奉中央密令拘捕。""本案系奉南京密电令拘。"⑤沈钧儒等人被捕后的第三天(11月26日)冯玉祥曾密电蒋介石,认为沈等热心国事,设立救国会,宣传救国,并非某些人所指为共产党和捣乱者。"其存心可为一般人所谅解,今若羁押,未免引起社会之反感,而为日人挑拨离间之口实。拟请电令释放,以示宽大。"⑥12月3日,蒋复电说:"沈钧儒、章乃器等诸人,有为中(蒋自称,下同)所素识者,亦有接谈数次者。前曾以国家大势,救国要义,向之详切劝导,乃彼等不唯不听,而言论行动反日益乖张,若非存心祸国,亦为左倾幼稚病,中毒已深,故尔执迷不悟。近更乘前方剿匪紧张之时,鼓吹人民阵

---

① 〔日〕《日中战争》(五),《日本现代史资料》(13),第38页。

② 〔日〕《日中战争》(五),《日本现代史资料》(13),第40页。

③ 〔日〕《日中战争》(五),《日本现代史资料》(13),第40页。

④ 《宋庆龄先生为全国各界救国联合会七领袖被捕声明》,《救亡情报》第28期,1936年11月29日。

⑤ 上海市公安局档案50—1—324,未刊。

⑥ 《冯玉祥为营救"七君子"与蒋介石来往密电》,《历史档案》1981年第1期。

线,摇惑人心,煽动罢工,扰乱秩序。中处迭据确报,沪上罢工,其经费均由章乃器以救国会经费散发,每日七千元,其背景可知。若非迅予制裁,不特破坏秩序,危害民国;即彼等自身,亦必重陷于不可赎之重大罪恶。值此国难严重,固当集中心力,爱惜人才,但纲纪不能不明,根本不能不顾,故此时处置,正所以保全彼等,使不得更趋绝路以祸国。中意除依法惩处,不令放任外,仍当酌予宽待,以观其后。务望兄等同此主张,以遏乱萌,而正视听。"①蒋还曾对人说:"我对他们是很客气的,谈了话还请他们吃饭;可是他们反而闹得更凶了,所以只好逮捕了。"②陈布雷回忆说:"所谓人民阵线沈、邹、章、李等七人之被检举案亦发生于此时,各方为之营救,来电颇多不明立场者,蒋公均命以严正剀切之词复之。"③

三　声势浩大的营救运动

这一政治冤狱激起人民的极大义愤,各方面人士开展了声势浩大的营救运动,要求立即将沈钧儒等人宣布无罪释放。

11月24日,全救会发表《紧急宣言》说:"将救亡领袖的无辜加以逮捕,实在是一种对于全国人民爱国运动的一种公开的无理摧残!在这日帝国主义进攻绥远的今天,更完全是一种在客观上助长敌人势力的行动。"表示:"救国会的人士既以身许国,决不是逮捕等等足以阻遏其志愿的。如果当局不愿让人民救国,一定要人民做垂手听命的顺民、亡国奴,那么一切不愿做亡国奴的人们,也都一定会自动起来争取他们的生存权利的!"④同日,全救会还发表紧急通电,提出政府当局逮捕七

---

① 《冯玉祥为营救"七君子"与蒋介石来往密电》,《历史档案》1981年第1期。
② 章乃器:《我和救国会》,《救国会》,第439页。
③ 《陈布雷回忆录》,廿世纪出版社1949年出版,第63页。
④ 《救亡情报》第28期,1936年11月29日。

领袖,"实出意外,敝会现除仍决继续工作,率全国救国民众为诸领袖作后盾,并要求当局将此案公开审判,将领袖立即释放外,尚望全国各界人士,各公团,凭正义,凭良心,一致主持公道,加以援助"①。27 日又发表《告当局及全国国人书》,对上海市当局于 25 日正式公布所谓"救国会为非法组织,勾结共产党,破坏人民对政府之信仰",以及"鼓动罢工风潮,阴谋捣乱治安"等罪名作了驳复,指出:"此次敝会七领袖于一无罪证之情形下,即为市公安局会同英法租界捕房所逮捕,于法律上言之实为非法;就领袖本身言之,实为无辜",要求当局立即释放诸领袖②。

《救亡情报》同时发表《勿为仇者所快》的社评,指出:"自七领袖被捕事发生后,上海的日文报纸就满载了幸灾乐祸的消息,并有宋庆龄先生亦已被捕的消息传来。从日本人这种兴高采烈的神气间,我们当然可以看出,当局这一次的将七领袖加以逮捕,是如何地满足了日人的要求,以及如何地在客观上帮助了日帝国主义者。"③要求立即释放救亡阵线领袖,公开保护救国运动,开放民众组织。

沈钧儒等被捕的当天,宋庆龄即委托孙科带函给冯玉祥,请他进行营救。她在信中对沈等无辜被捕表示"殊为愤慨",并说:"我国东北失地几及六省,而绥远战事又已爆发,国难严重至此,正国民急应奋起救国之时,章先生等系救国会办事人,救国为全国国民责任,岂救国者即为共产党乎?"④冯玉祥复函宋庆龄,称已与孙科共同设法营救,并已去电蒋介石请其早日释放。26 日,宋庆龄还在一项抗议声明中表示"反对此等违法逮捕,反对以毫无根据的罪名横加于诸领袖";并指出:"救国会的七位领袖已经被捕了,可是我们中国还有四万万人民,他们的爱

①　《救亡情报》第 28 期,1936 年 11 月 29 日。
②　《救亡情报》第 28 期,1936 年 11 月 29 日。
③　《救亡情报》第 28 期,1936 年 11 月 29 日。
④　《宋庆龄冯玉祥营救"七君子"电函选》,《民国档案》1985 年第 2 期。

国义愤是压迫不了的。请让日本军阀们当心些罢!"①12月初,宋庆龄还介绍章乃器、邹韬奋等的家属去南京找冯玉祥,商讨营救办法②。

24日,冯玉祥找陈立夫谈话,提出让"七位来南京大家谈谈为好,以免自己对立。"陈立夫提出:"一、维持政府威信;二、中央不便与地方不一致",实即不同意。冯认为"是即是非即非为好"③,并说:"保持中央威信,我对此六字听了即头疼,即讨厌,为什么说的人很有意思,真是不解了。"④杜重远24日、25日连续几次去见冯玉祥,商量营救事,据冯在日记记载:"见杜重远先生,为七位被捕事,说得很详细。""见杜先生于铁道部,谈些如何营救七位之事。""见杜先生谈沈、章先生之事久之。"⑤杜重远还和黄炎培商量营救对策。据黄炎培日记记载:"11月23日,夜四时,得卫玉、重远电话,知救国会沈衡山、章乃器、沙千里、邹韬奋、李公朴、王造时、史良被捕。""27日,访重远长谈,知廿二夜沈衡山、章乃器、王造时、李公朴、邹韬奋、沙千里、史良被捕以来情况。""28日,重远来。"⑥12月2日,胡愈之、徐伯昕也到黄炎培处研究营救事,是日黄在日记有如下记载:"八时半,胡愈之、徐伯昕到职社商六君子事,沈、章、邹、李、王、沙。"⑦

11月30日,马相伯致电冯玉祥说:沈钧儒等"其血心爱国,人人钦仰,视东北义勇军有过之。国家兴亡,匹夫有责,杀一不义,虽得天下,文武不为。今学生爱国,罪以共党;人民爱国,罪以共党,至沈君等数人以民胞物与之心则有之,以苏俄为心,窃可以首领保其无也,幸我将军

---

① 《宋庆龄先生为全国各界救国联合会七领袖被捕声明》,《救亡情报》第28期,1936年11月29日。

② 《宋庆龄冯玉祥营救"七君子"电函选》,《民国档案》1985年第2期。

③ 《冯玉祥日记》第4册,1936年11月24日,第837页。

④ 《冯玉祥日记》第4册,第838页。

⑤ 《冯玉祥日记》第4册,第837、838页。

⑥ 黄炎培日记,未刊。

⑦ 黄炎培日记,未刊。

有以体恤之。"①随后,马相伯还和何香凝、宋庆龄以全国各界救国联合会执行委员名义,联名发表《为七领袖被捕事件宣言》,再次揭露日本帝国主义者在政府和救国阵线间的挑拨离间和政府的无理迫害,并重申:"我们的立场是要求全国人民,不问党派,不问信仰,不问地位,实行真正的精诚团结,停止一切内争,立即对日抗战,求得中国之自由和平等。""救国阵线的立场始终没有变更过,而且今后也决不会变更。"②

为了声援沈钧儒等爱国领袖,冯玉祥、于右任在南京发起征集十万人签名营救运动,"以表示民意所依而促南京最高当局之觉悟"③。

中国共产党的《红色中华》报和《救国时报》也著文抨击国民党对救国运动的摧残,认为逮捕救国领袖,"实为全国人民所痛心疾首的。全国人民决不会为南京政府的爱国有罪政策所威胁而坐视中国的灭亡,必须再接再厉,前仆后继,来发展正在开展着的全国救亡运动。"④全救会"努力从事救国之宣传与救国运动之组织,号召全民团结,一致对外,近来我海内外同胞的救国运动之进展,该会实具有巨大推动与赞助之功",号召海内外救国团体和同胞一致行动起来,反对南京政府"爱国有罪的暴政",援救爱国领袖,争取救国自由⑤。

为了援救被捕入狱的救国领袖,上海成立了后援会,表示"要把这个事变,广泛的传播,大家起来援助我们的领袖,挽救我们的国家"⑥。上海实业界领袖穆藕初等发起援救爱国七领袖运动,获得上海各界的签署赞成。夏丏尊、史国纲、杨卫玉等一些文教界知名人士也著文要求迅速恢复沈钧儒等人的自由:"吾人以为政府当局对于文化界应存爱护之念。""沈君等六人均为当今才士,倘获早日恢复自由,俾在政府指导

①　《宋庆龄冯玉祥营救"七君子"电函选》,《民国档案》1985年第2期。
②　《救亡情报·西安事变号外》1936年12月18日。
③　《救亡情报》1936年12月10日。
④　《反对南京政府实施高压政策》,《红色中华》1936年11月30日。
⑤　《争取救国自由》,《救国时报》(巴黎),1936年11月30日。
⑥　《救国领袖被捕后各界纷起援救》,《救亡情报》第29期,1936年12月9日。

之下,献身民族复兴运动,为御侮前敌增加一分人力,亦即为国家民族保全一分元气,此则吾人所馨香祷祝者也。"①沈钧儒等在公安局羁押期间,上海各界人士前往探视慰问者络绎不绝,每日以百计,11 月 31 日一天即有二百余人②,这对沈等也是一种莫大的鼓舞。

救国领袖被捕消息传到北平后,平津文化教育界迅速作出反应。许寿裳、许德珩、张东荪、张申府等 109 位知名人士于 24 日联名致电国民政府:"国难严重,端赖合作御侮,不容再事萁豆之争。章等热心救亡,全国景仰,敢请即日完全开释,勿再拘传,以慰群情,共赴国难为幸。"③北平学生救国联合会立即召开紧急会议,商讨援救办法,当经议决:一、停课二日,以示对被捕诸领袖声援;二、由清华、燕京、北平、中国等十五所大学各推派代表二人,组成请愿队,代表北平学生界赴京请愿,要求政府立即释放被捕领袖,开放民众救国运动,勿中敌人挑拨奸计④。

天津《益世报》发表题为《算外账莫算内账》的社论,认为逮捕沈钧儒等人,给了人们"一个深刻的刺激"。"中国到了今日,内账外账绝无同时清算的机会。合作御侮,方有生机;萁豆相残,同归于尽。"⑤

11 月 26 日在成都春熙路青年会小礼堂召开各界声讨国民党镇压救亡运动、声援七领袖的群众大会,并筹备成立各界救国联合会。会上,车耀先慷慨激昂,痛哭流涕地控诉国民党的倒行逆施⑥。广州各界于 11 月 27 日举行反日群众大会,反对压迫救亡运动,要求立即释放

---

①　《读大公报〈沈钧儒等六人案杂感〉后》,《国讯》第 149 期,1936 年 12 月 11 日。

②　《救亡情报》第 29 期,1936 年 12 月 9 日;《救国时报》(巴黎),1936 年 12 月 10 日。

③　《救亡情报》第 29 期,1936 年 12 月 9 日。

④　《救亡情报》第 28 期,1936 年 11 月 29 日。

⑤　《益世报》,1936 年 11 月 25 日。

⑥　林蒙:《成都地区的抗日救亡运动》,《大西南的抗日救亡运动》,第 2 页。

"七君子"。广州各大学教授洪深、尚仲衣、林励儒等四十余人亦联名电请政府释放各救国领袖①。此外,广西、山东等各救国团体亦开展了营救运动。

国民党逮捕爱国领袖也引起一些党政上层人士的不满。在南京的国民党中央委员于右任、孙科、冯玉祥、李烈钧、石瑛、蔡元培等二十余人联名致电在洛阳的蒋介石,表示对此事应"郑重处理"②。爱国将领蒋光鼐、蔡廷锴致电林森说:"救国会领袖沈钧儒等七人被捕,闻讯不胜骇异! 现当绥战紧张,敌寇进迫愈急,民气激昂,正为发动全国抗战绝好时机,岂可有此违反民意之举动。恳即严令释放,并开放救国运动,免为亲者所痛,仇者所快。"③广西实力派人物李宗仁、白崇禧、黄旭初致电冯玉祥、孙科、居正等:"当此日人主使匪伪侵我绥东,全国舆情极端愤慨之时,政府对爱国运动,似不应予以压迫。……且沈钧儒等七人,平时或主教育,或主言论,其为爱国志士,久为世人所公认,如政府加以逮捕,足使全国志士寒心。"④

"七君子"事件在海外华侨和国际人士间也引起了很大反响,旅居欧洲、美国和东南亚各国华侨以及国际知名人士罗曼•罗兰、爱因斯坦、杜威、罗素、孟禄等都致电南京政府,要求恢复沈钧儒等人的自由。杜威、爱因斯坦等十六位著名科学家和教授致蒋介石、孔祥熙、冯玉祥电说:"中国处境困难,至表同情。我们以中国朋友的资格,同情联合及言论结社自由,对于上海全国各界救国联合会七位学者被捕的消息传到美国,闻者至感不安,同人尤严重关怀。"⑤英国中国人民之友社的罗素等在援救电中说:"中国人民的朋友们对于全国各界救国联合会领袖们之被捕,非常关怀。我们相信,这种逮捕是由日本主使,因为日本害

---

① 《救亡情报》第 30 期休刊号,1936 年 12 月 25 日。

② 《大公报》(天津),1936 年 12 月 5 日。

③ 《救国无罪》,第 122 页。

④ 《桂林日报》,1936 年 11 月 26 日。

⑤ 《救国时报》(巴黎),1937 年 2 月 5 日。

怕中国的统一与自由,我们希望立即释放被捕的抗日志士。"①

全欧华侨抗日联合会、巴黎中国学生会、旅法华工总会联名致电南京政府:"日寇攻绥方急,正应团结抗日,何乃自毁长城!望速释放,以示政府救国之诚。"②留英中国学生抗日会的电文指出:"若主张抗日即为共党,主张联合即为危害民国,则全中国国民皆应为政府阶下之囚,罪亦不在此数人。"③旅美侨胞致电说:"国难日亟,正宜全国一致抗敌,乃今自毁长城,不胜惶惑。盼立释七领袖,并惩办陷害主犯。"④旅美华侨柳无垢、陈其瑗、刘维炽、冀朝鼎等三百余人还发表告海外同胞书,认为沈钧儒、章乃器等"奔走呼号,目的纯在抗日救国,不仅得全国人民之敬佩,且得全世界之同情。抗日救国不仅我全国同胞之公意,亦我全国人民之天职。若谓沈、章诸先生有罪,是我四万万同胞均为有罪也"。并指出:"吾人久读救国联合会及沈、章诸先生之文字,他等主张民族解放斗争则有之,煽动阶级斗争则无有;主张督促政府抗日则有之,主张推翻政府则无有;主张援助上海日纱厂工友罢工则有之,煽动总罢工则绝对无有。……至所谓'勾结赤匪,煽动阶级斗争'云云,均系上海市政府之恶意宣传。"⑤要求立即释放七领袖,实行对日抗战,保障人民救国运动。此外新加坡等地华侨亦有相同的表示。

著名爱国将领张学良、杨虎城为营救"七君子"也作了努力,并促成了西安事变的爆发(详见下章)。

---

① 《救国时报》(巴黎),1936 年 12 月 28 日。
② 《救国时报》(巴黎),1936 年 12 月 28 日。
③ 《救国时报》(巴黎),1936 年 12 月 28 日。
④ 《救国时报》(巴黎),1937 年 1 月 20 日。
⑤ 《救国无罪——"七君子"事件》,第 216—217 页。

第七章　西安事变

第一节　西安事变的起因

一　张学良、杨虎城在"剿共"中接连失利

张学良是奉系军阀首领张作霖的长子。1928年张作霖被日本关东军炸死后,张学良继承父业,继续统帅奉军。同年底,他不顾日本反对和阻挠,毅然在东北实行"易帜",将30万奉军改名为东北边防军(简称东北军)。这支实力强大的非蒋嫡系部队,在帮助蒋介石统一中国过程中功勋卓著,因此张学良受到蒋介石的器重,先后被委任为东北边防军司令长官、国民革命军陆海空军副总司令,其势力范围也由东北扩展到华北。

1931年"九一八"事变时,张学良执行蒋介石的对日不抵抗政策,几十万东北军几乎没放一枪一炮就撤到关内,致使东三省的大好河山陷入敌手。因失土有责,张受到国人谴责,被讥为"不抵抗将军"。1933年初,日军进犯热河,受张节制的热河省主席汤玉麟弃城逃跑,日军不战而取承德。热河陷落,全国哗然,张学良再次成为众矢之的。3月9日他被迫辞职,前往欧洲考察。

1934年1月张学良回国时,其初衷本"拟为将来抗日作预伏之工作","不希望参与任何内战"①。但事与愿违,他被蒋介石任命为鄂豫皖"剿匪"副总司令,东北军大部分从河北南调,参加对鄂豫皖地区红军

---

① 《张学良文集》第2集,新华出版社1992年版,第1192页。

的进攻。张到鄂豫皖后,亲临前线,督师作战,鼓动东北军要披甲还乡,首先应"安内,尽心竭力清除匪患"。在进犯湖北长岗岭时,被徐海东指挥的红二十五军歼灭一个团。

中央红军长征到达陕北后,蒋介石在西安设"西北剿匪总司令部",统帅陕、甘、宁、青四省军队"围剿"在西北的红军。张学良再次被蒋介石推到"剿共"第一线,担任西北剿匪总部副总司令,代行蒋的总司令职务。到西北后,他统辖的军队除调到陕甘的近20万东北军部队外,还有西安绥靖公署主任、十七路军总指挥杨虎城的三万人,宁夏马鸿逵部二万人,青海马步芳部约万余人。驻在甘肃的胡宗南部等中央军则受蒋直接指挥。东北军是西北"剿总"所辖部队的主力,也是张学良能够真正指挥的部队。

1935年9月,张学良部署其所辖部队分三路进攻陕北红军。东北军六十七军王以哲部为中路,由洛川一带向北进攻肤施(今属延安);杨虎城部十七路军为右路,由韩城、澄县向北进攻;位于陇东庆阳、西峰镇一带的东北军五十七军董英斌部、新组建的骑兵军何柱国部为左路,由西向东进击。9月15日,王以哲率六十七军军部及两个师进驻肤施。红军为粉碎国民党军队的围剿,佯攻甘泉,设伏于大小劳山。王以哲见甘泉危急,忙派一一〇师南下驰援。10月1日,红二十五军在劳山伏击南下的东北军,歼灭两个团及师部,该师师长何立中、参谋长范驭洲被红军击毙。王以哲在肤施闻讯,惊恐万状,急令其参谋长用飞机把自己从肤施接回洛川。

张学良率军进入潼关初期,无视红军的实力。在他看来,陕北的红军为数不过几千,又是疲惫之师,用不了多长时间即可将其剿灭干净。他认为,一一〇师在劳山遭伏击是个偶然事件,没有从中吸取教训。10月,张学良指挥东北军会同陕、甘、宁、晋、绥等省地方军阀武装,对陕甘根据地红军发动第三次"围剿"。10月25日,东北军一〇七师在鄜县(今富县)榆林桥与红十五军团遭遇,经五小时激战,东北军死伤三百余人,被俘一千八百余人(包括团长高福源)。至此,王以哲的六十七军被红军分割在洛川、甘泉、肤施。

东北军一一〇师在劳山被歼灭没有引起张学良注意，这次一〇七师在榆林桥的惨败却使他深受震动。他后来说："本先，一一〇师曾遭覆灭，何立中阵亡，此则一〇七师又覆灭"，这"两次惨败"，使他心中"倍增痛苦"，认识到红军的"战斗力，不为轻视"①。不久，张学良去南京出席国民党四届六中全会和五全大会。行前，他特意从西安飞到庆阳，当面叮嘱五十七军军长董英斌要谨慎从事，并说因形势有变，部队何时行动，要听他的命令。西北"剿总"妄图乘中央红军刚刚到达陕北与红十五军团会合立足未稳之机，未经请示张学良便令在陇东和陕北的东北军夹击红军。11月下旬的直罗镇战役，东北军一〇九师被全歼，师长牛元峰身亡。张学良在南京得知直罗镇战败消息极为愤慨，立即赶回西安，撤了董英斌的职，申斥西北"剿总"代参谋长谢珂。东北军到陕甘"剿共"接连失败，损兵折将的严酷事实，使张学良开始认识到陕北红军人数虽不多，但战斗力不可低估；"剿共"不是东北军的出路，要解国难、报家仇须另觅新路。张学良开始通过多种渠道寻找共产党的关系。

杨虎城出生于陕西蒲城，成年后在家乡参加辛亥革命和反袁斗争，后所部编为陕西陆军第三混成团第一营。于右任等在陕西组建靖国军，杨部被编为靖国军的一个支队。1926年，杨率众五千坚守西安，在粮尽弹绝的极端困难条件下，与十倍以上的北洋军阀势力苦战八个月，有力地策应和配合了广东国民革命军的北伐战争。冯玉祥在五原誓师后率国民联军南下，西安之围始解。1927年2月，杨虎城被冯玉祥任命为国民联军第十路总司令。5月，杨率部东出潼关，参加北伐，6月初进至郑州、开封。后在与直鲁联军作战中伤亡惨重，遂退往皖北休整。1928年4月，杨一度离开部队，前往日本考察。此后，蒋介石、冯玉祥之间的矛盾日趋尖锐，杨成为蒋、冯争夺的对象。1928年11月杨归

①　张学良：《西安事变忏悔录》，《张学良文集》第2集，新华出版社1992年版，第1194页。

国,其部队已改编为国民革命军第二集团军暂编第二十一师,驻山东单县,归山东省主席孙良诚(属冯玉祥系统)指挥,杨就任二十一师师长。1929年4月,蒋、冯关系濒于破裂,冯令杨率部随孙良诚撤往河南,杨拒受冯命,公开倒向蒋介石一边。此后,杨部被蒋改编为新编第十四师,每月拨给经费约10万元。所部由胶东移驻河南,杨兼任南阳守备司令。1929年12月,唐生智联合阎锡山、冯玉祥起兵反蒋。在这场军阀混战中,杨率部进攻唐军驻地驻马店,促使唐军溃败,从而帮助蒋挽回危局。杨因此受到蒋的明令嘉奖,其十四师番号被改编为第十七师,杨升任第七军军长兼第十七师师长。后来在1930年的蒋、冯、阎中原大战中,杨仍站在蒋介石一边,率部攻击冯军,经豫西挺入陕西,于同年11月攻占了冯经营多年的西安。中原大战前,杨部已扩编为第十七路军,杨任总指挥。中原大战期间,经蒋批准,杨部扩充了两个师的兵力。由于杨虎城在两次新军阀混战中助蒋有功,1930年12月被南京政府任命为陕西省政府主席,不久又被任命为西安绥靖公署主任,成为西北地区地方实力派的首领。

红二十五军在程子华、吴焕先、徐海东率领下从鄂豫皖地区开始西征,1934年末到达陕南。1935年1月下旬,杨虎城在蒋介石命令下,指挥四个旅另一个团的兵力,对红二十五军进行第一次"围剿"。红军采用运动战同游击战相结合的战术,先在蔡玉窑、文公岭歼杨部三个营,后又在葛牌镇全歼杨部警备三旅。同年5月,杨虎城又指挥三十一个团的兵力对红二十五军发动第二次"围剿"。红军实行诱敌深入、先疲后打方针,7月2日又在袁家沟口全歼杨部警备一旅。至此,杨多年苦心经营的直属部队几乎全被歼灭,还有两个旅长被杀,一个旅长负伤。这对杨虎城是一个沉重打击。

二　中共与张学良共求联合抗日

正当张学良"剿共"接连失利,开始重新考虑自己出路、多方寻找共产党关系时,中共开始争取他联合抗日。瓦窑堡会议后,中共中央把统一战线工作的重点放在争取张、杨身上。瓦窑堡会议结束不久,毛泽东即致电彭德怀,请他派伍修权将瓦窑堡会议决议送给东北军六十七军军长王以哲,使其了解中共的抗日民族统一战线政策。

中共争取东北军的工作,是从争取高福源取得突破的。不久前在榆林桥战役中被俘的东北军团长高福源,辽宁海城人,曾在北京汇文中学读书,1921年考入北京辅仁大学,1923年入东北讲武堂第五期,翌年毕业后入东北军,曾任连长、参谋、少校团附、上校团长等职,颇受王以哲赏识。他有强烈的抗日要求,深受张学良的信任。高被红军俘虏后先被扣押在瓦窑堡,后被送到前线,彭德怀和红一军团政治部秘书长周桓(东北人)多次找他谈话,向他宣传抗日救国的道理,解释"八一宣言"的精神。高福源表示愿意为沟通红军与东北军的联系,促进两军合作抗日而效力。当时红军正围攻甘泉,久攻不下。经彭德怀同意,高福源在周桓陪同下,去甘泉做东北军守军总指挥、一○七师参谋长刘翰东的工作。高用自己在红军中的见闻向刘宣传抗日民族统一战线政策,说共产党是爱国爱民的军队,指出东北军只有联共抗日才有出路。后来彭德怀又派周桓去进一步向刘翰东宣传中共的抗日救国主张,红军与东北军一○七师的关系前进了一步。

1936年1月,高福源向彭德怀提出,他愿回东北军去说服张学良、王以哲与红军合作抗日。他说,张学良强烈要求抗日打回老家去,只要张能够了解中共的抗日民族统一战线政策,是能够放弃反共政策,与红军合作抗日的。彭德怀同意高的要求,第二天派骑兵护送他到东北军王以哲所部六十七军防线边,并赠路费二百元。

高福源在洛川先见到王以哲,向他介绍了中共的停止内战、一致抗日主张和自己在苏区的见闻。王以哲当时正奉张学良命寻找共产党的关系,急忙将此事电告在西安的张学良。张原以为高被俘后早已被杀,收到王的电报便立刻赶到洛川。高见到张学良,慷慨陈词,声泪俱下,把自己在红军中的感受和盘托出,希望张停止剿共,与红军联合抗日。

张学良听完高的肺腑之言,即让高赶快回去,请红军派一位正式代表来,以便正式商谈。

高福源1月16日从洛川乘飞机到甘泉,再骑马到红军前方总部,向周桓报告了张学良请红军派代表前去会谈的要求。经彭德怀与中共中央电报磋商,决定派中共中央社会局长李克农去洛川与张学良、王以哲见面。李克农17日到洛川,当晚与王以哲会谈,气氛融洽,"内容不多,但意较诚"①。瓦窑堡会议后,中共中央实行的还是"抗日反蒋"方针。所以,1月20日毛泽东指示李克农在与张学良会谈时:"(甲)向彼方表示,在抗日反蒋基础上,我方愿与东北军联合之诚意";"(乙)向彼提出东北军如不在抗日反蒋基础上求出路是很危险的";"(丙)暗示彼方如诚意抗日反蒋,我方可助其在西北建立稳固局面,肃清蒋系势力,进一步助其回平、津、东三省。军饷械弹,我方亦有办法助其解决,并暗示彼方如有抗日反蒋诚意,国防政府首席及抗日联军总司令可推张汉卿担任"②。

1月21日晚间,张学良与李克农在洛川会谈3个小时。张透露说,国民党内同情国防政府主张的不乏其人,并表示红军如真有诚意,他愿去做于学忠、蒋介石的工作,劝蒋放弃一党专政。如有成效,两周后在延安或洛川与彭德怀见面。张还表示,由于东北军所处环境,目前只能暗中与红军联系,以原防划作疆界,并在可能范围内恢复经济通商。

1月25日,中共方面以毛泽东、周恩来、彭德怀等红军将领名义发表《红军愿意同东北军联合抗日致东北军全体将士书》,肯定东北军绝大多数是爱国的,"是愿意打日本帝国主义的"③。针对张学良反日不反蒋的态度,书中揭露蒋介石对日不抵抗,对东北军歧视压迫,并强调

---

①　《李克农致毛泽东、彭德怀电》(1936年1月18日),未刊件。

②　《毛泽东致彭德怀转李克农电》(1936年1月20日),未刊件。

③　《中共中央文件选集》第10册,第4页。

指出：打红军进攻苏区是东北军的绝路；抗日反蒋才是东北军的唯一出路。

　　经高福源从中斡旋，张学良与李克农决定举行第二次洛川会议。2月25日，李克农在高福源陪同下到达洛川，同来的还有中华苏维埃政府贸易总局局长钱之光以及负责电台工作的戴镜元。他们受到王以哲及其参谋长赵镇藩的热情欢迎与款待。张学良因26日要去南京，电嘱王以哲与李先谈些具体问题，重要问题待他回来后再谈。从2月26日至28日，李克农与王以哲、赵镇藩磋商红军与东北军六十七军之间合作抗日问题，达成口头协定，主要内容是：互不侵犯，各守原防；红军同意恢复六十七军在鄜县、甘泉、延安的交通运输及经济通商；延安、甘泉城内六十七军人员所需粮草，可向当地苏区群众购买，红军给予便利；双方给予对方采购人员以保护①。2月28日李克农将上述协定电告瓦窑堡，当晚中共中央即复电表示同意。双方商定此协定从3月5日起生效。

　　张学良3月3日从南京回到西安，第二天便赶到洛川，与李克农会谈。会谈内容围绕张学良提出的几个问题展开：

　　如何对待蒋介石。李克农根据瓦窑堡会议决议和中央及军委给他的"训令"，强调蒋坚持"攘外必先安内"政策，专打内战，不抗日，还残酷镇压人民的抗日运动，东三省已拱手送给日本，华北也岌岌可危，主张抗日民族统一战线不能包括他。张学良不同意这一主张。他认为，要抗日，不争取蒋介石参加是不可思议的。因为蒋掌握着国家的政权、军权、财权，实力雄厚，而且蒋本人有参加抗日的可能，只是主张先"安内"后"攘外"。对这个问题，张和李谁也没有说服谁。李向张表示，可向中共中央反映他的意见。

　　关于对抗日战争的看法。李说，抗日主要靠全国人民的力量，同时也要争取国际援助；战争的胜负，不决定于武器，而决定于人；发动全国

---

① 见《中共党史资料》第22辑，第2页。

人民一致对敌,这个力量是巨大的,是不可战胜的;抗日战争是长期的、持久的,投降论和速胜论都是错误的;中国地广人众,有利于长期抗敌,最后胜利是我们的。张学良同意李克农的这些看法。

关于红军行动方向。当时红军东征,进入山西作战。张提出,红军为抗日不应走山西,而应走宁、绥。因为宁夏接近绥远前线,又靠近苏联,阻力小,进展会比较容易;如走山西,定会遇到阎锡山、蒋介石的阻遏,恐难顺利行进。李说明了出山西主要是从政治上考虑,政治影响大,有利于推动抗日民族统一战线的形成。

在这次会谈中,张提出请中共方面派一位全权代表,最好是毛泽东或周恩来来与他会谈,地点在肤施(延安),时间由中共方面定。张还请中共方面派一名代表常驻西安,他给以掩护。双方同意共同派代表去苏联谋求援助。

张学良从洛川回到西安,收到李杜从上海发来的电报,让他派人去上海接"要找的朋友"。原来张学良1935年11月在南京参加完国民党五全大会曾去上海,秘密会见了因"新生事件"而获罪的东北籍爱国民主人士杜重远。张、杜是老朋友,"九一八"前就熟悉。这次见面,张向杜倾诉了自己因"剿共"接连失利的苦闷,杜则劝张放弃"剿共",走西北大联合道路,即联合共产党、杨虎城和新疆的盛世才,争取苏联援助,共同抗日。张在上海还会见了原东北军将领李杜。李率义勇军在东北抗日失败后退往苏联,与共产国际发生了关系,回国后仍保持联系。张向李表示愿在西北联合红军抗日,希望李帮助他沟通与苏联和中共的关系。李接受张的委托,表示找到共产党关系后设法通知他。李杜后来找到刘鼎,便给张学良拍电报。张接到李杜来电后,派他的高级参议赵毅到上海,3月下旬把刘鼎接来西安。

刘鼎,原名阚尊民,四川南溪人,1923年加入社会主义青年团,留学德国期间经孙炳文、朱德介绍转为共产党员,回国后曾在上海中央军委机关工作,1933年到浙赣皖苏区工作。1935年该苏区失败,5月被俘,10月从九江俘虏营逃往上海,化名周叔,住在英籍新西兰人路易·艾黎家中养病，寻找党组织，其间因一偶然事件，曾到宋庆龄住所躲避三天。

当宋庆龄得知张学良拟联共抗日而寻找共产党的关系时，便向刚刚从陕北归来的董健吾推荐刘鼎。经董动员，刘鼎答应去西安见张，以便借机前往陕北找中共中央。刘到西安第二天会见张学良，张向刘提出三个尖锐问题：一是他与日本有杀父之仇，抗日救亡决不后人，可是共产党为什么骂他是"不抵抗将军"？二是中东路事件，苏军把东北军打得很惨，为什么骂他勾结日本反苏反共？三是红军在陕北，为什么打东北军打得那么厉害，使东北军遭受了那么大的损失？刘鼎回答的要旨是：张作为东北军统帅，守土有责，"九一八"时执行不抵抗政策，几十万东北军退往关内，日军几乎兵不血刃地占领东三省，当然要受到全国人民唾骂，共产党同全国人民一样，不能不表示态度；东北军在蒋、日唆使下，撕毁中东路共管协议，侵入苏联国土，苏联被迫还击，这是正当自卫。东北当局允许日本帝国主义在东北扩张势力，对有条约的中东路管理却采取片面选择，事实上是亲日反苏，苏联对张的指责也绝非无中生有；东北军为蒋打内战，在鄂豫皖和陕北使红军受到很大损失。红军是人民支持的新式军队，战无不胜，蒋介石的百万军队对红军都无可奈何，何况东北军？蒋驱使东北军剿共是借刀杀人计，企图借此消灭东北军。现在国难当头，打回老家去是东北父老、全国人民对张将军最大、最适合的愿望。东北军最好是联共抗日，既可摆脱蒋消灭异己的阴谋，又可洗掉"不抵抗"罪名。将来抗日胜利，张将军和东北军将名垂史册，并占首页①。张听完刘讲话后说：听君一席话，胜读十年书，你就是我的朋友，住在我这里，我有许多话慢慢和你说。于是，刘鼎就随张学良一起飞往洛川。

张这次去洛川，名为督师"剿共"，实际是等候与周恩来会谈。他在洛川的十来天里，天天同刘促膝交谈。张把在洛川会见李克农与邀请

---

① 　见《刘鼎札记》，引自《刘鼎在张学良那里工作的时候》（三），《党的文献》1988年第 4 期。

周恩来的事告诉了刘,并说准备同刘一起去会见周恩来。张问刘:红军
经过二万五千里长途跋涉,为什么还有那么强的战斗力,击败了东北
军? 他想了解红军的制胜之道。刘鼎曾在苏区工作过,便从红军的成
分,红军实行政治民主、经济民主、官兵一致、军民团结,特别是共产党
对红军的领导等方面说明红军具有战无不胜的力量。张还问刘:知识
分子和工人接受马克思主义,团结革命,这容易理解,可农民有的连字
都不认识,怎能接受马克思主义,矢志革命呢? 刘回答说:共产党和红
军以共产主义理想和当前民族民主革命相结合教育农民,这是红军有
别于任何旧军队、克敌制胜的根本之道。他建议张对东北军也可以用
抗日的爱国主义思想作为团结教育的中心。张学良、刘鼎在洛川的长
谈,使张对中共有了更确切的了解,对抗日民族统一战线有了进一步认
识,加强了他与中共合作抗日的信心和决心,这就为即将举行的肤施会
谈做了重要准备。

张学良、周恩来的肤施会谈,1936 年 4 月 9 日晚 8 时开始,翌日晨
4 时结束。参加这次会谈的有张学良、王以哲、刘鼎、周恩来、李克农。
会议内容,据周恩来在会谈结束后 4 月 10 日、11 日发给中共中央的电
报和刘鼎后来的回忆,主要有以下五个方面:

(1)停止内战,一致抗日。张学良首先表示,"停止内战,一致抗日,
他完全同意"。对"八一宣言"中提出的"国防政府、抗日联军,他认为要
抗日只有此条路,他愿酝酿此事",对宣言中提出的抗日救国"十大纲
领,他研究后愿提出意见"。他承认红军真心抗日,认为"剿共与抗日不
能并存",可是他又说:"他在未公开抗日之先(前),不能不受蒋令进驻
苏区。"对中共提出的"全国主力红军集中河北","他完全赞同",但认
为阎锡山的防卫力量很强,红军在晋"恐难立足"。他主张红军"最好向
绥远解决德王"①,再向东去察哈尔。其理由是:宁、绥人粮较多,红军

---

① 《周恩来关于与张学良商谈各项问题致张闻天毛泽东彭德怀电》(1936 年 4
月 10 日),《中共党史资料》第 33 辑。

解决给养方便;绥远靠近外蒙,便于接受苏联援助;红军让出陕北一些县城,他好向蒋介石交账。周恩来认真听取了张的意见,认为他讲的有道理,但表示要和毛泽东主席商量。

当时因红军东征进展顺利,周恩来对张学良说:"红军在山西站得住脚。"周进一步解释说:红军"兵出华北",会"推动全国友军和群众"一起抗日,"华北大规模抗日战争一起,红军愿担任左路"①。张学良接着说:"如红军坚决出山西向东,我可以通知驻河北的万福麟部的四个师和红军联络。"②他还向周介绍了阎锡山的一些情况,答应两三星期后他去太原和阎联络。周恩来说红二、四方面军要北上抗日,张表示欢迎,并说驻陕甘的东北军可以让路,如需经过中央军的防地,他可去斡旋。

(2)抗日救国的道路。张学良认为国民党已完了,目下中国只有两条路可走:一条是共产党的道路,另一条是法西斯的道路。张1933年游历意大利时,对那里兴起的法西斯主义颇感兴趣,认为它可以救中国。后来经杜重远、杨虎城、李克农、刘鼎等人分析说明后,他有所动摇,但未彻底抛弃法西斯主义。周恩来解答说:"法西斯是帝国主义的产物,把资产阶级的一点形式上的民主都抛弃了。抗日要取得胜利,必须要依靠广大群众。要发动群众必须实行民主,中国的法西斯道路只能是投降日本,处理中国问题理应抗日联共。"③

(3)联蒋抗日。张学良认为蒋介石是国内最大的实力派,抗日民族统一战线如果不包括蒋,蒋以中央政府名义反对,不好办。他还说,在国民党要人中,他只佩服蒋介石,蒋有民族情绪,在国民党中领导力最

　　①　《刘鼎札记》,引自《刘鼎在张学良那里工作的时候》(三),《党的文献》1988年第4期。
　　②　《周恩来关于与张学良商谈各项问题致张闻天毛泽东彭德怀电》(1936年4月10日),《中共党史资料》第33辑。
　　③　《刘鼎札记》,引自《刘鼎在张学良那里工作的时候》(三),《党的文献》1988年第4期。

强,据他回国后两年来的接触与观察,蒋可能抗日。他也承认,蒋之左右有不少亲日派,因之蒋下不了抗日决心。他向周介绍了南京各派对抗日的态度。他认为"蒋部下确有变化,蒋现在歧路上",错在"攘外必先安内",把这个错误扭过来,就可以实现停止内战,一致抗日。张说,共产党从外面逼,他从里面劝,内外夹攻,定能把蒋的错误政策扭转过来。张学良还表示:蒋如确降日,他决离开蒋,他现在反蒋做不到①。

周恩来解释说,中共主张反蒋抗日,是因为蒋是大买办、大地主阶级的头子,视人民为仇敌,执行"攘外必先安内"的错误政策,镇压人民的反日爱国运动。对张学良的意见,周恩来表示:这个问题很重要,我回去报告中央,待认真考虑后再作答复。

(4)联合苏联。张学良希望在抗日战争中能得到苏联援助。他问周恩来:"苏联是否真心援助中国?"周恩来回答说:"苏联是社会主义国家,援助中国是真心诚意。它这么做,既利己又利中国。"②双方商定,共同派代表去莫斯科谋求援助,办法是由张派人从欧洲前去,中共派人经新疆前往,并由张先与新疆盛世才联系。

(5)停战、通商。张学良表示"不愿打红军",但蒋介石来电斥责他,说他对红军东征是"隔岸观火",命令东北军和十七路军分途北进。张学良、周恩来商定:"红军在关中积极活动,在韩城、澄县牵制杨部"③;派红军陈先瑞部去陕南,向蓝田、鄠县活动,威胁西安,使东北军有借口不北进。

关于通商问题,商定红军可在东北军防地内设店购买普通货物;红军所需无线电通讯器材和医疗器械、药品,由东北军代购;东北军向红

①　《周恩来关于与张学良商谈各项问题致张闻天毛泽东彭德怀电》(1936年4月10日),《中共党史资料》第33辑。
②　《刘鼎札记》,引自《刘鼎在张学良那里工作的时候》(三),《党的文献》1988年第4期。
③　《刘鼎札记》,引自《刘鼎在张学良那里工作的时候》(三),《党的文献》1988年第4期。

军赠送一些弹药;双方派得力人员保障交通畅通。

张学良还要求红军派"有政治头脑及色彩不浓的人"①作为代表常驻西安,以便联络。

会谈结束时,张学良向周恩来赠送一本中国大地图,说"共同保卫中国",并赠私款二万银元,后又赠法币 20 万元,作为红军的抗日经费。双方对会谈结果都表示满意。张说他这次结交了最好的朋友,周先生说话有情有理。他认为国内今后将走向太平,一切可向抗日迈进了。周后来说张学良是一位爽朗、有决心、有勇气的人,真出乎预料。周恩来 4 月 12 日回到瓦窑堡,第二天即向中共中央报告延安之行,中共中央对会谈结果也很满意,决定派刘鼎作为中共代表常驻西安,继续与张学良联系。

三　中共争取杨虎城联合抗日

杨虎城很早就与共产党发生了关系。1922 年他驻军陕北榆林时,通过杜斌丞介绍,结识了陕西共产党的创始人之一魏野畴。魏从思想上对杨帮助很大,以后他们长期保持联系,魏曾长期在杨的部队中任职。后来共产党人南汉宸也来到杨的部队。1927 年"四一二"后,杨虎城部队中的共产党员曾达二百余人。以这些党员为基础,组建了隶属于中共河南省委的中共皖北特委(当时杨的部队驻安徽太和),负责人是魏野畴、南汉宸、蒋听松。在中原大战中,杨奉蒋介石命率部返回陕西,被南京任命为陕西省政府主席,杨则委任南汉宸为省政府秘书长,代其主持省政府的各项工作。1933 年,蒋介石对杨多方施加压力,要求撤换南汉宸,南才离开杨的部队。此前,杨部第三十八军驻防陕南时,曾与在川北的红四方面军秘密签订了互不侵犯协议。

---

① 《周恩来关于与张学良商谈各项问题致张闻天毛泽东彭德怀电》(1936 年 4月 10 日),《中共党史资料》第 33 辑。

中共"八一宣言"发表后,白区党组织开始派人做杨虎城的工作,争取他与刚刚结束长征到达陕北的红军联合抗日。1935 年 11 月初,申伯纯受中共北方局南汉宸的委托前往南京,会见在那里出席国民党五全大会的杨虎城,向他传达"八一宣言"的内容,并且说:"汉宸因为十分关心你和十七路军目前的困难处境,所以托我来向你说明中共和红军的主张,他并且愿意沟通红军和十七路军的关系。如果你愿意的话,将来双方可以建立抗日友好互不侵犯协定。我这次来看你,主要是为了这件事。"①当时的杨虎城,既因自己不久前在陕南"剿共"失利、损兵折将而苦闷,更因在南京期间耳闻目睹蒋介石统治集团不顾民族安危而争权夺利从而对国民党失掉信心。他听申伯纯转达南汉宸的话后,认为南谈的问题很好,他也正想找中共的关系。杨告诉申伯纯,江西的红军经过长征已到达陕北,今后西北的形势将是严重的,必须有一个彻底的办法。可是他又认为,南汉宸讲的是一些原则,具体办法没有讲。杨嘱申赶快回天津找南汉宸,问清具体办法后再到西安找他面谈。

中央红军长征到达陕北不久,毛泽东就派红二十六军政委汪锋去西安直接做杨虎城的工作,争取十七路军与红军联合抗日。1935 年 11 月的一天,毛泽东找汪锋详细了解杨虎城的情况后,要他作为红军代表去西安做争取杨虎城的工作,并叮嘱他与杨谈判一定不要破裂,要谈和;对杨要多看进步的,少看落后的,要多鼓励抗日士气,少谈以往不愉快的事情。

汪锋到西安一个星期后的一天晚上,杨虎城在新城秘密会见他,向他提出三个问题:一、十七路军中许多人认为红军不讲信用,孙蔚如部驻汉中时与红四方面军订有协议,红四方面军无故攻击汉中地区;二、十七路军警备旅长张汉民是共产党员,但红二十五军在陕南柞水九间房设伏袭击,并把张汉民杀害了;三、主力红军北上抗日,提出联合一切抗日部队,这个主张好,但如何帮助东北军和十七路军?对此,汪锋作

---

①　申伯纯:《西安事变纪实》,人民出版社 1979 年版,第 46 页。

了详细回答。

关于第一个问题,汪锋说:孙部驻汉中两年,没有发生大的摩擦,孙部兵员有了很大发展,这说明红四方面军是信守了协议的。后来,在天水地区的中央军胡宗南部极力向南伸张势力,一度到达川西嘉陵江西岸一带,阻挠红四方面军与中央红军会师。红四方面军为胜利完成与中央红军会师任务,不得不采取声东击西的策略,即明攻汉中,威胁天水。红军向汉中进攻时,胡部以为我攻天水,撤回了驻川西的部队,使红四方面军得以安全渡过嘉陵江,与中央红军会师。汪还解释说,汉中是个盆地,红四方面军如决心消灭孙部,可依靠川北苏区从东、南、西三路出击,合围南郑,使汉中腹背受敌,不是更易得手吗? 何必单从西路进攻呢。这也说明红军攻击汉中,是调动胡部的手段,不是以歼灭孙部为目的。

关于第二个问题,汪锋说:红二十五军从鄂豫皖长征到达陕南,本想休整,可是十七路军柳彦旅天天尾追,逼得红军被迫还击,刚在山阳击败柳旅,警备旅张汉民部又接踵而至,尾随红军比柳旅还近。红军误认该部寻机攻击,遂在九间房接火战斗,将张俘获。由于红二十五军从鄂豫皖突围后与上级失掉联系,不了解张汉民的共产党员身份,因此误杀了他。这首先是我们共产党人的损失。现在中共中央已确认张汉民为革命烈士。

关于第三个问题,汪锋回答说:我党在"八一宣言"中有明确说明,毛泽东主席给杨先生写了信,想必杨先生是清楚的。我们认为西北军和东北军都是要求抗日的,我们的态度是帮助其发展壮大,防止损失,因为这是抗日力量的发展,反动卖国势力的削弱。

此时的杨虎城正急欲寻找共产党的关系,由于他是初次见到汪锋,未敢贸然与他商谈这类重大而机密的问题。就在汪锋滞留西安期间,杨派人去天津寻找中共地下党组织,中共北方局派曾在十七路军工作过的王世英前往西安与杨商谈联合抗日问题。王到西安主要是希望杨"与红军秘密订立互不侵犯协定,保存自己实力,加紧充实自己,训练自己"；"与红军保持友谊关系，与其他反蒋派联络，发动抗日反蒋战争"。杨虎城向王世英讲了自己对形势的看法，并谈了他对国内各方面的态度："联络东北军中上层将领要求南京抗日，先由合法运动，再变成不合法运动"；对中共和红军"维持原防互不侵犯"，"交通运输上在可能范围内可以帮忙"；他要求中共"不哗变他的部队"，并希望红军与陕北的井岳秀部保持"与他同样关系"①。

王世英同意杨的意见，表示即去陕北向中共中央报告。经杨虎城安排，王世英与汪锋一同去苏区，到瓦窑堡后，王又应召去晋西石楼向毛泽东、周恩来等报告几年来白区的工作和开辟十七路军统战工作的情况。关于与十七路军联合抗日问题，中央同意王世英与杨虎城初步商定的四项原则：

(1)在共同抗日的原则下，红军愿与十七路军建立抗日友好互不侵犯协定，双方各守原防，互不侵犯，必要时可以先通知，放空枪、打假仗，以应付环境；

(2)双方可以互派代表，在杨处建立电台，密切联系；

(3)十七路军在适当地点建立交通站，帮助红军运输必要物资和掩护中共人员的往来；

(4)双方同时做抗日准备工作，先由对部队进行抗日教育开始②。

王世英离开陕北后，于4月底到达西安，杨虎城此时驻节韩城。王又专程去韩城见杨，向他转达中共中央的意见，杨完全同意，并很快建立起三个交通站。

在王世英再次到达西安前后，王炳南也衔命从国外归来，做杨虎城的工作。王炳南的父亲王宝珊曾任十七路军高级参议，是杨虎城的挚

---

① 《王世英同志关于西北军与白区工作概况向中央的报告》(1936年3月)，未刊件。

② 申伯纯：《西安事变纪实》，第56页。

友。1929年杨资助王炳南出国留学,先在日本,后转至德国。王1925年加入青年团,不久转为共产党员。中央红军长征到达陕北后,中共驻共产国际代表团于1936年4月派王炳南回国,争取说服杨虎城同意与红军联合抗日,双方签订互不侵犯协定。王炳南到西安后,向杨坦率地讲明自己回国的使命,并分析了欧洲和整个国际的形势。当时杨虎城和张学良都有意与国际建立关系,取得国际的援助。杨向王表示他愿同红军联合抗日,事实上他已同陕北红军打通了关系,有了来往。王炳南就把争取杨虎城的情况用暗号致电巴黎《救国时报》转中共驻共产国际代表团。王随后到上海会见杜重远,杜又介绍他回西安与张学良会面,王炳南与张学良也谈得很投契。杨虎城邀请王炳南帮助他做十七路军官兵的抗日教育工作,但王突然患病,直至西安事变爆发后才正式参加工作。

1936年8月,中共中央任命张文彬作为红军代表前往西安,专门做杨虎城的统一战线工作。张文彬8月26日到达西安后,先与杨的机要秘书王菊人以及崔孟博会晤,9月6日晚又与杨虎城密谈,双方达成了取消敌对行动、杨约束民团、取消经济封锁、设立交通站和电台等协议。会谈后,张文彬即常驻西安,与杨虎城继续保持联系。

四　蒋介石逼迫张、杨继续"剿共"

张学良、杨虎城的联共抗日活动,蒋介石早就得到国民党特务的密报。对张、杨违抗"攘外必先安内"基本国策的行为,蒋是根本不能容许的;可是由于两广地方实力派发动"六一"事变,出兵湘南,与南京形成武装对峙局面,1936年夏秋季节,蒋不得不集中力量对付两广,一时无暇顾及西北。当蒋解决了两广事变,消除了后顾之忧后,立即把目光转向西北。

广西问题刚刚解决,蒋介石就于10月22日来到西安。尽管当时华北的局势岌岌可危,日军已大量增兵华北,并正在唆使和支持蒙伪军进犯绥远,蒋介石仍逼迫张、杨继续进行"剿共"内战。他在下榻的临潼华清池分别召见张学良、杨虎城,宣布继续"剿共"的计划。张学良性格豪爽,明确表示反对继续"剿共",向蒋提出"停止内战,一致抗日"主张,并说这不只是他个人的意见,而是东北军全军的主张。杨虎城性格深沉,只是委婉地说他个人服从命令没问题,但下面官兵的"剿共"士气低落,抗日热情高涨。蒋向张、杨表示他的"剿共"计划不变。

10 月 27 日,蒋介石到王曲军官训练团,对五六百名东北军、十七路军的军官们说,我们革命军人要"分清敌人的远近,事情的缓急。我们最近的敌人是共产党,为害也最急;日本离我们很远,为害尚缓。如果远近不分,缓急不辨,不积极剿共而轻言抗日,便是是非不明,前后倒置,便是不革命"。国家对这些人"是要予以制裁的"①。

10 月 31 日是蒋介石的五十岁生日。10 月 29 日,蒋由西安前往洛阳,在那里住了一个多月,名为"避寿",实则调兵遣将,部署新的"剿共"内战。几个月前被调到两湖地区对付两广事变的那些蒋的嫡系部队,如今又奉令北返,三十来个师集结在平汉铁路的汉口至郑州段和陇海铁路的郑州至灵宝段,随时可开往陕甘;而万耀煌所部第十三师则将开往陕西咸阳。蒋还决定,如张、杨不服从他的"剿共"命令,就把东北军、十七路军调离陕甘,让他的嫡系部队前来担任"剿共"任务,由原福建绥靖主任蒋鼎文任西北剿匪前敌总司令,卫立煌、朱绍良、陈继承也被任命为一个方面的总指挥。

蒋在洛阳期间,张学良曾两次前往净谏。第一次是与阎锡山结伴同去,二人向蒋祝寿后,劝蒋停止内战,团结一切力量,共同抗日,遭到蒋的严词拒绝和斥责痛骂。蒋在洛阳阅兵后在礼堂训话,张学良在台下听讲,蒋除大骂共产党是大汉奸外,还痛斥"主张容共者,比之殷汝耕不如"。张"聆听之下,如凉水浇头","沮丧万分,回至寝室,自伤

---

①　申伯纯:《西安事变纪实》,第 98 页。

饮泣"①。

　　绥远抗战爆发后,张学良于 11 月 27 日给蒋写了一份"请缨抗敌书",要求率东北军全部或一部开赴绥远抗击日本侵略,又遭到蒋介石拒绝。

　　为部署新的"剿共"内战,蒋介石于 12 月 4 日从洛阳再次来到西安。此时,蒋的高级军事将领陈诚、卫立煌、蒋鼎文、陈继承、朱绍良等也陆续来到西安。蒋到西安后,开始实施他的"剿共"计划。由于张、杨向蒋反映广大官兵积极要求抗日,"剿共"士气低落,他这次来西安后便把东北军和十七路军师旅长以上军官一个一个地召到他的住地华清池训话,要求这些军官带领部队积极参加"剿共"。他还对东北军军官们许诺,他一定带领大家抵御外侮,收复失地,打回老家去,但首先必须服从他的"剿共"命令。他向张、杨提出两个办法供他们选择。第一个办法,服从"剿共"命令,把东北军、十七路军全部开往陕甘前线,进剿红军;第二个办法,张、杨如不愿剿共,则将东北军调往福建,十七路军调往安徽,把陕甘两省让给中央军剿共。显然,这两种办法,张、杨都不能接受。在民族危亡迫在眉睫,中国共产党的抗日民族统一战线主张深得人心,抗日救亡运动走向高潮,东北军、十七路军和红军"三位一体"局面已经形成的条件下,蒋介石逼迫张、杨继续"剿共",这成了引发西安事变的根本原因。诚如周恩来后来所说:"历史应该公断,西安事变是蒋介石自己逼成的。"②

五　营救"七君子"

　　国民党非法逮捕救国领袖,摧残救国运动的行径,引起爱国将领张学良、杨虎城的极大不满,强烈要求无条件释放沈钧儒等人,从而加速

---

　　①　张学良:《西安事变忏悔录》,香港《明报月刊》第 3 卷第 9 期,1968 年 9 月。
　　②　《西安事变资料》第 1 辑,人民出版社 1980 年版,第 266 页。

了对蒋介石实行兵谏的进程。

张学良同情和支持上海救国运动。这一运动也给予了他以新的鼓舞力量,加强了他停止内战、抗日救国的决心。1935年10月末到12月中旬,张学良到南京先后参加国民党四届六中全会、第五次全国代表大会和五届一中全会。随后他到上海漕河泾监狱去探视他素所尊重的老友杜重远,表示亲切的慰问。张学良和杜重远在谈话期间,杜向他介绍了沈钧儒、章乃器、邹韬奋等人从事抗日救国运动的情况,并劝告张一定要看清民族危亡的严重局势,一举改变过去执行蒋介石的"剿共"内战政策的错误做法;认为日寇并不可怕,真正可怕的是一个民族丧失了气节,但是只要万众一心,中国还是有前途的。张学良在谈话中十分欣赏杜重远的看法,精神很振奋,并表示他目前正在研究时局和抗日问题,不会辜负老友的期望①。1936年春,杜重远因病转到上海虹桥疗养院,2月间张学良到南京开会,随后又去上海虹桥疗养院探视杜重远,并继续密谈抗日救国问题②。

1936年7月,张学良去南京出席国民党五届二中全会,住在首都饭店。其时沈钧儒、章乃器、李公朴等代表救国会到南京向二中全会请愿,借机前往饭店会晤了张学良,"畅谈当时各地救国运动风起云涌的一派大好形势";并商讨"组织联合战线,抗日救国诸问题"。张同他们进行亲切的谈话,并答应给予救国会以经济上的援助③。

张学良后来自己回忆说:"在五全大会后,良在京,耳所闻,目所睹,使心情受重大的刺激,今尚记忆者,略述如下:(1)友朋之讽劝,如沈钧

---

① 应德田:《张学良与西安事变》,中华书局1980年版,第46页;孙铭九:《回忆杜重远先生二三事》,《杜重远》,新疆大学出版社1987年版,第208页。

② 侯御之:《忆亲人杜重远同志》,《人民日报》,1983年6月5日;胡愈之:《我的回忆》,江苏人民出版社1990年版,第196、296页。

③ 应德田:《张学良与西安事变》第75页;栗又文:《西安事变与张学良将军》,《西安事变资料》第2辑,人民出版社1981年版,第82页。按:一说此次会晤在上海。

儒、王造时等之鼓励……"①"沈钧儒、王造时等则云：良同蒋公密切之关系，以及今日之地位与过去之历史，应破釜沉舟，向蒋公谏陈，当无不听纳之理，他人不敢言者，以良当言之。"②

1936年，杨虎城去上海医治牙病并检查心脏，住进上海虹桥疗养院，与杜重远经常见面，"商讨抗日救国大策"③，并通过杜的介绍，和沈钧儒等人多次见面，了解情况。杨虎城和杜重远的这一段相处，在沟通张学良、杨虎城关系与促进进一步合作方面起了不少作用④。

沈钧儒等七人被捕事件，给张学良以极大的刺激，决心为营救他们出狱而不惜一切努力。11月底，张学良派其亲信秘书应德田去上海公安局慰问"七君子"。应带了两箱桔子，化名"乔所钦"，见到沈钧儒等时转告说："张学良反对内战，联共抗日的决心已定"⑤，希望他们不要灰心丧气。与此同时，杨虎城的秘书，新从德国回国的救国会成员、共产党员王炳南也去看望沈钧儒等人，并对他们说："不要紧，过不了多久，就有新的大事情发生。"⑥暗示一场大风暴即将来临。

12月3日，张学良只身自驾军用飞机飞往洛阳面见正在那里部署"剿共"内战的蒋介石，央请他改变"攘外必先安内"的错误政策，释放沈钧儒等爱国领袖。稍后他在一次大会上说："上海各救国领袖究竟犯了什么罪，我想全国大多数人谁也不晓得。沈钧儒是一位六十多岁的著名教授，他所犯的罪，只好说像他自己所说的'爱国未遂罪'！"⑦"他（指蒋介石）在上海逮捕了七位救国领袖，我为了这件事，曾单身一个人没

①　张学良：《西安事变忏悔录》，香港《明报月刊》第3卷第9期，1968年9月。
②　李云汉：《西安事变始末之研究》，近代中国出版社1982年版，第38页注68；王禹廷：《细说西安事变》，台北传记文学出版社1989年版，第278页。
③　侯御之：《忆亲人杜重远同志》，《人民日报》，1983年6月5日。
④　米暂沉：《杨虎城传》，陕西人民出版社1979年版，第87页。
⑤　应德田：《张学良与西安事变》，第76页。
⑥　1979年9月14日著者访问沙千里纪录。
⑦　张学良：《对总部全体职员的训词》（1936年12月13日），《解放日报》（西安），1936年12月16日。

有带,乘军用机飞洛阳,请他释放那几位无辜的同胞。其实我同那几位既不是亲戚,又不是朋友,有的见过面,也不大熟。而我所以援救他们,不过是因为主张相同,意志相同。"蒋介石拒不接受张学良的请求。张学良见蒋介石如此固执不听劝谏,忍无可忍,便说:"委员长这样专制,这样摧残爱国人士,和袁世凯、张宗昌有什么区别?"蒋却回答:"全国只有你这样看,我是革命政府,我这样做,就是革命!"①张学良几次面诤"苦谏"无效,感到十分沮丧愤懑,加上12月9日西安学生万余人冒着凛冽刺骨的寒风游行请愿,要求抗日,情绪异常热烈,给张以很大的触动,迫使张学良和杨虎城决心实行兵谏。事后张学良陈诉说:"我曾将我们的意见,前后数次口头及书面上报告过委员长。我们一切的人都是爱国的人,我们痛切的难过国土年年失却,汉奸日日增加,而爱国之士所受之压迫反过于汉奸,事实如殷汝耕同沈钧儒相比如何乎? 我们也无法表现意见于我们的国人,也无法贡献于委员长,所以用此手段以要求领袖容纳我的主张。"②援救沈钧儒等爱国领袖,保护救国运动,实为引发西安事变的原因之一。周恩来在西安事变十周年和二十周年纪念会上都说:"经过一二九学生运动,全国救亡运动,七君子之狱,尤其是中国人民红军完成二万五千里长征转向东渡黄河抗日,全国抗日高潮,必然要走向抗战,大势所趋,人心所向,这已无可阻止。唯独蒋介石先生别具心肠,硬要在日寇进攻绥东之际,拒绝东北军请缨抗日,强迫张学良、杨虎城两将军继续进行内战。他这种倒行逆施,不仅未能达到目的,反而激起了西安事变。"③"东北、西北军受广大人民和共产党的影响要求抗日,西安学生请愿、七君子事起,最后逼出西安事。"④事变

① 　张学良:《在西安市民大会上的讲演词》(1936 年 12 月 16 日),《解放日报》(西安),1936 年 12 月 17 日。

② 　中国第二历史档案馆藏:《名人全宗档案》,《西安事变档案史料选编》第 82 页,档案出版社 1987 年版。

③ 　《解放日报》(延安),1946 年 12 月 13 日。

④ 　《周恩来在双十二事变二十周年座谈会上的讲话》,未刊件。

爆发后,张、杨提出的八项救国主张,其中之一,即为要求立即释放被捕之爱国领袖。

第二节　西安事变的爆发

一　诤谏失败

张学良和杨虎城与蒋介石在政见上的分歧日益加剧,到1936年末已形成尖锐对立:蒋介石仍顽固坚持"攘外必先安内"方针;张、杨则主张立即停止"剿共"内战,一致抗日。张、杨(主要是张学良)为促使蒋介石放弃误国政策,改弦更张,一再向蒋进谏,结果却屡遭蒋的拒绝、痛斥。为做到仁至义尽,在蒋介石向张学良、杨虎城宣布如不服从其"剿共"命令就将东北军、十七路军分别调到福建、安徽后,张仍于12月7日晚去临潼华清池向蒋慷慨陈词,大意是:

日本侵略者步步进逼,由占领东北进而控制冀察,今又进窥绥远。对日本这种永无止境的侵略野心,如不加以遏制和反击,定将招致整个国土沦入敌手,到那时我们将成为中国历史上的千古罪人,而无以自解。

共产党已一再声明愿团结一致,共赴国难。我们有什么理由拒不接纳?共产党不仅主张抗日,同时还拥戴你为最高领袖,你将成为全民族的伟大英雄。

我们应该认识到,内战的结果,不论谁胜谁败,都是中国国防力量的消耗,致使亲者痛仇者快,在客观上是帮助了民族的敌人。

我个人和东北军始终站在你这一边。过去,无论风风雨雨,我们都支持了你,甚至代你受过。今天,我的态度依然如故。

张学良还说,如今抗日已成为大势所趋,人心所向,不仅阎锡山等地方实力派要求抗日,黄埔系青年将领中也有主张抗日不打内战的。

张学良恳请蒋介石认清形势,改变政策,停止内战,共同抗日①。

张学良的肺腑之言被蒋介石斥责为年轻无知,受了共产党的欺骗和麻痹。蒋对张说,即使"你现在就是拿枪把我打死了,我的剿共政策也不能变"②!

杨虎城在张学良劝说下,8日上午也去华清池向蒋进谏。杨说:"看国内形势,不抗日,国家是没有出路的,人心是趋向于抗日的。对红军的事,宜用政治方法解决,不宜再对红军用兵。"蒋措词严厉地说:"我有把握消灭共产党,我决心用兵,红军现在已成为到处流窜的乌合之众。"蒋命令杨虎城要"放手撤换"十七路军中"不主张剿共而主张抗日的军官"③。杨见蒋的态度确已无法挽回,便返回西安城。

张、杨见"苦谏"已彻底失败,才商定对蒋采取"兵谏"行动。张对杨说:"我们为了国家,对蒋也仁至义尽了,现在只有干的一条路。"张、杨表示:"为了抗日救国,牺牲这两个团体(东北军和十七路军)也值得。"④

西安各校学生在12月9日举行纪念"一二九"运动一周年游行请愿活动,以推动国民党当局放弃"攘外必先安内"政策,走上团结抗日道路。这天黎明,西师、西安高中、二中、女中、女师、东北大学工学院等校学生纷纷打着旗帜,走出校门,去南院门广场集结,准备在那里召开纪念大会。东北竞存小学的二百多名学生在校长车向忱和教师带领下,途经民立中学门前时,见警察将该校团团围住,不许学生出来,于是便高呼"欢迎警察参加抗日请愿","阻止爱国运动的人就是汉奸"等口号。民立中学的学生在竞存小学学生的声援下,向校门猛冲。警察竟向竞存小学队伍开枪,一名小学生身负重伤。民立中学学生不畏强暴,冲出

① 申伯纯:《西安事变纪实》,第98页。

② 申伯纯:《西安事变纪实》,第98页。

③ 王菊人:《记西安事变前后的几件事》,《西安事变亲历记》,中国文史出版社1986年版,第140—141页。

④ 王菊人:《记西安事变前后的几件事》,《西安事变亲历记》,第140—141页。

校门，与竞存小学的队伍汇合一起，直奔南院门广场。会场上的广大学生得知警察开枪打伤竞存小学学生的消息，群情更加愤激，齐声高呼"打倒汉奸卖国贼!""惩办枪杀学生的凶手!"等口号。纪念大会宣读了《为督促政府动员全国兵力抗日停止内战宣言》，主张"全民族不分党派、不分阶级、不分信仰、不分性别，大家手携手、心印心地立即奋起抗敌"，呼吁国民党"当局当机立断，即日动员全国兵力，收复失地。一面先遣现驻西北边疆的要打回老家去的东北军和十七路军，组织援绥联军，星夜北上驰援;一面即令前方停止剿共军事，遂即商讨联合抗日大计"①。

学生游行队伍先到西北"剿总"请愿，张学良派参谋长答话，群众满意。学生到陕西省政府和绥靖公署请愿时，都没得到满意答复。省政府主席邵力子在被迫接见学生代表时说学生应该专心读书，不应干预国事，也不应谈救国之事。愤怒的学生决定去华清池直接向蒋介石请愿，要求他停止内战，共同战日。邵力子急令杨虎城关闭城门，阻止学生出城。由于杨虎城派去守门的士兵同情学生的爱国行动，没加阻拦，学生便自己打开城门冲出城外，冲破国民党宪兵的堵截，直奔火车站，想乘火车前往临潼。由于站长、司机早已跑光，学生只好徒步进发。

蒋介石得知学生请愿队伍前来临潼的消息，他一面遣人前去劝阻，并派宪兵到灞桥以武力堵截;同时急令张学良派兵制止，甚至说如果学生不听，可采取武力行动。张学良深知学生如去临潼定会发生更大的流血事件，便急忙乘车前往劝阻。在十里铺，他追上了学生队伍。他说:现在天色已晚，路程尚远，临潼又无餐宿之地，大家太辛苦了。你们不如把请愿书交给我，我替你们代交蒋委员长。学生说蒋是全国党政军的最高主宰，一定得让他亲口答应我们的要求才成。张又说:你们的爱国志愿，我不阻拦，可是你们此去必定触怒最高当局。我为爱护你们

---

①　中共东北军党史组编:《东北军与民众抗日救亡运动》，中共党史出版社1995年版，第93页。

起见,不忍见你们去流血牺牲。学生们则同声高呼:"我们愿意为救国而流血,愿为救国而牺牲,死在救国路上是光荣的!"学生们满腔的爱国激情深深触动了张学良,他激动地对学生说:"我同你们是站在一条战线上的,你们的要求也就是我的要求,也许我的要求比你们还急迫。你们现在回去吧! 你们的要求,在一星期内,我一定用事实答复你们的!"①张学良的肺腑之言使学生们动容落泪,张学良本人也掩面而泣。时已黄昏,学生们才返回西安。

当晚,张学良去华清池向蒋介石转达学生的请愿要求,再次遭到蒋的拒绝和斥责。蒋质问张说:"你到底是代表学生,还是代表我呢!"②

这个事件对张学良刺激很大,成为张、杨发动西安事变的导火线。事变后第二天,张学良在向其部属解释发动事变的原因时,讲到西安学生的"一二九"事件,他说:"对学生运动,我实在是尽力排解,假如不是蒋委员长饬令警察开枪,武力弹压,使群情愤激,我想学生决不至于坚持到临潼去。学生走向临潼后,我不顾一切利害,挺身而出,幸而把学生劝回来,而蒋委员长却怪我没有武力弹压,而且竟公开说明是他叫警察开枪,假如学生再前进,他便下令用机关枪打! 我们的机关枪是打中国人的吗? 我们的机关枪是打学生的吗? 蒋委员长有以上两种表示,杨主任,其他西北将领和我本人,就都断定了他的主张是绝不能轻易改变了。"③于是他们断然决定对蒋实行"兵谏",用武力迫使蒋改弦更张。

二　临潼兵谏

张学良、杨虎城12月9日确定采取"兵谏"行动后,谨慎行事,只向

① 中共东北军党史组:《东北军与民众抗日救亡运动》,第95页。
② 中共东北军党史组:《东北军与民众抗日救亡运动》,第95页。
③ 张学良:《对总部全体职员的训词》(1936年12月13日),《解放日报》(西安),1936年12月16日。

他们最信赖的极个别高级将领透露,在极端保密的情况下做了一些准备。他们做了分工:东北军负责在临潼扣押蒋介石;十七路军负责解除西安城内蒋系军警的武装和扣押住在城内西京招待所的南京军政要员。

华清池位于临潼县城南,骊山北麓,距西安城25公里。华清池分内外两院,外边的第一道门由东北军卫队一营(营长王玉瓒)把守;第二道门由蒋的卫队把守。蒋介石住在内院的五间厅,与他一起住在内院的有侍从室主任钱大钧、组长蒋孝先及十多名秘书、参谋人员。在华清池外禹王庙里驻有中央宪兵一个排,附近的临潼火车站也驻有一排蒋系武装。

临潼一带的驻军是东北军第一〇五师(师长刘多荃);东北军卫队一营除负责把守华清池第一道门外,还担任华清池至灞桥间的警卫巡逻任务。

张学良对临潼兵谏做了周密部署。12月9日,张指定刘多荃担任扣蒋战斗的总指挥,确定第一〇五师第一旅的一、三团负责外线包围华清池,以防止蒋介石逃跑。具体分工是:驻临潼的第三团负责包围华清池的南面和东南,驻在西安城南的第一团负责包围华清池的西面和北面,外线部队共有五千多人。第一旅旅长高福源因外出执行任务,张临时抽调六十七军的周福成(一二九师师长)前来担任外线指挥官。张学良指派的内线部队是:孙铭九率领的卫队二营,令他们前往临潼捉蒋,同时命王玉瓒率领在华清池执勤的卫队一营协同卫队二营执行兵谏任务。张学良考虑到孙铭九缺乏实战经验,特选派骑兵第六师师长白凤翔、团长刘桂五指挥攻打华清池。内线作战指挥官是一〇五师二旅旅长唐君尧,内线部队共有四百余人。

12月9日张、杨决定兵谏后,对外不露一点声色,一切如常。当晚,张、杨在城内易俗社戏院招待南京军政大员欣赏地方戏秦腔。12月11日,他们最后确定翌日(12日)晨6时发动兵谏,当天张仍到华清池与蒋周旋,并在当晚由张、杨出面在新城大楼设宴款待南京军政要员。这天蒋介石要最后确定"剿共"军事计划,留张学良、陈诚、卫立煌、陈继承等在华清池吃晚饭。饭毕,时间已晚,张又陪这几名大员赶到新城大楼去开怀畅饮,直到晚10时招待宴会才宣告结束。宴会后,张、杨分别向他们的高级将领和幕僚宣布了兵谏计划并作了动员。午夜过后,张学良率其重要将领和幕僚来到新城大楼,他和杨虎城将在这里指挥兵谏。

12日凌晨2时许,头一天被张学良召至城内接受协同捉蒋的卫队一营营长王玉瓒,乘摩托车驶离西安,途经十里铺和灞桥镇时,令其所属部队迅速赶赴华清池参加捉蒋战斗。卫队二营营长孙铭九,事先接受了张学良授予他的捉蒋命令,张再三叮嘱他不准伤害蒋,令其要绝对保证蒋的安全。12日凌晨2时,他同白凤翔、刘桂五一同乘车离开西安,车到灞桥,他们向事前安置在此地的卫队二营官兵作了动员,之后一起乘车直奔华清池。3时前,参加外线作战的部队陆续到达预定位置,将华清池团团围住。

12日凌晨四五点钟孙铭九率卫队二营到达华清池外,与驻在此地的卫队一营会合后,捉蒋战斗开始。驻在禹王庙内的一排中央宪兵还在睡梦中,卫队一营轻易地将他们缴了械,两个卫队营开始进攻华清池。他们到达华清池第二道门时,遭到蒋的守卫岗哨的武力阻拦,东北军开枪还击,顿时华清池内外枪声大作,双方展开激战。东北军将蒋的门卫解决后,孙铭九、王玉瓒各自率队冲入华清池内院,直奔小桥,想从那儿过去进入蒋住的五间厅。由于斜对面房中蒋的卫士的密集枪弹封堵了道路,他们不得不改换方向,沿着假山小道匍匐前进。他们冲入五间厅后,发现蒋介石已不在了。用手摸床上蒋的被褥还是热的,桌上杯子里还放着蒋的假牙,这表明蒋跑走的时间不长。在院内各处搜寻,未见到蒋的踪影。讯问在搜查中被捉到的蒋的侍从室主任钱大钧和侍从秘书汪日章,也不知蒋的去向。白凤翔用电话将上述情况报告张学良,张、杨十分着急,张从外线部队报告中得知确无人逃出包围圈,断定蒋没走远。张、杨一面命令外线作战部队加强警戒,严防蒋介石逃跑;同时命令内线作战部队抓紧搜山。

　　根据白凤翔命令,孙铭九、王玉瓒分别率部搜山。在半山腰,孙部截获了蒋的贴身侍卫蒋孝镇,孙问他:"蒋委员长在哪里?"他吞吞吐吐地说不知道。孙端起枪威胁说:"你不说真话,我马上枪毙了你!"他朝山上看了一眼。孙朝他目指的方向,指挥队伍往山上搜查。原来蒋介石被枪声惊醒后,立即下床,在侍卫搀扶下向后墙奔跑。此时枪声越来越紧,还夹杂着机枪声。蒋踏着侍卫的肩膀爬上围墙,纵身下跳,跌进墙外沟里,腰部受了伤。他忍痛向后面的骊山逃跑,趁天未亮摸索前进,此时又被山上哨兵的枪声所阻。他身边仅剩一名侍卫,左臂还受了伤。两人爬到山坡上,躲藏进一个洼坑里。天色渐明,地形地物已隐约可见,搜山的东北军卫队一营士兵发现半山腰一块大石头旁像有人走动,一会又不见了。他们走到大石头旁,发现洞里蜷伏着一个人,便喊道:"是不是委员长? 赶快出来,不出来就开枪了!"洞里连忙回答:"我是委员长,你们不要开枪,不要开枪!"随后蒋介石就从洞里走了出来。孙铭九、王玉瓒先后赶到这里,见蒋介石弯着腰扶着石头站在洞口,上身穿一件古铜色绸袍,下身穿一条白色睡裤,赤着双脚,脸色苍白,冻得全身发抖。孙走到蒋面前还未来得及说话,蒋就连声说:"你打死我吧!……"孙说:"不打死你,叫你抗日!"[①]并劝蒋赶快下山进城,说张副司令在城里等着他呢。蒋执意不动。后来,孙示意士兵把蒋架下山去,由唐君尧、谭海等陪蒋乘汽车进城,直奔新城大楼,把蒋暂时扣押在那里。东北军在捉蒋的同时,还截获了刚由西安返回的蒋孝先(原中央宪兵三团团长、时为侍从室组长),当即将其枪决。

三　解除蒋系武装

　　张、杨确定兵谏计划后,杨虎城也做了一些必要的准备。他令孔从

---

　　①　孙铭九:《临潼扣蒋》,《西安事变亲历记》,第221页。

洲详细了解南京军、警、宪、特机关在西安城内和郊区的分布情况,以及西安市区的交通要道和所需的警戒兵力。杨还令孔从洲在夜间进行了一次有针对性的军事演习。当时西安城内的武装力量情况是这样:蒋系武装力量共有七千余人,其中主要的是杨镇亚的中央宪兵二团千余人,市公安局长马志超指挥的公安总队二千余人,省保安处长张坤生领导的保安部队约千余人,公秉藩率领的交警总队约千余人。十七路军在西安城内的兵力,主要是孔从洲(时任陕西警备二旅旅长、西安城防司令)指挥的三个团,此外还有十七路军炮兵团、特务营和教导营,共约八千人。十七路军部队分驻在西安的南、西、北城和西关;东城由东北军驻防。

12日晨,十七路军在西安城内的行动按事前的分工进行。宋文梅率其特务营负责扣押住在西京招待所内的南京军政大员。他接受张、杨命令后,便和特务营的李锦峰连长和王子中排长率部奔向西京招待所并将其包围。宋命令李锦峰在外面严密监视,不准任何人出入招待所;他带领经过挑选的几十名士兵冲入招待所内,迅速解除了那些国民党军政大员的武装,并让他们到大餐厅集合。经过清点,发现缺少陈诚、万耀煌和邵元冲。宋文梅命令士兵在招待所内严密搜索,在大餐厅后面烧火室一个大木箱里找到陈诚,在万耀煌妻子所住房间的衣柜里找到了万耀煌。住在招待所楼下南排房的邵元冲,听到枪声,不明真相,越墙逃跑,跑到招待所西面公园东侧围墙时,被流弹击倒。宋文梅闻讯赶到,邵已不省人事,送入医院抢救,不久死亡。

陕西警备二旅五团团长郑培元,奉命解除城内和西郊机场蒋系军警的武装。12日拂晓,他抽调部分兵力警戒南、西、北城,令第一营解除北大街警察局、派出所及火车站护路队的武装;令第二营解除警察分局、派出所、宪兵二营营部及钟楼附近警察第三大队的武装;令第三营解除西大街公安分局、派出所和宪兵第五连武装。十七路军行动时天刚拂晓,蒋系军警一般还在酣睡中,十七路军以迅雷不及掩耳的闪电战冲入对方营房,第五团大约只用了一个小时就完成了缴械任务;只有第一营在解除西安火车站护路队,第二营在解除宪兵第五连和警察第三大队武装时,发生了较为激烈的战斗,双方互有一些伤亡。到黎明时,十七路军在城内已控制了火车站、邮电局等要害部门;接管了西郊飞机场,扣留了所有飞行人员和飞机;查封了国民党各大银行在西安的支行;还扣押了邵力子、晏道刚、曾扩情,枪毙了中央宪兵二团团长杨镇亚。

在西安事变爆发的同时,张学良还发动了兰州事变。当时的甘肃省会兰州,主要是由东北军方面控制。以于学忠为军长的东北军五十一军驻在这里,于当时还任甘肃省政府主席兼川陕甘边区剿匪总司令;同时兰州也驻有中央军胡宗南部,任甘肃绥靖公署主任的也是蒋的嫡系将领朱绍良。西安事变爆发前,朱绍良、于学忠及其五十一军的三个师长均奉命去西安参加军事会议,事变爆发时他们都不在兰州。12日晨,张、杨在西安指挥扣蒋战斗的同时,张学良密电在兰州的解方(五十一军中校参谋、抗日同志会成员),令其响应西安的行动,在兰州发动事变,电文大意是:军事会议破裂,我与杨主任合作,已将蒋介石及中央军的诸将领扣押,发表了八项救国主张;要求解方转达五十一军:立即在兰州响应西安的行动,发表声明拥护八项救国主张,并立即切断朱绍良的绥靖公署和南京政府的联系,把中央嫡系在兰州的军队、党部、公安部队一律缴械,将其主要人员看管起来,等等①。同一天,在西安的于学忠也给五十一军参谋长刘忠幹发了内容相同的电报。于是,解方通过刘忠幹发动五十一军在兰州采取行动。12日晚7时,五十一军的三个师分头开始行动,将胡宗南在兰州的两个团缴了械,查抄了绥靖公署、省党部、公安局在兰州的特务机关,并把他们的头目集中看管,控制了飞机场,同时发表声明,拥护张、杨在西安的行动和八项救国主张。因主持这次行动的是军、师两级参谋人员,有人把兰州事变称之为"参

---

① 解方:《西安事变前后张学良将军的政治思想变化》,《西安事变资料》第 2 辑,第 168 页。

谋造反"。

四　摧毁蒋介石在陕甘的统治

张学良、杨虎城捉住蒋介石后，为贯彻落实其停止内战、团结抗日的兵谏宗旨，在军事、政治方面采取了一系列措施。

首先，张、杨通电全国，阐明扣蒋的原委，提出八项救国主张，以期获得国人的理解、同情和支持。张、杨的八项救国主张是：（一）改组南京政府，容纳各党各派，共同负责救国；（二）停止一切内战；（三）立即释放上海被捕之爱国领袖；（四）释放全国一切政治犯；（五）开放民众爱国运动；（六）保障人民集会结社一切政治自由；（七）确实遵行总理遗嘱；（八）立即召开救国会议①。这八项主张的核心和要旨是"集合全国各党各派的力量，以民众的总动员，去抗日救国"②。八项主张的内容，有的是必须消除的抗日道路上的障碍，有的是为实现全民抗日必须采取的措施。张、杨反复在文电和讲演中申明他们扣蒋的动机是纯洁的，绝不是为了私人目的，更不是为了金钱和地盘，他们唯一的要求就是抗日救国。为达此目的，事变后他们在军事、政治、组织等方面采取了如下一些实际步骤：

撤销指挥"剿共"内战的机构"西北剿匪总司令部"，成立领导抗日救国的机关"抗日联军西北军事委员会"，张学良为主任，杨虎城为副主任，董英斌为参谋长。

组建参谋团，以何柱国为召集人，其成员有鲍文樾、马占山、孙蔚如、王以哲、董英斌、李兴中。这个机构由抗日联军西北军事委员会领导，秉承张、杨旨意研究讨论军事问题。

① 《解放日报》（西安），1936 年 12 月 13 日。
② 《张学良杨虎城告全体将士书》（1936 年 12 月 16 日），《西安事变档案史料选编》，第 20 页。

事变当天成立了设计委员会。先后参加这个机构的有高崇民、刘澜波、申伯纯、杜斌丞、黎天才、王炳南、洪钫、王菊人、应德田、卢广绩以及南汉宸、苗剑秋等人,高崇民为召集人。设计委员会对张、杨负责,承办张、杨交办的事项,也可向张、杨提出建议。

组建抗日援绥军团。12月17日,张、杨发表通电,宣布已在西安组织抗日援绥军第一军团,孙蔚如为军团长,王以哲任副军团长;马占山为抗日援绥骑兵集团军总指挥,郭希鹏为第一军团骑兵指挥官,何宏远为第一军团炮兵指挥官。张、杨在通电中表示:"克日誓师北上,剪灭仇雠,光复失土。"①

改组陕西省政府。原陕西省政府主席邵力子、民政厅厅长彭昭贤被免职,任命王一山代理陕西省政府主席兼民政厅厅长;原财政厅厅长朱镜宙被免职,由续式甫接任;原警察局局长马志超被免职,任命赵寿山为局长;原教育厅厅长周学昌被免职,由李寿亭接任;原省政府秘书长耿寿白被免职,由杜斌丞接任。解散国民党陕西省党部,成立以王炳南为主任委员的陕西省民众运动指导委员会。

释放政治犯。事变后第二天,张、杨下令全部释放西安各监狱中关押的三百多名政治犯,其中多数是红军被俘人员。接管国民党的《西京日报》,改出《解放日报》,丛德滋、张兆麟先后担任总编辑。将国民党中央银行、中国银行、交通银行、农民银行在西安储备的一千五百余万元银圆封存,暂不准挪用。

张、杨在事变后采取的最大行动是重新部署军队,准备迎击南京讨伐派的军事进攻。事变前,张、杨的军队大都部署在陕、甘、宁边区"剿共"前线,矛头指向红军。西安事变的爆发,对东北军和十七路军来说,立刻改变了敌我关系:昔日的对手红军成了共同抗日的友军;而蒋介石的军队则成为他们的最大威胁。经参谋团认真研究,决定占领渭南以东20里的赤水西岸高坎线、孝义镇、羌白镇、龙阳镇之线,并连接蒲城、

---

① 《解放日报》(西安),1936年12月19日。

白水地区,形成一条阻击线,重点在陇海铁路和渭河以北地区,以阻击南京讨伐军的进攻。12日夜间,张、杨下达"火速向西安集中"的万急电令,有关部队立即掉转枪口,有的将原有防务交给红军接替,以急行军向阻击线的指定地点开拔。驻西安、临潼、三原各地的东北军一〇五师各旅,作为中央兵团于12月13日、14日进驻赤水西岸高坎南北之线,构筑工事,防止敌军袭击;原驻庆阳、合水、张村驿一带的东北军第五十七军等部,驻西峰镇一带的骑兵军,接到命令后将防务交给红军接替,以急行军向东开进,作为左翼部队分别开往渭河以北的孝义镇、羌白镇、龙阳镇之线和蒲城、白水等地;第十七路军各警备旅作为右翼兵团,奉命开往陕南,占领崇宁镇、厚子镇、蓝田一带以东之线,阻击敌之西犯,重点配置于蓝田至商县道路方向上①。

上述军政措施采取和落实的结果,把蒋介石在陕甘的统治摧毁,以张学良、杨虎城为代表的抗日力量暂时掌握了陕甘的大权。

第三节　西安事变在国内外的反响

一　国民政府和战两派的分歧

在南京,最早获知西安事变消息的是军政部长何应钦。12日上午,陇海铁路局报告:"西安方向可能发生了兵变,因为是日上午九时左右,有部队军官到车站去对站长说,车子要听他指挥,不能随便开驶。"②中午过后,洛阳军分校主任兼巩洛警备司令祝绍周给何发来"西安发生事变"的电报。原来,12日清晨张学良曾致电驻洛阳的东北军炮兵第六旅旅长黄永安,令其会同在洛阳军分校学习的东北籍军士教

---

①　见孟吉荣:《西安事变时张杨两军的军事部署》,载全国政协文史资料委员会编《西安事变资料选编》第二集,1980年5月印行。

②　何应钦:《西安事变的处理与善后》,台北1984年版,第21页。

导大队的大队长赵云飞率部起事,响应西安的行动。黄接电后,非但没遵照张的电令行事,反而持电去向祝绍周告密。祝立即采取措施,令驻洛阳的樊崧甫部第四十六军第二十八师(师长董钊)进驻潼关,抢占这个由豫入陕的咽喉要道;同时向何应钦报告:"一、西安发生事变,真相不明。二、委座在西安,在临潼,尚不明了。三、顷处理如下:(甲)已通知万军长,①由咸阳回军西安,协同樊军,听候命令。(乙)已通知樊军由洛阳将主力西进,协同万军候命。(丙)飞机全部飞西安侦察。(丁)请钧座飞洛坐镇。"②何接到此电,及时电告在上海的行政院副院长兼财政部长孔祥熙:"据报今晨九时驻西安之一〇五师叛变,九时至十一时西安临潼间有极密枪声。委座昨晚在临潼,今日驻节何处尚未查明。此事变汉卿是否与闻,固不得知。惟据报驻洛之炮兵黄永安旅曾奉汉卿密电,令其派兵看守洛阳机场及各银行。若果属实,殊堪忧虑也。"③此后,何又接到樊崧甫等人的电报,确知西安已发生事变。当晚何与在上海的孔祥熙通电话,报告他得到的最新消息:"西安城门紧闭,时有枪声,临潼道上,军运频繁,而华清池附近则阒焉无人,似蒋公已入危地。"④何请孔将此消息转告也在上海的宋美龄。

南京国民党要员听到西安事变消息,都担心和关注蒋介石的安全,急切想弄清真相,不少人打电话向何应钦探问,更有不少人如陈果夫、张群、俞飞鹏等亲自跑到何的住所,查询消息;其余如丁惟汾、居正、叶楚伧、张厉生等,约好在家中等候何的电话⑤。张、杨的八项主张通电当天传到南京后,一些人不相信张、杨"保蒋安全"的承诺。一时京城内外有关蒋介石死活的种种传说不胫而走。

对西安事变应采取什么对策,应如何营救蒋介石,南京统治集团内

①　指万耀煌,当时在西安已被张、杨扣留——引者。
②　何应钦:《西安事变的处理与善后》,第21—23页。
③　《西安事变档案史料选编》,第5页。
④　孔祥熙:《西安事变回忆录》,《革命文献》第94辑,第68页。
⑤　何应钦:《西安事变的处理与善后》,第24页。

部意见不一,出现两种主张。12 日晚 10 时,一些国民党政要在何应钦家中议论此事时就出现了和与战的分歧。据冯玉祥当天的日记记载:李烈钧、陈璧君、陈公博和冯玉祥主张"安全介石为主";而朱培德、何应钦、叶楚伧、戴季陶则"主打"①。当日午夜召开的紧急联席会议上两派的分野更为鲜明,分歧更加尖锐。

12 月 12 日 24 时,由丁惟汾主持的国民党中央常务委员会和由于右任代为主持的中央政治委员会举行紧急联席会议,连同列席的国民政府五院院长和各部会负责人等,共有四五十人参加。会议宣读张、杨的通电后,群情愤慨,争论激烈。一种意见认为:"张、杨此举必有背景,且必有助力,在内为不尽悦服蒋公之疆吏与将领,如山东之韩复榘,广西之李济深,甚至如河北之宋哲元,四川之刘湘,皆可引为同路;在外为垂竭待尽之共产党徒,甚至如第三国际之苏联,皆可暗中联络。张、杨既借此背景助力,出以劫持统帅,则必以蒋公之生死为政治上之要挟。中央既不能曲从其狂悖,陷国家沦胥;尤不能过于瞻顾蒋公之安全,置国家纪纲于不顾。……故中央对策宜持以坚定。况蒋公安全尚不可知,示张、杨以力,蒋公倘在,或尚可安全;示张、杨以弱,蒋公虽在,或竟不能安返。"另一种意见,对于上面的"揣测虽不否认,但不信学良等之通电将发生若何之效力。且谓蒋公抗日,早具决心,凡在帷幄,均所熟知。张、杨此举,如真只以抗日为范围,则在国策上,只有时间上之出入,而非性质上之枘凿,此中已饶有说服之余地。况张氏既有保证蒋公安全之电报,自须先探蒋公之虚实,再定万全之决策。如即张挞伐,无论内战蔓延,舆情先背,而坐弱国力,益以外患,国将不国,遑论纲纪?"②简言之,以何应钦为首的主战派,主张不顾蒋的死活,立即进攻西安,讨伐张学良;而冯玉祥、张继、李烈钧等主和派则主张为保蒋安全,对西安不宜使用武力,应通过和平方式解决。两种主张针锋相对,

① 《冯玉祥日记》第 4 册,第 847—848 页。
② 孔祥熙:《西安事变回忆录》,《革命文献》第 94 辑,第 117—118 页。

争辩至凌晨 2 时意见仍未统一。此时,国民党中央政治委员会委员、考试院院长戴季陶突然站起来说:"现在委员长的吉凶未卜,则我们还去和叛逆妥洽,岂不是白白的上了他的当,乃至将来无法申大义而讨国贼,若是委员长还是安全的话,则我们用向绑匪赎票的方式将委员长救出来,则委员长又将何以统帅三军,领导全国? 现在我们只有剑及履及的讨逆,才能挽救主帅的生命,挽救革命的事业,总理遗留下来的革命事业和委员长一生为革命奋斗的伟大成果,断不能因为这次西安事变便毁灭了。"他说:"我要警告大家,若是今晚我们中央不能决定讨逆的大计,明天全国立刻大乱! 政府也垮了! 大局无法收拾! 我们何面目以对总理! 何面目以对蒋先生!"①在戴季陶等人鼓噪下,主战派的意见在会上一度站了上峰,会议作出了如下决定:

一、张学良背叛党国,决定先褫夺其本兼各职,交军事委员会严办。所部军队,归军事委员会直接指挥。

二、鉴于蒋被扣西安,无法履行行政院院长职务,会议决定行政院由孔祥熙副院长负责②。

三、调整军事指挥机关。联席会议决定"军事委员会由副委员长及常务委员会负责","军事委员会常务委员会改由五人至七人,并加推何应钦、程潜、李烈钧、朱培德、唐生智、陈绍宽为该会常务委员",明确规定:"关于指挥调动军队,归军事委员会常务委员兼军政部长何应钦负责。"③作为军委会委员长的蒋介石不能到职视事,理应由当时在京的副委员长冯玉祥代行其职务。但因冯不是蒋的嫡系,且长期与蒋有矛盾和冲突,那些蒋的亲信和嫡系绝不肯把军事大权交给他。12 日晚在

①　原载罗家伦:《我所认识的戴季陶先生》,引自何应钦:《西安事变的处理与善后》,第 32—33 页。

②　《中国国民党中央常务委员会临时联席会议记录》,《革命文献》,第 94 辑,第 307 页。

③　《中国国民党中央常务委员会暨政治委员会会议记录》,《革命文献》第 94 辑,第 310 页。

何应钦家中酝酿此事时，戴季陶就明确提出"军队归何应钦管"①。尽管冯玉祥当即表示反对，但也无济于事。对排挤冯玉祥掌握军权事，陈立夫后来也说："照理说，蒋先生被关在西安，应该指定冯玉祥接任。但是怕他利用这一位置制造麻烦"，才"组织一个委员会"，委任何应钦全权负责，指挥军事行动②。

何应钦的讨伐主张，得到了以黄埔系为核心的三民主义力行社的响应与支持。力行社书记长邓文仪，12日下午得知蒋在西安被扣，认为"事不宜迟，非要立即动员军队不可"，"不仅地面要包围西安，就是空中也要空军去监视封锁"，以防止张学良用飞机把蒋送去新疆或苏联。他不经军事指挥机关批准，便以力行社书记长名义接连发出两封电报调兵遣将：一封给驻陕西汉中的第五十一师师长王耀武，向他通报"领袖蒙难"，"希望他率部立即开往西安西南的咸阳，与第十三师万耀煌师长联系，围攻西安；第二个电报是打给驻潼关与洛阳之间的二十八师师长董钊，说明原因，要他的部队迅即进占潼关应付变乱，准备围攻西安"③。王、董都毕业于黄埔军校，均是力行社成员。

邓文仪于事变当晚在南京明瓦廊召开力行社全体干部紧急大会，到会三十余人。邓文仪说明开会宗旨后，"戴笠、郑介民相继报告所知的西安情况"，与会者围绕"（一）如何营救领袖，（二）如何稳定局面防止叛乱扩大，（三）如何敉平叛乱"展开讨论，"桂永清与潘佑强对军事应变部署，发表了切实可行的意见，强调当前最迫切的问题为即刻协调陆空军，包围西安，用实力和行动监视张、杨叛军，迫使其觉悟，维护蒋公安全，并早日使蒋公安返南京。讨论时贺衷寒态度表现最积极"④。会议做出五项应变决定，核心是"营救领袖，安定后方"。为"营救领袖"，力

①　《冯玉祥日记》第4册，第848页。
②　《陈立夫与西安事变》，《团结报》第1340号，1992年9月26日。
③　邓文仪：《西安事变与中国命运》，《革命文献》第95辑，第369页。
④　邓元忠：《三民主义力行社史》，台湾实践出版社1984年版，第573页。

行社"建议政府请军政部何部长应钦统一指挥军事行动"①,迅调南京附近陆军前往陕西"救蒋"。力行社成员桂永清统率的中央军校教导总队完全是德式武器装备,辖三个团,共 1.2 万余人,相当于一个甲等师的兵力。桂当时不顾军校教育长张治中的反对,直接向何应钦请缨,13日于浦口集结部队,乘火车赶往陕西,16 日过潼关,17 日到华县,后被何的"讨逆"总部编为第三纵队,作为主力担任沿陇海路向西进攻的任务。黄埔一期毕业生宋希濂所部第三十六师当时驻苏州一带,构筑国防工事,西安事变爆发后,也奉何应钦命西调。为"安定后方",力行社向其各级组织和全体成员发出通知,提出"各地方秩序尤应协调军政宪警切实维护,对汉奸、匪谍及反动党派严密监视,务希巩固当地治安"②。在事变爆发后的几天内,力行社派出数十名骨干分子到各地去"督导工作,指导行动"③。力行社认为,四川的刘湘、广西的李宗仁、白崇禧以及李济深等这些手握重兵的地方实力派,有可能响应张、杨的行动。这些人如欲夺取南京,武汉是必经之地。因此,力行社为维护南京政权,十分注意它的屏障——武汉的安全。12 月 13 日晨,力行社的骨干分子干国勋奉命飞往武汉,组织"讨逆赴难"指挥部,协助和支持武汉绥靖主任何成濬部署和落实应变措施,稳定武汉地区的局势。

　　何应钦得知蒋介石在西安被扣消息并掌握军事大权后,立即电令当时在海州巡视的开封绥靖主任刘峙,迅即抽调在河南与苏北的国民党军队开赴潼关。集结在潼关一带的国民党军队,除樊崧甫部第四十六军的第二十八师、第七十九师,桂永清的教导总队和宋希濂第三十六师外,又增加了阮肇昌的第五十七师、李默庵的第十师、刘戡的第八十三师,其任务是沿陇海路两侧向西进攻西安。与此同时,何应钦还命令原在甘宁前线"剿共"的部队从西线威胁张、杨。他命令刚刚到达武功

---

①　邓文仪:《西安事变与中国命运》,《革命文献》第 95 辑,第 578 页。

②　邓元忠:《三民主义力行社史》,第 578—579 页。

③　邓文仪:《冒险犯难记》下册,台湾学生书局 1973 年版,第 91 页。

一带的万耀煌部第十三师停止南移，集结兵力，向西安方面警戒；命令在天水一带的胡宗南第一军向宝鸡、凤翔一带前进，令驻吴忠堡附近的关麟徵的第二十五师向固原、平凉一带集结。这样就从东西两翼形成了对西安夹击的态势。

宋美龄、宋子文和孔祥熙等反对何应钦的讨伐主张，力主用和平方法营救蒋介石。12 日，孔在上海除收到何的电报电话外，还收到张学良给他私人的"震"电，张在此电中陈述发动事变的苦衷，郑重表示"弟爱护介公，八年如一日，今不敢因公害私，暂请介公留住西安，促其反省，决不妄加危害"①。孔认为张给他私人发电，表明事变"尚有转圜余地"，又考虑到蒋的安全现完全掌握在张、杨手中，此时万万"不能遽闭谈判之门"②。因此他给张复电时没有严厉谴责张的行动，只是委婉地予以批评，说："吾兄主张，总宜委婉相商……如骤以兵谏，苟引起意外枝节，国家前途，更不堪设想。"孔愿充当调人，向张表示"尊意如有需弟转达之处，即乞见示"③。

宋美龄初闻蒋被扣留消息，"不啻晴天霹雳，震骇莫名"。当时，西安电讯中断，"越数小时仍不能得正确消息"，有关蒋生死的谣传"已传播于全球"，其中"骇人者有之，不经者有之"④。她如坐针毡，坐卧不宁，急欲弄清蒋介石生死真相。她在上海找到了一位十分理想的人选——端纳。端纳是英籍澳大利亚人，原为新闻记者，辛亥革命前到中国，后任张学良秘书，1933 年张下野后曾陪张游历欧洲。1934 年初随张回国不久，又被聘为蒋介石的顾问。西安事变发生时，他正在上海。端纳依据多年来对张的了解，他不相信张会杀害蒋。他欣然接受宋的约请，决定亲赴西安，探明真相。12 日夜间，端纳随孔、宋离沪赴京。

---

① 孔祥熙：《西安事变回忆录》，《革命文献》第 94 辑，第 116 页。
② 孔祥熙：《西安事变回忆录》，《革命文献》第 94 辑，第 117 页。
③ 孔祥熙：《西安事变回忆录》，《革命文献》第 94 辑，第 117 页。
④ 宋美龄：《西安事变回忆录》，《革命文献》第 94 辑，第 26 页。

同行者还有同蒋、宋关系极为密切的励志社总干事黄仁霖。宋美龄派黄陪同端纳赴陕,担任端纳与蒋谈话的翻译。

13日晨,孔祥熙、宋美龄等一到南京,何应钦立即赶到孔宅,向孔、宋通报昨日午夜国民党中央紧急联席会议的情况和做出的决定。宋美龄到京后深感"陷入甲胄森严与战斗意识弥漫之重围中"。她认为"中央诸要人于真相未全明了之前,遽于数小时内决定张学良之处罚,余殊觉其措置太骤;而军事方面,复于此时以立即动员军队讨伐西安……余更不能不臆断其为非健全之行动"。为营救蒋介石,她"立下决心",竭尽全力,"以求不流血的和平与迅速之解决"①。宋美龄向何应钦等"反复申述,请各自检束与忍耐,勿使和平绝望;更请于推进讨伐军事之前,先尽力求委员长之出险"。她向何指出:不如此,"战争开始之后",蒋"即不为其亲自统帅之陆空军轰炸所误中而丧生",亦将被张、杨军队杀害②。宋提出派人去西安了解蒋的情况,何表示反对,并说:"我们已命令讨伐,委员长已死了。"在场的端纳对何说:"你说他死了,我说他没有死。没有弄清真相之前,你不能进攻西安。"③宋、孔不顾何的反对,毅然派端纳于13日中午飞离南京,经洛阳赴陕。行前,孔祥熙向随行的黄仁霖说:"你的任务是用你的眼睛,亲自看到委员长,亲眼看见。看见他之后,马上回来向夫人和我报告","如果委员长健康而安好,那么谈判之门,还是开着的"④。

14日上午,孔祥熙根据宋美龄要求召开高级会议,研讨在武力讨伐前如何采取和平方法"救蒋"出险。出席会议的有国民政府五院院长和中央党部的陈果夫、陈立夫、叶楚伧以及何应钦、张群、黄绍竑等。大多数与会者都赞成和平救蒋;何虽另有用心,也不好公开反对;戴季陶

---

① 宋美龄:《西安事变回忆录》,《革命文献》第94辑,第27页。
② 宋美龄:《西安事变回忆录》,《革命文献》第94辑,第29页。
③ 符致兴编译:《端纳与民国政坛秘闻》,湖南出版社1991年版,第322页。
④ 黄仁霖:《西安事变及其余波》,《革命文献》第95辑,第283页。

两天前坚决主战,如今也同意先进行和平营救,如无效再武力讨伐。

孔祥熙受命代理行政院长,集政治、经济、外交大权于一身,这对执行和平方针极为有利。孔返南京后,决定采取"智取之法"救蒋,即从政治、军事、外交诸方面对张、杨施加压力,以"乱其心,孤其势,怵之以力,动之以情",力求"兵不血刃"①地解决西安事变。

南京方面既认为张、杨的"背景与助力"内为不尽悦服蒋之疆吏与将军,外为苏联,孔祥熙便首先拉拢地方实力派(特别是那些与蒋矛盾较深、与张杨关系密切的地方实力派),同时积极开展对苏交涉,以期从内外两方面孤立张、杨。孔回到南京,立刻通电各省市,针对张、杨在通电中对蒋屈辱妥协对外政策的揭露和抨击,竭力替蒋辩解,说:"中央同人,对于抗敌御侮,素具决心",蒋"赤诚报国,主政中枢,秉此主张,艰苦奋斗,努力迈进,成效显然。"他呼吁国人"一致拥护中央既定之国策","各地方长官翊赞中枢,忠诚夙著,当亦必能益励忠勇,一本中央之意旨,为一致之进行"②。同一天,孔还给那些素来与蒋矛盾较深、可能响应张、杨行动的地方实力派分别发电,提出不同要求,如:"致宋哲元(冀省)电,以容共相警,以劝张为宗;致韩复榘(鲁省)电,虽亦以劝张为言,而以蒋公安全先坚其信"③;对广西的李宗仁、白崇禧,四川的刘湘,青岛的沈鸿烈和山西的阎锡山,也都单独发了电,有的还派专人前去笼络。当时京沪和日本一些报纸都认为苏联是张学良此举的后台。13日下午,孔祥熙在南京召见苏联驻华临时代办,要求苏方对张学良施加影响,释放蒋介石。他说:"西安之事,外传与共产党有关,如蒋公安全发生危险,则全国之愤恨,将由中共而推及苏联。"孔并威胁说,这样"将迫我与日本共同抗苏"④。孔祥熙还电令驻苏大使蒋廷黻在莫斯科与

① 孔祥熙:《西安事变回忆录》,《革命文献》第94辑,第119—120页。
② 孔祥熙:《西安事变回忆录》,《革命文献》第94辑,第120—121页。
③ 孔祥熙:《西安事变回忆录》,《革命文献》第94辑,第125页。
④ 孔祥熙:《西安事变回忆录》,《革命文献》第94辑,第126页。

苏联当局交涉，以促使蒋介石早日获释。

　　孔祥熙还施展收买策略，分化张、杨内部。他们收买的第一个对象是冯钦哉。冯时任十七路军第七军军长兼第四十二师师长，率部驻防大荔、朝邑一带，是杨部主力之一。张、杨捉蒋后，杨令冯派兵控制潼关，以阻击中央军西进。冯接电后召集部下开会，决定"拒受乱命"，"固守原防"。他派人与樊崧甫接洽，表达了叛杨附蒋的意愿。孔祥熙从樊崧甫电报中得知此事后，便以桑梓情谊对冯进行笼络。他还派与冯有旧的张天枢密赴大荔，对冯策反。当冯明确表示站到南京方面后，何应钦征得孔祥熙同意，立即任命冯为"渭北剿匪司令"，委托去潼关"宣慰"的于右任带去巨款，资助冯部，并答应此后冯部军饷由南京方面拨发。孔还通过冯钦哉向杨虎城策反，企图使杨叛张释蒋，但这一图谋没有成功。

二　地方实力派与民众团体的反映

　　蒋介石被张学良、杨虎城扣留后，各地方实力派对西安事变的态度有所不同。公开支持张、杨的和完全站在南京一边的都是少数，大多数持中立态度：既不支持张、杨扣蒋，呼吁张、杨早日释蒋，也不支持南京武力讨伐西安，而是主张双方通过和平协商解决事变。地方实力派对西安事变态度的差异，反映了他们同蒋介石关系的不同及其自身利益的不一致。

　　长期与蒋有矛盾，并多次发动反蒋战争的桂系以及与桂系有关系的李济深，公开表示同情和支持张、杨的义举。西安事变爆发时，李宗仁、白崇禧的代表刘仲容正在西安。刘在事变当天密电李、白说："此间兵谏事，想已见诸张、杨两公通电，今后实际救国大计，正待共商，尤盼副座（指白崇禧）能乘机来此，共商一切。"①李、白对张、杨扣留蒋介石

_____

①　《革命文献》第94辑，第143页。

的行动虽"不敢苟同",但明确表示:"张学良主张联俄抗日,我们是很赞同的";对"抗日必须容共这一点","有从详考虑的必要",并一再申明:广西的立场是"对外不对内,对事不对人",主张在"外侮急迫"的时刻,"绝不容国内再有内战的发生",提出"先用政治(方法)解决,消弭内战,一致抗日,并健全中央政府的组织,集中抗日的力量及联合世界上同情我抗日的国家"①。在举国一片谴责张、杨"叛逆"声浪中,李、白也认为张、杨扣蒋是一种"轨外行动",并且说这是由于"汉卿痛心乡邦,一时激起情感"引起的②。实际上这是为张、杨的正义行动进行辩护。李济深在12月18日发表的通电中说:"汉卿通电各项主张,多为国人所同情";西安事变的发生是蒋逼出来的,因蒋对张的"屡陈不纳",张才"迫以兵谏"的,因此"绝不宜以叛逆目之"。通电指出:"政府遽加讨伐,宁不顾国人责以勇于对内、怯于对外?"并说:"况以国家所有军队,应以保卫疆土,尤不应供私人图报复也。"③

担任四川省主席兼"剿匪"总司令的刘湘,由于手握几十万川军及其所控制地区战略地位的重要,西安事变爆发后成为南京和西安间互相争取的重要对象。此前,蒋介石以追剿长征红军为借口,插足四川,打破了刘湘在四川的一统天下,蒋、刘矛盾由此激化。蒋在西安被扣后,刘认为他驱逐蒋系势力、恢复独霸四川的时机已到。事变后,当蒋的亲信、重庆行营主任顾祝同飞离重庆前往南京的当天下午,刘湘就将其所部将领召至成都商量对策。当时有人主张派兵包围成都的中央军校和重庆行营,迫使蒋系势力出川;有人主张暂与南京虚与委蛇,派人去安慰蒋系人员,视事态发展再作定夺。刘湘采纳了后一种意见。他派邓汉祥去安慰在川的蒋系人员,并复电孔祥熙、何应钦,表示遵照南

①　白崇禧:《对于西安事变的认识》,《六一运动后白崇禧的言论》,南宁虎声报社编印,1939年9月初版,第74—75页。

②　李宗仁、白崇禧12月14日复何应钦电,《革命文献》第94辑,第143页。

③　《桂林日报》1936年12月24日。

京旨意,促使张、杨早日释蒋。刘湘对张、杨则表示同情。张、杨的代表宋醒凝到成都时,他"极为兴奋",对宋表示"川陕唇齿相依,愿做后盾"①。不久张释蒋返宁,刘自知驱逐蒋系势力出川的愿望已成泡影,便大骂张学良不止。

　　控制冀察、平津的宋哲元和统治山东的韩复榘,是华北地区两个重要的地方实力派。他俩对西安事变的态度虽有所不同,但都反对南京向西安动武。12 月 23 日宋、韩联合发表通电,针对南京 16 日发出的"讨伐令"提出三个问题:"第一,如何维持国家命脉;第二,如何避免人民涂炭;第三,如何保护领袖安全?"主张"由中央召集在职人员,在野名流,妥商办法,合谋万全无遗之策"②。南京当局认为,在蒋被扣情况下,召开这样的会议,会使混乱局面"旷日持久,众说纷纭"③,便通过各种途径劝说宋、韩收回上述通电。针对大多数地方实力派普遍反对讨伐西安的情况,南京方面解释说:"中央表面上虽声张讨伐,而实际则仍积极求政治途径之解决,在双管齐下政策下,庶可断张、杨与共党之联合,而救介公之安全,亦以求事变之和平妥善解决也。"④24 日孔祥熙亲自致电宋、韩,解释说:如今召集在职、在野人员会议,"更将群龙无首,力量分散"。他说:"至于讨伐令,原为明是非,别顺逆,平军民之公愤,示胁从以坦途,而军队之调遣,尤在促汉卿之觉悟,防共匪之猖獗,使和平之途径顺利进行,和平之解决早日实现。"⑤

　　统治山西的阎锡山,是张学良寄予厚望、也最使他失望的地方实力派。事变前几个月,他和张学良在洛阳曾一起向蒋诤谏,请蒋停止内

---

①　李金洲:《西安事变亲历记》,《革命文献》第 94 辑,第 248 页。

②　《西安事变资料》第 1 辑,第 193 页。

③　《西安事变档案史料选编》,第 73 页。

④　《李世军致秦德纯电》(1936 年 12 月 23 日),《团结报》第 1173 号,1991 年 2 月 13 日。

⑤　《孔祥熙致宋哲元·韩复榘电》(1936 年 12 月 24 日),《团结报》第 1173 号,1991 年 2 月 13 日。

战,共同抗日;遭到蒋的严厉斥责后,张、阎曾有待机对蒋采取行动的口头默契。因此,张发动"兵谏"时估计会得到阎的同情与支持。捉蒋后,张、杨几次电阎,向他通报情况,期望得到他的支持。阎锡山估计张、杨的行动未必能获得胜利,于是自食其言,攻击张、杨是"以救国之热心,成危国之行动",向张、杨提出"何以善其后"?"增加抗战力量乎? 减少抗战力量乎"?"移内战为对外战争乎? 抑移对外战争为内战乎"?"能保不演成国内之极端残杀乎"?① 张、杨据理批驳阎的无端指责,并派代表李金洲飞往太原,当面向他通报事变的有关情况。阎表示可派代表去西安,但先决条件是这些代表到陕后必须能单独与蒋会面和谈话。阎又受孔祥熙等人委托,在南京与西安间进行斡旋,企图让张、杨把蒋送到太原。由于西安方面抵制,他的如意算盘未能实现。

　　社会上的民众团体和知识分子,因政治倾向不同,对西安事变的反映也不一致。左翼的民众团体和知识分子大都称赞张、杨的爱国行动,支持他们的救国主张。12 月 14 日,在西安的西安学生联合会、东北民众救亡会等十八个民众团体联合发出通电,斥责蒋的误国政策,称赞张、杨的爱国壮举,指出张、杨是在对蒋多次诤谏,期望蒋"翻然觉悟,即日移师向敌",而蒋"忠言不纳,责斥备至"的情况下,才毅然"实行兵谏,请蒋氏暂留西安,待其反省"的。通电呼吁"全国同胞万众一心,精诚团结,共赴国难,以挽危亡"②。设在北平的东北各救国团体联合会发表宣言,代表三千万东北同胞"要求政府接受张、杨救国主张","速召救国大会实行抗日"③。北平学联致电张、杨,呼吁"早日召开救国会议,贯彻八项主张,克日誓师北上,收复已失山河"④。

　　有的救国团体对张、杨的救国主张深表同情和支持,但对扣蒋行动

---

①　《国闻周报》第 13 卷第 50 期,1936 年 12 月 21 日。

②　《解放日报》(西安),1936 年 12 月 25 日。

③　《西安事变资料》第 1 辑,第 178 页。

④　《西安事变资料》第 1 辑,第 179 页。

持有异议。设在上海的全国各界救国联合会 12 月 15 日发表"紧急宣言",对张、杨提出的"联合各党各派,实行民主政治,团结全国力量出兵收复失地"的主张予以肯定,但认为"扣留蒋介石先生,实行武力净谏"是"不合常规的办法","不能为全国民众所赞同"。"紧急宣言"要求南京当局"尊重全国的民意,和平解决陕事;同时要求张、杨诸将军立刻恢复蒋先生的自由,和中央剀切磋商,实行抗日大计"①。16 日,南京政府颁布讨伐令的当天,全救会又致电南京政府吁请避免内战,指出:"兹当寇氛日亟,抗战紧张之秋,任何内争,均足以消耗国力,授敌人以可乘之机,万恳督励前方将士,继续抗敌,而对陕事处理务期避免内战,庶几多方努力,得以精诚团给【结】,共赴国难。"②著名爱国民主人士杜重远是张学良的挚友,也是张走"西北大联合"道路的引路人。当张到西北进攻红军接连受挫,损兵折将,心情苦闷,对前途感到渺茫时,他曾劝张放弃内战,走联共、联杨、抗日的道路,就是他也不支持张的扣蒋行动。他致电冯玉祥、孔祥熙,望他们"力持镇静,以营救委座为第一要着。倘蒋公发生不测,则今后中国纷乱无人可以收拾"③。杜重远在给黄炎培、杜月笙的信中说:"绥东战事方酣,西安变乱忽起,抗敌前途受一巨创,凡属国人莫不痛心。"希望他们从各方面做工作,并提出:"今日之事不宜操之过急,各党各派均宜打破成见,共挽危舟。倘能规划得法,进行顺利,则蒋公一出,团结之力反而坚固,否则意见分歧,各执其是,群龙无首,大局紊乱,中国不欲作西班牙之续者势不可得。"④

　　社会上右翼的团体、传媒和知识分子,西安事变后掀起了一股拥蒋潮流和攻击张、杨的恶浪。刚刚从大洋彼岸回国的胡适,得知蒋在西安被扣的消息感到震惊,12 月 20 日发表《张学良叛国》一文,说什么见到

---

①　《救亡情报》西安事变号外,1936 年 12 月 18 日。

②　《救亡情报》西安事变号外,1936 年 12 月 18 日。

③　此电见于下引杜重远致黄炎培、杜月笙信中。

④　1936 年 12 月 19 日杜重远致黄炎培、杜月笙信,原信由编者保存。

"今日还有一部分青年人表同情于张学良"感到奇怪。他在文章中竭力为蒋的误国政策辩解,攻击张、杨的行动是"背叛国家,是破坏统一,是毁坏国家民族的力量,是妨碍国家民族的进步"。胡适支持南京对西安下达的"讨伐令",鼓动南京"不迟疑的,迅速的进兵,在戡定叛乱的工作之中做到营救蒋、陈(诚)诸先生的目的"①。

三　中共和平解决西安事变方针的确定

中国共产党没有参与西安事变的策划与发动,但事变发生后旗帜鲜明地拥护张、杨的行动,给张、杨以力所能及的支持。中共中央根据国内外形势的发展,确定了和平解决事变的方针,并在西安和南京间从事调解,为事变的最终和平解决作出了重大贡献。

中共制定和平解决西安事变方针经历了一个短暂的过程。在事变后的最初几天时间里,中共中央有的决策人在对待蒋介石问题上产生了摇摆和动摇。刘少奇后来说:"在西安事变中我们虽然执行了正确的政策,但发生很大的动摇,在政治上引起了极大的纷乱与群众对我们的误解。"②

中共中央书记处于事变当天致电主持中共北方局工作的刘少奇,提出中共"拥护张、杨之革命运动";党面临的任务是把蒋介石与南京政府分开,争取南京及各地政权中的抗日派;稳定 CC 派、黄埔派,推动欧美派及元老派;对蒋介石,揭发其对外投降、对内镇压民众与强迫其部下坚持内战之罪状,号召人民要求南京罢免蒋介石,交人民审判。但是,按照当时形势,把蒋与南京政府分开是难以办到的,因为经过十年来的内战和国民党各个派别的争斗,蒋已牢牢控制了南京政府,把国民

---

① 《大公报》(天津),1936 年 12 月 20 日。

② 刘少奇:《关于过去白区工作给中央的一封信》(1937 年 3 月 4 日),《中共中央文件选集》第 10 册,第 152 页。

党的党、政、军大权集于一身。南京国民政府又居于正统地位,得到国际上承认。此时要求罢免和公审蒋介石,无疑是脱离实际的,也是对几个月前中共中央确定的"逼蒋抗日"方针的动摇。

12月13日,中共中央在保安召开政治局扩大会议,集中讨论西安事变问题。负责对国民党进行统战工作的中央军委主席毛泽东说:西安事变具有革命意义,其行动和纲领都有积极意义;中共对事变的态度,不是反对和中立,而是旗帜鲜明地拥护和支持。与会者对此均表示同意。但在如何对待南京政府,如何处置蒋介石问题上,看法不尽一致。关于对蒋介石的处置,会上有人主张"要求罢免蒋介石,交人民公审",甚至提出"把蒋除掉,无论在哪个方面,都有好处"①。多数人对此未提异议,但也有不同意见。关于如何对待南京政府,即要不要在西安建立一个与南京政府对立的政府,则分歧明显,讨论颇多。毛泽东主张在西安建立一个名义上不是全国政府而实际上是政府的机构,可称之为抗日援绥委员会。周恩来提出在政治上不与南京对立,在西安建立一个有各方面代表参加的群众团体,名称可叫抗日救国会,实际上可发挥领导作用。他认为,西安或以"陪都"形式出现更为有利。张国焘说西安事变的意义"第一是抗日,第二是反蒋",提出"打倒南京政府,建立抗日政府"口号。作为中共中央"负总责"的张闻天作了重要讲话,表示:"不要采取与南京对立方针,不组织与南京对立形式(实际是政权形式)。"他认为张、杨提出的"改组南京政府口号并不坏,尽量争取南京政府正统"。提出中共此时应在"军事上采取防御,政治上采取进攻"②。他提出"把局部的抗日统一战线,转到全国性的抗日统一战线"③。会议进行总结时,部分吸收了与会者的正确意见,强调要尽量争取更多的人,把抗日援绥的旗帜举得更高,在军事上采取防御方针;但对张闻天

---

① 引自张培森等:《张闻天与西安事变》,《党的文献》1988年第3期。
② 《张闻天西安事变前后发言和电报六篇》,《党的文献》1988年第3期。
③ 引自张培森等:《张闻天与西安事变》,《党的文献》1988年第3期。

等提出的一些正确意见没有采纳，"审蒋"、"除蒋"的基调没有变。如对蒋处置问题，提出要反蒋又不正面反蒋，不把反蒋与抗日并立；在政权问题上，提出要政府，又不要政府名义。中央军委12月14日在《对西安事变后斗争形势估计》中也采取了类似态度，提出"暂不公开反对南京政府，以便争取可能抗日的部分"。

西安事变发生时，中共对蒋策略之所以发生动摇和反复，主要原因在于：一是中共中央有的决策人对形势的估计过于乐观，以为张、杨在西安义旗一举，全国各地将会群起响应，阎锡山、刘湘和李宗仁可能加入抗日阵线。这样，晋阎与川刘将作为西安的两翼，对南京控制的东南几省形成半月形包围圈；南京内部将会出现分化，蒋的部下会转到西安方面，南京的元老派、欧美派及其他派系会赞助西安事变。二是感情方面因素作用。国共两党对立十年，蒋杀了无数共产党人和革命志士，"九一八"后又推行不抵抗政策，招致大片国土沦丧，民族危机日益加深。当蒋在西安被扣消息传到陕甘苏区时，党内外群众喜出望外，纷纷要求对蒋严惩，这种情绪不能不对中共中央决策层发生影响。

中共对蒋策略的反复和动摇毕竟是短暂的。12月19日，中共中央政治局常委扩大会议再次讨论西安事变，毛泽东在发言和总结中提出了正确的方针。他再次肯定西安事变实际上是抗日起义。他指出，围绕西安事变，国内外各种力量阵线分明：一方面是日本军阀、中国汉奸和南京右派，他们极力制造中国内战；另一方面是西安抗日军、红军、中国人民、反蒋实力派、南京左派和国际和平力量，他们反对内战，拥护抗日；在这两者之间，还有很多处于动摇、中立的中间派。中共要努力争取中间派。他认为西安事变有两种前途：一是胜利的前途，结束内战，实现抗战；二是失败的前途，使内战延长与扩大。中共要把国内外反对内战的各种力量团结起来，争取胜利的前途，变国内战争为抗日战争。毛泽东提出，中共对事变双方实行调停方针，调停的方法有两种：一是用文章调停，二是用武装调停，意思是在政治上争取和平的同时，也要准备以武力制止南京的讨伐。他说：我们要争取南京，更要争取西安；我们不要远离张、杨，而要与之接近，同情并帮助他们。

张闻天的发言对事变的前途、党对事变的立场、进行和平调解方针等作了全面明确的阐述。他也认为事变的前途有两个："一是全国抗日的发动，二是内战的扩大。"他指出："全国舆论是不希望内战的扩大，然日、德是企图尽量这两方面的扩大，这是两个阵营。"他强调党的方针应是争取停止内战，全国一致抗日。他明确指出：我们"不站在反蒋的立场，不站[在]恢复反蒋的立场，因为这一立场可以使蒋的部下对立，是不好的。"他说："我们应把抗日为中心，对于要求把蒋介石交人民公审的口号是不妥的。"他提出中共应采取的方针是："尽量争取时间，进行和平调解"；"具体的积极的援助张、杨，最主要〈是〉使他〈们〉部队的巩固，大规模的发动群众。我们应与张、杨靠近，应打胜仗，扩大影响，准备以防御战来反对内战"；"对东北军应尽量与之配合，而他亦应采取我们〈的〉许多办法，尽量争取同情者，不要太红，尽量争取时间性"①。

12月19日的政治局常委扩大会议拟定了两个文件：一是《中华苏维埃中央政府及中共中央对西安事变的通电》，于当天向全国公开发表，内容是站在第三者立场，向事变双方提出四项建议：双方军队暂以潼关为界；由南京立即召集有全国各党各派各军代表参加的和平会议；会前各方先提抗日救亡草案并讨论蒋先生的处置问题；会议地点暂定南京。上述建议显然是承认了南京政府的正统地位；至于讨论蒋介石的处置问题，既然主张以"团结全国，反对一切内战，一致抗日"为前提，当然包括有条件地释蒋在内；二是《中央关于西安事变及我们任务的指示》，这是发给各级党组织的内部文件。"指示"提出了党对西安事变的方针："（一）坚持停止一切内战，一致抗日的组织者与领导者的立场，反对新的内战，主张南京与西安间在团结抗日的基础上，和平解决。（二）用一切方法联合南京左派，争取中派，反对亲日派，以达到推动南京走向进一步抗日的立场，揭破日寇及亲日派利用拥蒋的号召，发动内

---

① 《张闻天西安事变前后发言和电报六篇》，《党的文献》1988年第3期。

战的阴谋。(三)同情西安的发动,给张、杨以积极的实际的援助(军事上的与政治上的),使之彻底实现西安发动的抗日主张。(四)切实准备'讨伐军'进攻时的防御战,给'讨伐军'以严重的打击,促其反省,这种防御战不是为了要以扩大内战方针代替一致抗日的方针,而依然是为了促成全国性抗日统一战线的建立与全国性抗日战争的发动。"①

中共中央在短短六天时间里就实现了由"审蒋""除蒋"到"保蒋安全"的转变,使党的策略走上正轨,这与下述情况有关:

第一,西安事变爆发后,没有出现张、杨义旗一举,全国群起响应的局面;相反,"拥蒋潮流"波及全国。对蒋如何处置,保蒋安全,是当时绝大多数人关注的焦点,也成了和与战的关键。对这个问题处理得好,可以赢得群众,从而有利于结束内战,实现抗战;反之,则要脱离群众,使内战扩大与延长,这样只有利于日本帝国主义。

第二,周恩来的西安之行,听取刘鼎的汇报和与张、杨会谈,了解到张学良发动"兵谏"的目的只是为了逼蒋抗日,绝无伤害蒋之意,只要蒋答应抗日,张仍拥护他做领袖;蒋虽在西安成了"阶下囚",但仍能支配南京的行止。12月17日上午他派蒋鼎文持手令飞返南京,令何应钦停止军事行动三天;南京以宋美龄、孔祥熙为代表的主和派,极力主张用和平方法救蒋,先派端纳来陕见蒋,现又决定派宋子文来西安谈判;南京的讨伐军已有五个师涌入潼关,威逼西安。周恩来进一步明确了西安事变只有和平解决,才能对民族,对革命有利。他12月17日到达西安的当天夜间就将上述情况电告中共中央,并就蒋的处置问题向中央提出建议:"答应保蒋安全是可以的,但声明如南京进兵挑起内战,则蒋安全无望。"②

---

① 《中共中央文件选集》第10册,中共中央党校出版社1985年版,第111—112页。

② 《周恩来致毛泽东并中央电》(1936年12月18日),《文献和研究》1986年第6期。

第三,被人们视为亲日派的何应钦,在蒋被扣后掌握了南京的军事大权,被任命为"讨逆军"总司令,成了主战派的首领。汪精卫与蒋介石有矛盾,国民党五全大会后以治病为名前往欧洲。蒋被张学良、杨虎城扣留后,汪与其在国内同伙来往电报甚频,12月22日他在意大利热那亚发表通电,称西安事变"隳国家之纲纪,紊军队之纪律……此而言御侮,真所谓南辕而北辙也"①。他随即登船返国。中共中央认为"目前最大危机是日本与南京及各地亲日派成立联盟,借拥蒋旗帜造成内乱,奴化中国"②。指示在西安的周恩来:"争取蒋介石、陈诚等与之开诚谈判","我们与西安策略,应扶助左派,争取中派,打倒右派,变内战为抗战。"③中共中央由要求"审蒋",改为"争取中派"(当时把蒋视为中派),原因之一是担心"右派"(指何、汪)与日本勾结夺取南京政府,造成大内乱。

第四,苏联反对西安事变(详下)。共产国际和苏联采取相同立场,12月16日由季米特洛夫签署、以共产国际书记处名义给中共中央的复电说:

现回答你们的几封来电,建议采取以下立场:

(一)不管张学良意图如何,他的发动在客观上只能对团结中国人民建立抗日统一战线起破坏作用并刺激日本对中国的侵略;

(二)既然这一发动已经完成,就应当考虑既成事实。中国共产党坚决主张以下述条件为基础和平解决冲突:(1)改组政府,吸收几名抗日运动的代表和立志维护中国领土完整和国家独立的人加入政府,用这样的办法改组政府;(2)保证中国人民的民主权力。

---

① 《申报》1936年12月23日。

② 《毛泽东关于向陈立夫提出五项合作抗日要求致潘汉年电》(1936年12月21日),《第二次国共合作的形成》,第167页。

③ 《中央关于西安事变问题致周恩来同志电》(1936年12月21日),《中共中央文件选集》第10册,第123页。

（3）停止消灭中国红军的政策,与红军合作抗击日本侵略;（4）与同情中国人民抗击日本帝国主义谋求解放的国家实行联合。最后,建议你们不要提出联合苏联的口号①。

考虑到苏联在当时国际共产主义运动中所处的特殊地位,中共中央也有必要协调自己的对蒋策略。这也是中共中央在西安事变爆发后迅速改变对蒋策略的一个原因。

四　国际上的反应

蒋介石突然被张、杨扣留,也使全世界为之震惊。世界各国迅速对事变作出反应。

12月14日,苏共中央机关报《真理报》发表题为《在中国发生的事件》的社论,它无视西安事变的正义性,说张学良是"利用抗日运动进行投机"。社论把旨在抗日救国的西安事变同亲日派首领汪精卫联系在一起,说"汪精卫利用张学良部队中的抗日情绪,挑动了这支部队反对政府";张、杨是"利用抗日运动以营私,名义上举起抗日旗帜,实质上制造国家分裂,使中国继续混乱下去,使其不可避免地成为外国侵略强盗的牺牲品"。

西安事变爆发后,南京要求苏方对中共和张、杨施加影响,早日释放蒋介石。12月16日,苏联外交当局致电苏驻华临时代办,要求他立即去见孔祥熙或张群并向其声明:

一、苏联政府获悉西安事变消息后立即明确表态,斥责张学良的行动,因为这种行动在客观上只能有利于那些企图瓜分和奴役中国的中华民族的敌人。

二、苏联政府授权您以全权十分明确和坚决地声明,我政府不

---

① 《共产国际有关中国革命的资料》第3辑,中国社会科学出版社1990年版,第11页。

言而喻不论过去和现在都同西安事变没有任何关系,而且自从日军占领东三省后与张学良绝未保持任何直接和间接往来。

三、鉴于伪造和诽谤性的报道仍在继续散播,苏联政府授您以全权进一步声明,我政府对中国红军的行动不能负任何责任。

四、中国居然有个别人摹仿中国的敌人所散布的无耻诽谤,说什么苏联政府与西安事变有某种关系,苏联政府为此感到惊讶与愤慨。苏联政府对此表示抗议并希望中国政府采取措施制止这种诽谤谣言的传播①。

苏联对西安事变所持的态度,同 30 年代中期起它在外交上实行联蒋遏日方针有关。当时侵占了中国东北的日本威胁着苏联远东地区的安全;希特勒法西斯已在德国上台、扩军备战,企图吞并苏联。1936年11月德、日两个法西斯国家签订反共同盟后,苏联随时有被夹击的危险。苏联为减轻东线的威胁,实行联蒋遏日方针,希望蒋介石统帅中国军民抗日,以牵制日本的侵略势力。因而它反对中国国内发生的反蒋事件。

蒋介石在西安被扣后,英美等国驻华使节及时将有关情况报告本国政府,之后又奉命向南京转达本国政府对蒋人身安全的关注。事变期间,英、美、法、意等国驻华使节经常保持联系,商议如何施加影响,促使蒋介石安全获释。12 月 17 日,英国外交大臣艾登提出一项建议:由西方国家以保证张学良等安全离开中国为条件,释放蒋介石。经与美、法、意、日等国协商联系,12 月 24 日由英国驻华大使许阁森、美国驻华大使詹森,代表两国政府向南京政府行政院代院长孔祥熙正式提出上述建议。但第二天蒋即在西安获释,英美的建议在和平解决西安事变中未起什么作用。

日本是中国当时面对的主要敌人,它已侵吞东北,正在染指华北,企图灭亡全中国。西安事变的消息传到东京,12 月 13 日晚日本外务

---

① 《苏联副外交人民委员致苏联驻华临时代办斯波利瓦涅克电》(1936 年 12 月 16 日),《苏联对外政策文件集》第 17 卷,第 670 页。

省在有田外相主持下召开紧急会议，研究对策。由于事变突如其来，一时还弄不清它的原委和性质；也由于日本的入侵已损害了英美在华利益，日本对事变的态度定为西方国家注目，若贸然采取行动，将会"对于中国民众激昂的感情有火上添油的危险"。日本外务省决定暂取静观方针，避免积极行动，对中国"不给任何刺激"①。此方针得到了陆军省、海军省的谅解和广田首相的同意，并获得日本内阁批准。

侵华最激进的日本陆军省，12月14日制定《西安事变后对华时局对策案》，确定"帝国仍坚持既定的对华方策，期其实现"，同时又要谨慎从事，"以赢得中国民心"；南京政府"如不改变以往的政策，进而激化容共抗日风潮，帝国侨民的安全和在华权益受到侵害"，则"帝国不再犹豫，行使自卫权"。陆军省的方案还具体规定"帝国进一步明确防共态度"；"严格监视华北各政权"，"寻机使防共协定范围扩及华北五省"；加紧策动内蒙自治，"把绥远政权导向反共，以封锁苏联来自北方的策动"，事态如按张、杨通电发展，"恐对日空气恶化，在华帝国侨民及权益受到侵害"，"要不失时机，做可采取自卫手段的准备"②。

日本在实行静观方针的同时，也做了武装干涉的准备。日本海军第三舰队奉命加强警戒，17日增派海军陆战军前往上海、汉口。日本国内的部分舰队、航空队和三个大队的陆战队也奉命进入临战状态。日本驻中国各地的外交机构和特务机关，几乎每日每时都向国内报告西安事变的进程和中国各界的反应。当东京获知蒋鼎文携带蒋介石停战三天手令飞返南京的消息后，日本外相有田19日在东京约见中国驻日大使许世英，询问南京"中央政府是否与张妥协"？并威胁说："中央如在抗日容共之条件下与张妥协，日本决强硬反对。"③接着，日本首相

---

① 《西安事变资料》第1辑，第208页。

② 《关于西安事变的参考资料及调查》，日本外务省外交史料馆藏A—6—1—5—10—4。

③ 《驻日大使许世英五次电告》，《西安事变资料》第1辑，第210—211页。

广田也发出同样威胁说,"倘国府与张学良以容共为妥协条件,日本则断然抨击"①。

当宋子文、宋美龄前往西安,和平解决事变的迹象出现时,日本驻华大使川越茂匆忙从国内赶回中国,12月22日、23日接连两次会见孔祥熙,转达日本政府的态度,企图阻挠和平解决西安事变的进程。

第四节　西安事变的和平解决

蒋介石被张学良、杨虎城扣留后,南京立即调兵遣将,下令"讨逆";西安也准备应战。一时乌云滚滚,一场新的内战呈一触即发之势。所幸的是,在国内外诸多因素的共同作用下,内战危机得以化解,西安事变最终获得和平解决。

一　宋氏兄妹的营救活动

张、杨捉蒋后一再向全国声明,他们此举意在"对介公为最后之诤谏,保其安全,促其反省"②。事变当天,张在给宋美龄的电报中说:把蒋留在西安,"妥为保护,促其反省,决不妄加危害",并表示:"学良平生从不负人,耿耿此心,可质天日。敬请夫人放心,如欲来陕,尤所欢迎。"③张、杨的这些表示,不是言不由衷的表面文章,而是他们的肺腑之言,是他们发动"兵谏"的真正目的。捉蒋前,张严令奉命执行任务的孙铭九要绝对保证蒋的人身安全,不许伤害。12日晨,当张从电话中得知孙铭九等冲入华清池五间厅未见到蒋的踪影时,非常着急,担心蒋

---

①　《驻日大使许世英五次电告》,《西安事变资料》第1辑,第211页。

②　《张、杨对时局宣言》(1936年12月12日),《解放日报》(西安),1936年12月13日。

③　《团结报》第1158号,1990年12月22日。

如发生意外,势将引发内战,有违于他发动"兵谏"的初衷。张当时对在场的文武官们表示:若找不到蒋,我便把自己的头割下来,请虎城兄拿到南京去请罪,了此公案,绝不能因为要停止内战,而引起内战。14日,他敦促南京当局派代表到西安谈判。当宋美龄来电要求派端纳来陕见蒋时,张慨然应允。端纳14日到西安后,张请他劝蒋接受西安方面的主张,郑重表示只要蒋答应抗日,就立刻释放他,张还表示将亲自送他回南京,继续拥护他为领袖。

应当承认,张、杨的和平诚意是西安事变能获得和平解决的根本前提;假如没有这个前提,和平解决事变根本不可能,其后果可想而知。正因为张、杨扣蒋的目的只是为了逼他抗日,当宋氏兄妹代表蒋答应抗日条件后,张立即释蒋并送他返京,是自然的了。

西安事变爆发后,宋美龄、宋子文、孔祥熙等旗帜鲜明地反对何应钦的讨伐主张,力主用和平办法救蒋。

奉宋、孔之命赴陕的端纳12月14日见到了蒋介石。这使何应钦等散布的蒋已死亡的谣传不攻自破。端纳传回的事变真相犹如兴奋剂,鼓舞和坚定了主和派和平救蒋的信心,对主战派的讨伐主张是一个有力打击。

14日上午,孔祥熙应宋美龄要求在南京召开高级官员会议,主和派的意见在这次会上占了上风,何应钦的讨伐主张受挫。

张学良本来邀请孔祥熙、宋子文来陕,由于孔代理行政院长职务不便脱身,宋美龄建议改由宋子文、顾祝同前往,并征得张的同意。宋子文17日由沪到京,准备赴陕,遭到何应钦等人阻挠,理由是宋时任国民党中央执行委员、全国经济委员会常委,带着这种官方身份去西安与"叛逆"谈判,有违"纪纲"。19日下午,孔祥熙召开会议,出席者有孙科、居正、何应钦、宋子文、宋美龄、叶楚伧、王宠惠等,经过激烈争辩,决定"准宋委员子文以私人资格即日飞赴西安,营救蒋公"[1]。这是南京

① 孔祥熙:《西安事变回忆录》,《革命文献》第94辑,第140页。

主和派取得的又一个胜利,主战派因不得人心再次受挫。原来蒋鼎文携蒋手令到京后,何应钦曾下令停战三日,12 月 19 日到期。为宋子文赴西安"救蒋"提供条件,会议决定"准许至十二月二十二日(养日)暂行停止轰炸",条件是"张、杨部队在此期间不得向南移动"①。

　　宋子文 19 日下午 2 时飞离南京,同行者有他的两名秘书和宋刚从狱中要出来的与杨虎城关系密切、在《活路》事件中被误捕的郭增恺。他们当天在洛阳过夜,20 日上午 10 时飞到西安,张、杨和端纳到机场迎接。张告诉宋,西安方面已拟好条件,准备与南京当局谈判。宋在张学良和端纳陪同下前去见蒋,并获准单独与蒋谈话。宋将宋美龄、孔祥熙的信面交蒋介石,宋美龄在信中表示:"如子文三日内不回京,则必来与君共生死!"②蒋看到此处,不禁落泪,一再叮嘱宋子文不要让宋美龄来。蒋对宋说,只有加紧军事进攻,他才能脱险,并将军事进攻的方略秘密告诉了宋。

　　陪宋来陕的郭增恺在与杨虎城会见中得知,张、杨扣蒋的目的只是逼蒋抗日,绝无伤害蒋的意思,和中共对西安事变持和平解决方针。郭向宋报告了张、杨的和平诚意,建议宋亲自会见在西安的中共代表周恩来。宋委托郭代表他与周恩来会见。周恩来通过郭转告宋:中共未参与西安事变,主张和平解决,希望蒋改变政策,为国家作出贡献,只要蒋抗日,中共当全力以赴,并号召全国拥护国民政府,组成统一战线。

　　宋在西安只停留了一天,21 日便匆匆返京,向宋美龄、孔祥熙报告此行的收获。宋美龄从宋子文的报告中受到鼓舞,看到了和平解决事变的曙光,决心飞陕救蒋。她后来回忆说:"当时除对西安事变已具一种感想:譬之造屋,端纳暨奠其基,子文已树柱壁,至上梁盖顶完成之工

---

　　①　孔祥熙:《西安事变回忆录》,《革命文献》第 94 辑,第 140 页。
　　②　蒋介石:《西安半月记》,《西安事变资料选辑》,西北大学历史系中国现代史教研室 1979 年 4 月编印,第 509 页。

作,实为余无可旁贷之责任矣。"①12 月 22 日,宋美龄偕同宋子文等一起飞往西安,与张、杨谈判。

二　周恩来在西安的调解

蒋被扣后,中共中央应张学良邀请,派周恩来、博古和叶剑英作为中共代表前往西安,与张、杨共商大计,对事变双方进行调解。周恩来一行于 12 月 15 日离开保安,16 日到达肤施(延安)城外。刘鼎奉张命乘机前去迎接,第二天(17 日)把周恩来等接到西安。

周恩来受到张、杨的盛情款待,当晚就与张学良举行会谈。张介绍了蒋被扣后的表现,南京的动向和各方面的反映。张说:现在争取蒋抗日的可能性很大,只要蒋答应停止内战,一致抗日,就释放他,并拥护他做全国抗日的领袖。周赞同张的上述看法,并说:西安事变是震惊中外的大事,但它跟革命战争和群众暴动不同。这次捉蒋,是出其不意乘其不备,蒋虽成了阶下囚,但他的实力仍原封不动地保留着,从各方面考虑,对蒋的处置极需慎重。周指出:西安事变有两种截然不同的前途:如能说服蒋介石停止内战,一致抗日,中国就不会被日本侵略者灭亡,争取一个好的前途;如把蒋杀掉,势将引起更大规模内战,为日本侵略者灭亡中国提供条件,这样将使中国的前途更坏。为争取好的前途,就要力争说服蒋介石,只要他答应停止内战、一致抗日的条件,就释放他回去。蒋统治着中国的大部分地区,迫使他走上抗日道路,拥护他做全国抗日领袖,这有利于发动全国的抗日民族解放战争②。张、周 17 日晚会面时,商讨了迎击南京讨伐派军事进攻的部署。鉴于宋子文即将来陕,还商定了与南京谈判的五项条件:"(一)立停内战,中央军全部开

①　宋美龄:《西安事变回忆录》,《革命文献》第 94 辑,第 38 页。
②　见罗瑞卿、吕正操、王炳南:《西安事变与周恩来同志》,人民出版社 1978 年版,第 45—46 页。

出潼关。（二）下令全国援绥抗敌。（三）宋子文负责成立南京过渡政府，肃清一切亲日派。（四）成立抗日联军。（五）释放政治犯，实现民主，武装民众，开救国会议，先在西安开筹备会。"①

18日下午，周恩来会见杨虎城。周向杨通报昨晚他与张学良谈话的内容，阐述中共对西安事变的看法与方针。杨原来以为中共与蒋打了十年内战，现在蒋既被捉，中共定会寻机报复，即或不立即杀他，也决不会轻易主张放蒋，现在听到中共确定和平解决西安事变的方针，完全出乎他的预料。他对周恩来说，他这次追随张发动西安事变，完全以张的意旨为意旨，现在更愿意倾听和尊重中共方面的意见，只要张和中共方面意见一致，他是无不乐从的。杨也向周谈了自己的疑虑：蒋将来是否抗日，是否不对发动西安事变的人进行报复，他不能不有所顾虑。周对杨的疑虑表示理解和同情，并作了解释：现在不但全国人民强烈要求蒋抗日，国际上英、美、苏等国也在争取蒋抵抗日本侵略。蒋现在除抗日外，其他的路都走不通。蒋参加抗日的可能性是存在的。现在，蒋是抗日则生，不抗日则死，他抗日的可能性更大了。至于蒋将来是否报复，这不完全取决于蒋，只要我们西北三方面团结一致，并进而团结全国人民和全国实力派；只要我们紧密团结并有强大力量，蒋想报复也报复不成。再次，这次如果没把握，也决不会轻易放蒋走。杨当时表示同意周的上述看法②。周、杨会见时还商议了对付南京主战派进攻的军事部署、调南汉宸来西安帮助工作等问题，并取得了共识。

周恩来在西安还对东北军、十七路军的中下级军官以及在西安的爱国民主人士宣传中共的和平方针。当他了解到在西安的一些共产党员对党的和平方针缺乏思想准备情况后，19日在西安招待所找中共东北军工委代理书记宋黎、中共西北特别支部谢华、徐彬如等谈话，给他

---

①　《周恩来致毛泽东并中央电》（1936年12月17日），《文献和研究》1986年第6期。

②　见申伯纯：《西安事变纪实》，第147—149页。

们分析形势,传达和解释党的方针,引导他们认识在民族矛盾上升为主要矛盾的时候,阶级斗争应服从于民族斗争,共产党人应以国家民族利益为重,团结一切可以团结的人,共挽危亡。

周恩来的这些努力,对促成西安与南京谈判并最终和平解决西安事变起了重要作用。

三　蒋介石获释

宋氏兄妹 12 月 22 日乘机离京,中途在洛阳停留。宋美龄严令驻洛阳的国民党军队,在未接到蒋的命令时,空军不得派飞机飞往西安,陆军停止向西安进攻。宋氏兄妹飞抵西安稍事休息后,便前往玄凤桥高桂滋公馆看望被关押在那里的蒋介石。蒋突然见到宋美龄十分惊异,"愀然摇首,泪潸潸下",蒋要求宋美龄等与张、杨谈判时,不要"签订某种文件"①。宋美龄向蒋通报了南京的情况,劝他珍惜生命,不宜再轻言"殉国",而要"为国家努力"。

宋美龄会见张学良,批评张"性太急切,且易冲动",行动"躁急"。张向她申明兵谏"动机确系纯洁",绝无"伤害委员长之意",表明"不要钱,不要地盘",唯一目的是要蒋答应抗日,至于签不签文件均可。宋见张态度诚恳,"深信其言之由衷",承认其行动有异于"旧时军阀"。她希望张早日结束事变,释蒋离陕。张表示他个人"亟愿立即恢复委员长之自由,惟此事关系者甚众,不得不征求彼等之同意"。宋催张速将其意转告杨虎城等,并说:凡愿见她者,她均可见,"凡委员长不愿见者,余皆愿代见之"。张学良当夜与杨虎城等商谈后告诉宋美龄:杨及其部将认为"所提之条件无一承诺,遽释委员长,岂非益陷绝境"②?

宋美龄在 23 日和 24 日两次会见周恩来。"第一次,周首先说明中

①　宋美龄:《西安事变回忆录》,《革命文献》第 94 辑,第 40 页。

②　宋美龄:《西安事变回忆录》,《革命文献》第 94 辑,第 43 页。

共没有参与兵谏,并阐明中共和平解决事变的主张。然后,周从中国革命所经历的困难和曲折谈起,说明"九一八"事变后,民族矛盾上升为主要矛盾,中共希望团结抗日,一九三五年提出抗日民族统一战线,以后又变抗日反蒋为逼蒋抗日,但蒋介石对团结抗日要求始终不予理会,当前,是改变政策的好机会,望他们兄妹劝蒋回心转意,这对国家、对个人均有好处。宋说:既然中共有诚意,应在政府领导下,共同努力。周说:只要蒋介石同意抗日,中共拥护他为全国领袖,并且指出除蒋介石外,全国没有第二个适合的人。周又谈到国防、经济上的问题,对唯武器论和抗日长期准备论作了分析和评论①。宋希望周劝说杨虎城同意早日释蒋。这次长谈二小时,并约次日再见面。第二天再见面时,宋美龄对周说:"我等均为黄帝裔胄,断不应自相残杀,凡内政问题,皆应在政治上求解决,不应擅用武力。"②

　　宋氏兄妹来到西安,促使蒋介石同意了张、杨提出的停止内战、一致抗日主张。蒋指定宋氏兄妹作为他的代表与西安方面谈判。他说,双方商定的条件,他以"领袖人格"担保,回京后分条逐步实施,但不签署任何文件。

　　23日,宋子文与张学良、杨虎城、周恩来举行会谈。周恩来提出六项主张,主要内容是:双方"停战",中央军"撤兵至潼关外";"改组南京政府,排逐亲日派,加入抗日分子";"释放政治犯,保障民主权利";"停止剿共,联合红军抗日";"召开各党各派各界各军救国会议";"与同情抗日国家合作"③。周表示,蒋只要接受并实行上述条件,中共、红军赞助他统一中国。

　　宋子文表示同意上述六项条件,并阐述了如下具体实施意见:"提议先组织过渡政府,三个月后改造成抗日政府。目前先将何应钦、张

①　《西安事变简史》,中国文史出版社1986年版,第85页。
②　宋美龄:《西安事变回忆录》,《革命文献》第94辑,第46页。
③　《周恩来选集》上卷,人民出版社1980年版,第70—71页。

群、张嘉璈、蒋鼎文、吴鼎昌、陈绍宽赶走。推荐孔祥熙为(行政)院长，宋子文为副院长兼长财政，徐新六或颜惠庆长外交，赵戴文或邵力子(张、杨推荐)长内政，严重或胡宗南长军政，陈季良或沈鸿烈长海军，孙科或曾养甫长铁路，朱家骅或俞鹏飞长交通，卢作孚长实业，张伯苓或王世杰长教育。"周恩来"推宋庆龄、杜重远、沈钧儒、章乃器等入行政院"。宋力言"此为过渡政府，三个月后抗日面幕揭开后，再彻底改组"。周表示"原则同意，要宋负责。杜、沈、章可为次长"。

宋提议"由蒋下令撤兵，蒋即回京，到后再释爱国七领袖"。周恩来"坚持中央军先撤走，爱国领袖先释放"。

周还提议："在这过渡政府时期，西北联军先成立，以东北军、十七路军、红军成立联合委员会，受张领导，进行抗日准备，实行训练补充，由南京负责接济。"宋答："此事可转蒋。"

周提出："在蒋同意上述办法下，我们与蒋直接讨论各项问题。"宋答："可先见宋美龄(子文、学良言她力主和平与抗日)。"①

24日，双方继续谈判，宋美龄也来参加。周恩来当天将这次会谈结果向中共中央作了报告：

(子)孔、宋组行政院，宋负绝对责任保证组织满人意政府，肃清亲日派。

(丑)撤兵及调胡宗南等中央军离西北，两宋负绝对责任。蒋鼎文已携蒋手令停战撤兵(现前线已退)。

(寅)蒋允许归后释放爱国领袖，我们可先发表，宋负责释放。

(卯)目前苏维埃、红军仍旧。两宋担保蒋停止剿共，并可经张手接济(宋担保我与张商定多少即给多少)。三个月后抗战发动，红军再改番号，统一指挥，联合行动。

(辰)宋表示不开国民代表大会，先开国民党会，开放政权，然后再召集各党各派救国会议。蒋表示三个月后改组国民党。

---

① 《周恩来选集》上卷，人民出版社1980年版，第71—72页。

（巳）宋答应一切政治犯分批释放，与孙夫人商办法。

（午）抗战发动，共产党公开。

（未）外交政策：联俄，与英、美、法联络。

（申）蒋回后发表通电自责，辞行政院长。

（酉）宋表示要我们为他抗日反亲日派后盾，并派专人驻沪与他秘密接洽①。

双方意见既趋一致，周恩来便于 12 月 24 日晚会晤蒋介石。周说："蒋先生，我们有十年没见面了，你显得比从前苍老些。"蒋看着周说："恩来，你是我的部下，你应该听我的话。"周回答说："只要蒋先生能改变'攘外必先安内'的政策，停止内战，一致抗日，不但我个人可以听蒋先生的话，就连我们红军也可以听蒋先生指挥。"②周接着问蒋为什么不肯停止内战？宋美龄抢着回答说：以后不剿共了，这次多亏周先生千里迢迢来斡旋，实在感激得很！蒋介石接着向周恩来表示："（子）停止剿共，联合抗日，统一中国，受他指挥。（丑）由宋、宋、张全权代表他与我（指周恩来——引者）解决一切（所谈如前）。（寅）他回南京后，我直接去谈判。"③

至此，蒋已基本上接受了西安方面提出的停止内战，一致抗日条件。释蒋返京问题便提上了议事日程。可是，在什么样条件下释蒋，西安各方面的意见并不一致。张学良认为蒋介石已接受抗日条件，主张立即无条件释蒋；杨虎城担心蒋报复，主张有条件地释蒋；张、杨的部下也大都主张有条件地释蒋；中共也主张有条件地释蒋。中共中央提出的释蒋条件是：南京政府宣布国内和平，与民更始，蒋介石发表内容相同的宣言；全部中央军向豫绥两省撤退；部分地释放爱国分子和共产党

---

① 《周恩来选集》上卷，第 72—73 页。

② 申伯纯：《西安事变纪实》，第 157 页。

③ 《周恩来、博古致中央书记处电》（1936 年 12 月 25 日），《文献和研究》1986 年第 6 期。

员。宋氏兄妹却一再要求张即刻放蒋,争取圣诞节蒋能回到南京。张学良面对双方压力,担心拖下去会出乱子,决心早日释蒋。24 日下午,张对情绪激烈的设计委员会成员们宣布,他即将释蒋,并要亲自送蒋回京。张说:"这是关系国家民族命运的天大的事,做错了一点,我们担不起。"①他解释要亲自送蒋回京时说:"这次事变,对蒋是个很大的打击,我们现在不但要放他走,而且今后还要拥护他做领袖,还要同他一起共事。所以,我们现在万不能再难为他,我们要给他撑面子,使他恢复威信,今后好见人,好说话,好做事。我亲自送他就是这个意思。……另外,我亲自去也可以压一压南京反动派的气焰,使他们不好再讲什么坏话。"②

24 日晚,张对东北军高级将领王以哲、何柱国、董英斌等正式宣布,他即将放蒋,并亲自送到南京,向中央请罪,恢复蒋的威信。王以哲等怕蒋变卦,劝张不必送蒋到京。张坚持要送,并向他们交代:关于东北军,听命于学忠;关于抗日联军总部之事,听命杨虎城;有事多和周恩来商量。

25 日中午,宋子文去新城大楼恳求杨虎城同意放蒋,杨仍坚持没有保证条件不能放蒋走。下午,张学良约杨虎城来对他说:"现在不走不行啦! 夜长梦多,不知道会出什么乱子。我今天决心送蒋走。我想我在几天内就可以回来的,请你多偏劳几天。假如万一我回不来,东北军今后即完全归你指挥。"③杨对这样放蒋有意见,但他一向尊重张学良,此时又为张的真诚所感动,同时也因为近来他也听说十七路军军官在酝酿什么事情,怕出乱子,于是便慨然同意了张的意见,并同张一起送蒋去机场。下午 3 时半,他们乘汽车从蒋的住处出发,直奔西郊机场。张、杨怕部下知道会出事故,行动十分秘密,连周恩来也没通知。

---

① 申伯纯:《西安事变纪实》,第 159 页。
② 申伯纯:《西安事变纪实》,第 160 页。
③ 申伯纯:《西安事变纪实》,第 161 页。

　　蒋介石登机前对张、杨表示:"我答应你们的条件,我以'领袖的人格'保证实现,你们放心,假如以后不能实现,你们可以不承认我是你们的领袖。"他把答应的条件又重复一遍:"一、明令中央入关之部队二十五日起调出潼关,从本日起如再有内战发生,当由余个人负责。二、停止内战,集中国力,一致对外。三、改组政府,集中各方人才,容纳抗日主张。四、改变外交政策,实现联合一切同情中国民族解放的国家。五、释放上海各被捕领袖,即下令办理。六、西北各省军政,统由张、杨两将军负其全责。"①

　　张学良登机前把事先写好的手谕面交杨虎城,内容是请杨自25日起代理他的职务,万一有事,东北军要听从杨和于学忠指挥。

　　下午4时,蒋同宋美龄乘坐的飞机起飞。宋子文同张学良乘坐张的飞机也随即飞往洛阳。

　　周恩来听到报告,方知张已送蒋去机场,他匆忙赶到机场想劝阻张不必送蒋去京,但他到机场时,张乘坐的飞机已飞上了蓝天。

四　张学良被扣

　　蒋介石偕宋氏兄妹在张学良陪同下于25日下午到达洛阳。蒋在洛阳令张给杨去电,将仍扣留在西安的卫立煌、陈诚、蒋鼎文、陈调元等将领释放。杨25日深夜接到张的电报,翌日晨经与王以哲、周恩来等商议,27日将所有被扣人员释放,乘机离陕。几天后又应南京方面要求,把扣留的几十架南京飞机也放走。

　　12月26日,蒋一回到南京,即命陈布雷杜撰了一篇《对张杨的训词》在报纸上发表,把他在西安获释说成是由于他"伟大的人格"的感召,回避了他对张、杨做出的承诺。

　　张学良到南京一下飞机,即受到军统特务和宪兵的监视,先被软禁

---

① 申伯纯:《西安事变纪实》,第162—163页。

在宋子文公馆。蒋通过宋暗示张应有来京待罪的表示,张给蒋写了一封信,说自己"生性鲁莽粗野,而造成此次违犯纪律,不敬事件之大罪",表示"愿领受钧座之责罚"①。蒋把此信分送国民党中央和国民政府,并在呈文中要求免去他的"本兼各职,并严加处分",同时要求给张以"国法军法"处分,并说:"现该员已亲来都门,束身请罪。"②

12月29日,居正主持召开国民党中央第三十一次常委会议,说蒋在西安被扣期间"持浩然之正气,昭示伟大之人格,使倡乱者衷诚感动,悔悟自白",认为蒋"毫无引咎可言",对其"所请辞职,应予恳切慰留,自请处分一节,应毋庸议"③。接着召开国民党中央政治委员会第三十二次会议,决定将张送交军事委员会依军法处理。

12月31日,由李烈钧担任审判长,朱培德、鹿钟麟担任审判官的高等军法会审对张学良进行审判。在审判会上,张说他痛恨和反对"攘外必先安内"政策。因为他对蒋介石极端信服,先后数次将自己意见用书面及口头方式向蒋陈述,均遭到拒绝和痛斥,在"无法表现意见于我们的国人,也无法贡献于委员长"的情况下,才不得不"用此手段以要求领袖容纳我的主张"。张声明此举"并无别的要求",绝不是为了"地盘金钱","完全为要求委员长准许我们作抗日一切的准备及行动,开放一切抗日言论,团结抗日一切力量"④。几年后李烈钧与人谈起这件事时说:"那简直是演戏,我不过是奉命扮演这幕戏的主角而已!张汉卿光明磊落,对话直率,无所畏惧。张汉卿发动西安事变,是反对蒋介石独裁,谋求全国团结一致抗日,他问心无愧,有什么畏惧呢?当审讯张汉卿时,张问我在湖口起义反对袁世凯复辟称帝,如果这是正义的行为,那么,西安事变用兵谏的方式谏止蒋介石独断独行,何罪之有,他几乎

① 《西安事变档案史料选编》,档案出版社1986年版,第80页。
② 《革命文献》第95辑,第88页。
③ 《革命文献》第95辑,第109页。
④ 《国民党军事委员会高等军法会审关于张学良的审判笔录》,《西安事变档案史料选编》,第82页。

把我问倒了。我无可奈何,只得不让他再讲下去。"①张终以"首谋伙党对于上官为暴行胁迫"罪名被判处"有期徒刑十年,褫夺公权五年"②。

蒋介石既授意李烈钧出面"审张"并判了刑,自己又向国民政府呈请将张"应得罪刑予以特赦,并责令戴罪图动,努力自赎"。③ 在上海的孔祥熙1月3日也致电国民政府,要求准蒋所请,对张"准予赦宥,以示宽大"④。

1月4日,林森主持召开第二十二次国民政府委员会会议,决定对张实行特赦。当天发布命令说:"张学良所处十年有期徒刑本刑,特予赦免,仍交军事委员会严加管束。"⑤这一纸"管束"令,宣告张学良从此失去了自由,过着被幽禁的生活。

五　西北"三位一体"局面的瓦解

蒋介石扣留张学良后,便着手瓦解西北地区的"三位一体"局面。1月2日,蒋离开南京回奉化溪口养伤,处理其兄蒋锡侯的丧事,并遥控对陕甘善后的处理。蒋指令在南京的何应钦负责与西安方面联系;派戴笠来往于南京、溪口间,负责联络;任命顾祝同为西安行营主任,并于1月6日飞赴洛阳,暂住洛阳车站办公,准备随时开往西安。

国民政府行政院根据蒋的旨意,于1月5日决定派顾祝同为军事委员会委员长西安行营主任;杨虎城、于学忠撤职留任;陕西省政府主席邵力子辞职照准,任命孙蔚如为陕西省政府主席;驻甘绥靖主任朱绍良辞职照准,派王树常为甘肃绥靖主任。并以国民政府名义于当天发布。

---

①　《西安事变亲历记》,中国文史出版社1986年,第368页。
②　《国民党军事委员会高等军法会审关于张学良的判决书》,《西安事变档案史料选编》,第83页。

同一天,南京以军政部名义发表整理陕甘军事善后办法。其内容主要有两项:

甲、人事方面:

1. 顾祝同为西安行营主任,承军委会委员长之命,综理陕、甘、青、宁军事。

2. 以王树常为甘肃绥靖主任。

3. 以杨虎城为西安绥靖主任,冯钦哉为第二十七路总指挥,杨虎城、于学忠自请处分,从宽撤职留任,戴罪图功。

乙、驻地区分:

1. 万耀煌、樊崧甫、毛炳文、鹿万钟各部,及李默庵纵队,分驻潼关、朝邑、渭南、西安、咸阳、宝鸡以及天水一带,又胡宗南、孔令恂、关麟徵各部,仍驻原地。

2. 第十七路军直属各警备旅团,移驻正宁、栒邑、淳化、耀县、乾县、麟游、永寿、灵台、宁县、长武、邠县等县,孙蔚如第十七师移泉甘泉、鄜县、中部、宜君等县。

3. 冯钦哉部另编第二十七路,仍驻防大荔、蒲城、白水、澄城、郃阳、韩城、宜川等县原防地。

4. 第五十一军、五十七军、六十七军、骑兵军及一〇五师、一〇九师、一一二师(即张部),一律恢复十二月一日以前之原位置①。

按照这个办法,蒋介石的嫡系部队进入陕西并占据陇海路沿线的要害地带;蒋的嫡系将领顾祝同掌握西北军事大权,推翻了他离陕时把西北军政交张、杨负责的口头承诺。

南京方面为了使西安方面接受上述办法,在军事上做了新的部署:将包围西安的 30 万中央军划"分为五个集团军,以顾祝同、蒋鼎文、朱绍良、陈诚、卫立煌分任第一至第五各集团军总司令,而以刘峙为前敌

_____

① 何应钦:《西安事变的处理与善后》,台湾 1984 年版,第 121—122 页。

总指挥。第一集团军位置于潼关以西至华县沿陇海铁路附近地区,最前线在华县、赤水间;第四集团军位置于第一集团军的右翼,亦即渭河以北的地区;第五集团军位置于第一集团军的左翼,亦即华山以南的地区;第二、三两集团军则位置于陕甘边境,其最前线在咸阳附近;以此对西安形成两面夹袭的态势。"①

蒋介石回京后背信弃义的行为,特别是扣留张学良,激怒了西安方面,刚刚趋向缓和的西安与南京间的关系又重新紧张起来。西安方面强烈要求蒋介石恢复张学良的自由,请张回陕主持一切。1月5日,西安方面发出由杨虎城领衔、东北军和十七路军多名高级将领署名的通电,揭露"中央军队匪惟未遵令东还,而反大量西进"的事实,指出"张副司令既领罪于都门,虎城等亦惟以救亡为职志,而中央犹煎迫不已,使不免于内争,则谁肇内乱之端,谁召亡国之祸,举世自有公评,青史自有直笔",并严正表示:南京"若不问土地主权之丧失几何,西北军民之真意为何,全国舆论之向背如何,而惟知以同胞血汗金钱购得之武器,施于对内,自相残杀,则虎城等欲求对内和平而不能,亦惟有起而周旋,至死无悔。"②同一天,杨虎城致电蒋介石,要求蒋恢复张学良的公权,指出:"此间情形,张副司令一日不来,则军民一日不安。"③

蒋介石的几十万军队摆好了夹击西安的态势,没有立刻发动进攻,而是一再强调采取以政治为主、军事为从的方针解决陕甘善后,这与当时的形势有关:一是日军大量增兵华北,正加紧准备发动全面侵华战争,民族危亡的客观形势,不容许大规模内战再次发生。而蒋刚刚在西安做出了不再进行内战的承诺,他也不愿承担重新挑起内战的罪名;二是广大群众和地方实力派反对进攻西安。直接面临内战威胁的陕西人民派出20名代表于1月7日到潼关会见国民党四十六军军长樊崧甫,

---

① 　何应钦:《西安事变的处理与善后》,台湾1984年版,第129页。
② 　《西安事变档案史料选编》,第92页。
③ 　《西安事变档案史料选编》,第93页。

"陈述陕民哀吁和平赤忱",要求南京"对陕事以政治解决,俾得培养国力,一致对外"。他们发表通电说:"旬日以来,交通迄未恢复,潼关复又进兵。设不幸因误会而启衅端,则此仅存之国力将对消于内战之中,其何以制方张之寇焰。"①广西各界抗日救国联合会1月17日发表通电,指责南京是"勇于对内,怯于对外",要求当局"迅行制止入陕军队,采取政治解决办法,以弭内战而培国力"②。1月15日,由四川刘湘领衔,广西李宗仁、白崇禧联署通电全国,呼吁南京"急令入陕部队停止进行,勿得逼之过戚,相煎太急"③。三是南京担心陕甘红军再次渡河入晋,抄蒋军后路。当时想在南京和西安间进行和平斡旋的甘肃省财政厅长陈端于1月13日向孔祥熙指出:中央军如向西安进攻,红军与东北军、西北军"势必向晋豫流窜",星火燎原,"势必全部赤化"。他建议"最好中央军暂取缓和态度",力求和平解决④。同一天,蒋介石在给刘峙、顾祝同、何应钦的电报中也指出:"此时我军向西安进攻,赤匪必有一部向晋边渡河攻晋,以牵制我军。此着非常危险。"他提出:"河东防务未固以前,我军暂勿向西安进攻。"⑤

张学良在南京被扣后,1月4日,以杨虎城为首的西安三方面高级负责人研究决定:东北军、十七路军和红军三方面团结一致,组成抗日联军,作必要的军事准备,以对付蒋军的压迫,但应争取和平解决,以遂停止内战、一致抗日的初衷。西安方面确定,集中主力消灭由潼关西进之敌,抽调部分兵力牵制西线胡宗南等部。具体作战方案是:在渭南的赤水至长安,选择有利地带构筑七道防线;在张学良未归前,由杨虎城统一指挥联军;红军秘密集结于淳化、栒邑地区,再经三原赶到高陵地

①　《西安事变档案史料选编》,第102页。

②　《广西各界抗日救国会豪电》(1937年1月17日),《团结报》第1174号,1991年2月20日。

③　《西安事变档案史料选编》,第123页。

④　《西安事变档案史料选编》,第113页。

⑤　《西安事变档案史料取编》,第196页。

区,依情况参加渭北作战或经蓝田突击中央军李默庵部。

南京和西安方面都调兵遣将,但双方在军事对峙的同时,又展开了和平交涉与谈判。

蒋为使西安方面就范,1月7日给张学良写信,就南京提出的陕甘军事善后办法作了补充:一,东北军集中甘肃,其统帅人选可由张推选;二,杨虎城酌留若干部队在西安,以便行使绥靖职权。蒋在信中还令张劝"告虎城及各将领","切实服从中央命令","必须立即决心接受,不可有丝毫犹豫","若再不遵中央处置,则即为抗命"①。1月8日戴笠自奉化溪口到南京把此信面交张学良,张当即给西安的杨虎城等写了信,劝他们接受蒋提出的办法,并允派与南京有关系的东北籍人士王化一、吴瀚涛去西安送信并口头转达他的意见。

1月9日王、吴二人离京飞陕。临行前,王、吴会见了被幽禁中的张学良,张对他们说:"何应钦调兵遣将,战事有一触即发之势,如果发生冲突,必使抗日力量因内战而受到损失,和我初衷完全相反",张请王、吴转告东北军将领:"(一)东北军和东北各阶层人士团结一致,不要给蒋有可乘之机拆散我们,只要能精诚团结,我就能回去,否则回去也没用;(二)和杨虎城将军及十七路军密切团结,不受国民党的离间;(三)和国内各方面同情我们的人士,设法联系,取得支持。"②

王、吴到西安转递信件转达了张的口信,劝说杨虎城等接受南京命令,以免引起战端。杨同两军将领和有关方面经过磋商,1月10日向王、吴表示:将遵照张副司令意见,停止军事行动;关于军队改编及善后问题,待双方协商后再作决定。王、吴二人1月11日飞返南京复命。

1月13日,米春霖奉蒋命携带南京提出的甲、乙两案飞陕,供西安方面择一而行。甲、乙两案的内容是:

---

① 《西安事变档案史料选编》,第103页。

② 王化一:《我在西安事变前后的一些经历》,《西安事变资料选编》第2集,第53—55页。

甲案:东北军移驻甘肃和陕西邠州以西的西兰公路上;十七路军驻泾、渭河以北地区;红军乃返陕北;中央军进驻西安,在沿陇海路潼关至咸阳段驻十二个团;陕西省政府主席仍委十七路军方面的人充任。

乙案:东北军(包括驻甘肃的于学忠部)移驻安徽和淮河流域;十七路军移驻甘肃;红军仍返陕北;中央军进驻西安和关中地区;安徽省主席可委东北军方面的人充任,陕西省政府主席可委十七路军方面的人充任。

刚从南京被移往奉化溪口扣押的张学良也托米春霖捎信给杨虎城和各将领,盼他们"速即商讨,下最后果断",如认为"此二案之一案无问题,那是更好,盼即刻表示受命"①。显然,甲案虽也使中央军入陕进驻陇海路沿线,顾祝同掌西北军事大权,但东北军、十七路军和红军驻地接近,有利于维持"三位一体"局面。张倾向接受甲案,不无道理。可是西安方面认为,当时最迫切的问题是争取张学良迅速返回西安,这个问题不解决,其他问题无从谈起。杨虎城和东北军方面决定派李志刚和鲍文樾随同米春霖一起飞往南京,要求蒋早日释张返陕。李志刚等16日到南京,17日转赴奉化见蒋,转达西安方面的意见。蒋不允,说张自己不愿回去,愿跟他学修养、读书,你们不要强迫他回去。蒋要求西安方面服从命令,在甲、乙两案中择一而行。李志刚18日离奉化时,蒋把一封亲笔信让他带交杨虎城,嘱其返陕后向杨等转达他的话,要杨立刻拆除华阴、华县一带防线,让顾祝同进驻西安。

李志刚等带着蒋、张的信1月20日飞返西安。张给杨和东北军将领的信表示断不可以他个人的出处作为解决当前问题的焦点;强调"目下最要者"是接受鲍文樾上次带去的甲项办法,"以免夜长梦多,或者违反我等救国不祸国之初衷"②。西安方面仍坚持要求蒋必须先把张学

---

① 《西安事变档案史料选编》,第117页。
② 《张学良文集》第2集,第1122页。

良放回来,否则不能接受南京提出的任何方案,并谴责蒋在给杨虎城的信中企图分化东北军与十七路军的关系。杨又派李志刚第二次去南京、奉化。李在南京会见于右任、冯玉祥、何应钦、陈立夫等,均不得要领。1月23日李到溪口,向蒋详细报告杨虎城等人的态度与要求,遭到蒋的拒绝,蒋向李志刚宣布,今后西安方面可派代表到潼关与顾祝同谈判,不要再来南京、奉化了。

从1月24日起,双方在潼关就西安方面接受甲案的有关问题进行谈判。西安派出的代表先是米春霖、谢珂,后增加李志刚;南京方面的代表是顾祝同。在谈判中,围绕东北军在西兰公路咸阳至邠州段驻防是一个军还是四个团;十七路军在西安附近是否驻防两个旅;特别是张学良出处复权,是在两军移动前,还是移动完毕后;第三者(红军)移动时(返回陕北),是补助50万还是30万;双方讨价还价。至1月底,双方达成协议,且按此协议东北军已开始从前线撤军。

张学良被扣后,东北军内群龙无首,以于学忠、王以哲等为首的老派和以应德田、孙铭九等为首的少壮派围绕营救张学良的分歧和矛盾日益尖锐,愈演愈烈。少壮派坚持蒋不放张返陕就不惜与南京决一死战;老派反对打仗,主张通过谈判救张。十七路军内部也有类似情况。杨虎城本人基本上主和,有时亦摇摆不定。

随着西安与南京间和平谈判的进展,东北军少壮派的主战活动日趋嚣张。1月20日左右,他们发起请战签名活动,鼓吹为救张不惜与南京作战。1月27日晚,少壮派头目应德田、孙铭九、苗剑秋等向周恩来请愿,要求中共支持他们的主战主张,声言中共如不同意他们的主战,将不惜先与中共决裂。

1月30日下午,周恩来、叶剑英驱车到云阳镇红军前线总部,与在这里的张闻天、博古、彭德怀、任弼时、王稼祥等中共中央负责人研究西安的和战形势。大家认为,从全局看,西安应该"接受甲案,实现和平,在接受甲案后,南京如果继续进攻,我方则实现自卫战。"可是,这个主张不能为东北军、十七路军接受。现在只有两种选择:或者友军打我们不参加,同友军完全处于对立地位,使友军变为敌军;或者同他们一同打,在打的过程中仍同南京谈判和平,如打得好和平仍然有望,如打败则使友军从实际经验中相信我们的和平主张,在更不利条件下实现和平。但不论打与不打,为和平奋斗的基本方针仍不变①。会议决定:只要东北军、十七路军两方面朋友团结一致,意见一致,红军可以暂时保留原来的和平主张而支持他们的主张,跟他们一起同中央军作战。周恩来、张闻天等于 30 日 22 时将云阳会议决定电告延安请示,两小时后中共中央复电同意,指出:"(甲)和平是我们基本方针,也是张、杨的基本方针。(乙)但我们与张、杨是三位一体,进则同进,退则同退。我们不能独异失去张、杨。(丙)向张、杨两部表示我们始终同他们一道,在他们不同意撤兵以前,我们不单独行动,协助他们争取更有利条件。(丁)用以上态度争取最后的和平。"②周、叶当晚返回西安,分别向杨虎城和东北军将领及少壮派通报了中共中央的上述决定,叶剑英还同两军参谋人员具体研究了军事部署和作战计划。

此前,1 月 29 日东北军在渭南召开军官会议,40 余人参加。王以哲因病未出席,委托董英斌代为主持。何柱国发言主张和平,说这样对救张有利,对东北军前途有利;应德田在会上作长篇发言,坚决反对和平,坚持张不回来决不撤兵。会议决定在张未回来前,中央军如进逼则不惜一战。与会者都在此决定上签了名。

王以哲、何柱国等不愿执行渭南决定,又无法说服少壮派,31 日派飞机去兰州接来了于学忠,因于是张临走时指定的指挥东北军的代理人。于到西安后,东北军中的两派都要求他支持自己的主张。当晚,在王以哲家中召开三位一体最高会议,由杨虎城主持,与会者有于学忠、

---

① 《周恩来等关于对张、杨友军军事行动方针的意见》(1937 年 1 月 30 日),《文献和研究》1986 年第 6 期。

② 《毛泽东等致周恩来等电》(1937 年 1 月 30 日),《文献和研究》1986 年第 6 期。

王以哲、何柱国和周恩来。于学忠发言时支持王、何的意见，主张先撤兵，慢慢再营救张副司令回来。王以哲、何柱国同意于的意见。杨虎城说十七路军在捉蒋、放蒋、送蒋及放走南京飞机等问题上，都和东北军采取一致行动，现在仍愿与东北军一致行动。周恩来说，我们原来就主张先撤兵再设法救张，可是你们两方面有些人主张不撤兵，先救张回来。为了三方面团结，我们改变了自己的主张，现在你们既然一致主张先撤兵再设法救张，我们当然同意。

三位一体最高会议作出决定后，大多数原来主战的军官都服从了这个决定，但应德田、孙铭九等少数人仍坚持主战立场，2月2日上午派卫队团连长于文俊率部冲入王宅，杀害了卧病在床的王以哲；同时派人前去杀何柱国未果。他们认为王、何二人不忠于副司令，出卖副司令。他们想杀掉王、何后，拥护于学忠来执行渭南会议决议。

"二二"事件引发了东北军的分裂和内讧。2月2日下午，杨虎城、于学忠签发不撤兵命令，渭南前线的东北军指挥官刘多荃、缪澂流拒绝执行，3日晨他们自动撤出渭南前线，北渡渭河到达高陵，为中央军进入西安敞开大门；刘多荃的一部兵力还奉命掉转枪口，开到临潼，威逼西安，声言为王以哲报仇。此时，应德田、孙铭九、苗剑秋等不知所措。周恩来严厉批评了他们的错误，同时为避免事态扩大，以利于团结抗日，2月4日，派人将应、孙、苗三人送往三原红军总部。与此同时，杨虎城用武力迫使孙铭九控制下的东北军卫队团撤出西安，东北军内一场大规模的互相残杀才得以避免。

应德田等出走后，刘多荃派人将于文俊杀害，祭奠王以哲。对东北军联共抗日做出过重大贡献，根本未参与"二二"事件的高福源也被刘多荃下令枪杀。

周恩来得知王以哲遇害消息，立刻偕同叶剑英赶到王宅吊唁。2月4日，毛泽东、朱德等中共中央负责人电唁王以哲家属，称赞王将军"努力于抗日民族统一战线，不但国家民族之干城，亦爱国人民之领袖"，对他因"主持和平，力求统一团结，乃见恶于不顾大局之分子，遽以身殉"，表示痛悼①。表明中共对少壮派应德田、孙铭九等人破坏团结、危害和平行径表示愤慨，揭穿了敌人散布的中共支持少壮派破坏和平的谎言。

"二二"事件还使东北军放弃甲案，接受乙案，全体东开，导致三位一体瓦解。王以哲被害后，东北军中的一些高级将领对中共和杨虎城产生误会，他们在高陵会议上决定放弃原来已决定接受的甲案，改为接受乙案，东北军东调豫皖地区。周恩来力劝东北军接受甲案，留在陕甘与红军、十七路军靠拢，保持三位一体局面，以便日后共同东出抗日，但这一建议未被他们接受。东北军接受乙案后，各路中央军向西安进逼。2月8日，宋希濂指挥的中央军第三十六师首先进入西安。第二天，顾祝同进入西安。此前，杨虎城已离开西安，前往三原。顾进入西安后，根据蒋介石旨意，派代表前往三原邀请杨虎城回城履行绥靖主任职务。杨2月14日离开三原，返回西安。

东北军各部队1937年3月初全部东开，分驻豫南、皖北和苏北地区。他们驻地分散，互不统属，不久接受南京改编，被缩编为四个军，分别由于学忠、缪澂流、刘多荃、吴克仁任军长。十七路军也被南京改编，除投蒋的冯钦哉师和另外两团外，其余部队被编为第三十八军，由孙蔚如任军长。蒋"认为如杨仍留国内，对西北军的整编，预计将增加不少的困难，因此，力主送杨出国"②。1937年3月29日，蒋当面逼杨辞职出洋，杨被迫于4月27日提出辞呈，4月30日获准，6月29日出国"考察"。抗战爆发后，杨满怀抗日报国激情返国，刚踏上国土即遭逮捕，长期被关押。1949年蒋介石逃离大陆前夕，下令将杨虎城杀害于重庆。

---

① 《西安事变与二二事件》，香港同泽出版社1995年版，第298页。
② 何应钦：《西安事变的善后与处理》，第150页。

第八章　国民党由内战转向抗日

第一节　"攘外必先安内"政策的基本结束

一　"安内攘外"政策的变化

自从"九一八"事变前后蒋介石国民党提出"攘外必先安内"口号,并在随后定为基本国策后,虽然遭到国内许多人士的抨击和反对,但蒋始终坚持不改。1935年华北事变发生后,由于中日民族矛盾上升,国内矛盾下降,蒋在"剿共"战争上取得了暂时的胜利,迫使红军处于西北一隅。形势上的这种变化,使国民党对日态度开始趋向强硬;共产党的政策也在进行调整,由反蒋抗日,转向逼蒋抗日,国共两党代表在秘密接触谈判,"安内攘外"政策有所松动,但并未放弃,内战也没有停止。

此时,国内一些爱国人士受新的民族危机的刺激,要求国民党改弦更张,停止内战,团结御侮的呼声日益高涨。章乃器说:"在四年前提出'安内攘外'问题的时候,我是极端主张非攘外无以安内的,然而结果,当局是走上'先安内而后攘外'的路线!几年来,在'前方军事剿匪,后方文化剿匪'的政策之下,杀戮了多少勇敢有为的英俊青年!毁灭了多少的田园庐舍!消耗了多少的枪械弹药!到了今日,外无以攘,内未得安。'外力'积极'内侵'的结果,连安内的基本地带'长江腹地'都受到敌人的威胁。这样下去,恐怕不久就要到'无内可安'的末日!"他强调:"非立刻停止自杀的内战,决不足以言抗敌。"①《永生》周刊发表一篇文

---

① 章乃器:《四年间的清算》,《大众生活》第1卷第11期,1936年1月25日。

章说：目前，内外形势异常严重，摆在我们面前的是灭亡与抗敌求存的两条路。不抵抗外敌而互相火拼是灭亡的路，全国一致动员对敌才是生存的路。要实现全国一致动员抗敌，决定的因素在于南京政府政策的转变，即必须彻底放弃"攘外必先安内"政策。"客观事实的教训明显的陈列在眼前——再不'攘外'，只有灭亡，不'攘外'而只'安内'，'内'是无法可'安'的；不'攘外'而只'安内'，只有继续内战，扩大内战，加速灭亡。反之，只有全国一致共同抗敌，则'内'不待'安'而自'安'。在为民族生存、国家独立的最高目的之下，内部一切矛盾都可以调和，都可以消灭。"①全国各界救国联合会成立后，在其宣言和其他文件中一再声明，它的主要任务是要求各实力派主要是国民党即日停止一切自相残杀的消耗国力的内战，从速团结起来，一致对外；它同政府之间，只是一个政策之争，即是反对"先安内，后攘外"，主张"先攘外"，而后"安内"，认为只有如此，内也才可以安，不然只对我们的敌人日本有利。

　　民间如此，国民党统治集团上层人物如冯玉祥、张学良、杨虎城、宋子文、孙科、李宗仁等，为了国家民族的生存，也积极主张反抗日本的侵略。冯玉祥在日记中说："国家到了今天，若不抵抗日本，则一定亡国；欲不为亡国奴，则只有抵抗。"②李烈钧救国心切，经常和冯玉祥就抗日救国事交换意见，据冯玉祥日记记载："协和先生一跳三尺高，好几次为国事热诚，真奇男子也，可敬可钦。""协和先生关心国事甚切，极为敬佩。""同协和先生谈甚久，为国事也。"③李宗仁提出："必须发动整个民族解放战争，本宁愿全国化为焦土亦不屈服之决心，用大刀阔斧来答复侵略者。"④就连蒋介石的嫡系在内要求抗日的倾向也在不断增长，如

---

① 《我们要求实现抗敌战争》，《永生》周刊第 1 卷第 16 期，1936 年 6 月 20 日。
② 《冯玉祥日记》第 4 册，第 715 页。
③ 《冯玉祥日记》第 4 册，第 640、655、682 页。
④ 《民国日报》（南宁），1936 年 4 月 18 日。

国民党中央执行委员、复兴社领导骨干之一的曾扩情,在国民党五届二中全会时对民众代表说:"不抗日,政府就不能存在。"①南京国民党人主办的《北方》刊物,也有过类似的言论。因此舆论称这"是全国抗日力量的发展和南京统治危机的一个反证",表现出"统治阶级内部之抗日与亲日的公开分裂"②。所有这些都不能不对蒋介石的决策产生影响。

促使蒋介石放弃"攘外必先安内"国策起着决定性作用的,当然还是张学良、杨虎城发动的西安事变,上章已有详述。下面不妨再引述一段 1936 年 12 月 19 日张学良给伦敦《泰晤士报》驻华记者弗拉塞(Mr. Fraser)的私电:"这事情(按:指西安事变)的动机很简单,就是要我们的政府明确地改正现行的国策,实行武装保卫我们的国家,断然停止在不断的内战中千百万中国金钱、中国人命和中国财产的耗费,停止围剿所谓'赤匪',他们虽然见解不同,但到底是中国人,他们至少不会像日本人一样危害我们的国家。……我们渴望中国军队抵抗侵略的敌人,不要攻击中国的民众。"③他后来回忆说:他和蒋介石政策上不一致,存在"政见之争"。"蒋总统主要是要'安内攘外',我的主张是'攘外安内'。……先对外作战,对外自然就能安内。蒋总统是先安内,以后再攘外。""政见之争,宛若仇雠"④。当他几次向蒋介石诤谏,要求改变"安内攘外"政策,停止内战,遭到蒋的严厉斥责后,他忍无可忍,被"逼上梁山",便义无反顾,毅然发动西安事变,走上了兵谏的道路。

西安事变无疑对蒋介石也是一副清醒剂。他开始认识到内战不可

---

① 思达:《论目前阶级关系变动的一些特点》,《火线》第 62 期,1936 年 9 月 30 日。

② 思达:《论目前阶级关系变动的一些特点》,《火线》第 62 期,1936 年 9 月 30 日。

③ 《剿匪时代的张学良》,北平前进社出版,第 127—128 页。

④ 《日本 NHK 记者专访录》,管宁、张友坤译注:《缄默 50 余年张学良开口说话》,辽宁人民出版社 1992 年版,第 112、145 页。

能再继续进行下去,团结一致抗日,是不可逆转的历史潮流,如不放弃"安内攘外"政策,就无法继续维持其统治,而将被人民的抗日救国浪潮所吞没,因而不得不同意"停止剿共,联红抗日";并说:"今天以后发生内战,我负责,今后我绝不剿共。"①保证"停止内战,集中国力,一致对外"②。这样,蒋介石实行了五年的"攘外必先安内"国策,"实际上就是内战的方针"③,终于走到了尽头,宣告停止,西安事变得以和平解决,从此国内统一战线的局面初步形成。周恩来说:"西安事变之和平解决,意味着中国的政治生活走入了一个新的阶段的开端。就是:子、进攻红军战斗走向停止;丑、对外退让政策将告终结;寅、国内统一战线初步局面的形成。"④

二　国民党五届三中全会的召开

在西安事变爆发后,蒋介石、宋子文曾与张学良、杨虎城在谈判中商定:"关于西安事件之各种问题,由国民党三中全会解决之。"⑤西安事变和平解决后,蒋介石回到南京,12月29日,国民党中央常务委员会第三十一次会议讨论处理西安事变有关问题,议决于1937年2月15日召开第五届中央执行委员会第三次全体会议,以讨论国共关系、对日政策等问题。

2月5日,蒋介石决定了解决政局的五项方针:

(一)对内避免内战,然而一遇内战,则不放弃戡乱安内之责

---

① 《与宋子文、宋美龄谈判结果》(1936年12月25日),《周恩来选集》上卷,第73页。

② 申伯纯:《西安事变纪实》,第163页。

③ 《论统一战线》,《周恩来选集》上卷,第191页。

④ 《关于西安事变和平解决后的局势和我们的方针》(1936年12月29日),《周恩来选集》上卷,第73—74页。

⑤ 《救国时报》(巴黎),1937年2月5日。

任。(二)政治、军事仍应渐进,由近及远,预定三年至五年为统一时间。(三)不说排日,而是说抗战。(四)加深军队之训练。(五)分省物色品行方正之人材①。

中共中央为了争取实现停止内战,促进国共两党重新合作,迅速对日作战,于2月10日致电国民党三中全会:

西安问题和平解决,举国庆幸,从此和平统一团结御侮之方针得以实现,实为国家民族之福。当此日寇猖狂,中华民族存亡千钧一发之际,本党深望贵党三中全会,本此方针,将下列各项定为国策:

(一)停止一切内战,集中国力,一致对外;

(二)保障言论、集会、结社之自由,释放一切政治犯;

(三)召集各党各派各界各军的代表会议,集中全国人材,共同救国;

(四)迅速完成对日抗战之一切准备工作;

(五)改善人民的生活。

如贵党三中全会果能毅然决然确定此国策,则本党为着表示团结御侮之诚意,愿给贵党三中全会以如下之保证:

(一)在全国范围内停止推翻国民政府之武装暴动方针;

(二)苏维埃政府改名为中华民国特区政府,红军改名为国民革命军,直接受南京中央政府与军事委员会之指导;

(三)在特区政府区域内,实施普选的彻底民主制度;

(四)停止没收地主土地之政策,坚决执行抗日民族统一战线之共同纲领。

国难日亟,时不我待,本党为国忠诚,可矢天日。诸先生热心为国,定能允许本党之请求,使全国御侮救亡之统一战线从此实现也。我辈同为黄帝子孙,同为中华民族儿女,国难当前,惟有抛弃

① 《蒋总统秘录》第10册,第189页。

一切成见,亲密合作,共同奔赴中华民族最后解放之伟大前程。①

中国共产党提出的上述各条保证,是"对国民党一个重大的原则上的让步,其目的在于取消国内两个政权的对立,便利于组成抗日民族统一战线,一致的反对日本的侵略"②。毛泽东指出:"这种让步是必要的,因为这种让步是建立在一个更大更重要的原则上面,这就是抗日救亡的必要性与紧急性。这叫做双方让步,互相团结,一致抗日。"③

全国各界及舆论对国民党三中全会的召开十分重视,寄予殷切的期望,要求全会根据西安事变后新的形势,解决事变提出的各种重大问题,成为民族复兴的枢纽。

全国各界救国联合会发表宣言,希望蒋介石及南京政府"重新确定对内对外的国策"④。其上三中全会呈文中提出七项要求:(一)全国一致抗日;(二)联合世界上和平国家;(三)和平解决一切政治纠纷;(四)实行民主政治;(五)召集全国救亡大会;(六)实现言论集会结社自由;(七)释放一切政治犯⑤。全国学生救国联合会在上《三中全会书》中,提出停止一切内战,集中全国军力财力迅速收复失地,立即释放一切政治犯,确保爱国人民之生命与一切自由的要求,指出"凡兹数端,不但为本会与全国人民所切盼实现,亦一切友邦人民与政府所乐观其成。……用以却敌,何敌不却;用以安内,何内不安? 否则外侮益迫,而内乱终不能已,国共合作固无论,即国民党亦将自残以亡。"⑥上海工、学、商各界于2月15日三中全会开幕日举行盛大群众集会,通过决议,要求

① 中央档案馆编:《中共中央文件选集》第10册第135页;《西安事变档案史料选编》,第52页。

② 《中央关于西安事变和平解决之意义及中央致国民党三中全会电宣传解释大纲》,《中共中央文件选集》第10册,第137页。

③ 毛泽东:《中日问题与西安事变》,《救国时报》(巴黎),1937年6月13日。

④ 《国难新闻》第1期,1937年1月10日。

⑤ 《救国时报》(巴黎),1937年2月23、25日。

⑥ 《学生导报》第3期,1937年2月5日。

团结一致,对日抗战,收复失地,取消辱国条约,将亲日派分子驱逐于政府机关之外,实行民主政治等。北平学生界派代表 120 人于 16 日到南京向三中全会请愿,要求顺从民意,联合各党各派,建立民主政治,以集中全国力量,抗日救国,收复失地①。

《救国时报》发表社论指出:西安事变和平解决是否能贯彻到底,全系于国民党三中全会是否真能接纳全国人民"和平统一,一致抗日"的要求。"因此,从国民党本身来看,三中全会是国民党今后能否真与人民相结合,以挽救自己与民族危亡的关键。"②津沪《大公报》就对外对内问题发表《国民对于三中全会之希望》的社论说:"吾人以为今日不言对外则已,一言对外,则非国内真正统一,上下完全融和,万无可以救亡图存之理。""非对内有办法,决无对外可言。当前亟务,在于齐一全国意志,集合国力民力,建国救国,双管齐下。"要求中央保持国民的后援,注意多数的同情,贯彻和平宽大政策,开放言论、容纳结社,只要不用武力组织推翻政府,正当活动概予奖掖。"一旦对外有事,乃有全民动员之效。"③《申报》发表《论统一》的时评说:"在今天,凡是中国人都应该接受一个最高的救国原则,那便是民族的利害超过一切的利害。因为如果民族灭亡了,一切的利害都说不上。凡是中国人既然在着着以民族利害为前提的原则下共同奋斗,大家便得相互容忍,相互宽恕,抛弃无谓的纠纷,消除门户的成见,各个人要具有这样的态度,真正的统一才会实现。"④

三中全会于 2 月 15 日在南京开幕,到会的国民党中央执行委员、候补中央执行委员、中央监察委员、候补中央监察委员共一百七十余人。蒋介石、汪精卫、戴季陶、王法勤、冯玉祥、于右任、孙科、邹鲁、居正

① 《救国时报》(巴黎),1937 年 2 月 23 日。
② 《所望于国民党三中全会者》,《救国时报》(巴黎),1937 年 2 月 5 日。
③ 《大公报》1937 年 2 月 15 日。
④ 《申报》1937 年 2 月 18 日。

九人被推举为主席团。蒋介石是日未出席,由汪精卫致开会词。汪是亲日派首领。他于 1 月 14 日由欧洲回国后发表的国事感想报告中,公然宣称对外要与日本妥协,说:"任何国家……即使有侵略野心而且见之于行动的,我们也愿意以十二分的诚意与忍耐,求其觉悟,走上共同生存发展之道。"他仍然主张先安内,后攘外。"有人说道:'当今之务,攘外为先,安内为次。'殊不知安内攘外是一件事,不是两件事,不应从轻重来分,而应从先后来分。因为对外是以胜负来决定生死存亡的,必须本身有对外的能力,方才有对外的把握,断没有本身不健全而可以言对外的。"因而"不安内不能攘外","安内为攘外之先着"。他还声称一国不能有两种政府与军队,共产党提出的团结御侮,是靠不住的①。他在开幕演词中迫于全国民情的压力,不得不讲些保卫领土和收复失地的话,但仍不顾国人强烈要求停止内战,一致抗日的呼声,继续鼓吹"剿共",提出"尤勿使数年以来之剿匪工作功亏一篑"②。汪精卫上述与时局发展大不协调的言论,遭到多数国民党中委的非难。

会议期间,何应钦作军事报告,张群作外交报告,居正作国民党中央常务委员会工作报告,蒋介石作西安事变经过报告。

宋庆龄自 1927 年国共分裂十年以来第一次参加国民党中央全会。2 月 15 日,她和何香凝、冯玉祥、张人杰、李煜瀛、孙科等 14 人向大会提出《恢复孙中山三大政策之提案》,指出:"总理于民国十三年改组本党,确立联俄、联共与扶助工农三大政策后,革命阵营为之一新,革命进展一日千里。不幸十六年以后,内争突起,阵容分崩,三大政策,摧毁无遗,革命旋归失败,外侮接踵而来。尤其最近五年间,失地几及六省,亡国迫于眉睫。"还说:"近半年来迭次接中国共产党致我党中央委员会书函通电,屡次提议国共合作,联合抗日,足证团结御侮已成为国人一致

---

①　《大公报》1937 年 1 月 19 日。

②　《中国国民党第五届中央执行委员会第三次全体会议纪录》,中央执行委员会秘书处 1937 年 2 月编印,中国第二历史档案馆藏,第 3 页。

之要求。最近西安事变,尤足证实此点。虽与本党向处敌对地位之中国共产党亦愿停止危害本党政权之企图,拥护统一抗日,我党更应乘此机会恢复总理三大政策,以救党国于危亡,以竟革命之功业。"①

2月18日,宋庆龄在全会上发表了题为《实行孙中山的遗嘱》的演说,指出必须停止对日屈辱交涉。日本不能战胜中国,对日本帝国主义的力量作过高的估计,而对中国人民的力量估计过低,是错误的。只要忠实履行孙中山提出的三大政策,中国获得胜利是毫无疑义的。她针对汪精卫主张继续"剿共"内战的错误言论说:"令人遗憾的,就是直至今日,政府中有个别人们仍不了解欲救中国必先消灭内战。真是可笑,在今日居然还可以听到抗日必先'剿共'的陈古调子! 是不是在抗日之前我们必得先将自己的手臂砍下一个来才行呢? 我们已有十年痛苦的内战经验,在经过期中,国力损耗于内争,田园庐舍的破坏,但日本军阀却得以乘机将我们的土地一块块割去了。""为救中国必须停止内争,而且一切国力包括共产党在内,也必须完全利用来保卫中国的完整。事实的本身是极明显的,中国人不应打中国人。"她还提出要遵从孙中山联合世界上以平等待我之民族的遗训,"与以平等待我们的如苏、美、英、法等国合作"②。

在会上,杨虎城、于学忠提出改组政府;收容各党各派人才负责救国;停止一切内战;释放上海被捕之爱国志士及全国一切政治犯;开放民众爱国运动等八项主张,宣称:"虎城等爱党爱国,以为救亡之道,莫急于抗敌,而抗敌之道,尤以上列八项办法建其始基。"③孙科、王宠惠、冯玉祥、于右任等六人提出的《请特赦政治犯案》,认为南京政府近十年来对"人民从事爱国活动,或发为政治言论者,动辄指涉嫌疑,目为反

　　①　《救国时报》(巴黎),1937 年 4 月 15 日。
　　②　《救国时报》(巴黎),1937 年 4 月 15 日。
　　③　《杨虎城于学忠在国民党五届三中全会的提案》,《西安事变档案史料选编》,第 216—217 页。

动，罗致既多，冤抑日众，或流离失所，或则幽羁囹圄，其中不乏社会知名之士，本无背叛国家反对政府之事实，徒以一时政见不同，或偶为愤激之论者，亦复陷身缧绁，丧失自由，致使人心皇惑，社会不安"。要求"自民国十六年北伐以后，历次政变，所有一切政治犯，无论已被逮捕或尚在通缉判决，或未判决，应由国民政府明令概予特赦"①。冯玉祥等十六人提出《促进救国大计案》，要求：一、努力收复失地；二、采取积极外交；三、集中全国人才，严惩失职；四、筹划开办基本工业；五、励行议而必决，决而必行之精神；指出"以上所陈，为救亡图存，未可或忽者，应请迅议，公决施行"②。李宗仁、白崇禧、黄旭初、刘湘等九人提出《保障民众爱国言论解放民众爱国运动扩大救国力量案》，指出："我政府数年以来，对于民众救国之言论，民众爱国之运动，皆以外交上之困难，而多方抑制，长此以往，不徒民众对于本党之信仰日益低落，而民族意识之逐渐消沉，必将陷于不可振拔之境地。宗仁等目击时艰，认为目前之中国，非保障民众爱国之言论，不能使民众发扬其聪明才智，以共趋救亡图存之目的；非解放民众爱国运动，不能使民众发展其团结御侮之力量，以从事于民族主义之斗争也。"③潘公展、张继、张发奎、朱家骅、陈立夫等二十一人提出的《请确定巩固和平统一之实施步骤案》，要求"在不违背建国最高原则，不抵触中央最近国策范围以内，尽量放宽言论自由之路，使正当舆论得以宣扬"；"定期召集国民大会，制定宪法，同时各省市应分别加紧推进地方自治，巩固真正民治之基础"④。

2月19日，蒋介石在大会上作了《关于西安事变的报告》，并将陈布雷为他代笔所写的《西安半月记》作为附件送交大会，提出辞本兼各职的请求。他在报告中说，张、杨发动西安事变"凌乱纪纲"，"托兵谏之

---

① 《中国国民党第五届中央执行委员会第三次全体会议纪录》，第97—98页。
② 《中国国民党历次会议宣言及重要决议案汇编》第2册，第786—788页。
③ 《中国国民党第五届中央执行委员会第三次全体会议纪录》，第97页。
④ 《中国国民党第五届中央执行委员会第三次全体会议纪录》，第99页。

名,行劫质之实"。报告陈述他当时虽然不赞成张、杨提出的八项主张,但表示同意将它提交全会。报告中介绍了八项主张的内容,并说:"惟此节关系较大,不得不特为提叙,俾到会各同志注意。值兹全会开会,对于西北善后,当必有确当之指示;对于国事,亦必有详审之检讨;一切取舍可否,自当取决众议。"①大会对蒋介石提出的辞本兼各职的请求表示慰留,决议"无庸置议"②。大会对西安事变及张、杨提出的八项主张,作了否定的决议,称:"此项主张,不问其内容如何,惟既出以叛逆行为及胁迫方式,显系托词造乱,实国法军纪所不容,大会应不予置理,以绝效尤。"③

21 日,三中全会第六次大会通过由主席团蒋介石、汪精卫、戴季陶、冯玉祥、于右任、邹鲁、居正提出,邵力子、陈布雷等人组成的起草委员会起草的《根绝赤祸案》,以答复中国共产党 2 月 10 日提出的五项要求和四项保证。决议文对共产党进行了指责后说:"今者共产党人于穷蹙边隅之际,倡输诚受命之说,本党以博爱为怀,决不断人自新之路。"④表示要再次宽容共产党人,要与共产党重新合作的意向。为此,提出了处理与共产党关系的"最低限度办法":

第一,一国之军队,必须统一编制,统一号令,方能收指臂之效,断无一国家可许主义绝不相容之军队同时并存者,故须彻底取消其所谓"红军",以及其他假借名目之武力。

第二,政权统一,为国家统一之必要条件,世界任何国家断不许一国之内,有两种政权之存在者,故须彻底取消所谓"苏维埃政府"及其他一切破坏统一之组织。

第三,赤化宣传与以救国救民为职志之三民主义绝对不能相

---

① 《中国国民党第五届中央执行委员会第三次全体会议纪录》,第 43 页。
② 《中国国民党第五届中央执行委员会第三次全体会议纪录》,第 54 页。
③ 《对陕变之决议》,《中央日报》1937 年 2 月 20 日。
④ 《中央日报》1937 年 2 月 22 日。

容,即与吾国人民生命与社会生活亦极端相背,故须根本停止其赤
化宣传。

第四,阶级斗争以一阶级之利益为本位,其方法将整个社会分
成种种对立之阶级,而使之相杀相仇,故必出于夺取民众与武装暴
动之手段,而社会因以不宁,民居为之荡析,故须根本停止其阶级
斗争①。

《申报》周刊刊载的关于《三中全会根绝赤祸案》一文说:"共产党与
所谓红军,对于我国形势之推进,影响之巨,几为周知的事,而无需吾们
赘述。""他们也究竟都是中国人,他们的力量也究竟还是中国的力量。
在'整个民族之利害,终超出一切个人,一切团体利害之上'(见三中全
会宣言)的最高原则之下,我们……积极地不能坐视国家民族耗损这一
部分力量,自己毁坏救国的壁垒而为仇者快。"关于宣言提出的最低限
度四项办法,该刊说:"吾们站在民众的立场,觉得国难十分严重的今
日,共产党人既以共同御侮号召,实有接受这些办法的必要。"②《救国
时报》的社论指出,四项妥协办法,"只是共产党电报中所提议之和平统
一五点改换词句而已","在内容上,与共产党之提议,并无何种区别
……原则上必为共产党所乐于接受"③。2 月 26 日,参加三中全会后
回到西安与周恩来谈判国共合作的张冲,介绍三中全会的经过,说明国
民党容共的基础已定④。曾经参加三中全会的亲日派分子陈公博回忆
说:"虽然该案开始批评共产党一顿,但该案的内容,确是容许共产党活
动的。共是不剿了,红军可以收编了,苏维埃的边区政府也可以存
在。"⑤后来周恩来评论这项决议指出:"这个东西是双关的,因为红军

①　《中央日报》,1937 年 2 月 22 日。

②　《小言》,《申报》周刊第 2 卷第 8 期,1937 年 3 月 8 日。

③　《评国民党三中全会对共产党的决议》,《救国时报》(巴黎),1937 年 3 月
15 日。

④　《周恩来年谱》,第 354 页。

⑤　陈公博:《苦笑录》,现代出版社 1981 年版,第 253—354 页。

改了名称,也可以说是取消红军,但红军还存在;苏区改了名称,也可以说是取消苏区,但苏区还存在。"①

　　22 日,五届三中全会通过了宣言后闭幕。宣言重申了二中全会宣言中提出的国家处于非常形势下,对内以最大之容忍与苦心,薪求全体国民之团结,对外决不容忍任何侵略领土主权之事,亦决不签订任何分割领土之主权之协定,否则必出以最后牺牲之决心的方针,仍当继承不变,并努力以策其进行。同时并指出:"盖吾人始终如一之目的,厥为对内求自立,对外求共存。"如果"蒙受损害,超过忍耐之限度",则"决然出于抗战"②。这是继蒋介石在前述 2 月 5 日的日记中提出"抗战"后,自"九一八"事变以来,在国民党中央公开正式文件中第一次提出的抗战的方针,比二中全会宣言提出的"牺牲未到最后关头,决不轻言牺牲",显然又前进了一步③。宣言还规定对内主张和平统一:"和平统一,数年以来,为全国共守之信条。盖必统一,然后可以建设现代国家,以当救亡图存之大任。必和平然后人人皆知精诚团结,共赴国难,以驯至于真正之统一。""整个民族之利害,终超出于一切个人一切团体利害之上"。"意见之分歧,不取决于武力而取决于商榷"。宣言和决议一样,并没有放弃反共立场,仍称"本党为国家计,为人民计,决不忍数年以来,掷其血汗以从事剿匪工作之武装同志及一切同志怀功亏一篑之痛,无论用任何方式,必以自力使赤祸根绝于中国,免贻将来无穷之戚,而永奠民族复兴之基"④。

　　宣言还公布将于当年 11 月 12 日召开国民大会,制定宪法,实行民主主义,促进经济建设之进展,改善人民生活,逐步实现民生主义。全会还决定改中常会主席制为常委共同负责制。

　　①　《论统一战线》(1945 年 4 月 13 日),《周恩来选集》上卷,第 194 页。
　　②　《中央日报》,1937 年 2 月 23 日。
　　③　《国民党三中全会后我们的任务》,《中共中央文件选集》第 10 册,第 172 页。
　　④　《中央日报》,1937 年 2 月 23 日。

三中全会闭幕的当天，蒋介石接见中央社记者，阐述了对开放言论、集中人才和赦免政治犯等问题的意见。关于开放言论方面，他提出：除了"（一）宣传赤化与危害国家扰乱地方治安之言论与纪载；（二）泄漏军事外交之机密；（三）有意颠倒是非，捏造毫无事实根据之谣言"三者之外，其他均可开放，而且"希望全国一致尊重合法之言论自由"。集中人才方面，他表示"要多方征集人才，来共同努力，挽救国家"。赦免政治犯问题表示要"宽大平恕，召致和平，以谋一切之安定"①。随后，蒋介石又密令国民党的报刊不再使用"赤匪"、"共匪"等字样。

三中全会后，南京政府中张群辞去外交部长，主张对日采取强硬政策的欧美派人物王宠惠被任命为外长。

国民党三中全会是"国民党国策基本转变的开始"②，标志着国民党已从十年内战、独裁和对日妥协，开始转向和平民主和抗战的道路。1937年5月，毛泽东在《中国共产党在抗日时期的任务》一文中说："国民党三中全会，由于其内部有亲日派的存在，没有表示它的政策的明确和彻底的转变，没有具体地解决问题。然而由于人民的逼迫和国民党内部的变动，国民党不能不开始转变它过去十年的错误政策，这即是由内战、独裁和对日不抵抗的政策，向着和平、民主和抗日的方向转变，而开始接受抗日民族统一战线政策，这种初步转变，在国民党三中全会上是表现出来了。"③

舆论对这次国民党三中全会都作了肯定性的评价。《申报》周刊认为："这次三中全会的收获是划时代的。……从此全国集中力量，团结一致，从事于救亡、建国之大业，这可说是国事的绝大一个转捩。"④莫斯科《新闻报》指出："这一次的全会决议，是在字里行间另有意义的。

---

① 《中央日报》1937年2月23日。

② 《中共中央政治局扩大会议讨论经过摘要》（1937年4月7日），转引自《周恩来传》，第358页。

③ 《毛泽东选集》合订本，第235页。

④ 《小言》，《申报》周刊第2卷第8期，1937年3月8日。

但不管决议是怎样,都将不能改变近来已经清楚表示了的团结一致为国家独立而奋斗的历史趋向。"①上海日文《每日新闻》报也无可奈何地承认:"国民党三中全会决定对日政策,是外表退让,内实强硬之政策。""全会系使中国坚决准备对日抗战之转变关头"②。

第二节　对救国领袖的继续迫害

一　"七君子"案的开庭审理

国民党已开始由内战向抗战方面的转变,但并没有彻底转变,尤其是对人民群众的抗日救国运动继续采取压制迫害的政策。

沈钧儒等七人被押到苏州江苏高等法院看守所后,提审过几次,讯问内容与在上海所问差不多,但也有所增加,概括起来,包括下面几点:一,救国会反对政府,甚至有推翻政府的企图;二,主张停止内战,有袒护共产党的嫌疑;三,鼓动工潮;四,提倡人民阵线。他们的答复是:第一,救国会主张救亡图存,团结全国力量,一致抗敌,而且承认中央的领导权,没有任何政治野心和争夺政权的企图。它对政府政策有某些甚至是严厉的批评,这是任何国家国民都有的权利,而且其目的在推动政府抗日,绝不是反对政府,推翻政府。第二,救国会主张集合全国的人力、财力、物力,一致反抗日本帝国主义。国内任何力量,不应该在自相残杀的内战中有一丝一毫的消耗,尤其不愿中央在国内的冲突中,消耗它高度的实力。所谓袒护,显然不符合事实。共产党现在尚有很多武装,也是中国的一部分力量,并且它已一再通电表示愿意在中央的领导下共同抗日。为加强对抗敌人的实力计,自以停止讨伐为宜。这种主张完全是出于民族立场,毫无其他作用。第三,关于鼓动工潮问题,因

---

①　莫斯科:《新闻报》评论:《国民党三中全会》,1937 年 2 月 20 日。

②　转引自《救国时报·要讯》(巴黎),1937 年 3 月 5 日。

为日本纱厂里面的中国同胞在罢工后饥寒交迫，救国会捐了一些钱救济，并未煽动罢工。第四，救国会主张的是民族阵线，即是救国联合阵线或人民救国阵线，曾未用过"人民阵线"四字。前者以拯救民族危亡为要旨，是要一致对外的，后者是以工人阶级为中心，含有对内的意义①。沙千里说："每次讯问，问来问去，老是问那一套，如同将一桶水，倒来倒去，还是这么一桶水，倒不出什么新花样来。"②

西安事变爆发后，南京政府当局认为：张学良、杨虎城的八项主张的第三项是要求立即释放被捕之爱国领袖，其他几项与救国会的主张复完全相同，而救国会又在事变前二十天曾有电报给张学良，希望他火速坚决要求南京政府援绥抗日，且全救会与西北各界救国联合会等救亡团体关系密切，既然这样，全救会显然是"勾结军人，谋为轨外行动"，因此迁怒于沈钧儒等诸救国领袖。CC 首领陈果夫、陈立夫竟要求枪毙"七君子"，以警告张、杨，幸而为冯玉祥所阻止。冯玉祥说："我们的人被扣在西安的不止七个，而且中间有蒋委员长，这时千万不能动杀机，动了杀机我们的人危险太大。"③"杀了沈等，救不了蒋介石，却堵死了与张、杨通声气的余地，此刻千万不可轻率从事，更不宜去轰炸西安，这样会玉石俱焚。"④当时南京政府司法部在给苏州江苏高等法院的一封密电说："李公朴等案情节重大，兹值西安事变，人心浮动，其通电尤复淆乱听闻。仰饬看守所务加派看守，严密戒护，毋得稍涉疏虞。"因此从 12 月 14 日起，苏州高等法院看守所顿时紧张起来，门口增加了宪兵和保安队，不仅朋友禁止见面，家属也不许探望。连他们看报都不准许。

西安事变和平解决时，张学良、杨虎城曾与蒋介石、宋子文谈判达

①　沙千里：《七人之狱》第 74—75 页；《韬奋文集》第 3 集，第 110 页。

②　沙千里：《漫话救国会》，第 50 页；参见《七人之狱》，第 94 页。

③　章乃器：《七十自述》，《文史资料选集》第 82 辑，第 40 页。

④　胡子婴：《关于救国会和"七君子"事件的一些回忆》，《救国会》，第 463—464 页。

成立即释放被捕的上海爱国领袖的协议,并曾提议安排宋庆龄、沈钧儒、章乃器、杜重远在改组后的国民政府行政院中任职。12月25日下午,蒋介石离开西安时,在机场对杨虎城说:"回南京之后,实行(一)停止内战;(二)释放救国会领导人等六项承诺",并信誓旦旦地表示:"我们答应你们的那些事,我回南京一一都可实现,不然我也不成其为国家民族之领袖。"①国民党召开的五届三中全会,发出了释放政治犯,开放言论自由,保护救国运动,聚集人才的讯号。人们均以为沈钧儒等必可无罪释放。

从上年12月4日沈钧儒等人被羁押,到1937年2月4日侦查期满后,延长了两个月,到4月3日又已届满,按照法律规定,法院是不能再羁押下去了。

4月3日是对"七君子"法定羁押侦查期满的最后一天,江苏高等法院检察官公然又炮制了一份《起诉书》,罗织成"十大罪状",即所谓(一)"有意阻挠中央根绝赤祸之国策";(二)"不承认现政府为有统治权,并欲于现政府外更行组织一政府";(三)"蔑视政府,故为有利于共产党之宣传";(四)"提倡人民阵线",有"国际背景,政治野心";(五)"抨击宪法";(六)煽动工潮;(七)宣传与三民主义不相容之主义;(八)与第三国际有关系;(九)"勾结军人,谋为轨外行动",引发西安事变;(十)罗青曾参加以危害民国为目的的团体(按实指组织江苏各界救国联合会),有牵涉章乃器并及沈钧儒、邹韬奋之处。结论是被告等"共同以危害民国为目的,并宣传与三民主义不相容之主义","系共犯《危害民国紧急治罪法》第六条之罪"②,对沈钧儒、王造时、李公朴、沙千里、章乃

---

① 《蒋离陕前表示救亡具体意见》,《解放日报》(西安),1936年12月27日;参阅申伯纯:《西安事变纪实》,第163页。

② 《起诉书》,上海《大公报》、《时事新报》1937年4月7日。按:国民政府1931年1月31日颁布的《危害民国紧急治罪》第六条规定:"以危害民国为目的而组织团体或集会,或宣传与三民主义不相容之主义者,处五年以上,十五年以下有期徒刑。"见《国民政府公报》第688号,1931年2月3日。

器、邹韬奋、史良、陶行知，以及罗青、顾留馨、任颂高、张仲勉、陈道弘、陈卓共十四人提起公诉，并通缉陶行知等人。

《起诉书》4月7日在各报刊登出来后，一场救国无罪和"救国有罪"的尖锐激烈斗争，在江苏高等法院内外展开了。

沈钧儒等七人聘请了律师，分别为：沈钧儒的辩护人：张耀曾、秦联奎、李肇甫。王造时的辩护人：江庸、李国珍、刘世芳。李公朴的辩护人：汪有龄、鄂森、陈志皋。沙千里的辩护人：江一平、徐佐良、汪葆楫。章乃器的辩护人：陆鸿仪、吴曾善、张志让。邹韬奋的辩护人：刘崇佑、陈霆锐、孙祖基。史良的辩护人：俞钟骆、俞承修、刘祖望①。在聘请辩护律师的同时，他们最后写成1.7万余字的《答辩状》递交法院。

《起诉书》提出之后，国民党中央秘书长叶楚伧出面，通过杜月笙、钱新之向沈钧儒等被告进行劝降迫降活动，提示只要他们切实保证以后不再从事救国活动，留居京中或出国，即可撤回公诉，或先行交保。沈表示："三中全会后，政府既宣示上下团结一致对外之主义，本人亦深愿在中央领导下，从事爱国运动。"②叶楚伧等以沈钧儒等人仍表示要继续从事爱国运动，以"应照顾到党部威信"③为由，主张按《危害民国紧急治罪法》判处徒刑，随审随判，如沈等不作任何辩护或上诉，即可押送南京反省院；入院后，必须认错并写具悔过书，方准交保释放。但国民党当局担心如果贸然判罪，在法律上站不住脚，将引起社会舆论的谴责，于是指令法院"取'多调查，少开庭'办法"，以"避免法律上社会上之若干重大麻烦"④。

---

① 《答辩状》，《大公报》1937年6月7日。这些律师中，有的当过司法总长、国会议员、大理院（相当于后来的最高法院）审判长，以及现任的大学法学院院长、大学教授、上海和苏州律师公会会长等，在社会上都很有声望。请这样多的律师，而且都是知名人士辩护，这在司法界的历史上是绝无仅有的。

② 《"爱国罪犯"沈钧儒明日开审》，《广西日报》，1937年6月10日。

③ 1937年5月4日李公朴日记原件。

④ 《"爱国罪犯"沈钧儒明日开审》，《广西日报》，1937年6月10日。

5月23日,叶楚伧在给杜月笙、钱新之的信中,道出了他们策划诱降迫降,将沈钧儒等七人强制送反省院的阴谋:"沈事宣判之日,自当同时谕交反省院,以便一气呵成。至就近交反省院一节,弟意不如在京,因在京出院以后,出国以前,更可多得谈话机会。中央同人颇愿与倾心互谈,一扫过去隔阂,而于其出国之时,归国之时,均可于此时日中重开坦白光明之前途,于公于私均为有益。"他在信中还特别指出:"若虑及途中引起注意,自可避免一般递解之形式,毫无形迹可寻也。"①国民党这一花招,遭到沈钧儒等七人的坚决抵制。他们认定个人自由事小,争取救国无罪事大,宁可不出狱,决不丧失立场和有损人格,毅然拒绝进反省院的无理要求。

6月7日,沈钧儒等七名被告和他们的义务辩护人在上海各大报发表《答辩状》。《答辩状》指出:"起诉书认为被告等有共同以危害民国为目的而组织团体,并宣传与三民主义不相容主义之嫌疑。然以被告等爱国之行为,而诬为害国;以救亡之呼吁,而指为宣传违反三民主义之主义,实属颠倒是非,混淆黑白,摧残法律之尊严,妄断历史之功罪。"要求江苏高等法院,"秉公审理,依法判决,谕知无罪,以雪冤狱,而伸正义"②。

同时全救会也发表《为江苏高等法院对沈章诸先生提起公诉的答辩并告全国人民和全体会员》书,呼吁党国领袖、社会硕望、全国同胞及全世界人民,本正义法理,为本案作合法之声援,俾得迅速判决被告无罪,立即无条件释放。平津各界1690余人亦另嘱托律师代拟一答辩书,认定:"惟就起诉书所采取之书证,通体观察,追求真意,苟不断章取义,故意周内,则不特足以证明被告等非以危害民国为目的,且证明其所宣传者,又何曾与三民主义不相容,应无犯罪之可言。"③

---

①　《救国会》,第240—241页。

②　以上见《救国会》,第249、270页。

③　《沈钧儒等被诉危害民国嫌疑案(一)》,《益世报》(天津),1937年6月10日。

国民党当局诱降的图谋未能得逞,即决定对"七君子"开庭审理。6月11日,"七君子"案在苏州江苏高等法院由刑事第一法庭正式审理。沈钧儒第一个受审。审问要点摘录如下:

问:全国各界救国联合会是怎样组织的?

答:全国各界救国联合会是以各地救国会作单位的,先由各地斟酌地方情形,分别组织各个救国会,再来联合起来,成立该地各界救国联合会,再由各地各界救国联合会派代表组成全国各界救国联合会。譬如上海的各界救国联合会就是它的一个单位。

问:加入救国会有什么手续呢?

答:凡愿意抗日的都可加入,没有什么限制。我们觉得每一个中国人都应该救国,都有能力救国,所以对于入会的人没有任何手续上的限制。

问:政治纲领里面关于联合各党各派召集救亡会议两点是怎样解释的?

答:集中全国力量共同抗日。

问:所谓联合各党各派是指那些党派呢?

答:并没有指定是那一党那一派。希望全国各党各派,都放弃成见共同联合起来抗敌。当然,凡是中国人,除了汉奸都在内。

问:那末,纲领里面说建立一个统一的抗敌政权是什么意思?

答:这一点请审判长特别注意。起诉书里面曾说,我们主张建立一个统一的抗敌政权是为的对内,不是对外,这是极大的错误。我们从来没有讲过另组织一个政府的话。我们认为国民政府当然是最高的组织。我们是国民政府统治下的人民,如果有另行组织政府的企图,那就是革命,怎样会把自己的文件公开,并且拿去见吴市长呢?

问:所谓各党各派包括那些党派,是否指容共而言?

答:国内所有党派都在内,如像国家主义派、第三党等也是不能否认的政党,共产党当然也在内。说到容共与清共,这只是政策的转变,不是绝对的。按孙中山先生的遗教,"容共"是团结力量的好名词,但清共以后变成坏名词了。关于救国会的所有文件,只说停止内战,从未说过"容共"二字。

问:你赞成共产主义吗?

答:赞成不赞成共产主义,这是很滑稽的。我请审判长注意这一点,就是,我们从不谈所谓主义。起诉书竟指被告等宣传与三民主义不相容的主义,不知检察官何所依据? 如果一定要说被告等宣传什么主义的话,那末,我们的主义就是抗日主义,就是救国主义。

问:抗日救国不是共产党的口号吗?

答:共产党吃饭,我们也吃饭,难道共产党抗日,我们就不能抗日吗? 审判长的话,被告不能明白。

问:那末你同意共产党抗日统一的口号了?

答:我想抗日求统一,当然是人人所同意的。如果因为共产党说要抗日,我们就须要说"不抗日";共产党说统一,我们就须要说"不统一",这一种的说法,是被告所不懂得的。

问:你们反对政府剿共么?

答:这不是这样简单说法的。我们最反对的是日本要来与我们合作防共;关于剿共,我们没有说过。不过政府剿共十年,政府与人民很苦,我们不能不关心。至于说我们巴结共产党,我们的脑子里想也想不出来。

问:你知道你们被共产党利用么?

答:假使共产党利用我抗日,我甘愿被他们利用;并且不论谁都可以利用我抗日,我都甘愿被他们为抗日而利用。把不登记认为就是秘密的,我们拿宣言去见吴市长又怎么解释呢? 救国会是没有丝毫秘密性质的①。

---

① 以上见《救国会》,第 271—283 页。

沈钧儒审问完毕，依次对章乃器、王造时、李公朴、邹韬奋、沙千里、史良以及顾留馨、任颂高、罗青进行了审问。审问详略虽有所不同，所提问题则大体一样，没有超过审问沈钧儒所涉及的范围。

整个审问一直延续到下午7时。江苏高等法院没有得到任何可以对被告定罪的口供和依据，决定于第二天再审。为了打乱国民党在第二天结审，随审随判罪，强制送反省院的部署，沈钧儒等人决定先发制人，按照《刑事诉讼法》条文规定，写具《声请回避状》。回避状以合议庭推事"已具成见，不能虚衷听诉，而将专采起诉书所举不利于被告之主张以为诉讼资料，断难求得合法公允之审判"为由①，向法庭递状，要求主审的审判长和推事全体回避。全体律师也拒绝参与审理，实行"罢席"。因此第二天下午开庭时，律师席上空无一人。法院无可奈何，审判长不得不宣布停止诉讼程序，改期再审，审判因此中止。

二　蒋介石态度的改变

如前所述，蒋介石在西安事变中曾同意张学良、杨虎城提出的释放上海被捕的爱国领袖的要求，并保证回京后即下令办理。国民党五届三中全会后，内战停止，国共第二次合作正在积极进行，全国人民强烈要求团结抗日，形势较前有了明显的变化。五六月间，蒋介石准备邀集一些社会名流在庐山开会，共商抗敌御侮，复兴民族的大计。"七君子"都是著名的学者，又是抗日救国的领袖人物，也在网罗之列。6月初，蒋介石嘱咐叶楚伧早些结束"七君子"案。叶说："我们早已安排妥当了，先在苏州高等法院对他们审讯一下，然后押解到南京反省院，具结'悔过'，再由杜月笙出面把他们保释出来，送到庐山参加会议。"蒋介石听后，皱皱眉头说："不要这样麻烦了吧！"叶楚伧诡称：钧座放心，沈钧儒等人已经同意这样安排，不会有什么问题。蒋介石这才点点头说：

---

① 《救国会》，第309页。

"那也好,不过到时候一定要把他们送来啊!"①当时有记者报道说:"'准予保释'的风传,记者在上海早听见过了。据说,蒋委员长在庐山时,曾致电中央,请释七人,送他们到庐山去谈话,不想中央党部方面有人主张一定要他们写悔过书,他们那里肯写。"②

　　上述蒋介石和叶楚伧的对话情况,是胡子婴6月6日从《大公报》社社长张季鸾那里探悉的。张季鸾虽然不在国民党政府担任什么官职,但其人足智多谋,一向颇受蒋介石的器重,遇有什么重大问题,往往征询他的意见。张季鸾刚从庐山回上海,他在那里会见了蒋介石和叶楚伧,因而得知这一情况。胡子婴认为,国民党内部蒋介石与叶楚伧等人之间,对"七君子"案的处理有不同意见,叶等千方百计坚持诱降,并非出自蒋介石的主张,这点十分重要。第二天即6月7日,胡子婴便赶往苏州,向沈钧儒等汇报了这一新情况。沈钧儒等听后,经过反复研究,觉得可以利用国民党内部的矛盾,击破诱降的阴谋,争取案件早日结束。沈钧儒同张季鸾比较熟识,于是由他写了一封信,请张再一次上庐山,向蒋介石面陈他们抵制进反省院的决心。胡子婴持信赶回上海,再一次去见张季鸾,转达沈钧儒等人的意见,并说明沈等的决心,如果解送反省院,他们将采取绝食手段,斗争到底,虽死不惜。张季鸾因刚从庐山回来,他不愿在蒋介石眼里成为"七君子"的说客,表示不愿意再度上山。胡子婴知道张季鸾是十分维护蒋介石的,就因势利导向张指陈利害说:"七君子"一案已经引起全国和全世界人民的关注,在这方面,蒋委员长的信誉不免受损。他们如果因被强制送反省院而绝食致死,那对委员长威信必将受到极大的损害。这几句话对张季鸾有所触动,他沉思了一会儿最后说:"庐山我是不再去了,既然沈老托我,我就给蒋公写封信吧,试试看有没有转圜的余地。"于是当面把信写好,信不长,大意是:钧座毅然决然地要实行抗战,就要动员全国民众,共同对

---

　　①　《救国会》,第470页。
　　②　《沈钧儒先生等访问记》,《救国无罪》,第176页。

敌。但是现在主张抗敌的最大群众组织救国会七位领导人,却还关在监牢里,这是与人民对立,于抗敌不利。现在他们七人坚决反对进反省院,甚至准备采取绝食的手段,如果万一发生不幸,则各方面的反应将对国家,对委员长均有不良影响,请钧座三思[1]。

6月12日,就在沈钧儒等递交声请回避状的这一天,钱新之去南京看望蒋介石的亲信秘书陈布雷。正好蒋从庐山打电话给陈,询问"七君子"案件有什么问题没有,并嘱咐他在顺利结案之后,将他们如期送往庐山。当日下午,苏州审讯发生声请回避的波折,一时不能审结送反省院的讯息传送到了陈布雷那里。就在此时,蒋介石又去电话告诉陈布雷,说张季鸾有信给他,沈钧儒等反对进反省院,不惜用绝食来进行抗拒,究竟是怎么回事,他很不放心。陈布雷无法再隐瞒真相,就将沈等声请回避的事报告了蒋介石。蒋听后发怒,训斥了陈一顿。陈布雷遭申斥之后,立即亲自到钱新之寓所,央他打电话给在上海的杜月笙,请他邀张季鸾与钱新之于第二天同去苏州探望"七君子",劝告他们稍安毋躁,还说委员长也是要抗日的,彼此并没有什么根本分歧,正在想妥善办法,了结他们的案子,企图借此稳住沈钧儒他们,不要再生意外枝节。钱答应照办。

6月13日下午,钱新之、杜月笙即偕同张季鸾、黄炎培以及沈钧儒的辩护律师秦联奎到苏州去探视沈等七人,并转述蒋介石对他们关怀宽大之意[2]。沈钧儒等七人当即给蒋介石写了一封信交钱新之代转,信中说:"钧儒等前年在华北垂危之际发起救亡运动,为全国团结御侮之呼吁,其动机纯在发动人民之力量,为中央制止分离运动之后盾,使国家增强统一抗敌之基础,其决无反对政府之用心,可质天日,所发表文件,足资证明。……钧儒等在羁押中,对个人利害,非所计及,其所忧惶系念者,则为救亡运动之前途。如能在政府抗敌御侮之国策下,努力

---

①　《救国会》,第472页。

②　李公朴日记1937年6月13日,未刊。

工作,关于此问题,深愿得间面谒钧座,倾怀陈述,冀获钧座剀切之指示,以求得合理之解决,则对国家对社会始均可告无罪,而无负于钧座之厚望焉。"①

14日,蒋介石密电叶楚伧:"如沈钧儒等来山时,请代邀杜月笙、钱新之两君同来牯岭晤谈为盼。"②17日,沈钧儒等在致杜月笙、钱新之信说:"如蒙准予保释,趋赴庐山,必可剖陈一切,获得合理之根本解决。对于经过反省院一点,钧等认为于国家前途无益,于个人人格有损,万难接受,不得不誓死力争,惟有尽其在我,依法应诉而已。"③

沈钧儒等于6月22日写了《第二次答辩状》,指出:"缘救国会发起于二十四年终华北问题极端严重,分离运动迫于眉睫之际,故当时中心主张即为制止分离运动,统一民族阵线,而以抗日为最高之目标,其'促成一个统一的抗敌政权'之呼号,即根据此种要求而来,其意在集中抗日力量于中央领导之下,而绝无改组政府之企图,实彰彰明甚。即以常识判断,被告等为主张息争御侮之人,亦安忍倡改组政府之说,以增重内争,消耗国力,而自陷于矛盾乎? 其次,若'停止内战'及'全国各党派各阶级合作'等主张,其意义亦均在保存抗日力量,而使之集中于政府领导之下。千言万语,殆无不以抗日为依归。……"答辩状说:"目下华北危机,依然迫急,敌伪伺隙思逞,不减当年。被告等身处囹圄,忧惶万状,为国自效,固尝瘝瘝以求之。为此理合补具意见,请钧院盱衡时局,宣告被告等无罪,为政府国策作进一步之阐明,为民族增一重之团结,国家前途,实利赖之。"④

第二天,即23日,沈钧儒等再次致书蒋介石,并寄去《第二次答辩状》副文一纸,信中表示:"嗣后如获在钧座领导之下,竭其驽骀,为国效

---

①　《救国会》,第309—310页。

②　李公朴日记。

③　《救国会》,第311页。

④　《申报》1937年6月23日。

力,不胜大愿。一俟由杜、钱两先生保出,即当随同杜、钱两先生赴庐聆训。"①

6月22日,叶楚伧在致杜月笙、钱新之密电中说:"沈事势非先将悔过书内容决定,未便赴庐,务乞立即转知具悔过书。如能接受,并草送文稿,弟廿四晨到沪,可再作内容文字之研究。"②杜月笙、钱新之22日将蒋介石致叶楚伧和叶致杜、钱两密电携至苏州给"七君子"看时,李公朴在日记中写道:"关于悔过书一点,在最早的时候,就有人暗示过,我们曾坚决的明白说,这是不可能的。后来闻杜先生亦表示反对,并向叶说明一切,叶亦认为不必再提。此次观叶电,竟仍谓须悔过,真不知是何用意。到庐山是蒋先生要我们去,非我们求去,今以具悔过书为我们赴庐的条件,是直等于不要我们赴庐耳。……吾人是决不会签署任何有失立场,有丧人格之文件耳。"③邹韬奋也说:"誓死保全人格,是要替中华民族人格稍留余地;誓死力争救国无罪,是要替救亡运动前途稍留生机。"④7月16日,沈钧儒在其致儿子沈谅的一封信中,道及当时国民党统治集团内部在"七君子"案件上的矛盾和分歧时说:"传蒋意欲我等往庐山面谈,而中央及地方党部似不愿我等与蒋直接解决;种种破坏,于是要判我等罪,要我等写悔过书,要于判罪后送反省院,要于赴庐山时对外宣布是将我等改押反省院。因此,我们设法拒绝一切,只好庐山也不去。在法院方面尽量用法律手续来对付。……无论如何,救国无罪是非力争不可。"⑤

从上年"七君子"事件发生时,蒋介石主张严厉镇压,到这年5、6月转而采取宽大怀柔政策,这从一个侧面也反映了蒋介石对内对外政策的变化,即从"攘外必先安内"转向对外共同抗敌御侮。这对"七君子"

---

①　《救国会》,第312页。

②　《救国会》,第311页。

③　1937年6月28日李公朴日记。

④　1937年6月28日李公朴日记。

⑤　《沈钧儒文集》,第326页。

的出狱起了重要的影响。

三　江苏高等法院更新审理

前述 6 月 12 日沈钧儒等声请回避,江苏高等法院审理暂停。当日有记者问高院院长朱树声如何裁定,何时再开庭,朱答称:"现对于沈等各被告声请,如何裁定,正由推事评议中,约一二日可以决定接受与否。如承审推事认为声请理由充分,回避当然不成问题,否则将由另一庭各推事评议决定。至何时开庭,也要回避问题解决后才能决定。"①被告家属和辩护律师当即表示,如承审推事肯回避自无问题,否则决向最高法院抗告。朱树声当晚即电京报告,司法行政部复电指示:"此案苏高法院有裁定权,高院如认为无理由,可予驳回;如被告不服,可向最高法院请求裁定。"②后江苏高等法院经裁定照准。6 月 24 日,第二次开庭审理前夕,沈钧儒等又向法院提出《声请调查证据状》,除请求调查他们上次开庭时提出的二十多个问题外,另提出十个问题,要求法庭调查证据③。

6 月 25 日,江苏高等法院第二次更新审理。由于沈钧儒等被告写了声请回避状,本案改由刑二庭审理。主审为朱宗周,承审推事李岳,陪审推事张泽浦,主科书记管翎飞,检察官仍为翁赞年。上午 9 时开庭。

这次审判长对各被告讯问的问题,计有一、各救国会之组织;二、全国各界救国联合会宣言中所谓"联合各党各派"及"建立一个统一的抗敌政权"的意义;三、《团结御侮的几个基本条件与最低要求》一文中所列有容共嫌疑之字句;四、救国会与毛泽东及共产党之关系;六、抨击宪

---

①　《立报》,1937 年 6 月 13 日。

②　《立报》,1937 年 6 月 15 日。

③　《时事新报》,1937 年 6 月 25 日。

法草案；七、各被告与日商纱厂之罢工有无关系；八、与张学良的关系及与西安事变有无因果；九、《救亡情报》之发行；十、要求释放政治犯之主旨①。全日讯问达七小时之久。上午提审沈钧儒、章乃器、王造时、李公朴，下午审讯邹韬奋、沙千里、史良等人。这次审理最后集中于西安事变与被告及全救会的关系问题。

审判长问："你们要向张学良调查，是什么意思？"沈钧儒说："我们与西安事变毫无关系，但起诉书硬说我们有重大关系，如贸然判罪，我们是不服的。"②张志让律师起立发言说："张学良所提救国会议，与救国会主张救亡会议性质是否相同，应把双方意见进行比较，有向张学良调查的必要。"③问："你主张建立统一抗敌政权是张学良改组政府的意思吗？"沈答："救国会所有文件，从未提到改组政府，起诉书硬说我们与张主张相同是错误的。"④章乃器说："在去年十一月间，我们在报上见绥远抗战，所以打电报给张学良，要求出兵援绥，同时也有电报给政府及傅作义，是要求一致出兵。"审判长问："你们昨日具状请求调查证据是什么根据？"章答："刚才检察官所说的西安事变是我们勾结而成的，有何根据，所以要请向张学良调查。"⑤

审问邹韬奋时，检察官翁赞年发言：被告刚才说本检察官断章取义，故入人罪，这是不对的。你们给张学良的电报，叫他出兵抗日，他未得中央的命令，怎能抗日？并且他隔绥远很远，事实上也不能抗日，救国会电报在11月中发出，西安事变即于12月中爆发，救国会电报引起西安事变，所以此次虽依据危害民国紧急治罪法第六条之规定起诉，但

---

①　《新闻报》1937年6月26日；《时报》1937年6月26日。

②　《沈钧儒等案高院更新审理》，《时报》1937年6月26日；《时事新报》1937年6月27日。

③　《沈钧儒等案高院更新审理》，《时报》1937年6月26日；《时事新报》1937年6月27日。

④　《时报》1937年6月26日；《时事新报》1937年6月27日。

⑤　《时事新报》1937年6月27日。

核诸各被告之行为,实有构成《危害民国紧急治罪法》第一条第三款第四款之可能①。邹韬奋回答:"我刚才说断章取义,罗织入罪,是指人民阵线而言,但检察官却牵到张学良的问题,这是牛头不对马嘴。审判长若认为检察官的话是对的,那么请不必再讯问下去了。"审判长频频摇手,制止其发言,但邹韬奋不理,接着说:"被告刚才讲话被检察官驳斥,所以我也有权辩释。"审判长递全救会给张学良电文给邹韬奋看,邹阅毕后又说:"此电内容明白说请他出兵抗日,并非叫他举行兵谏,且全救会时有同样电文给国民政府及傅作义、韩复榘、宋哲元,检察官何以不仔细看看。"检察官又说:"因为你们给张学良电引起事变,而给国民政府及宋、韩、傅电,则并未引起事变。"邹说:"请检察官说明电报中所谓援绥究竟和西安事变有何因果关系。"②检察官无言可对。

沙千里说:"给张学良通电,因张为东北人,应出来打日本人;同时有电给国府和傅作义,西安事变是否由此电而起,请问张学良,此电报是为打日本人还是引起内战?"③

史良说:"报上只注意致张电,而不注意给政府与傅作义的两电,又何以指张电即为勾结? 因为内容是一样的。""请张援绥电文,词义文句甚明,乃检察官既强指我们勾结工人,复又强指勾结西安,须知工人系受日人压迫而罢工,我们实亦并未勾结西安。检察官亦中国人,何苦坚欲挑拨我们民众与政府间的关系。"又说:"张学良八项主张中有与我们相同的,中国人所受压迫相同,要求相同是自然的道理。"④

----

①　《大公报》1937 年 6 月 26 日。按:《危害民国紧急治罪法》(1931 年 1 月 31 日公布)第一条为"以危害民国为目的,而有左列行为之一者处死刑"。其第三款为"勾结叛徒图谋扰乱治安者"。第四款为"煽惑军人不守纪律,放弃职务,或与叛徒勾结者"。见《国民政府公报》第 688 号,1931 年 2 月 3 日。

②　《沈钧儒等二次庭讯供词(三)》,《时事新报》1937 年 6 月 28 日。

③　《更新审理沈钧儒等案》,《立报》1937 年 6 月 26 日。

④　《沈钧儒等被诉案苏高院昨竟日审讯》,《时事新报》1937 年 6 月 26 日;《时报》1937 年 6 月 26 日;《立报》1937 年 6 月 26 日。

辩护律师亦请求向张学良进行调查,使全国清楚本案真相①。

这时,全体辩护律师二十四人激于义愤一致起立,向检察官表示抗议,要求调查证据,法庭内空气十分紧张。审判长说:"此事要评议后再定。"并声称各辩护人对证据一点,经讯问各被告后再谈。检察官翁赞年则说:"不用传张学良,讯问笔录已够。"②

沈钧儒起立发言说:"勾结军人,应用危害民国罪第一条判处死刑,至少应判处无期徒刑,但蒙检察官'宽容',却用第六条。起诉书既说'勾结',但检察官侦察四月,罪证尚未确定,要请检察官彻底调查证据,我宁愿受国法处分。"③检察官哑口无言,不能再弹老调了。

此时,李公朴又跑到前面说:"请问检察官侦察四月,那样有利被告证据曾加调查? 现请检察官另外调查。"④

章乃器又发言说:"检察官自己不调查证据,并且阻止审判官调查证据,这是不对的。检察官刚才说代表国家行使职权,这是对的。但是我们希望代表中华民国的人格来说话,不要叫老百姓丢脸。"⑤王造时、沈钧儒要求再次发言,被审判长制止。

为了要求调查证据,从下午4时到5时,被告及辩护律师同检察官又发生激烈争辩。李文杰在当天的日记上写道:"与检察官大开辩论,庭上空气,至为紧张。"⑥

至下午5时35分,审判长只好宣布暂时退庭评议。6时零5分,审判长、检察官、律师、被告再回到法庭,审判长宣布:"请求调查西安事

---

① 《更新审理沈钧儒等案》,《立报》,1937年6月26日。

② 《更新审理沈钧儒等案》,《立报》,1937年6月26日。

③ 心炎:《"爱国无罪"案二次听审记》,《国民》(周刊)第1卷第9期,1937年7月2日。

④ 《更新审理沈钧儒等案》,《立报》,1937年6月26日。

⑤ 《大公报》,1937年6月26日。

⑥ 李文杰:《回忆上海律师界为"七君子"案进行辩护的斗争》,《文史资料选辑》第73辑,第190页。

变,评议结果,决向军委会调集军法会审案卷及事变真相,其他请求应毋庸议"①,并决定调查完毕后,再定期公审。

7月5日,因沈钧儒等被告自4月5日羁押期满已届三月,江苏高等法院以"证据尚未调查完备,尚有继续羁押之必要"为由②,将他们的羁押期间再延长两月。

江苏高等法院于休庭后致函军事委员会,调查张学良的案卷。7月6日,军委会的复函如下:"贵院二十六年六月二十八日第二五六三五号公函,以受理沈钧儒等危害民国一案,嘱检送张学良劫持长官一案卷宗,以资参证等由。查张学良劫持长官一案内,与沈钧儒有关之供词仅:'我们一切的人都是爱国的,我们痛切的难过国土年年的失却,汉奸日日的增加,而爱国志士所受的压迫反过于汉奸。事实如,殷汝耕同沈钧儒相比,如何乎?'等数语,相应函请查照为荷。"③复函援引张学良这段话,是张于1936年12月31日在军法会审时的供词,这清楚表明,张学良发动西安事变,完全是基于他的一片抗日爱国赤诚,和对沈钧儒等爱国领袖无辜被捕表示深切同情,并无其他。江苏高等法院的审讯实际上无法继续进行下去,后来并未再开庭。

第三节　救国无罪,人民的抗争

一　新的营救抗议浪潮

从1937年4月江苏高等法院对沈钧儒等人提起公诉,到6月苏州审判期间,"七君子"案件成为全国舆论注意的中心问题之一。问题在政治而不在法律;争取救国自由,不仅关系救国运动的命运,而且"要

---

① 《更新审理沈钧儒等案》,《立报》1937年6月26日。
② 《大公报》(上海),1937年7月8日。
③ 1937年7月24日李公朴日记,参见前引文。

影响整个民族的前途"①。全国各方面人士开展了较前一阶段更加广泛的营救运动,强烈要求国民党当局对沈钧儒等人宣判无罪释放。

4月11日,毛泽东致电潘汉年说:"闻法院对沈钧儒等起诉将判罪,南京又有通缉陶行知事,爱国刊物时遭封禁……以上各事完全违反民意,违反两党团结对外主旨,望即入京向陈、张诸君提出严重抗议,并要求迅即具体解决。"②同一天,周恩来致电参加国共谈判的国民党代表张冲,指出对沈钧儒等提起公诉的做法"大失国人之望",希望张"进言当局,断然改变此对内苛求政策"③。

12日,中共中央发表宣言,认为沈钧儒等"以坦白之襟怀,热烈之情感,光明磊落之态度,提倡全国团结,共赴国难,停止内战,一致抗日,此实为我中华男女之应尽责任与光荣模范,而为中国及全世界人民所敬仰"。以莫须有的罪名逮捕他们并长期关押,不特全国人民反对,世界有识人士所不满,甚至国民党内部爱国分子亦多愤愤不平,西安事变八大要求中,提出立即释放他们,即是明证。西安事变和平解决,三中全会开始表示出自愿放弃其错误政策,"全国人士亦正以诸先生之能否无条件开释以判断国民党有否与民更始之决心"。宣言表示:"吾人对此爱国有罪之冤狱,不能不与全国人民一起反对,并期望国民党中有识领袖之切实反省。"④要求国民党彻底放弃过去的错误政策,立即释放诸爱国领袖及全体政治犯,取消陶行知等的通缉令,并彻底修改《危害民国紧急治罪法》。

同日,周恩来致电叶剑英,告以沈钧儒等被起诉及通缉陶行知等,毛泽东已电潘汉年赴南京谈判,并准备发起援救沈钧儒、陶行知等的运

---

①　《全国各界救国联合会为沈钧儒等七先生案的一个报告》,《救国时报》(巴黎),1937年5月25日。

②　《毛泽东年谱》,第668页。电文内"陈、张"指国民党谈判代表陈立夫、张冲。

③　《周恩来年谱》,第361页。

④　《解放》周刊创刊号,1937年4月24日。

动,要叶通知中共西安地下党组织准备响应①。15 日,周恩来致信蒋介石说:对沈钧儒等起诉并通缉陶行知等,已引起全国不安。"良以三中全会后,先生即以释放沈、章、邹诸政治犯,容许言论自由,晓谕全国,会今沈、章、邹诸人,政治犯也,其行容或激越,其心纯在救国,其拥护统一尤具真诚,锒铛入狱已极冤,抑乃苏州法院竟违背先生意旨,诉以危害民国之罪,不特群情难平,抑大有碍于政府开放民主之旨。先生洞照四方,想能平反此狱,释沈等七人并取消陶等通缉,以一新天下耳目,是则举国民众所引颈仰望者也"②。5 月 23 日,周恩来电告中共中央,准备赴庐山见蒋介石,提出商议的若干问题,释放"七君子"是其中之一③。

7 月 3 日,因南京政府准备重新审查"七君子"案,毛泽东、周恩来致电潘汉年,嘱请立即通过沈钧儒等的家属和律师同"七君子"磋商,设法与 CC 方面出面调解的人谈判,以"不判罪只到庐山谈话为上策,只判轻罪而宣告期满释放此为中策,释放而请到南京做事或出洋此为下策"④。中共河北省委刊物《火线》也发表文章指出:起诉救国领袖,"不仅在于科罚他们几个人以'危害民国'的罪名,停止他们的救国活动,而且在于打击整个中国人民的爱国抗亡运动,确定一切参加抗日救国的,都为非法的活动。……我们广大人民是有权而应该批评与坚决反对的,这不仅是关于沈钧儒等几个人的罪名与释放问题,而是关于今后全国人民是否获得抗日自由问题"⑤。

4 月 7 日,在苏州养病、同情救国运动的国民党中央执行委员李烈钧,亲赴江苏高等法院看守所两处看望沈钧儒等和史良,表示慰问⑥。

①　《周恩来年谱》,第 362 页。
②　《周恩来书信选集》,中央文献出版社 1988 年版,第 131 页。
③　《周恩来年谱》,第 364 页。
④　《周恩来年谱》,第 370 页。
⑤　《评沈钧儒等被控事件》,《火线》第 75 期,1937 年 4 月 30 日。
⑥　《大公报》(上海),1937 年 4 月 9 日。

冯玉祥也去苏州看望沈钧儒等人，表示"拟请当局不咎既往，从轻处罚，予以释放"①。随后，冯又致信陈布雷说："沈君等见事之未尽美善，不无义气磅礴，致出过激步骤，或远于事实，此固人所难免。……尚希鼎力设法请求先生（指蒋介石）曲予周全，为国家惜人才，为伊等进规补，运筹在握，两全齐美，庶彼等早日开释，咸知所感，将来为国效用，来日方长也。"②

　　5月，上海文化界谢六逸、胡愈之、夏丏尊、欧阳予倩等百余人，联名呈请国民政府蒋介石及其他国民党要人，称沈钧儒等七人"素行纯正，热心爱国，案关政治，仰乞钧座鉴核主持，免开爱国有罪之恶例，而励团结御侮之精神"③。上海金融界领袖徐新六、林康侯、吴蕴斋、秦润卿等十余人联名通电要求释放章乃器；上海书业公会、商务、中华、开明等大书店联名要求恢复邹韬奋自由④。南京、苏州、无锡、镇江等地也开展了营救运动。著名律师、前大理院院长江庸等二十余人联名向江苏高院请愿，认为依据法律，侦查期限不得超过六月，如到期仍无结果，便应立即释放。现对沈钧儒等诸先生侦查已逾六月，既不审判，又不释放，显系违法行为，因此要求依法立即释放七领袖⑤。6月10日，上海市民四千八百余人联名签署请愿书，递交江苏高院，从政府、司法、救亡三方面阐述爱国无罪，要求撤回公诉，迅速恢复沈等自由⑥。6月12日，上海召开了六百余人参加的援助沈案市民大会，并发表宣言说："我们人民一向是爱护政府的，政府也只有受人民爱护才有力量去打敌人；但是要人民爱政府，总得人民有爱护政府的自由，爱护国家和反对敌人的自由，所以孙中山先生不但讲民族主义，还要讲民权主义、民生主义。

①　《北平晨报》1937年4月22日。
②　《宋庆龄冯玉祥营救七君子函电选》，《民国档案》1985年第2期。
③　《大公报》（天津），1937年5月27日。
④　《国人纷起营救联七领袖》，《救国时报》（巴黎），1937年7月20日。
⑤　《国人纷起营救联七领袖》，《救国时报》（巴黎），1937年7月20日。
⑥　《群众新闻》（上海），1937年6月11日。

因为如果人民爱国的时候，这也算犯法，那也要吃官司，民族主义怎样能够行得通呢？敌人怎样能够赶得跑呢？如果要是七位救国领袖因为救国而被办罪，那么人民是不是要误解政府不能实行三民主义呢？外国人是不是要笑话政府不想打敌人，专门自己闹分裂呢？由此看来，七位先生的事，其实是我们整个国家和全体同胞的事。我们要求政府立刻释放他们，拥护政府释放他们，政府和人民团结起来抗敌救国。"①

6月9日，平津学生数千人举行大示威，抗议江苏高院对七位救国领袖的起诉和判罪。华北各界救国联合会推出代表到苏州监审，代表经过天津、济南等地时，"沿途赴车站欢送的群众达数千人"②，都提出恢复沈等自由的要求，请代表向江苏高院法庭转达。有的群众要求北平的著名律师组织辩护团赴苏为七领袖辩护，并募集讼费。成都和重庆各界救国联合会皆有宣言和代电发表，要求法庭宣判七领袖无罪，无条件释放，政府应切实取消爱国治罪的政策。西北各界救国联合会的营救运动更为积极。"该会所在地邻近苏区，因受红军抗日宣传之熏陶，人民爱国情绪万分高涨，故该会发起之运动规模极大"③。广州七千余学生签名要求爱国自由和宣判沈等七人无罪。全救会华南区总部发出长篇电文，号召全国同胞一致营救，并为沈等代募讼费④。

6月6日，全欧华侨抗日救国联合会、中华民族解放同盟等团体，上书南京政府，认为起诉书对救国会的宣言等文件"不详本末，断章取义"，"此等行为，显系违背中央'集中人材'、'共赴国难'的原则"；要求中央取消《危害民国紧急治罪法》，迅速释放救国领袖⑤。

《东方杂志》7月份用大字标题《轰动全国的沈钧儒等七人案》，详细刊载《起诉书》、《答辩状》和沈等受审的情况。津沪《大公报》发表《沈

① 《救国会》，第330页。
② 《国人纷起营救救国七领袖》，《救国时报》（巴黎），1937年7月20日。
③ 《国人纷起营救救国七领袖》，《救国时报》（巴黎），1937年7月20日。
④ 《国人纷起营救救国七领袖》，《救国时报》（巴黎），1937年7月20日。
⑤ 《救国时报》（巴黎），1937年7月5日。

钧儒一案起诉感言》,认为救国会系时代心理所产生,此际如果绝对课以当时责任,"纵令情真罪当,恐难保不于全国青年以不良之反应","于当轴收拾全国人心,促进大同团结之精神,殊有未妥"。还说:"现在情势一变,上下双方,皆应勾销陈迹,一新态度。直率言之,如危害民国紧急治罪法,虽于废止,亦无不可。"①《立报》发表《求立互信》的短文,对《大公报》的上述论点表示完全赞同②,同时还在另一篇社论中指出,这一案件为国内外人士所注视,不仅外国人将以此判断我国司法制度是否健全进步,国内人民也都以此观测政府今后施政方针的趋向。因此,政府不能不特别审慎,希望不会再"有第二个杜重远案发生,以自隳其立场,自隳其信誉"③。

《申报》认为,沈钧儒等案是国家大不幸的事。三中全会既已宣示和平统一,团结御侮之宗旨,政府当局即"应以宽大为怀,在党政机关正确之指导下,容许人民御侮救亡之自由。当局本身尤应率先倡导民众救亡之组织与训练"④。沈等倡导救国运动,"出于爱国动机,殊有不容一笔抹煞者",如果在今日仍因此构罪,"宁非至可扼腕者耶"⑤!

上海《天下日报》连续发表《当局应注意沈案的政治影响》、《吁请宣告沈钧儒等无罪》、《沈案的观察》、《救国究否有罪》等评论文章,认为如果根据危害民国罪处理此案,一般国民将因此而疑及政府三中全会后"所抱的基本施政方针,与被告等所提倡的救国宗旨有什么不同";这种疑虑将使人民与政府间的"隔膜加深,对于民族国家的团结统一,投下不堪乐观的影响"⑥。同时指出,沈钧儒等人是"赤胆忠心的为国家为民族的志士,是领导民众从事救国家救民族的领袖"。人们热烈希望他

①　《大公报》,1937 年 4 月 6 日。
②　《立报》,1937 年 4 月 13 日。
③　《应具辟谣的常识》,《立报》,1937 年 6 月 10 日。
④　《从沈钧儒等案说到统一救国》,《申报》,1937 年 4 月 8 日。
⑤　《沈钧儒等七人案开审》,《申报》,1937 年 6 月 11 日。
⑥　《当局应注意沈案的政治影响》,《天下日报》,1937 年 6 月 11 日。

们"早日恢复自由,重新回到救国阵线上来",要求政府对他们"判决无罪,迅即开释,以慰民情,以固团结"①。如能吸收他们参加庐山谈话会,"定可促进全国上下共信互助,精诚团结,以开内政之新纪元。……如是,则庐山之曙光将烛照苏州之阴影"②。

上海《群众新闻》的评论说:沈等能不能得到公平的判决,"是今后国民能否有救国自由的一个重要关键";要求司法当局"认清民族危机深刻的程度和国际情势的趋向,根据三中全会团结御侮的决议案以及蒋委员长释放政治犯和集中人才的诺言,顺从全国人民的要求,公平判断,不要被敌人挑拨离间的阴谋所蒙蔽,操切从事,招致出'亲痛仇快'的恶果来"③。

巴黎《救国时报》发表《再一次号召国人》、《要求南京政府立即释放救联七领袖》、《究竟是谁"危害民国"?》等一系列社论,认为江苏高等法院为南京政府下国法所系的机关,政府对于此案的指示,即使不能依从民意,亦应根据事实,始可维护一国法律之尊严及政府之威信。综观全救会及其领袖本身之文件、言论与行动,起诉书所列十项罪名,无一可以成立。"这种'救国有罪'的案件,在今日最令人失望、痛心与危惧的,特别是在国民党三中全会后,国人在企望南京能秉承多年血的教训,毅然改图,实行对外御侮、对内民主的国策,以建树和平统一,民族复兴的大业的时候,这种罪证毫无的爱国罪案……实际上是摧残国家人材,是增加日寇的威焰"。"因此控诉救联七领袖案,不独关系七领袖本身的安全,而且亦关系乎将来国策之动向与中华民族的存亡。这是救国力量与日寇及亲日分子搏斗的重要关头。我全国同胞,无论团体个人,不论党派信仰,都须认清此案之严重意义,奋起力争,要求南京政府立即

---

① 《救国究否有罪》,《天下日报》,1937年6月27日。

② 《吁请宣告沈钧儒等无罪》,《天下日报》,1937年6月24日。

③ 《从执政者的政治认识说到沈章等案》,《群众新闻》(上海),1937年6月11日。

释放救联七领袖,要求救国自由"①。还说:"对于这样领导全国人民从
事爱国运动的团体,对于为抗日救国运动而坚决奋斗的爱国团体的领
袖,任何一个有民族天良的同胞,都必然表示无限的同情与拥护;任何
一个不愿做亡国奴的同胞,都决不容忍爱国领袖的久陷囹圄。"②"南京
政府对于这样尽心竭力呼吁全国人民抗日救国,力争民主的爱国志士,
竟加'危害民国'的罪名,使全国人民不能不发生偌大的疑问:'到底是
谁在危害民国?'"③《救国时报》还刊载了不少全国各方面和海外营救
"七君子",争取救国无罪的活动消息邮寄国内,沟通讯息,对了解事件
真相,推动营救运动的开展,起了很好的作用。

《北平晨报》社论指出:国民党三中全会虽有新的趋势,然而事实的
表现还不充分。"沈钧儒等之拘捕起诉,更和政府嘴里所说的相矛盾,
而与全国及世界不良印象。政府为增加御侮力量打算,虽外国尚须联
合,虽外国人的好感尚须取得,请问:自己的人民何以不速联合一致?
何以对于人民救国团体认为非法?对于从事救国者认为犯罪?这是极
难理解的。"④

天津《益世报》认为,全救会是当时政治环境一部分民意及民情的
产物,不可太重视沈钧儒等七人的责任,而抹煞当时的政治环境。沈等
"终是爱国书生","此数人与一班汉奸集团公开干卖国勾当者,分别奚
止天壤?……惟爱国果可有罪,国家对卖国者又将如何?"⑤

《广西日报》发表署名文章说:沈钧儒等"献身救亡,呼吁抗敌,大义
凛然,功在青史";"纵有万罪,万罪都在爱国。当国家危难的今日,当轴

---

①　《再一次号召国人——要求立即释放救联七领袖》,《救国时报》(巴黎),1937
年4月10日。

②　《要求南京政府立即释放救联七领袖》,《救国时报》(巴黎),1937年5月
22日。

③　《究竟是谁在"危害民国"?》,《救国时报》(巴黎),1937年7月5日。

④　《论沈案与精神团结》,《北平晨报》,1937年5月6日。

⑤　《对沈等二次答辩状感言》,《益世报》,1937年6月25日。

应惟恐人民不爱国,断不能因爱国而判民以罪"①。

二　救国入狱运动

　　为了争取救国自由,防止江苏高等法院在第二次开庭时对沈钧儒等判罪,"永远造成历史的大错",同时表示"希望当局领导救国的最大诚意"②,宋庆龄、何香凝、胡愈之等人倡导的救国入狱运动,把营救"七君子"的运动推向了一个新的高峰。

　　6月25日,即江苏高等法院更新审理"七君案"的当天,宋庆龄、何香凝、胡愈之、诸青来③、沈兹九、胡子婴、王统照、张天翼、陈波儿等十六人,发表救国入狱运动宣言,宣称:"沈钧儒等七位先生关押在牢里已经七个月了,现在第二次开审,听说还要判罪。沈先生等犯了什么罪?就是犯了救国罪。救国如有罪,不知谁才没有罪?我们都是中国人,我们都要抢救这危亡的中国。我们不能因畏罪就不爱国不救国。所以我们要求我们拥护信仰的政府和法院,立即把沈钧儒等七位先生释放,不然我们就应该和沈先生等同罪。沈先生等一天不释放,我们受良心驱使,愿意永远陪沈先生等坐牢。"宣言还指出:"我们准备去入狱,不是专为了营救沈先生等,我们要使全世界知道中国人决不是贪生怕死的懦夫,爱国的中国人决不仅是沈先生等七个,而有千千万万个,中国人心不死,中国永不会亡。"④

　　同时,宋庆龄等给江苏高等法院的呈文中写道:"沈钧儒等从事救国工作,并无不法可言,羁押图圄,已逾半载,倘竟一旦判罪,全国人民均将为之惶惑失措。具状人等或为救国会会员,或为救国会理事,或虽

① 杜若:《沈钧儒等的开审》,《广西日报》,1937年6月12日。
② 《宋庆龄女士等向上海新闻界的书面谈话》,《救国无罪》第133页。
③ 诸青来是国家社会党的首领之一,后来为汪精卫伪政府中的一员。
④ 《妇女生活》第4卷第12期,1937年7月1日。

未加入救国会而在过去与沈钧儒等共同从事救国工作。爱国如竟有罪，则具状人等皆在应与沈钧儒等同受制裁之列。"他们表示："不忍独听沈钧儒等领罪，而愿与沈钧儒等同负因奔走救国而发生之责任。"因此特联名具状，束身待质，要求江苏高等法院将他们悉予羁押审讯。"爱国无罪，则与沈钧儒等同享自由；爱国有罪，则与沈钧儒等同受处罚"①。

宋庆龄等还制定了《救国入狱运动规约》，宣称"救国入狱运动以争取救国无罪为其唯一目的"，凡参加者，可一人或数人联合向江苏高等法院或当地法院具状，声明愿与沈钧儒等案各被告连带负责，并请求法院传押审讯。"如沈等无罪，则同获自由；沈等有罪，愿同受处罚。……在沈钧儒等七人未经全体无罪开释之前，决不请求法院释放"②。

宋庆龄等就救国入狱运动向上海新闻界发表的书面谈话指出：孙中山曾对三民主义下过一定义，说"三民主义就是救国主义"；起诉书认为沈钧儒等组织救国会，宣传抗日救国主义，是危害了民国，并宣传与三民主义不相容之主义，是错误的，危害民国的罪名绝对不能成立。如果法庭竟判定有罪，"那就将成为世界上空前未有的冤狱"，"而且在政治上要铸成大错"。因为沈钧儒等因组织和参加救国会而被判罪，则一切参加救国会的都有罪，而且以后人民组织参加任何爱国团体，也都会有罪。"这关系就决不是沈先生等七位，而是全中国四万万五千万爱国的人民，而是整个中华民国的前途。所以七位先生事小，而抗日救国事大，爱国有罪这一个恶例是万万开不得的"。宋庆龄等表示：如果法院判决沈钧儒等有罪，他们就准备一齐去法院，要求收押，与沈等并案办理。"我们讲过了这些话，以人格保障，都要做到，直到七位先生恢复自由，爱国无罪达到目的时，我们的工作才完成"。谈话说："我们相信救国入狱运动是目前最适合的一种救国方式。现在我们首先做着，假如

---

① 《救国时报》(巴黎)，1937年8月5日。

② 《妇女生活》第4卷第12期，1937年7月1日。

在我们后面,有千千万万人这样做着,我们的运动一定得到胜利。这运动如果得到胜利,我们国内真正的团结统一,才能够实现,而抗日救国,也必然有了胜利的把握。"①何香凝于 7 月 4 日单独致函宋子文和孙科,赞扬宋庆龄继承孙中山救国救民的遗志,发起救国入狱运动,并宣称:"孙夫人如果入狱,香凝决偕行也。""全国青年,睹敌寇之日深,民族之危机日益严重,为民族生存而奋斗,革命目的,既为人民解决痛苦,今反以救国获罪,此香凝之所以甘愿入狱,冀轻其全国政治犯之罪,俾其作民族生存抗敌先锋"。她还要求孙科和宋子文在蒋介石面前转述她的意见,使沈钧儒等全获释放②。

宋庆龄倡导的救国入狱运动,在社会上引起强烈的反响,各界人士踊跃参加。7 月 2 日,作家何家槐、周钢鸣、林淡秋等十三人具状江苏高等法院投案,愿为救国而与沈钧儒等同负连带关系。上海电影界著名导演及演员应云卫、袁牧之、赵丹、郑君里、金山、王莹、白杨等二十余人亦于 7 月 3 日具状请求羁押,愿与沈等同受处罚或同享自由。大学教授华丁夷、音乐家周巍峙、戏剧理论家唐纳,以及大学教师学生、公司洋行职员一百四十余人,其中不少并不是救国会会员,纷纷向江苏高等法院具状,"请求与沈钧儒等同负法律上救国责任"③。为响应救国入狱,救国会在上海发起一个巨大的签名运动,准备签满一份万人书,上呈有关司法当局④。蓬勃兴起的救国入狱运动,给国民党当局以强大的政治压力。

李公朴在狱中的日记曾以《闻入狱运动有感》为题,写了一段感想:"家属来谈及各方有入狱运动之发起,闻之甚感动。民不畏死,奈何以死惧之。为了民族的生存来力争生存的权利,与其不争而待将来受辱

---

①　《救国无罪》,第 130—135 页。
②　《何香凝为营救"七君子"致宋子文孙科函》,《历史档案》1982 年第 3 期。
③　《救国无罪——"七君子"事件》,第 219—220 页。
④　沙千里:《漫话救国会》,第 74 页。

的死于敌人汉奸的魔手中（如现在东北同胞所受者），反不如在我自己人统治下而入狱。入狱入狱，是谁所欲。爱国有罪，入狱何辱。和平统一，和平入狱。"①

　　为了履行救国入狱的宣言和规约，7月5日，宋庆龄扶病携带简单行李，偕同胡愈之、诸青来、彭文应、汪馥炎、张宗麟、胡子婴、沈兹九、陈波儿、张天翼等十二人，乘车由上海去苏州投案。上午10时宋庆龄等一行到达苏州高院后，在会客室等了一会儿，有两个人出来接见。宋庆龄问："你是朱院长吗？"其中一个回答说："我是书记官长，我代表朱院长，这位代表首席检察官。"宋庆龄说："我们要见院长和首席（检察官），不然我们不说话！……我见蒋委员长，他都要亲自出来。"②胡子婴接着介绍说："这位是孙夫人。"书记官长立刻称："是，是！"微微地曲了一下身子退出。

　　几分钟后，书记官长赵某等出来表示，为便于说话起见，请推派几位代表与院长面谈。于是宋庆龄、胡愈之、诸青来三人被推进去谈话。胡愈之、诸青来对朱树声院长说："如认七君子有罪，亦请同样将我们羁押起来。"朱说："关于羁押诸位的事，我实在没有这个资格，也没有这个权力，要检察官说羁押才可以。沈钧儒案子现在正在审理中，将来结果如何还不知道，诸位还是等候辩论以后看看情形再说。"宋庆龄问前次递的羁押的状子为什么还没有批？朱说："因为你们都是案外人，与本案无关，所以不能批。"又说："法院对本案，始终没有耽搁的意思。因为第一次被告请求法官回避，第二次调查证据，以致不能早日了结。"③宋庆龄等表示："我们都是救国会主持人，为使法院对本案易于明白起见，

----

①　1937年7月2日李公朴日记，未刊。

②　樵夫：《宋庆龄等赴苏请求羁押经过》，《国民》（周刊）第1卷第11期，1937年7月16日；胡子婴：《赴苏投案始末记》，《妇女生活》第5卷第1期，1937年7月16日。

③　樵夫：《宋庆龄等赴苏请求羁押经过》，《国民》（周刊）第1卷第11期，1937年7月16日。

希望对我们也加以同样侦查。"①朱树声对宋庆龄等请求入狱表示同情,但对"七君子"案,他表示既不知如何解决,也不便干涉②。三人坚持要求羁押,朱始终不同意,最后只好说:"诸位如一定坚持,请让我来和检察官商量一下。"③

接着首席检察官孙鸿霖与主任书记潘元枚在会客室与宋庆龄等十二人谈话。孙声称沈案决不能撤回公诉,态度蛮横。彭文应等齐称:"起诉书所列十条罪状,如认为证据确凿,那我们都曾参加,我们也有罪,为公平起见,还是请求把我们一道押起来。"

胡子婴说:"检察官上次开庭说,救国会就是危害民国的。救国会既危害民国,我们是救国会的负责人或会员,就应当把我们也押起来呀!"孙鸿霖称:"检察官不过是代表国家提起公诉,站的是原告的地位,他的意见不一定是对的。"④胡子婴等反复说明要求羁押。

"我们递的状子为什么不批?"一个人问。孙说:"这个在法律上没有明文规定。像这种事法院不仅少见,而且是创见。"⑤

中午12时,孙鸿霖和主任书记走了。宋庆龄表示:"坐守达旦,再行请求。"⑥决定:"没有圆满结果,一致不离开法院。"⑦到5时半,检察

---

① 樵夫:《宋庆龄等赴苏请求羁押经过》,《国民》(周刊)第1卷第11期,1937年7月16日。

② 张天翼:《苏州投案记(一)》《国民》(周刊)第1卷第12期,1937年7月23日。

③ 张天翼:《苏州投案记(一)》《国民》(周刊)第1卷第12期,1937年7月23日。

④ 樵夫:《宋庆龄等赴苏请求羁押经过》,《国民》(周刊)第1卷第11期,1937年7月16日。

⑤ 樵夫:《宋庆龄等赴苏请求羁押经过》,《国民》(周刊)第1卷第11期,1937年7月16日。

⑥ 《孙夫人等赴苏请求入狱纪详》,《救国无罪——"七君子"事件》第351页。

⑦ 樵夫:《宋庆龄等赴苏请求羁押经过》,《国民》(周刊)第1卷第11期,1937年7月16日。

处派检察官夏敬履来和大家谈话,商量解决办法。宋庆龄说:"我是救国会发起人兼全救执委,与他们七位在工作上做同样事情,在法律上也愿意负同样责任,请你把我收押起来,与他们七位一样受不自由的处分。"①胡愈之提出四个问题要求回答:第一,"救国是否有罪? 救国会是否危害民国的团体,一如上次检察官所说?"检察官答:"救国会是以救国为目的,当然无罪,只是一个团体中,总免不了不良分子,而你们救国会的内容怎样,因为案子不归我办,我不能断言,但是救国会总不是危害民国的。"第二,"如果沈等七人有罪,我们要求同样待遇。"答:"他们是否有罪还不晓得。你们如有证据,自然要依法办理。"第三,"假使我们提出证据,法院是否能加以侦查?"答:"如有证据,当然受理,各人可以听候传讯。"第四,"救国会其他会员,倘照我们办法,向法院递状,是否能受同样待遇?"答:"只要在本院管辖范围之内,当然同样办理。"②大家认为比较满意,决定返回上海后再提出证据,请求侦查,以达入狱运动所抱定的"救国无罪,有罪把大家羁押起来"的目的。

7月6日,沈钧儒等七人联名写信给宋庆龄,说:"闻昨日扶病率同诸友莅苏投案,正义热情,使钧儒等衷心感动,无可言状。但一念及先生之健康,关系民族解放之前途至深且大,则又为忧惧不已。钧儒等深信先生伟大之号召,必能使全国人心为之振奋。司法积弊,逐渐澄清;民主权利,奠定基础,其在历史上意义之重大,实不可思议也。惟劳顿之后,务请善自珍摄,以慰千万人喁喁之望。"③

9日,宋庆龄致电国民政府主席林森、行政院长蒋介石、中央政治会议主席汪精卫、军事委员会副委员长冯玉祥,说:"查沈钧儒等爱国救亡,不应有罪,迄今被押已逾半载,自应一面从速先予停止羁押。庆龄

----

① 胡子婴:《赴苏投案始末记》,《妇女生活》第5卷第1期,1937年7月16日。

② 《救国无罪——"七君子"事件》,第352页;樵夫:《宋庆龄等赴苏请求羁押经过》;胡子婴:《赴苏投案始末记》。

③ 《沈钧儒文集》,第324页。

等及全国救亡运动中人,断不敢坐视沈等瘐困,而己身独享自由,除一面仍应依所立志愿遵检察官之指示进行外,特亟通电奉达,务祈迅予主张公道,勿失全国志士之心。"①冯玉祥在日记中写道:"我读了此电,心中万分难过。"②他随即给蒋介石写信说:"关于沈钧儒等七人事,祥意应立刻无条件释放,请其来庐居住,以便接受我公训迪指导。此事关系收拾人心至大也。"他指出:"党部工作同志对公此举定能体会。盖党部同志有党部同志责任,中央亦有中央责任也。敬祈我公毅然决然,采取释放办法,党国同利赖之。"他在信的"附及"中还说:"此事如果办到,定能收西安一样之意外效果,全在努力如何耳。"③

蓬勃开展的营救运动,特别是宋庆龄倡导的救国入狱运动,是迫使国民党不敢对"七君子"判罪的重要原因之一。

三 "七君子"保释出狱

1937年7月7日,日本在卢沟桥向中国守军发起进攻,"七七"抗战爆发,全国性抗战开始。8日,蒋介石在庐山接到秦德纯等人关于卢沟桥事变的发生经过报告后,当天日记中记道:"倭已挑战,决心应战,此其时乎!"④17日,蒋介石在庐山谈话会第二次全体会议发表讲话:"卢沟桥事变的推演,是关系中国国家整个的问题,此事能否结束,就是最后关头的境界。""如果卢沟桥可以受人压迫强占,那末,我们百年故都,北方政治文化的中心与军事重镇的北平,就要变成沈阳第二;今日的北平若果变成昔日的沈阳,今日的冀察,亦将成为昔日的东北四省。北平若可变成昔日的沈阳,南京又何尝不可变成北平!"他声明:"我们

---

① 《宋庆龄冯玉祥营救七君子电函选》,《民国档案》1985年第2期。
② 1937年7月8日冯玉祥日记,《冯玉祥日记》第5册,第204页。
③ 《宋庆龄冯玉祥等营救七君子电函选》,《民国档案》1985年第2期;另见《冯玉祥日记》第5册,第204—205页。
④ 《蒋总统秘录》第11册,第22页。

的立场,有极明显的四点:(一)任何解决,不得侵害中国主权与领土之完整;(二)冀察行政组织,不容任何不合法之改变;(三)中央政府所派地方官吏,如冀察政务委员会委员长宋哲元等,不能任人要求撤换;(四)第二十九军现在所驻地区,不受任何的约束。"他还表示:"我们固然是一个弱国,但不能不保持我们民族的生命,不能不负起祖宗先民所遗留给我们历史上的责任;所以到不得已时,我们不能不应战。……如果放弃尺寸土地与主权,便是中华民族的千古罪人!那时便只有拼民族的生命,求我们最后的胜利。"蒋介石宣布:"我们希望和平,而不求苟安,准备应战,而决不求战。政府对卢沟桥事件,已确定始终一贯的方针和立场。我们知道全国应战以后之局势,就只有牺牲到底,无丝毫侥幸求免之理。如果战端一开,那就地无分南北,年无分老幼,无论何人,皆有守土抗战之责任,皆应抱定牺牲一切之决心。"①蒋介石这篇重要谈话,于 19 日以《最后关头》为题公开发表。他在这一天日记中还写道:"政府对和战表示决心,此其时矣!人以为危,我以为安。主意既定,无论安危成败,在所不计,对倭最后之方剂,唯此一着耳。""书告既发,只有一意应战,不再作回旋之想矣。"②蒋介石在庐山的谈话,"主张坚决抗战,反对妥协退让","确定了准备抗战的方针,为国民党多年以来在对外问题上的第一次正确的宣言"③,因此受到包括中国共产党的各党派和全国同胞的热烈赞扬与欢迎。

沈钧儒、邹韬奋、章乃器、李公朴、沙千里、王造时、史良七人在苏州狱中获悉卢沟桥事变发生后,于 14 日向宋哲元及廿九军全体将士发出一电,并捐赠 100 元表示勖勉。电文说:"敌在卢沟桥等处连续挑衅,后复围攻平市,并调集大军,企图席卷华北,幸赖贵军英勇抗战,未逞奸谋。同人等身羁囹圄,应援乏术,翘首北望,只有忧惶,谨先汇上百元,

①　《中央日报》1937 年 7 月 19 日。
②　《蒋总统秘录》第 11 册,第 23 页。
③　《反对日本进攻的方针、办法和前途》,《毛泽东选集》合订本,第 316、317 页。

聊表寸意。尚望再接再厉,不屈不挠,坚守疆土,抢救危亡。"①蒋介石在庐山谈话会发表的谈话公布后,沈钧儒等七人于 7 月 21 日致电蒋,说,谈话"义正辞严,不胜感奋,深信在此伟大号召之下,必能使全国人心,团结愈固,朝野步骤,齐一无间,同在钧座领导之下,以趋赴空前之国难"。同时指出:"钧儒等身羁囹圄,心怀国族,寇氛日亟,倍切忧惶,赴难无方,赤诚共抱,企望旌麾,无任神驰。"②

由于"七七"抗战爆发后,国内政治局势有了很大变化,全国上下团结一致抗战的局面业已形成,沈钧儒等在前年华北事变国家民族危难之际,率先奋起倡导抗日救国运动,振聋发聩,不仅无罪,而且有功,已是路人皆知。此时去苏州探监慰问并请他们题字的人日益增多,一些国民党政要邵力子、李烈钧、覃振、潘公展等都要求将他们释放出狱。7月底,蒋介石电令江苏高等法院将沈等开释。30 日,高院即拟具裁定书,以"沈钧儒等各被告危害民国一案,羁押时逾半载,精神痛苦,家属失其赡养"为词,裁定停止羁押,交保释放③。

31 日下午 5 时 20 分,沈钧儒、章乃器、邹韬奋、李公朴、王造时、史良、沙千里七人光荣出狱。他们的家属和辩护律师共三十余人前往看守所迎接。当沈钧儒等走出看守所大门时,鹄立在烈日下等候的民众二百余人表示热烈欢迎,并高呼抗日救国口号,一时军乐齐鸣,爆竹声与欢呼声交织在一起,情况极为热烈。沈钧儒代表大家对各报记者说:"钧儒等自经法院羁押,迄已半载余,虽身在囹圄,身体仍颇感舒服。此次司法当局裁定,准予停止羁押。关于案件上之将来结果如何,自当听候法院处理,至钧儒等今天步出狱门,见抗敌之呼声已普遍全国,心中万分愉快,当不变初旨,誓为国家民族求解放而奋斗。"④沈等及其家

①　《沈钧儒文集》,第 325 页。
②　《沈钧儒文集》,第 328 页。
③　《沈钧儒保释出狱》,《申报》,1937 年 8 月 1 日。
④　《沈钧儒文集》,第 329 页。

属,随即由各方代表及学生数十人,手持旗帜,列队为前导,护送玉花园饭店,并出席张一麐、李根源等举行的欢迎宴会。苏州各界原定在第二天举行庆祝大会,被沈等婉言谢绝。

8月1日,沈钧儒等七人回到上海,沈代表大家向欢迎的群众与记者发表谈话说:"我们之出狱,完全是蒋委员长的意思,我们对他很感激。我们一接到蒋先生电报,即赴京谒见。"①王造时后来回忆说:"蒋介石于七月十七日在庐山发表谈话,宣言对日抗战,并于七月底电令苏州高等法院将我们释放,要我们去南京开会。"②七人在上海发表共同谈话称:"关于时局问题,我等过去主张有二个:一为团结,即全国民族联合战线,二为抗日。目下全国团结已有坚强基础,抗日亦已为全国一致之要求,深信在中央领导之下,必可展开极伟大之民族解放战争,而且必可取得最后之胜利。我等惟有准备一切,在民族战争中尽一份人民之天职。"③

随后不久,孙晓村、曹孟君也获释出狱。

沈钧儒等出狱,江苏高等法院当时裁定书写明,只是所谓"停止羁押",属于交保释放,对于救国是否有罪,他们是否危害民国,案情并未了结。国民党当局这样做,一方面是给自己下台遮遮面子,另一方面是故意留下一条辫子,以便有朝一日认为他们"谋反"时可以随时予以治罪。直到1939年1月26日,上海、南京、苏州早已沦陷,国民政府已经从南京、武汉迁到重庆,《危害民国紧急治罪法》有关危害民国的某些条文也已作了修改,其中原来所规定的宣传与三民主义不相容之主义者为犯罪的条款已经删去,四川高等法院第一分院检察处才将对沈钧儒等的起诉书予以撤回。撤回起诉理由书说:"查被告等虽属组织团体号

---

① 《沈钧儒等昨由苏抵沪》,《立报》,1937年8月2日;《救国无罪》,第185、190页。

② 《王造时自述》,《上海文史资料选辑》第45辑,1984年1月。

③ 《沈钧儒等昨由苏抵沪》,《立报》,1939年8月2日。

召民众,但其所谓抗敌御侮及联合各界救国各节,均与现在国策不相违背,不能认为以危害民国为目的。该被告等之行为自属不罚之列。本案虽经起诉在先,惟既发现应不起诉情形,合依同法第一条撤回起诉。"①陶行知等也并案撤销通缉。至此,国民政府才对"七君子"案作了司法上的了结,救国无罪最终由历史作出了正确的结论。

第四节　联共联苏付诸实施

一　国共第二次合作的积极进行

蒋介石在西安是接受了停止内战、一致抗日条件后才被释放的。西安事变的和平解决成了国内时局转换的枢纽,持续了十年的"剿共"内战终于停止,国共两党由敌对状态开始了合作抗日的谈判。

(一)西安谈判

蒋介石在西安会晤周恩来时,曾邀周在他回京后去南京,就两党合作抗日问题进行谈判。蒋回京后,通过在京沪与国民党当局谈判的中共代表潘汉年再次邀周去南京。中共中央认为蒋不讲信义,扣押了送他回京的张学良,担心周去京会成为"张学良第二",决定"恩来无去南京之必要",委潘汉年全权在京沪与国民党当局接洽②。在顾祝同进入西安前一天,蒋在电报中指示他:入城后"对恩来及共党代表态度,凡实际问题如经费地区等皆令其仍由杨间接负责处置,不可与之有确切具体之表示,但可多与之说感情话,最好派代表与之接洽。墨兄(顾祝同字墨三——引者)本人不必多与之见面,即使第一次允其见面时,亦须用秘密方式,切勿公布。"③此时的蒋介石迫于形势既想联共,又不敢公

---

①　《"七君子"案件档案选》,《历史档案》1985年第3期。

②　《毛泽东致周恩来、博古电》(1937年1月5日),未刊件。

③　《西安事变档案史料选编》,第212页。

开,主要是屈从于日本压力。西安事变前后,日本多次表示:蒋如联共抗日,日本坚决反对。

如前所述,国民党中央为讨论和确定西安事变后的对内对外政策,于 1937 年 2 月 15 日至 22 日在南京召开五届三中全会。中共中央为推动国民党政策的转变和国共第二次合作的实现,于 2 月 10 日致电国民党中央,提出了五项要求和四项保证。这些条件成了两党进行团结抗日谈判的基础。

周恩来既不去南京,蒋介石便把在京沪与潘汉年接触的张冲派去西安,协助顾祝同与周谈判。顾祝同进入西安的第四天(2 月 11 日),顾和张冲与在西安的周恩来举行首次会谈,双方阐述了各自的立场和要求。张冲要求中共取消苏维埃政府改为特区;红军改变番号名称,照国军编制,由南京派政训人员及联络员,其他地区的游击队改为民团。周恩来根据中共中央指示,要求国民党释放被捕的共产党员,并保证不再逮捕,不再破坏中共党组织。周还保证中共不再组织暴动与没收地主土地,实行抗日纲领;苏区改为特区,实行民主制度,受国民政府领导;红军改为国民革命军,但军官不变,政治领导不变;苏区和红军代表可参加国民大会、国防委员会,目前不参加政府。首次会谈结束后,张冲返回南京,出席国民党五届三中全会。

2 月 12 日下午,顾祝同与周恩来会谈。周把中共中央致国民党三中全会电给顾看,双方以此为原则,进行商谈,结果如下:

(一)共产党承认国民党在全国的领导,停止武装暴动及没收土地,故应坚决实行御侮救亡的统一纲领。国民政府允许分期释放在狱共党,不再逮捕和破坏,并容许共党在适当时期公开。

(二)苏维埃制度取消,现时苏区政府改为中华民国特区,直受国民政府指导,实施普选制,特区内行政人员,由地方选举,中央任命。

(三)红军改编为国民革命军,接受军事委员会与蒋之统一指挥和领导,其人员编制饷额补充同国军待遇,其领导人员由中央及军委会任命,其政训工作人员自做①,以中央党派少数人员任联络,其他各边区赤色部队改为地方团队。

(四)共党得派代表参加民国会议讨论,军队得派代表参加国防会议②。

蒋介石把中共1935年后倡导抗日民族统一战线视为红军经过长征实力削弱后的"乞降",因而他同中共谈判是企图逼中共交出军队,由他收编,起码也要进一步削弱并控制红军。西安谈判开始前,蒋于2月8日致电顾祝同,提出与中共谈判的原则:"一国之中,决不能有性质与精神不同之军队也。简言之,要其共同实行三民主义,不作赤化宣传之工作,若在此点同意,则其他当易解决。"③他见到顾祝同2月12日与周恩来会谈的报告后,16日密电顾祝同,进一步提出削弱和控制红军的具体意见:红军"中央准编其四团制之师两师,照中央编制,八团兵力当在一万五千人。以上之数,不能再多"。关于干部,"各师之参谋长与师内各级之副职,自副师长乃至副排长人员,皆应由中央派充","至其他对于政治者待军事办法商妥后,再由恩来来京另议可也"④。对蒋的上述企图,中共坚决反对。在五个多月的谈判中,双方围绕红军改编后保留人数,三个师之上设不设指挥机构,南京派不派副职和政训人员等焦点问题,进行了长期的争论。

国民党三中全会闭幕后,张冲立即赶回西安。从2月27日到3月4日,他同周恩来多次会谈,围绕上述几个焦点问题讨价还价,至3月4日双方达成初步协议。主要内容是:

(一)将现有红军中之最精壮者,选编为四个步兵师,计容四万余人,四师(之上)并设某路军总指挥部。

---

① "做"字原资料如此,可能是"任"字之误。

② 《周恩来关于与顾祝同谈判结果向中央的报告》(1937年2月12日),未刊件。

③ 引自何应钦:《西安事变的处理与善后》,第147页。

④ 引自《西安事变纪实》,第213页。

（二）将现红军中精壮者,选编为两个徒手工兵师,计容两万余人,指定工程担任修筑。

（三）原有红军军委直属队,改编为统率四个师的某路军总指挥部的直属队。

（四）原有红军的地方部队,改编为地方民团、保安队及特别行政区的警卫队,经费另定。

（五）原有红军学校保留,办完这一期后结束①。

3月8日,周恩来、叶剑英同顾祝同、贺衷寒、张冲会谈。双方意见大体趋于一致,委托周恩来将双方一个月来谈判的成果写成条文,送蒋介石最后决定。周总结整理成三项十五条,其中关于政治方面主要条文是:

（一）中国共产党承认服从三民主义的国家及国民党在中国的领导地位,彻底取消暴动政策及没收地主土地政策,停止赤化运动。要求国民政府分批释放共产党,容许共产党在适当期内公开。

（二）取消苏维埃政府及其制度,现红军驻在地区改为陕甘宁行政区,执行中央统一法令与民选制度,其行政人员经民选推荐,请中央任命,行政经费请由行政院及省政府规定之。

（三）红军取消,改编为国民革命军,服从中央军事委员会及蒋委员长之统一指挥,其编制人员给养及补充,统照国军同等待遇,其各级人员由自己推选,呈请军委会任命,政训工作由中央派人联络。

关于红军改编方面的主要条文是:

（一）改编现有红军中之最精壮者为三个国防师,计六旅十二团,步兵团及其他直属之工炮通信辎重等部队。

（二）在三个国防师上,设某路军总指挥部,其直属队为特务营、工兵营等。

---

① 《周恩来关于与张冲谈判结果向中央的报告》(1937年3月4日),未刊件。

（三）红军现有之骑兵三个团及一个骑兵连，共约一千四五百人马，拟编骑兵一个团。

（四）改编后的经费、给养补充，统照国军同样待遇，国防师编制表于9日下午可到手①。

但是顾祝同、贺衷寒等对周恩来的总结作了重要修改，将"承认"改为"服从"，"要求"改为"请求"；"陕甘宁行政区"改为"地方行政区"，分属各省；取消"民选制度"；将红军定员裁减为一师一万人，共三万人；将"服从统一指挥"改为"服从一切命令"。3月10日周恩来在会见张冲时得知上述情况后，立即电告中共中央。3月12日，中共中央召开的政治局会议认为：顾、贺在谈判中玩弄把戏，企图让中共服从蒋的一切命令，把陕甘宁划成三个苏区，缩小红军武装。他们的修改案实际上对红军是"收编"，我们绝对不能接受，接受了便是投降，便是服从资产阶级的领导，便是无产阶级做资产阶级尾巴。会后，中共中央电告周恩来：顾、贺所改各点，太不成话，其企图是使中共放弃独立性，变成资产阶级政党的附属品。关于这点，我们必须坚持自己立场，绝对不能迁就，在谈判中必须坚持无产阶级政党的立场。3月14日，周恩来向张冲转达了中共中央关于谈判的意见："顾、贺案完全不能承认"，"谈判须重新作起"②。第二天，张冲虽向周恩来宣布顾、贺方案作废，仍以3月8日方案为谈判基础，但仍坚持改编后红军的各级副佐和政训人员要由南京派遣。对此，周恩来断然拒绝。

（二）杭州谈判

周恩来与顾祝同的谈判陷入僵局。3月13日，中共中央书记处电示周恩来："两星期后，周去宁与蒋谈。"周恩来于3月下旬由西安飞到

---

①　《周恩来关于一个月来与国民党谈判结果向中央的报告》（1937年2月8日）。

②　《中央关于申明国共谈判须重新调整的理由问题给周恩来的指示》（1937年3月13日），未刊件。

上海,将中共中央提出的谈判条件面交宋美龄,请她转交蒋介石。这份书面材料分两部分:第一部分是共产党方面承认的条件,主要是"拥护三民主义及国民党在全国的领导地位";"取消暴动政策及没收地主土地政策";"取消苏维埃政府及其制度";"红军驻在地区,改为陕甘宁边区";"取消红军名义,改编为国民革命军";"改编现在红军中之最精壮者为三个国防师","在三个师上设某路军总部"。第二部分是要求国民党方面做到的,主要有:"实现和平统一团结御侮的方针,全国停止剿共";"实行民权,释放政治犯";"容许共产党在适当时期公开";"修改国民大会组织法及选举法";"各武装部队均能派代表参加";"修改国防会议条例","使共产党亦能参加";"实行准备对日抗战工作及改善人民生活的具体方案"①。当时蒋在杭州,周恩来在潘汉年陪同下离沪去杭见蒋。蒋事前已见到中共的谈判条件,周当面向他着重说明中共是为了民族解放、民主自由和民生改善的目的而提出上述条件来与国民党真诚谈判的。针对与顾祝同谈判中争执的问题,周向蒋特别强调以下六点:

　　(一)陕甘宁边区须成为整个行政区,不能分割。

　　(二)红军改编后的人数须达四万余人。

　　(三)三个师上必须设总部。

　　(四)关于副佐及政训人员不能派遣。

　　(五)红校必须办完本期。

　　(六)红军防地须增加②。

　　蒋听完周的意见后发表讲话,其大意有以下五点:

　　(一)承认中共有"民族意识革命精神,是新生力量,几个月来的和平运动影响很好"。他希望中共"检讨过去决定,并坚守新的政策,必能

----

　　①　《中共中央文件选集》第11集,中共中央党校出版社1991年版,第178—179页。

　　②　《中共中央文件选集》第11集,中共中央党校出版社1991年版,第180页。

达到成功"。

（二）"承认由于国共分家致十年来革命失败，造成军阀割据、帝国主义者占领中国的局面"，但分家之责，他却归过于鲍罗廷。他提出彼此要检讨过去，承认他过去亦有错误，其最大失败，在没有造出干部，他现在已有转变。

（三）要中共"不必说与国民党合作，只说与他合作"。他希望中共"要与他永远合作，即使他死后也要不生分裂，免得因内乱造成英日联合瓜分中国"。

（四）要中共"商量一永久合作的办法"。周说共同纲领是保证合作到底的好方法。蒋要周速回陕向中共中央报告与蒋关系及共同纲领问题。

（五）"关于具体问题"，蒋认为是"小节，容易解决"。他说，国民大会、国防会议几个月后开，中共可以参加；陕甘宁"行政区要整个的"，须中共"推荐一个南京方面的人来做正的，以应付各方，副的以下均归"中共，并由中共"自己干，他不来干涉"；军队人数，不同中共争，"总的司令部可以设，他决不来破坏我们部队，只是联络而已，粮食接济愿设法，即使永久合作的办法尚未肯定，他也决不再打"①。

杭州会谈后，周恩来 3 月 30 日到上海，4 月初经西安回到延安。中共中央政治局会议听取周汇报后认为，同蒋谈判结果尚好，决定在抗日救国十大纲领和国民党"一大"宣言基础上起草民族统一战线纲领，并提议在此纲领基础上成立民族革命联盟，吸收国共两党及赞成此纲领的各党派及政治团体参加，共同推举蒋介石为领袖。周恩来在延安出席中共中央政治局会议期间，4 月 9 日致电蒋介石说："归肤施后述及先生合作诚意，均极兴奋，现党中正开会计议纲领及如何与先生永久合作问题"，并表示会后将再次南下晤蒋②。5 月下旬，国民党方面派以涂思宗为团长的中央考察团前往陕北苏区，对共产党、红军、地方政

---

① 《中共中央文件选集》第 11 集，第 180—181 页。

② 《周恩来年谱》，第 361 页。

权以及群众运动进行考察，看共产党对与国民党合作抗日有无诚意，以及红军部队有无改编准备。考察完陕北后，又前往陇东苏区考察。

（三）庐山谈判

周恩来携带中共中央起草的《御侮救亡、复兴中国的民族统一纲领》于4月26日从延安飞到西安，继续同顾祝同、张冲谈判。6月4日，周恩来到庐山晤蒋，从8日到15日同蒋多次谈判。周将中共中央提出的"民族统一纲领"交给蒋。这个纲领有五十二条，主要内容是：争取民族独立，反对日本帝国主义；实现民权，保障人民自由；实现民生幸福，建立国防经济。

本来是蒋介石在杭州让中共研究与他永久合作的纲领与办法，如今他把周恩来交给他的纲领抛在一边，又提出成立"国民革命同盟会"的主张，其办法是："(1)成立国民革命同盟会，由蒋指定国民党的干部若干人，共产党推出同等数量之干部合组之，蒋为主席，有最后决定之权。(2)两党对外一切行动与宣传，统由同盟会议讨论决定，然后执行。关于纲领问题，亦由同盟会加以讨论。(3)同盟会在进行顺利后，将来视情况许可，扩大为国共两党分子合组之党。(4)同盟会在进行顺利后，可与第三国际发生代替共党关系，并由此坚定联俄政策，形成民族国家之联合。"[1]显然，蒋是企图利用"国民革命同盟会"这个组织，把共产党溶合到国民党中去，从而取消共产党的独立性，一切言论和行动听他指挥，因为他在这个组织里有最后决定权。

蒋虽表示红军仍可改编为三个师，四五万人，但推翻了在三个师上设总指挥部的承诺，改为"三个师以上设政治训练处指挥之"，提出"请毛先生、朱先生出来做事"[2]，离开红军部队。蒋还提出，陕甘宁边区政府"由南京派正的长官(可由中共推荐中央方面的人)，边区自己推举副的，可由林伯渠担任"；各地红军游击队，"由共方派人联络，经调查后实

---

① 《第二次国共合作的形成》，第225页。
② 《第二次国共合作的形成》，第226页。

行编遣,其首领须离开";国民大会,共产党员可参加,"但不以共产党名义出席"①。

周恩来向蒋表示:成立国民革命同盟会,事关重大,待请示中共中央后再作答复;关于红军的"指挥与人事问题",他表示"都不能同意"。围绕这些问题,周"与蒋争论很久不能解决","经宋子文、宋美龄、张冲往返磋商,仍不能解决"。面对这种僵局,周恩来离开庐山返回延安,声明:"不能解决时,要张冲进苏区来谈判。"②

周恩来于 6 月 18 日到达延安,向中共中央汇报与蒋谈判情况。在日本侵略者发动全面侵华战争前夕,为顾全大局,中共中央决定对蒋做出重大让步,在 6 月 25 日写成的与国民党谈判新方案中确定:"原则上同意组织国民革命同盟会,但要求先确定共同纲领",同意"以蒋为主席,承认其依据纲领有最后决定之权"。"关于同盟会将来发展之趋势与第三国际关系问题,我们可不加反对(不使之成为合作之障碍),但目前应着重保持共党之独立组织及政治宣传和讨论之自由",力图使同盟会"成为政治上两党合作的最高党团"。新方案确定:中共准备 7 月中旬发表国共合作宣言;之后,"如蒋同意设立总的军事指挥部,红军即待其名义发表后改编,否则即于'八一'自行宣布改编","编三个正规师,共四万五千人";陕甘宁边区准备 7 月实行民主选举,向蒋推荐南京方面的张继、宋子文、于右任中的一人任边区行政长官,林伯渠为副长官;各游击区"原则上一律停止没收土地及建立苏维埃政权,取消红军名义,改以抗日义勇队名义出现";力争朱德"为红军改编后的指挥人",毛泽东原则上"不拒绝出外做事,但非至适当时机托故不去";不放弃"国民大会民主选举的基本原则","我们应联合各民众政治团体";周恩来再去见蒋时"加上博古、林伯渠、董必武"③。

---

① 《第二次国共合作的形成》,第 226 页。
② 《第二次国共合作的形成》,第 225 页。
③ 《第二次国共合作的形成》,第 229—230 页。

6月26日,南京方面电邀周恩来再上庐山与蒋继续谈判。7月4日,周与博古、林伯渠携带"中共中央关于国共合作宣言"到达西安,7日飞抵上海。就在这天夜里,日本侵略者在北平西南郊的卢沟桥发动事变。中共中央7月14日向南京当局表示:愿在蒋指挥下努力抗敌,红军主力准备随时出动抗日,已令各军十天内准备完毕,待令出动,并同意担任平绥线国防。

7月中旬周恩来等再上庐山,将中共中央起草的国共合作宣言交给蒋。7月14日,蒋通过张冲告诉周恩来:红军改编后各师直属行营,政治机关只管联络,无权指挥。第二天,周给蒋写信,指出他的上述意见与上次在庐山所谈"出入甚大,不仅事难做通",而且"恐碍此后各事之进行"。17日,周恩来、博古、林伯渠同蒋介石、邵力子、张冲会谈。周建议蒋以中共中央提出的国共合作宣言为两党合作的政治基础,并迅速发动全国抗战。18日,周恩来通过宋美龄将要解决的十二个具体问题交给蒋,但蒋仍坚持红军改编后不设统一的军事指挥机关,三个师直属行营管理,三个师的参谋长由南京派遣;政治主任只能转达人事、指挥,并具体提出由周恩来任政治主任,毛泽东任副主任。周恩来当即表示蒋的上述意见,中共决不接受。

周恩来等根据中共中央指示"采取蒋不让步不再与之谈判之方针",离开庐山,飞赴上海,7月28日回到延安。中共中央决定,红军主力集中三原迅速改编,设三个师,共4.5万人,上设总指挥部,朱德为总指挥,彭德怀为副总指挥;并设政治部,任弼时为主任,邓小平为副主任。另编地方保安队一万人,高岗为司令员,萧劲光为副司令员。

(四)南京谈判

8月1日,张冲奉命电告延安:蒋邀毛泽东、朱德、周恩来即来南京,共商国防问题。8月6日,周恩来、朱德到达西安,会同在西安的叶剑英于8月9日飞抵南京,出席国民党当局召开的国防会议。

8月12日,周恩来、朱德、叶剑英与张冲、邵力子、康泽举行会谈。国民党方面由康泽出面对中共中央不久前提出的国共合作宣言提出许多无理要求：不提民主，取消对民族民权民生三条的解释；不提与国民党获得谅解，共赴国难等。周恩来、朱德当即严辞批驳，并要求将中共的意见报告蒋介石。

8月13日，日军进攻上海，淞沪战役爆发。国共两党谈判长期拖延不决的局面迅速改观，僵持已久的红军改编后的指挥和人事问题获得解决。18日，蒋介石同意发表红军改编为国民革命军第八路军，任命朱德、彭德怀为正、副总指挥，并于22日公开发表。9月22日中央社公布中共中央关于国共合作宣言，蒋介石也发表谈话，在事实上承认了中共的合法地位。国共两党第二次合作正式开始。

二　中苏互不侵犯条约的签订

中苏两国代表会谈开始不久，苏联就提议与南京签订贸易协定和互不侵犯条约；蒋介石则希望与苏联结成反日军事同盟，接受苏联援助。由于前面所述原因，苏联的提议被搁置，蒋介石的愿望也没有实现。到1937年初，情况发生变化，苏联援华和两国签约问题又提上了议事日程。

1937年3月，回国述职达四个月之久的苏联驻华大使鲍格莫洛夫返任，立即会见孔祥熙、陈立夫，转达苏联政府请中国发起太平洋地区公约和苏联准备向中国提供军用物资的建议。4月3日，蒋介石带病在上海会见鲍格莫洛夫，表示感谢苏联政府在西安事变问题上对他的支持和给予武器援助的建议。蒋请鲍格莫洛夫与南京新任外交部长王宠惠谈判具体外交问题，待他身体复原后，他再与鲍格莫洛夫会晤讨论苏中关系①。

4月12日，鲍格莫洛夫与王宠惠在南京会谈。鲍格莫洛夫代表苏联政府向南京提出三项建议：一、"中国政府率先提议太平洋国家参加

---

①　见《苏联对外政策文件集》第20卷，第167—168页。

太平洋区域性公约的谈判"(主要的国家是中、英、苏、日、美及法国)。假如中国政府肯这么做,苏联"定将对这个建议做出肯定的答复","定将全力促成中国政府办理此事"。二、"如果太平洋公约不能签署,那我们准备以后重新考虑缔结苏中双边互助条约可能性的问题"。三、"立即开始苏中互不侵犯条约的谈判"。王宠惠表示,他"会在政府中讨论这些建议,也会同蒋介石讨论"①。正当中苏两国代表开会讨论这些问题时,日军在北平发动了卢沟桥事变。日本侵华战争的爆发,促进了中苏两国代表的谈判。

7月13日,孙科会见鲍格莫洛夫,将南京政府外交部关于卢沟桥事变的照会交给苏联大使,两人还就华北事态及中苏关系交换了意见。孙科认为,华北的"冲突可能发展成为中日间的公开战争"。他着重表示:"中国政府决定不再退让领土,并已向河北以及保定派兵。"他问鲍格莫洛夫:中日战争对苏联与伪满洲国边界地区的局势会有什么影响?其用意是试探中日战争爆发后苏联能否用武力援助中国。不久,孙科代表中国政府向鲍格莫洛夫明确提出:"请苏联政府在东北边界调动军事以'把日本注意力从中国吸引过去'的要求。"②7月16日,孙科又一次会见鲍格莫洛夫,详细阐述了"中国政府不能承担太平洋公约发起"者的理由。

7月19日,陈立夫与鲍格莫洛夫会谈。关于两国签约问题,鲍格莫洛夫仍主张"太平洋公约是当务之急,同时还有互不侵犯条约,然后才能谈到双方互助条约"。陈立夫则主张"从第三条——互助条约开始谈判"。双方意见未能达成一致。关于南京向苏联借款订购军火问题,陈立夫说,这是他此次会见鲍格莫洛夫的主要目的。还说,苏联的建议原则上是适当的,中国政府可以接受,只是蒋介石希望将款额增加到一亿五千万至二亿中国元;军火交货期限缩短,哪怕一年;还债(以货相

---

① 见《苏联对外政策文件集》第20卷,第167—168页。

② 《苏联对外政策文件集》第20卷,第436页。

抵)期从五年后算起,十年还清。陈立夫还详细说明了拟从苏联订购的军火名称,如飞机、坦克以及不同口径的大炮、高射炮、反坦克炮等。

7月26日,张冲奉蒋介石命会见鲍格莫洛夫,着重向苏方提出应把军火订货与政治问题分开,因为"任何政治问题的解决都要耗费很多时间"。他转达蒋介石的话说:"因为现在中日间的战争势不可免,所以中国政府不可能再指望从德国得到订货,因德国乃日本的盟国。中国本国的储备只够六七个月用,苏联是唯一可能供给中国的来源。"①就在这一天,日本侵略军向中国华北当局发出最后通牒,提出种种无理要求,并派兵逼近南苑、北苑,平津危在旦夕。鲍格莫洛夫鉴于华北事态严峻,请求莫斯科不要把南京的军火订货与两国签订互不侵犯条约搅在一起,建议从纯商务方面解决这一问题。

7月31日,苏联政府批准了给南京的军事贷款和军火订货项目。李维诺夫电告鲍格莫洛夫:"武器的订货拟增至一亿中国元,一年内交货","可给200架飞机带装备和200辆坦克",并准备接收中国的飞行员和坦克手前去培训。苏联的方针是,支持中国武装抗日,自己则力避与日本直接冲突。因此,李维诺夫在给鲍格莫洛夫的电报中指出:"目前时机更加不宜签署互助条约,因为这样的条约意味着我们立即对日宣战";但苏联坚持向中国"提供军事物资务必以先签署互不侵犯条约为先决条件"②。

8月2日,蒋介石会晤鲍格莫洛夫。鲍格莫洛夫向蒋通报了莫斯科关于军事贷款的答复,解释了苏联不能与中国签署互助条约的理由。蒋介石则要求苏联增加军事援助,提出"飞机的数量不是200架,而是500架"。在谈到签署互不侵犯条约时,蒋介石不同意把军火订货与签署这个条约联系在一起,但他认为如果这个条约不损害中国的主权,可以立即签署。鲍格莫洛夫解释说:"互不侵犯条约的实质在于双方承担

①　《苏联对外政策文件集》第20卷,第405页。
②　《苏联对外政策文件集》第20卷,第430页。

互不进攻的义务,十分清楚,不进攻另一方这个义务绝不可能被说成为什么事而付出的报酬"。他接着说:"中国政府应该了解我们的处境:我们如果连不以互不侵犯条约的形式作为起码的让中国不用我们的武器来打我们的保证都没有,那我们是不能向中国提供我国武器的。"蒋介石表示:"中国绝不会进攻苏联,这一点是毫无疑义的。"①

　　8月上旬,双方交换了条约草案,并继续进行谈判。8月21日,王宠惠和鲍格莫洛夫代表各自政府签订中苏互不侵犯条约。条约共四条,规定双方保证互不侵犯主权、互不使用武力和遭到第三国侵犯时对该第三国不得提供任何直接或间接的支持与援助。中苏互不侵犯条约签订后,中国的抗日战争得到了苏联的有力支持。

---

①　《苏联对外政策文件集》第 20 卷,第 437—439 页。

第九章　国民政府的财政金融

第一节　国民政府财政管理制度的建立

一　财政收支体制的确立和完善

　　财政收支体制是国民政府财政管理制度的一个重要方面,是确定国家与地方财政收支权限和范围的一项根本制度。

　　中华民国创立以后,资本主义现代化财政金融制度已开始建立。但因北京政府时期,袁世凯复辟帝制,接着是军阀混战,分裂割据,各自为政,列强又从中干扰,故统一全国财政,建立现代财政管理制度遂告幻灭。

　　国民政府成立后,先是任命古应芬为财政部长(实际上是钱新之代),后由孙科继任。蒋宋联姻后,蒋介石于1928年1月由上海回南京主持"政府大计",又任命宋子文为财政部长,同年1月7日就职。1931年12月下旬,蒋介石第一次宣布下野,宋为与蒋共进退,也辞去财长职务。在这期间是孙科出任行政院长,任命黄汉梁为财政部长,时间不满一个月。1932年1月蒋介石复职,宋也随之复任。1933年10月29日宋辞去财长职务,蒋又任命孔祥熙为财长,1933年11月1日就职,直到1944年11月20日辞职。整个30年代,国民政府的财政金融大权掌握在蒋介石的姻亲宋、孔二人的手中。宋、孔在任财长同时,还担任国民政府的行政院副院长兼中央银行总裁,为支持蒋介石继续"北伐"和维护国民政府统治发挥了重要作用,同时也对中国现代财政金融制度的建立作出了一定贡献。

　　宋子文出任财长之后,正值蒋介石联合冯、阎、桂各派,准备继续北伐打倒控制北京政府的奉系军阀之时,国家国库空虚,入不敷出。宋子文在筹款过程中遇到不少难题,使他深深认识到,全国财政不统一,现代财政管理制度不健全,是造成财政困难和经济不发展的一大原因。当 1928 年 6 月北伐军攻占天津,奉系张作霖势力退至关外,中国表面达到统一之后,宋便向国民党中央提出"将各项国税一律收归部办,以谋财政统一"的方案。他指出:"谨查我国民政府自珠江流域进展至长江、黄河流域,对于军事、外交、财政、交通,首在维持统一;而财政为国家之命脉,尤贵彻底统一,方能顺利进行。近时关于本部税收方面,常有他项机关代为主管支配,政出多门,遂生扞格,预决算亦因之破坏,于财政前途影响匪细。……拟请将各项国税范围无论直接间接,凡现为他项机关所管辖者,一律收归本部办理。"①该方案在国民党中央获得通过,从而使宋实施财政统一措施得以全权处理。当时,国民政府真正能够控制的只有江浙皖赣四省,其他各省的财政收入多为地方军阀把持和截留。为了加强中央财力和统一全国财政,首先必须抓住划分国地收支系统,统一财务行政,逐步建立与政府行政组织相一致的中央财政、省(市)财政与县财政的三级财政体制。但是,财政状况的改善必须以社会经济发展为前提。为此,宋子文决定在召开全国财政会议之前,先行召开全国经济会议,企图通过两会来确立财政体制和制定各项财政经济政策。

　　全国经济会议于 1928 年 6 月下旬在上海召开。出席这次会议的约有七十人,是中国银行界和工商界的头面人物及财政经济问题的专家与学者,约有四十五人是中央和各省市政府的代表。这次会议名义上虽是全国性的,实际上却是被江浙资本集团所控制的,工商界代表中有 70% 是江苏和浙江籍的,江浙资本集团的所有主要人物都参加了这个会议,其中包括虞洽卿、王晓籁、荣宗敬、李铭、张公权、宋汉章、陈光甫、

————————

① 国民政府财政部:《国民政府财政公报》第 7 期,第 8—9 页。

秦祖泽和徐新六等人①。

会议开幕时,宋子文首先发言,他对过去采取强制手段筹措财政款项的做法表示歉意,承认"战争时期我们曾被迫使用极端手段来筹集经费"。接着,他号召出席会议的工商界领袖人物与政府合作,宣称:"如果不让人民参与政府政策的制定,没有任何一个政府会得到人民信任","财政部决不能坐等人民参与政府制定高超计划的实现。为此,我们召集可信赖的非政界人士、纳税人的代表在一块来批评我们,帮助我们和指导我们",并且说这次全国经济会议的成就,"将是中国走向民主制度的一步"②。这次全国经济会议是由财政部出面主持召开的,虽然这次会议打的是"经济会议"的招牌,但其主要目的则是要研究解决国家财政困难的措施与计划。因此,宋子文向会议提出了财政部的方案。宋的方案包括:限制军费开支、编制预算、建立强有力的中央银行,取消银两制,建立中央造币厂和裁撤厘金等。会议对宋的方案原则上是赞成的,工商界人士对限制军费开支和裁撤厘金尤为赞成,因为庞大的军费开支使工商界人士吃尽了硬性摊派和各种形式勒索的苦头,繁重的厘金阻碍了商品的流通和限制了生产的发展。宋提出的限制军费开支与裁减军队的计划是:将军费开支限制在每年 1.92 亿元以内,军队人数由现有的近 200 万人减少至 50 万人③。

虞洽卿代表江浙资本集团在会上发言,向南京政府提出保护关税、整顿交通、保护商人财产、整理劳资纠纷、保护及提倡国货等促进中国资本主义工商业发展的六项建议。根据虞的建议,会议就有关问题,如保护商人财产和处理劳资纠纷等作出了一些决议。关于保护商人财产的议案规定:"所有私人财产,如船舶、面粉厂、工厂、矿山等等,现在仍

①　全国经济会议秘书处编:《全国经济会议专刊》,1928 年上海版,第 1—23 页。

②　参见[美]小科布尔:《上海资本家与国民政府》,中国社会科学出版社 1988年版,第 56 页;另见《中华年鉴 1929—1930》,1930 年上海版,第 629 页。

③　全国经济会议秘书处编:《全国经济会议专刊》,第 576—579 页。

被政府当局所占据者,应一律立即归还,所有非法没收的财产也同样立即归还原主。"这项决议反映了江浙资本集团对南京政府侵犯他们的利益十分不满。关于处理劳资纠纷的议案规定:"政府必须制定对工会组织管制的劳工法,以防止滋事之徒利用工会组织挑起事端;工会的经费必须公开,并将置于其监督之下。"①这也表明,南京政府是代表资产阶级意志,用国家的强制力量来镇压工人反抗,以保护资产阶级的利益。

全国经济会议,只是财政部与金融工商各界磋商讨论全国财政经济计划的一次会议,它所形成的决议并不具有法律效力。会议结束时,宋子文要求各界人士(尤其是江浙资产阶级)要努力去把这次会议的决议变成行动。他说:"财政部一定会支持你们的,但是你们自己必须越出财政部走得更远一些,到中央政治委员会和国民党中央执行委员会去。只有与会的这些商界成员的坚强意志才能创造广泛的公众舆论来对这些机构施加影响"②,从而促使其核准并实施这些决议。

宋子文提出的财政部的理财计划,通过全国经济会议,取得了以江浙资本集团为代表的资产阶级的支持。宋氏紧接着又于7月上旬在南京召开了全国财政会议,参加者主要是全国各省市的财政厅长及负责执行财政计划职责的国家与地方官员。

宋子文召开全国经济会议,打出一个"经济会议"的牌子,以便于他加强与工商界的联系。而这次全国财政会议则不同,参加者都是主管财政方面的官员,他直接提出解决财政困难的方案。这个方案归结起来为两点:一为限制军费开支,二为编制全国预算。由于财政会议的参加者均曾被那毫无节制的军费开支逼得到处奔波,因而都赞成宋氏的这个方案。编制全国预算要有前提条件,这就是全国财政要统一,岁出要控制,混乱的税收制度要改革,中央与地方收入应予合理划分,币制

①　《字林西报》1928年6月30日。
②　《字林西报》1928年7月7日。

应统一,中央要有发行通货权的全国银行。否则全国财政预算既无法编成,也无法实施。所以,全国财政会议对控制岁出、划分中央与地方税源、改革币制、成立中央银行等都提出了相应的方案。

全国经济会议与财政会议都是一种咨询性质的会议,它们所通过的议案都要经过国民党中央执行委员会全体会议通过后才具有法律效力,才能交由政府有关部门执行。1928年8月,国民党召开二届五中全会,宋子文向全会提出了《统一财政确定预算整理税收并实行经济政策财政政策以树立财政基础而利民生建议案》,并将全国经济、财政两个会议所讨论通过的计划作了说明。五中全会对这个提案所形成的决议是:"财政部长宋子文关于财政之建议案,大会认为其原则甚为妥当,交国民政府查照,详细规划,妥慎施行。……本大会认为有迅速设立预算委员会之必要,应交国民政府即行组织之。"①

宋子文认为,统一财政的基础就是首先要"划分国家地方两税",由第一次全国财政会议提出经国民党二届五中全会决议通过,并于同年11月正式公布施行的《划分国家收入地方收入标准案》和《划分国家支出地方支出标准案》,具体规定了国家和地方两级财政收支体制的详细内容:

国家财政收入包括:海关税、盐税、内地税、厘金(1931年裁撤,裁撤前实际上为地方截留)、烟酒税、印花税、邮包税、所得税、遗产税、矿税等税收。国家财产、国有事业、国家行政等收入和国有事业利润,债务收入等。

国家财政支出包括:党务费、行政费(包括内政费、外交费、财政费、教育文化费、司法费、实业费、交通费、蒙藏费、建设费、国家银行资本、国家其他企业资本、补助费、赔偿与奖励、赈灾、杂项)、军务费、债务费等。

地方财政收入包括:田赋、契税、牙税、当税、屠宰税、内地渔业税、

---

① 中国国民党中央党史会:《革命文献》第20辑,第1、8页。

船捐、房捐等税收，地方财政收入、地方工营企事业收入、地方行政收入、其他属于地方性质之现有收入，以及拟将开征的营业税、市地税、所得税附加、使用人税、使用物税，后又包括中央补助费。

地方财政支出包括：地方党务费、地方立法费、地方行政费、公安费、地方司法费、地方教育费、地方财务费、地方农矿工商费、公有事业费、地方工程费、地方卫生费、地方救恤费、地方债款偿还费等。其中地方司法费待将来承审制度取消后改归国家经费内开支。另外，以上各款原无军费开支，但实际上少数省份尚有一项军费负担，或直接拨充当地军队粮饷，或分任协款以济军费。这种现象说明，地方军阀割据势力仍然存在。

此外，还对隶属于行政院的特别市的收支范围作如下规定：收入包括土地税、土地增值税、房捐、船捐、营业税、牌照税、码头税、市公产收入、市营业收入及其他法令特许征收之捐税，后去土地增值税和码头税，共八种。市支出与省同。

此次划分，对县财政尚无明确规定①。

除上述规定外，宋子文还特别强调：在国、地两税划分后，关于国税之规章、用人、行政、收入四项，应由财政部主持办理，"以明统一财政之责任"②。如果财政部没有制定全国统一国税收入及其他规章的权力，没有为执行国税收入规章的用人和行政权力，没有对国税收入予以保管的权力，所谓统一财政，那只能是一句空话。宋在1932年1月重新出任财长后，便对原孙科、黄汉梁任内的各司、处、署长进行调整。调整后的情况为：关务署署长张福运、盐务署署长钱隽逮、赋税司司长贾士毅、公债司司长钟衍庆、国库司司长李觉、会计司司长朱忠道、烟酒税处处长程叔度、印花税处处长李调生、禁烟处处长邹敏初、煤油特税处处

---

① 孙文学主编：《中国近代财政史》，东北财经大学出版社1990年版，第325—326页。

② 《革命文献》第26辑，第7页。

长林子峰；又设秘书处，由邹琳为秘书长，下设总务、文书、机要三科，将审核科归并入总务科；收发科归并文书科。另任命陈行为金融监理局局长。这样，财政部直辖各职能部门大都由宋子文在广东革命政府任财政部长时期的部属掌握①，这就为他推行财政统一政策创造了条件。

这次财政划分的突出特点就是加强中央财力和财权，有利于全国财政统一。这在收入和支出方面都明显表现出来，划归国家收入的都是税源较大的税项，如关、盐、厘金（1931年后改为统税）等税。原为地方据有的厘金和类似厘金的过境税上划为中央税收，既有利于税制统一，又有助于改变地方滥征的局面；同时又为后来裁撤厘金，实行关税自主开办统税创造有利条件，致使关、盐、统三税成了国民政府三大税源。其次，地方财政来源也有一定保障。如田赋、契税、营业税及杂项收入等均划归地方收入。田赋自古以来就是中央政府的主要财政收入，而这次破天荒划归地方收入，这既使地方财政来源有了一定的保障，又说明中国资本主义工商业发展起来了，中央政府的财政来源由依靠田赋而改变为依靠关、盐、统三税，标志着中国已跨入先进的资本主义时代，是一种历史的进步。再次，从支出项目看，重要的支出项目集中于国家，特别是军费支出由中央控制，有利于控制各地军阀的权力。总之，这次财政划分，有力地加强了中央财权和财力，有利于全国财政的统一，实际上成为蒋介石为代表的国民政府不仅在军事上占有绝对优势，而且在经济上也掌握了其他派系的饷糈来源，使他们不得不听命于中央。这对巩固南京政府的统治，使国家在政治、经济上都达到统一是有意义的。

地方财政主要是确定省财政收支范围，县级财政是附属于省的，无独立可言。至于省、县收入和支出如何划分和分配，都由各省自行决定。在实际执行中，大多数省份未给县级财政划定收支范围，少数省份

---

① 吴景平：《宋子文评传》，福建人民出版社1992年版，第73页。

即使划给县级一部分收入,也是微乎其微。县当时作为一级行政机构,但没有明确的财政来源,就使县级财政极不稳定。为了筹措县级行政经费和应付上级各项任务,县级财政往往越权征税,如开征各种附加税、杂捐,甚至乱摊派,结果使得县级财政特别混乱,苛捐杂税越增越多,人民负担日益加重。

孔祥熙出任财长后,着手整顿田赋,废除苛杂,并于1934年召开第二次全国财政会议,确定县为自治单位,将土地税(田赋附加)、土地呈报后正附溢额田赋的全部、印花税三成、营业税三成、房捐(土地改良物税)、屠宰税及其他依法许可的税捐,作为县级财政收入,于是县级财政有了保障。1935年度各省市县财政预算相继成立,我国的"财政收支乃有采行三级制趋势……惜以抗战军兴未及实行"。虽然县级财政的收支范围有渐趋明确的可能,但由于财政来源中有"依法许可的税捐"一项①,这就为县级财政滥征税捐大开方便之门,对堵塞县级财政滥征滥摊派的措施仍然不利。

二　财政管理体制的建立和健全

南京政府建立以后,通过各项财政立法,逐步建立起一套比较完整的财政管理体制。

财政部是国民政府管理监督全国财务行政的总机关。该部成立于1927年5月,"直隶国民政府"。据1927年11月《国民政府修正财政部组织法》规定,财政部的基本任务为:"管理全国库藏、税收、公债、钱币、会计、政府专卖金银暨一切财政收支事项,并监督所辖各机关及公共团体之财政。"1928年10月,国民党因"北伐完成,全国统一",宣布由"军政时期"进入"训政时期",实行"五权制度",在国民政府之下设立行政、立法、司法、考试、监察五院,财政部改隶行政院,为"管理全国财

---

① 孙文学主编:《中国近代财政史》,第327页。

政事务"的最高机关,"对于各地最高行政长官"执行该部"主管事务有指示监督之责"。财政部初设部长一人,次长一人;1928年增为次长二人,分为政务次长和常务次长。部长"综理本部事务、监督所属职员及各机关";次长辅助部长处理部务。该部成立时,以古应芬为首任部长,其后继任部长的有孙科、宋子文、孔祥熙等。

财政部成立后,其组织随着职权的扩大而改组频繁。该部成立之初,分设秘书和总务、参事两厅,赋税、钱币、公债、会计、国库五司及关税、盐务、禁烟、土地四个处。孔祥熙继宋子文任财长后,财政部内部组织设置为:一厅、一处、三署、六司,即参事厅、秘书处、关务署、盐务署、税务署、总务司、赋税司、公债司、钱币司、国库司和会计司(1937年7月改组为会计处),除各司处外,关务、盐务、税务三署还具有相对的独立性,可以用本署的名义发布命令。

此外,财政部为整理财税、改革币制的需要,还先后设立了设计委员会(以甘末尔 Kemmerer,EdwinW. 等美国专家组成)、固定税则委员会、会计委员会、税务整理研究委员会、币制研究委员会、整理地方捐税委员会、金融顾问委员会、发行管理准备委员会、财政整理会等附属机构暨中央造币厂、北平印刷局等事业单位。

关于地方财政管理机构分为两类:一类是中央派出处理国家收支的机构,如财政特派员、关监督、盐运使、统税局、印花烟酒税局等等;另一类是处理地方财政收支的机构,各省设财政厅,综理全省财政收支、预决算之编制,及对各县的财政监督等。县设财政科,综理全县财政收支,预决算之编制及各项税收等财政活动①。

到抗战前,国民政府的全国财政行政管理体制"日臻完备"。惟有一些边远省区或少数地方军阀割据的地区,尚有其自主的一套财政行政组织,但不占主要地位。

---

① 邱松庆:《南京国民政府初建时期财经政策述评》,《中国社会经济史研究》1996年第4期。

三　财政审计制度的确立和财政法规的制定与推行

财政管理体制的建立和健全,对财政收支权限和范围的确立与实施,对各项财政法规和法令的制定和推行都起到一定保证作用。

财政审计是财政监督的一项重要手段,是财政管理制度的一个重要组成部分,负有监督预算的执行、稽察财务上的一切行为、审定总决算的职权。

审计职权是从 1925 年广州国民政府监察院设立第三科开始的,隶属于监察系统。南京政府成立后,直属于审计院。1931 年设立审计部后,又改隶属于监察院。监察院既行使弹劾权,又行使审计权,互相配合。

根据 1928 年国民政府公布的审计法规定,审计方式包括事后审计和事前审计。由于这两种方式不足以制止不法行为,又创立了实地稽察制度。后又由于审计队伍不健全,人员有限,难免顾此失彼,又有巡回和抽查审计等方式相配合。

国民政府的审计制度虽有明文规定,但实际上只不过是打击异己的一种工具,对那些达官贵人、大资本家、地主豪强的重大违法行为几乎没有进行过认真的审计①。

财政法规是国家组织财政收支活动和调整财政主体权利与义务关系的法律规范,它本身具有强制性。在财政管理工作中,制定和修正各项财政法规,是国家加强和完善财政管理制度不可缺少的组成部分。在政府成立的头十年中,制定和修正了一系列的财政法规。从范围上说,这些财政法规包括国家和国家授权财政部门统一制定的全国性的法规和各地区、各部门在国家授权范围内制定的适合本地区和本部门的单行法;从内容上说,这些法规包括财政体制、财政管理和监督、税

①　孙文学主编:《中国近代财政史》,第 327—328 页。

收、公债等方面。其主要的法规归纳概述如下：

一、财政体制方面的法规。为确定国家和地方财政收支权限及范围，国民政府于 1928 年 7 月公布实施《划分国家收入地方收入标准案》和《划分国家支出地方支出标准案》，首次从法律上确认了国民政府中央财政和地方财政的收支权限和范围，为改变北京政府以来的财政混乱局面提供了法律依据。1934 年第二次全国财政会议后，鉴于以往县级财政无明确规定这一弊端，又颁布了《财政收支系统法》、《省县收支标准》和《县各级组织纲要》等法规，重新确认了县级财政的收支范围，为改变县级财政的混乱局面提供了法律依据①。

二、财政管理和监督方面的法规。在财政预算的编制和管理方面，1931 年颁行《办理预算收支分类标准》，明确列入预算的收支科目。1932 年又公布预算法，包括预算编制的程序、时期及预算未成立时救济办法、预算公布后追加预算和预算外支出的追加等方面的内容。预算法对中央预算、省预算（包括直隶于行政院之特别市的预算）、县（包括隶属于省的市）预算的编制程序及时期，分别作出不同的规定。编制机关为主计处岁计局，议决预算的权力在立法院②。

宋子文在整理财政方面特别注重预算制度的确立。当时，蒋介石连年进行围剿苏区和排除异己的内战，军费不断增加，致使政府的财政预算无法平衡。所以，宋子文积极主张"裁兵减费"，反对无限地追加预算。要确定预算，就需要设立专门的预算委员会。按宋子文的解释，预算委员会的职能有四：其一，统一收入。只有先定收入才能后定支出。财政部根据国地两税划分标准，将全国所有收入列表造册，呈请核准。"俟核定后，财政部即本此标准，整顿收入，统由国库经理，是谓收入统一"。其二，统一支出。财政部根据收入情况按军政各项开支造册，上报预算委员会批准；"俟核定后，财政部即照预算所定支拨，是谓支出统

① 孙文学主编：《中国近代财政史》，第 328 页。
② 孙文学主编：《中国近代财政史》，第 328 页。

一"。其三,统一政令。"倘国地收支,中央与地方意见参差,或有互相协助之必要时,可由预算委员会秉公解决,是谓政令统一"。其四,统一分配。"如遇收入不足时,由预算委员会先就预备金下填补,再有不足,照预算所列之数,按成均派,以免偏畸,是谓分配统一"①。预算委员会所确定的预算,"收入上之有无侵蚀,支出上之有无浮滥,应由审计院严密考核"。同时,宋子文还主张"将收支各款,由各机关如限造报,财政部逐日公布"②。宋子文的主张,既反映了当时国内金融界、实业界希望消除战乱,节缩开支,发展经济的愿望,又反映了广大饥寒交迫劳苦群众的迫切要求,更是符合现代财政管理制度。但是,穷兵黩武的蒋介石,不仅不支持宋的主张,反而因此事与宋发生了激烈矛盾,迫使宋辞去财长职务。财政预算制度因此未建立起来。

在加强财政监督方面,1928 年国民政府公布了审计法,规定了审计职权和审计方式。1928 年颁布了国民政府监督地方财政暂行法,计有六条,但各省多未执行。1931 年中央颁布训政时期约法,对地方财政权限又有所规定,但由于地方情形复杂,中央对地方财政的监督仍未能实现。

三、税收法规。税收法规,或称税则,是各种税的征收和管理的依据。国家每开征一项税种,就要制定一个税则或实施细则,因而国民政府的财政法规中,税项法规占的比重很大。各项税则都离不开这几个方面的要素:纳税人、课税对象、税目、税率、起征点、免征额、纳税期限、缴纳方式、减免、罚则、附加、加成等。在这一时期里,国民政府的各项税收法规是不断变化的。如关税税则,1928 年 12 月第一次公布海关进口税则,确定七级进口税率。1930 年底又制定新进口税则,使最高税率由 22.5% 提高到 50%,1933 年 5 月 22 日公布的国定进口税则,将最高税率提高到 80%,这一税则遭到日本帝国主义的反对。1934 年

①　《革命文献》第 26 辑,第 8 页。
②　《革命文献》第 26 辑,第 5—6 页。

6月30日公布海关进口新税则,减低印花染纱织品、金属器具、机器工具等税率。至于盐税税则、统税税则及其他税则也不断变化,变化结果往往是税率的提高。这也反映了国民政府的税收是以增加财政收入为目的,而很少考虑国内经济发展和人民负担能力的。

四、公债条例。公债条例也是财政法规中的一项重要内容。国民政府每发行一种债券,都要公布一项发行条例,作为发行债券的依据。其中规定发行金额、利息、担保、用途、还本付息期限、办法、折扣及其他规定。在本期内由国民政府财政部发行的债券共有三十五种,颁布的公债条例亦在三十五项以上。

五、地方财政法规。地方财政法规是国家授权各地制定的一系列财政法规,包括各省市赋税征收减免的章程、规则和实施细则以及地方公债条例。如"上海市征收地价税暂行章程"八条,"铁路用地免征赋税章程"七条,"江苏省建设公债条例"十四条,等等。到1934年底,上海、南京、青岛、汉口、江苏、福建、浙江、河南、山西、湖北、广东、辽宁等省市颁布的地方财政法规就有四十五项之多①。

上述可见,在国民政府建立的头十年里,颁布的财政法规不仅数量多,而且修正也比较频繁,国民政府在财政管理制度的建设上做了不少工作,现代化财政管理制度已初步建立起来。

第二节　海关行政的改革与关税自主政策的实现

一　改革海关行政制度

宋子文出任财政部长之后,加紧改革海关行政制度和关税制订政策,为收回国家主权,发展经济和贸易,增加财政收入,而不懈努力。

---

①　孙文学主编:《中国近代财政史》,第330页。

　　宋子文十分了解外国人把持中国海关主权对中国的危害性。他指出:"吾国关税,受协定之拘束,妨害税收,损失主权,至堪痛惜。"①在关政方面,他曾谈到,"国民政府迁都南京之时,政府和公众对于海关都啧有烦言,诸多不满。人们指责海关已成为国中之国,是使馆街(指北京东交民巷——引者)的走卒;总税务司的话成为国家财政上的法律,总税务司还充当主宰北京每一任财政总长的后台老板角色;关税税款扫数存入外国银行,这只为外国银行增加了信用,而中国的银行则被撇在一边;海关所有高级职位全为洋人独占,中国人沾不到边。"②他认为我国关税由外人主持,颇有尾大不掉之势,因此,"对于海关一切行政,决拟彻底改革"③。改革的具体措施是:

　　(一)撤换擅权抗命的外籍税务司。1928年1月,财政部获知芜湖海关英籍税务司贾士(Gards)违背命令,擅放盐斤,并借故恫吓封关,宋认为这是"蔑视政府,滥用职权",立即决定将贾士撤掉,另委西班牙人马悌(Macti)继任。另一方面训令其他各关税务司:"如有不遵政府命令,越权渎职情事,本部职权所在,决当严予惩处,不稍宽纵。"④

　　(二)审查各海关税务司支用经费情况。在关政方面,各海关名义上受辖于财政部,但支出经费情况从来不向财政部汇报送审。宋为了"慎重关款"及为关税自主作准备,通令各海关税务司须将支出费用分别款目,按期造送表册,以便财政部审查、考核。

　　(三)严格稽核各关征税情况。宋子文命令海关各关、局将连年实收实解款额查明具报,在此基础上确定各关局的税收比率,作为今后考

---

　　①　《申报》1928年2月23日。

　　②　[美]恩·杨格:《一九二七至一九三七年中国财政经济情况》,中国社会科学出版社1981年版,第40—41页。

　　③　宋子文:《国民党第四次全国代表大会财政报告》(1931年11月),引自吴景平:《宋子文评传》,第103页。

　　④　《国民政府财政公报》第6期,第34页。

核的标准。此外,为防止纰漏,决定改变以往不查验税单的状况,命令各局须将所有税单之副单按期造册,呈送财政部关务署①。

(四)改变以往海关行政习用英文英语的状况。宋认为,海关行政中只使用英文英语,"不足以重体制而便商民",遂通令各海关税务司,嗣后所有海关应用单照,发布文告,以及批示商人之文件,统应一律以中文为主②。

(五)对总税务司的工作进行监督,直至撤换。南京政府成立时,海关总税务司一职由易纳士(Edwards)代理。易在任广州海关税务司期间,对政府不甚友好。宋子文在出任财长之初,曾与易纳士协商由关余中提出部分款额,未果。宋还希望易纳士在中国争取关税自主一事中发挥积极作用,亦遭拒绝。在国民革命军攻占天津之后,易纳士仍持不合作态度。宋子文对易非常不满。他训令易纳士,"自本年(1928 年)1 月份起,将逐月收支数目,及还本付息数,每项汇兑率并结存各款数,存何银行,分别列表造册具报,以凭稽核"③。又令易纳士:由海关收入项下拨付各机关的经费,须按月将所拨款汇解财政部关务署④。采取上述措施后,总税务司的工作就置于财政部较有效的控制之下。宋并在 1929 年 1 月任命梅乐和(Maze)为海关总税务司,取代了易纳士。

(六)改变海关职员洋人占绝对优势的局面。宋子文认为海关职员洋人占绝对优势是由历史原因造成的不合理状况,应立即着手改变。1929 年初,宋指示有关人员组织了海关章制审查委员会。经研究决定

---

① 宋子文:《国民政府财政部最近三个月报告书》(1928 年 6 月),引自《宋子文评传》,第 103 页。

② 宋子文:《财政部 1928 年 4 月份工作报告》,引自《宋子文评传》,第 104 页。

③ 宋子文:《财政部 1928 年 11 月份工作报告》,引自《宋子文评传》,第 108 页。

④ 《财政公报》第 17 期,第 87 页。

停止招洋人关员,并提高华人关员的地位和待遇,为华人自办海关作准备①。财政部还主持开办税务专门学校,限制海关方面自行招考关员,逐渐使新关员全由该校学生充任。宋还规定,海关用人"应尽华员升充"②;"聘雇海关洋员,仅限于技术方面,并须得财长之特许"③。这就打破了延续五十多年的旧例,开始提升华员出任税务司一职。以后,出任代理税务司、副税务司、代理副税务司的华员,不乏其人。这就为中国人独立自主征收关税,稽查走私创造了一定的条件。

二　实行自主制定关税政策

(一)实行自主制定关税政策的经过

所谓关税自主,是指一个主权国家根据本国财政、经济和文化的需要,自行以法律的形式制定国家关税税则,不受他国掣肘和牵制。我国在鸦片战争以前的关税制度,就是完全独立自主地制定国家关税税则,简称"国定税则"。1840 年鸦片战争,英国用鸦片和大炮打开了中国大门,从此中国就丧失了海关主权和关税自主权。经过《南京条约》和《天津条约》的议定:"中国海关由英国人'帮办税务';对一般进出口货物仅按'值百抽五'征税;货物转口运销,除按值百抽 2.5 子口税外,免征一切内地税。"④这就是由列强片面议定后强加给中国政府的"协定关税税则",简称"协定关税"。这种值百抽五的协定关税税率是世界上最罕见的低税率,如德国在 18 世纪 70 年代初叶,对进口棉纱征税 15%—30%,相当于中国同类商品进口税率的三至六倍。后来因物价腾贵,中

---

①　宋子文:《财政部 1929 年 1 月份工作报告》,引自《宋子文评传》,第 109 页。

②　宋子文:《国民党第三次全国代表大会财政工作报告》(1929 年 3 月),引自《宋子文评传》,第 109 页。

③　宋子文:《国民党第四次全国代表大会财政工作报告》(1931 年 11 月),引自《宋子文评传》,第 109 页。

④　中国近代史编写组:《中国近代史》,中华书局 1983 年版,第 80 页。

国实际征收时还低于值百抽五的税率。虽然经过几次修改,从《三次修改税则前后几种主要进口货物的税率水准》看,仍均未达到"切实值百抽五"的标准,一般在 3％至 4％左右①。这种罕见的低税率,对于帝国主义国家向中国廉价倾销商品和掠夺工农业生产原料,提供了极为有利的条件,却严重破坏了中国的民族市场,摧残了民族工商业的发展,同时也大大减少了中国政府的财政收入,造成中国人民生活的苦难,是近代中国贫穷落后的根本原因之一。因此,争取关税自主权便成了中国人民长期为之奋斗的迫切需要解决的问题。

中国人民为废除不平等条约,收回关税自主权,曾进行过不屈不挠的斗争。1925 年五卅运动以后,资本主义列强和段祺瑞政府害怕中国人民反帝斗争情绪继续高涨,于同年 10 月 26 日在北京召开了所谓关税特别会议,参加的有美、英、日、法、意、比、荷、葡、瑞典、挪威、丹麦、西班牙等国。这个会议表面上名为协商中国关税问题,实际是搪塞拖延,欺骗中国人民。列强的阴谋遭到中国人民的激烈反对,会议期间,北京学生和工人举行了要求关税自主的示威游行,上海、南京等地群众纷纷响应。但由于段祺瑞政府的垮台,关税特别会议无结果而散。

为了争取在国际上的平等地位,摆脱协定关税的束缚,振兴中国经济,南京政府成立后仅一个星期,即于 1927 年 4 月 21 日发布公告,决定"采取攻势外交策略,先就关税权自主自动的宣告独立"。由于当时宁汉分裂,加上张作霖在北京仍打着"中国政府"的牌子,南京政府的"攻势外交"没有收到任何效果。

1928 年 6 月南京政府"统一"北方后,立即于 6 月 15 日发表对外宣言称:"中国八十余年间,备受不平等条约之约束。此种束缚,既与国际相互尊重主权之原则相违背,亦为独立国家所不许。……今当中国统一告成之际,应进一步遵守正当之手续,实行重订新约。"②北京政府

---

① 严中平:《中国近代经济史统计资料选辑》,科学出版社 1955 年版,第 60 页。
② 魏宏运主编:《中国现代史资料选编》第 3 册,第 551 页。

被推翻后,列强相继承认南京政府,并表示支持蒋介石集团的统治。于是,南京政府外交部便发表了《关于重订新条约之宣言》,提出"(一)中华民国与各国间条约已届满期者,当然废除,另订新约。(二)其尚未满期者,国民政府应即以正当之手续解除而重订之。(三)其旧约业已期满而新约尚未订定者,应由国民政府另订适当临时办法,处理一切"。①这里所强调的"重订新约",最主要的是指重订关税条约。当时,与中国签订不平等条约的有西班牙、意大利、葡萄牙、丹麦、比利时、日本、英国、美国、法国、荷兰、瑞典、挪威十二个国家,除前六个国家所订条约已经期满外,后六个国家的条约尚未满期。

　　起初,南京政府曾设想与签约各国集体谈判解决订定新约问题,但遭到拒绝后转向与各国政府分别单独进行谈判。谈判按先易后难的顺序,首先派宋子文到美国周旋磋商。因宋与美交往密切,加上蒋介石与美国曾有密议在先,因此美国首先表示支持"重订新约宣言"。7 月 25日,宋子文代表南京政府与美国驻华公使马慕瑞(Macmurray)在北京签订了《中美关税新约》,美国成为第一个同意中国关税自主的国家。新约规定:"历来中美两国所订立有效之条约内,所载关于在中国进出口货物之税率、存票、子口税,并船钞等项之条款,应撤销作废,而适应用国家关税完全自主之原则。"②英国、法国、荷兰、瑞典和挪威五个条约未满期的国家,也相继于 1928 年 11 月至 12 月与中国签订了新的"关税条约",它们都承认中国有完全的关税自主权,且不以废除厘金为先决条件。与此同时,"条约已届期满"的西班牙、意大利、葡萄牙、丹麦、比利时五个国家也与中国重新签订了《友好通商条约》,不仅承认中国关税完全自主,而且同意废除在中国的领事裁判权。但是,唯独旧约已经满期的日本,却拒绝与中国重订新约。

---

　　①　《外交部公报》第 1 卷第 3 号,第 132 页。

　　②　美国国务院 1949 年出版:《美国与中国的关系》,中国现代史资料编辑委员会 1957 年翻印,第 347 页。

已有十一个国家承认了中国的关税自主权,中国政府决定实行新的关税税则。国民政府接受了宋子文的建议,于 1928 年 12 月 7 日颁布了《海关进口税则》,将 1926 年关税特别会议上初步拟定的七级附加税率,再分别加上 5％的进口正税,规定为中国第一个国定税则。其税率分别为:7.5％、10％、12.5％、15％、17.5％、22.5％、27.5％,决定自 1929 年 2 月 1 日起开始实施①;新税则颁行之时,二五附税、煤油特税即行裁撤。在实行海关进口新税则的同时,原与俄、英、日所订"陆路边境减税办法"亦行取消,使水路、陆路关税实行同一税则。不过,"此项新订差等税率,仍系以一年为限"。在这一年期间,财政部已令"国家税则委员会从速调查货价",为 1930 年第二次改订关税税则作好准备。同时,财政部"对于海关一切行政,决拟彻底改革",规定"嗣后海关用人,应尽华员升充,所有各海关及总税务司呈报之收支表册,均由部切实稽核;海关应用之经费,均令遵照部颁预算书程式,按期造报查核;其海关新增税款,并已令饬总税务司交存中央银行保管,以重公款"②。

新税则实施以后,南京政府虽然宣告中国的关税权已经自主了,但实际上这种自主权还受到很多牵掣。按最惠国条款规定,如果十二个签约国中有一国不承认中国关税权自主,则其他享有最惠国待遇的国家仍可以不予承认。当时日本还没有承认中国关税自主,这对中国关税自主权的完全收回还留有隐患。为了求得日本的早日承认,中国政府被迫向日本作了许多让步。如日本提出,新订中日关税条约应规定:日本输往中国的某些棉制品、海产品和面粉三年不能增税(即仍实行值百抽五税率),其他货物一年不能增税;中国输往日本的夏布、绸缎和绣货按日本当时的税率征税,并三年不变,等等。日方还宣称,如果中方答应了这些条件,在中方正式裁撤厘金,并保证每年从关税中拨出专款清偿日方债款后,才考虑与中方签订条约。对于日方所提各项条款,中国

---

① 吴景平:《宋子文评传》,第 106 页。
② 《财政部政治报告》,《革命文献》第 26 辑,第 41 页。

政府全都予以接受,而且通知日方说,中国政府已下令自 1930 年 10 月 10 日废除厘金,并已制定了每年专拨 500 万元清偿外债的计划。这样,日本才于 1930 年 5 月正式与中国签订《中日关税协定》。至此,中国基本上最后收回了关税自主权。

中国关税自主权得到各国共同承认后,中国政府即令国家税则委员会重拟国家进口关税税则,并于 1930 年 12 月 29 日公布。这是中国的第二个国定税则。按照这个税则,进口货物的税率分为十二个等级,即 5%、7.5%、10%、12.5%、15%、20%、25%、30%、35%、40%、45%、50%。该税率从 1931 年 1 月 1 日起实施,其税率比第一个国定税则提高将近一倍。由于这个税则迁就日本,片面优惠日本,曾引起过英美等国的不满。

1933 年 5 月《中日关税协定》届满三年,日本商品所享受的特惠税率期限已到,中国政府随即重修税则,于 5 月 22 日颁行,是为第三个国定税则,该税则将税率定为十四级,分别为 5%、7.5%、10%、12.5%、15%、17.5%、20%、25%、30%、40%、50%、60%、70%、80%。这个税则比第二个国家税则的最高税率又提高了 30%,而且已经摆脱了《中日关税协定》的桎梏,体现了中国关税自主的精神,表明中国关税自主权已经实现[1]。由于这个税则取消了对日本商品的特惠权,在实施过程中遭到了日本的反对和破坏。于是,1934 年 7 月又颁行第四个国定税则,将税率作了有利于日货的调整,但货物分类和税率等级仍与第三个税则相同。从此以后,中国政府再没有对国定税则进行过全面的修订和调整,中国人民争取关税自主权的斗争已告结束,这就是中国"收回关税自主权"和推行"四个国定税则"的全过程。

(二)实行关税自主政策的主要内容

实行关税自主政策的内容是多方面的:

第一是将协定关税改为国定关税,中国政府可以自定税率。中国

---

[1]　董长芝等:《民国财政经济史》,辽宁师大出版社 1997 年版,第 134 页。

政府1929年实施的第一个国定税则,基本上还是沿袭1926年北京关税特别会议所定的税率,即最高不能超过30%;1930年实施的第二个税则便摆脱了关税特别会议的束缚,将最高税率提高到50%;1933年实施的第三个税则又摆脱了日本的桎梏,将最高税率提高到80%。1933年的国定税率比1931年提高了30%,比1929年提高了52.5%。这表明中国政府有充分的自主权,否则税率是不会这样成倍提高的。

第二是实现海陆关税的统一。过去,中国海陆关税不统一,陆关进口的关税税率比海关少纳三分之一。这个不合理的制度,始于1869年4月27日之《中俄条约》,而后法、英、日等国均按最惠国条款亦获得了此项特权。经过中国政府与各国交涉,取消了这个不合理制度。如在《中英关税条约》附件四中,中国声明:"对于新订海关税则,意欲一律适用于中国海陆边界,故从新税制实行之日起,所在陆路进口货物现在所课之优待税率,予以废止。"①英国公使在复信中称:"英国政府对于该项声明,完全同意。"英国在中国享有的特权最多,时间最长,它既同意,其他国家随着也表示同意。从此,中国海关进口税税率等同的政策便开始实行。陆关关税由值百抽二至三的低税率,也提高到值百抽五至值百抽八十的高税率。

第三是自行降低出口税率。国民政府在修订进口税则的同时,根据国内经济发展的需要,制定和修订出口税则,与不断提高进口税率相反,而是降低或减免出口税。如1931年6月确定的出口税,分为六类270目,税率为从量部分的是5%、从价部分的是7.5%,但肠衣、罐头、瓷器等项,虽为从价部分却仍按5%税率,而茶、绸缎等二十项免税。1932年又先后免征丝和丝制品的出口税。1933年10月又免征米、谷等杂粮出口税。1934年修订的出口税则,依据1931年出口税则又减

---

① 国民政府外交部编:《中国恢复关税之自主权之经过》下册,第118—119页,《中英关税条约》附件四。

低三十五项税率,新增加免税品四十四项;并在财政允许的范围内对在国外销售困难的原料品及食品酌量减免,对工艺品应奖励输出的,酌量免税①。

　　第四是废除国内贸易多种关税而转加到外国对中国贸易上。中国政府收回关税自主权的同时,取消了国内贸易中多种古老而繁苛的捐税,如子口税、过境税和常关税等,把减少的部分税收转加到外国对中国贸易上,如加征外国货的转口税、关税附加税、水灾救济附加税等,均从 1931 年开始。1931 年 6 月制定的转口税则为 632 项,其中从量税为 461 项,从价税为 125 项,免税为 46 项。税率为 7.5%,其中 3.5% 为附加税。1931 年夏长江发大水,政府又公布从 1931 年 12 月起至 1932 年 7 月底止,按关税税率(主要是进口税税率)又加 70% 的水灾救济附加税,从 1931 年 8 月起至 1935 年 6 月又按关税税率征收 50% 的关税附加税②。

　　第五是实行关金制度。长期以来,中国关税一直以银币计征,而当银价暴跌时,用中国银币折换金币时付出代价太大,尤其在外债还本付息时所造成的镑亏损失十分惊人。为此,1896 年李鸿章总督曾试图改以金价征收关税,以弥补这一损失,但由于外国列强的强烈反对而未能实现。国民政府成立后,仍面临这一严重问题,如 1928 年—1929 年间,中国每年必须按金价付出外债本息约等于 3500 万美元③。但是,关税收入是用银的关平两计征的。1928 年每关平两稳定在 0.45 美元左右,而到 1929 年就降低到 0.36 美元④。这样,1928 年用美元支付外债 3500 万美元本息,只折成 7800 万银元,而到 1929 年就上升到 8350 万银元左右⑤。到 1931 年中国银元已降到 0.20 美元,中国用银元支

---

① 孙文学主编:《中国近代财政史》,第 297—298 页。
② 孙文学主编:《中国近代财政史》,第 297 页。
③ [美]恩·杨格:《一九二七年至一九三七年中国财政经济情况》,第 47 页。
④ [美]恩·杨格:《一九二七年至一九三七年中国财政经济情况》,第 51 页。
⑤ [美]恩·杨格:《一九二七年至一九三七年中国财政经济情况》,第 48 页。

付外债损失越来越大,其补救办法唯有按金价征税。中国政府在实施关税自主政策的同时,于 1930 年 1 月 15 日宣布实行关金制度,即自同年 2 月 1 日起,改用海关金单位计征进口税,规定每一海关金单位等于 0.40 美元,或英镑 19.7265 便士,或 0.8025 日元[①]。纳税人在缴纳关税时,则用银元、银两或其他货币,按照中国官方公布的牌价(汇兑比价)折成海关金单位缴纳。自 1930 年 3 月 1 日起,每天由中央银行参照各种货币在市场上的实际汇价决定汇兑海关金单位的比价。经过修订的海关新税则于 1931 年 1 月公布实施,这时所有税款均已改用海关金单位计征。应当缴纳的关税得用银币、银两或他种货币,按官方牌价折成海关金单位缴纳。这样,中国就可避免银价暴跌造成的损失,把关税收入的价值恢复到 1928 年的水平。当时任财政部长的宋子文说,这次改革既保障政府的财政收入,又加强中国支付对外债务的能力[②],是非常有利的。它既是实施关税自主政策的主要内容,又是保证关税自主的有力措施。因此,以海关金单位征税是头等重要的政策[③]。其后各国货币相继贬值,关金券便不与任何一国外汇固定联系,而完全以单纯含金量计算。从此后,中国对庚子赔款及若干外债偿付本息,可以直接用海关税收(关金券)偿还,无须再用银两折算各国金币还债。这样就减少因国际银价涨跌对我国财政和税收的影响[④]。

第六是关税税款储入中央银行,中国政府可以自由支配。多年来,中国关税税款一直是交给外国在华银行储存和保管的,并且由外国银行经手办理中国外债的还本付息事宜。自 1932 年 3 月 1 日起,海关税款全部集中存入中央银行,而且由中央银行办理外债偿还业务。中央银行按照借款条约,将偿还外债所需款项,先是用中国货币(银元)转解

① [美]恩·杨格:《一九二七至一九三七年中国财政经济情况》,第 48 页。
② [美]恩·杨格:《一九二七至一九三七年中国财政经济情况》,第 49 页。
③ [美]恩·杨格:《一九二七至一九三七年中国财政经济情况》,第 50 页。
④ 卓遵宏:《中国近代币制改革史》,台北"国史馆"1986 年印行,第 238 页。

外国银行,后来因运用海关金单位取得外汇,就直接利用外币清偿债务。据估计,除去偿还外债的税款,大约还剩下 1.5 亿元以上的关税收入可供中国政府自由支配使用。

(三)实行关税自主政策的意义

第一,关税自主政策的实施,在一定程度上保护了国内市场,促进民族工商业和国民经济的发展。如财政部声称第一个国定税则是按照以下三个原则制定的:"(一)发展国内工业所必需之原料,当减轻其进口税;(二)国内工业之须发展者,政府当尽量扶掖之,使不受外货竞争之影响;(三)抵补裁减各税……。"①此后几次税则修改,中国政府也同样考虑过保护国内工业的问题。财政部在其"工作报告"中曾说明:"我国自关税自主以来,迭次修改税则,悉以增进税收及保护产业,双方兼顾为主旨。"②中国政府先后实行的几个国定税则,确实有这种"兼顾"的考虑。如 1930 年底颁行的海关进口税则(即第二个国定税则),维持原税率的有 43%,减少的占 10%;在从价税率中,增加 10%或 10%以上的占 17%,增加 2.5%的占 21%,增加 5%—7.5%的占 9%③。税则规定增税的商品主要是"火柴及磁器","其他如糖、水泥、玻璃、肥皂、化妆品、丝、人造丝及毛织物等之税,亦较前增加"④。火柴、磁器等是中国民族工业的主要产品,将这些进口产品增高关税,便含有保护国内市场、促进国内民族工业发展的性质。该税则实行后,某些工业的发展是比较迅速的,如 1930 年度课征的火柴统税约 70 万元,水泥统税 26 万多元;到 1931 年度,火柴统税增为 334 万元,水泥统税也达到近 60 万

① 《国民政府十八年度财政报告书》,《革命文献》第 73 辑,第 120 页。

② 《财政部工作报告(民国二十四年及二十五年上半年度)》,《革命文献》第 73 辑,第 321 页。

③ [美]恩·杨格:《一九二七至一九三七年中国财政经济情况》,第 52 页。

④ 《国民政府十八年度财政报告》,《革命文献》第 73 辑,第 120 页。

元①。统税的增加,一方面说明南京政府加重了税收,但更主要的还是火柴与水泥工业在一年内获得了很大发展。因为只有产品成倍增加,统税也才能成倍增长。当然也是提高火柴、水泥进口关税保护的结果。1933年重订的第三个国定税则,保护国内产业的性质更为明显。该税则对国内工业发展所急需的机械、机具、化学产品、工业原料等进口货物维持低税率,而对于洋货轻工业品则实行高关税,这就更进一步刺激了国内民族工业的发展。"新税则颁布后,国内工业在比较高税率保护之下,旧工厂方事扩充,新工厂方经设立者,流动资本皆已化为地皮、房屋、机器等固定资本"②。固定资本的增加标志着中国工业的有机构成提高,这是中国工业获得发展的主要表现。30年代上半期中国工业产品总值之所以能够保持稳步、持续上升的势头,即从1929年的7.73亿元增加到1936年的12.27亿元③,国定关税的实施确实起到保护作用。

　　第二,关税自主政策的实施,使中国的对外贸易发生了很大变化。其表现有三:(一)关税自主政策实施后,由于进口关税的骤然提高,使外货输入大为减少,相应缩小了中国对外贸易逆差。据统计,1931年外货进口达1433489千关两(约合48,738.6万美元),而1932年就已降到1,049,247千关两(35,674.4万美元);至1936年更跌到604,329千关两(27,980.4万美元);贸易入超额也由1931年的1.78亿美元降到1936年的0.7亿美元④。(二)关税自主政策的施行,大大改变了中国进口货物的结构。中国政府制定的国定税则是根据国内产业需要,对不同的进口商品实行不同的甚至相差悬殊的税率。资产阶级唯利是

---

　　①　《国民政府十九年及二十年两会计年度财政报告》,《革命文献》第73辑,第135页。

　　②　李权时:《中国关税问题》(下),第304页,引自石柏林:《凄风苦雨中的民国经济》,河南人民出版社,第58页。

　　③　[美]恩·杨格:《一九二七至一九三七年中国财政经济情况》,第347页。

　　④　李康华等:《中国对外贸易史简论》,对外贸易出版社1981年版,第502—507页。

图的本质,决定了外商对华贸易必定是避重就轻,从而促使中国进口货物的结构得到了改变。如棉布的进口,1919 年—1921 年平均每年进口值达 7100 万元以上,到 1930 年以前仍然居进口货物第一位(年均进口值在 6000 万元以上)。但在 1933 年时降为 5800 万元,1934 年则只有 2600 万元,已经大大低于机器、染料等货物的进口值;相反,重工业品、化学工业品的进口则大为增加。如 1929 年—1931 年机器进口值总共才有 7300 万元,而 1933 年的一年就有 4300 万元,1934 年便跃居进口货物第一位,增加到 5900 万元以上[1]。(三)关税自主政策的施行,也在一定程度上鼓励了中国的出口贸易。1929 年资本主义世界爆发经济危机后,各帝国主义国家都竞相向中国推销商品,抢占市场。本来基础就很薄弱的中国民族资本主义经济遭受这一严重打击,更加逡巡不振,出口贸易一落千丈。针对这种情况,中国政府除提高进口税、限制洋货在华倾销外,还对一些大宗出口物品予以免税减税待遇,以鼓励国货外销。这就使中国出口贸易到三十年代中期的下跌不仅不再增大,反而有逐步回升的趋势。如 1930 年中国的出口贸易总额由上年的 6.5 亿美元降为 4.1 亿美元,次年又继续下跌为 3 亿美元,1932 年仅为 1.6 亿美元,但此后即不再下跌,到 1936 年时回升到了 2.09 亿美元[2]。而且再就某些大宗货物看,不仅没有下跌,反倒一直逐渐上升。如棉花 1919 年—1921 年出口 414,836 公担,1929 年—1931 年增为 515,925 公担,而 1933 年一年就达 437645 公担;棉纱在 1929 年—1931 年共出口 260,638 公担,到 1933 年也增为 327,288 公担[3]。

　　第三,关税自主政策实施后,关税收入大大增加,为政府改革税制提供了物质基础。由于国定税则的税率不断提高,政府所获得的关税

────────────────

　　① 孙健:《中国经济史——近代部分》附表 64,中国人民大学出版社 1991 年版,第 840 页。

　　② 李康华:《中国对外贸易史简论》,第 502—507 页。

　　③ 孙健:《中国经济史——近代部分》附表 64。

收入也在不断地增加。据统计,1928 年的关税收入约为 1.34 亿元,此后逐年增加,1929 年为 2.45 亿元,1930 年为 2.92 亿元,1931 年达到顶点,年收入为 3.88 亿元。1931 年比 1928 年增加了约两倍。由于"九一八"事变爆发,1931 年冬东北海关被日本攫夺,1932 年关税收入比上年略有减少,大约维持在 3.12 亿元左右,但 1933 年又上升到 3.46 亿元,1934 至 1936 年平均年收入约 3.25 亿元,1937 年增为 3.43 亿元[①]。关税收入的逐年增加,对南京政府有三个突出作用:其一,增加了岁入,使中国政府的财政困难得到一定程度的缓解;其二,增加了税收,使政府有较为充足的资金改革税制,为废除厘金和其他苛捐杂税提供了财政基础和物质条件;其三,为抗战作了财政准备。

第四,"关税自主政策和关金制度的实行,使中国关税收入不仅避免因白银跌价而造成的损失,而且有所增加,这就保证中国对外债具有越来越高的偿还能力。所以,到 1936 年时,中国的旧外债基本还清博得帝国主义各国的好感,不仅我国债券在国际市场上较前增加信用,而且国家地位声誉亦因此大为提高。"[②]这就为抗战期间取得国际援助创造了条件。同时,使用海关金单位征收关税,也使中央银行在纽约和伦敦市场上建立起雄厚的准备金,也为维持汇兑比价的稳定,为币制改革奠定物质基础。

第三节　税收制度的整顿和改革

一　中央税制的整顿和改革

宋子文出任财长后,首先划分了中央和地方财政收支系统,确立了

---

① 　国民政府主计部:《中国民国统计年鉴》,1948 年版,第 248—250 页。
② 　刘振东:《孔庸之先生讲演录》第 1 册,台湾文海出版社 1966 年版,第 179页。

南京政府的财政体制。为了防止中央与地方发生冲突,财政部根据国民党二届五中全会通过的决议,于 1928 年 11 月间正式公布了划分国、地收支标准案,同时又对国地收入权限作如下规定:(1)地方性质的收入与国家收入重复时,财政部得禁止地方征收,优先保证国税收入;(2)国家与地方两税划分后,各自自行整顿,不得添设附加税;惟所得税得征收附加税,但不能超过正税的 20％;(3)新税收实行时,凡旧税收入与之相抵触的部分,应即废止;性质相同的捐税,应即归并;(4)厘金及一切国内通行税,定期裁撤,时限为六个月,由中央负责实行;在未裁撤以前,暂由中央接管;(5)田赋收入虽归地方;但关于土地税法的大纲,仍由中央制定并颁行,等等①。

南京政府成立之初,税收制度特别混乱,直接影响财政收支平衡。宋子文极力主张按照划分国地收支标准和权限的规定,加紧对中央税和地方税各自进行整顿和改革。首先抓紧对中央税收制度的整顿和改革。

(一)废除盐税附加,实行新盐税法

盐为人民生活的必需品,课税本不可过重,以影响平民生计。但自 1913 年盐税成为善后大借款的担保后,"由外国债权人设立稽核机关",于是盐务稽核所根据善后大借款合同于 1913 年成立,总所在北京,由中国总办、洋会办各一人主管收税业务。而后盐税收入大增,如 1914 年,盐税收入就达 6800 多万元。北京政府除了还债以外还有剩余,即"盐余",仍是一个重要财源。正因为这样,不仅外国人重视盐税收入,中国政府和地方军阀更把盐税收入视为肥肉。所以盐税附加越增越多,一般称为"盐斤加价",如 1924 年仅四川一省的盐税附加税就多达二十六种之多,全国盐的正、附税,1926 年比 1913 年增加了四倍。且盐税税率极不统一。这种繁杂不一的税率和花样翻新的附加,加重了人民的负担。虽然盐税收入有所增加,"但盐税事务费支出亦巨,且

---

① 参见吴兆莘:《中国税制史》下册,商务印书馆 1937 年版,第 129—131 页。

有主权旁落之讯"①。

南京政府成立后,因关税自主实现,关税收入增加,便将善后大借款本息改由关税担保,不再用盐税偿付,"于是盐税行政权完全收回"②。当第二个国定关税税则实施以后,对盐税的整理与改革便开始了。于1931年3月,首次宣布对盐税制度进行改革,规定将各省盐税附加一律划归财政部统一核收整理,同时公布了《盐法》。《盐法》共7章三十九条,主要规定是(一)对盐采取人民自由买卖制。盐由私人制造,制盐人须经政府许可;所制之盐存放在政府指定之仓坨,由政府管理,以防私运;(二)废除盐商专卖之"引岸制",实行就场征税;(三)盐的场价由制盐人代表按照盐的等级及供求状况议定公告。购盐者先纳税、后购盐;(四)盐分为食盐、渔盐和工业农业用盐三类。工业用盐以规定的十三项工业生产为限;农业用盐限于饲畜、选种和肥料用盐;(五)盐税税额:食盐每100公斤征税5元,不得重征或另行附加;渔盐每100公斤征税三角;工业用盐及农业用盐一律免征盐税;(六)盐务机关由中央设盐政署和稽核总所,直属财政部;各产盐场区设盐场公署及稽核分所,直属盐政署和稽核总所领导。盐政署及其所属盐场公署主管盐的生产、放销和仓坨管理;稽核总所及其所属分所主管盐税征收和查缉私盐(查缉私盐一向是武装缉私,设有专职机构和武装,公布有《缉私条例》)③。《盐法》公布后,南京政府于同年7月制定出分期改革方案。为贯彻第一步整改计划,由财政部于1932年6月专门召开盐税整理会议。针对各区盐税税率原定等差所存在的"轻重悬殊"、"既失公平合理,又易启侵销之弊"的状况,整理会议决定:将原来靠近盐场的轻税地区,如长芦、山东、两淮、松江、两浙、河东等区之盐税,一律酌予提高;对于靠近和远离盐场之间的中间邻接地区,根据其税率轻重不一的悬

----

① 沈雷春:《中国金融年鉴》,1939年版,第47页。
② 沈雷春:《中国金融年鉴》,1939年版,第47页。
③ 吴兆莘:《中国税制史》下册,第127—131页。

殊情形,实行重减轻增,保持税率的大致均衡。在全国划一税率的基础上,财政部又将名目繁多的盐税项目,按其性质归类合并为三种,即:凡在盐场场区缴纳的盐税及中央附税,统名为"正税";凡在销岸(或称引岸)缴纳的岸税及中央税,统名为"销税";凡以地方加征的附税,统名之为"附税"①。划一税率与合并税项的目的,旨在加强征管工作与增加税收。1933 年 10 月,政府实行第二步整理计划,再度划一税率,使全国各税区(不论离盐区远近)的税率基本均衡。1934 年 1 月,财政部开始实行新衡制。废除旧秤(司马秤),改用新秤(约比司马秤小二成左右)。在税率不变的情况下,新衡制在事实上等于把税率又提高了20％。此后,财政部于 1935 年对四川盐税进行整理,于 1936 年对甘、宁、青、蒙盐税税率进行核定,到抗日战争爆发前夕,全国盐税的整理与改革工作已基本完成。

通过这次整理和改革,盐税收入大为增加,到 1934 年盐税收入已达 20670 万元,占税收总额的 49.5％。以 1936 年的盐税收入同 1927 年相比,增加了十二倍多。十年间盐税收入平均占税收总额的29％②,成为政府第二大财源。

(二)废除厘金和类似厘金等苛杂,创办统税

所谓厘金,是地方政府在主要水陆交通要道设立的关、卡,向过往客商征收的货物通过税,是地方政府的重要财源,始于清末镇压太平天国起义时期,开始征收过境税,后来扩大到连"尺布只鸡"也要征收过境税。税率由值百抽一增到值百抽五,各地不一。关卡林立,到民国元年仅厘金局新增为 735 处之多。北洋军阀割据和混战时期,更是有增无减。中国民族工业生产的产品本来成本就高,而到了流通领域,又要受到关税厘金的勒索,如从上海到重庆,值百元的中国货,最少要经过五

---

①　孔祥熙:《十年来的中国金融与财政》,《抗战十年前之中国(1927—1936)》,台北文海出版社 1972 年版,第 108—109 页。

②　杨荫溥:《民国财政史》,中国财政经济出版社 1984 年版,第 47 页。

六道关卡,单缴厘金税就达 18％—30％,而外国货,从上海到重庆,值百元货物只缴 5％的进口正税和 2.5％的子口正税,就可畅行无阻,前者比后者高 15％—20％。这就严重破坏了民族市场,摧残民族工商业的发展,所以废除厘金和类似厘金的苛杂,不仅是列强的要求,更是中国民族资产阶级的渴望。国民政府成立以后,在宣布实行"关税自主"的同时就决定裁厘金。1931 年 1 月 1 日,财政部明令废止厘金及子口税,并从即日实施。厘金明令废除后,各省财政收入减少了,它们又增征各种类似厘金的苛捐杂税,勒索民财,阻碍经济发展。1934 年 5 月 21 日国民政府在南京召开第二次财政会议,通过了财政部提议办理的《整理地方财政案》、《整理田赋减轻附加废除苛捐杂税计划案》。而后,将类似厘金等苛捐杂税比较彻底地废除了。

政府在废除厘金和类似厘金等苛杂的同时,创办统税。所谓"统税",是政府为增加财源而新开办的一种以"一物一税"为原则的新税。这种新税制所征税的商品与货物,"系选择工厂制造或巨量农产品,为人民消费较大,且与社会经济无妨者"[①]。国内产品的统税征收,一般在其生产厂家或出产地进行;进口商品,则由入口处海关或入口第一道统税征收机关稽征;出口商品,或征或免,或征收二分之一,视货物性质而定。根据一物一税的原则,凡已缴纳统税的货物,如遇有重征时,可准许商人申请退税。

统税实际上是一种产品出厂(或出产)税。最早实行这项新税制的是卷烟行业。早在南京政府成立之前的 1926 年底,湘、鄂、赣三省即开始推行卷烟统税,1928 年 1 月正式公布条例实施。同年 6 月创办了麦粉特税,1931 年改归统税系统。1931 年 1 月,棉纱、火柴、水泥三项同时开征统税,1932 年 7 月,熏烟与啤酒两税亦改为统税,1935 年 1 月,火酒税亦纳入统税范围,由统税机关统一办理。这样,抗战前实行统税

---

① 孔祥熙:《十年来的中国金融与财政》,《抗战十年前之中国(1927—1936)》,第 110 页。

的产品计有卷烟、麦粉、棉纱、火柴、水泥、熏烟、啤酒、火酒共八类。统税开办的地区,先从湘鄂赣三省开始,至1936年时扩大到全国,除云南、青海、新疆、西康、蒙古、西藏等地外,无一例外地都实行了统税。随着地区扩大,统税税率也有提高。如水泥统税,1931年刚实行时每桶(375磅)统税只征0.6元,1933年12月改为每桶(175公斤)征税1.2元,税率增加了一倍。卷烟、火柴、绵纱等也有类似增加,只不过是程度略有差别而已①。

　　财政部为了严格管理统税的课征工作,还确定以下几项原则:一、统税是国家税,地方不得重征和截税;二、征收统税的货物,应该以便于课征的大宗消费品为限,并须用法令明确规定;三、已征统税的货物,若遇有重征,应予以退税,确保一物征一税制度的建立;四、对货物征收统税全国采用统一税率;五、中外商人待遇一律相同。自此,中国具有资本主义形式的统税体系始告完成。统税因制度比较健全,又避免了厘金的诸多弊端,应当说是进步合理的。随着中国资本主义经济的发展和对外贸易的扩大,统税收入越来越增加,成了政府第三大税源。统税的不断增加,也反映了中国资本主义经济的不断发展。

　　(三)整理其他税制与举办所得税

　　国民政府在整顿改革关、盐、统三大税收的同时,对印花税和烟酒税也进行了整理。1934年12月制定并颁布了《印花税法》,从1935年9月1日起开始实施。同时,财政部规定从1934年起,对印花税实行提成,提成部分拨给各省市作为地方收入,以抵补减轻田赋附加和废除苛杂的少收部分。关于烟酒税,先是于1933年7月对苏、浙、皖、赣、闽、豫等七省土烟叶改办特烟,采取单一税制,并规定与熏烟叶统税实行同一税率,在出产地实行一次性征收(一次课税后即可通行七省)。对土酒则改办土酒定额税,并归类征收。征收办法系以省为单位。在此七省内,除烟酒仍征营业牌照税外,对以前一直征收的公卖费、烟酒

────────────

　　①　参见杨荫溥:《民国财政史》,第49—50页。

捐等一律取消。此项制度，"税目单纯"，税率固定，"征收便利"。正准备推行到其他省份，因抗战爆发而作罢。

国民政府除改革间接税制外，还举办了所得税。当时世界各国的税制都有由间接税向直接税发展的趋势，而在直接税中，又以所得税最为重要。所得税的特点不仅是负担较为公平，纳税较为普及，收入较为确实，而且富有伸缩性，"能应国家缓急之需，更可随社会经济之发展，使国家税收有自然之增加，而人民不感其苦"①。1934年5月，南京政府召开第二次全国财政会议后，财政部决定举办所得税。1936年7月《所得税暂行条例》完成立法程序并明令公布。条例将所得税征收范围分为三类：一为营利事业之所得税；二为薪给报酬之所得税；三为证券存款利息之所得税。其征收标准，除第三类外，均采用累进制；其纳税程序，则是课征法与陈报法二者并用。同年8月，南京政府公布所得税实施细则，从1936年10月起，对第二类公务人员薪给报酬和第三类公债利息开始征收所得税。从1937年1月起，对第一类营利事业之所得、第二类自由职业者与从事其他各行业者的薪给报酬之所得，第三类公司债、股票与存款利息之所得，全部课征所得税②。所得税的举办，是国民政府税收制度的又一重大改革，而且改革后的税收入越来越增加。这说明中国税收制度已开始进入世界先进国家的行列。

二　整顿改革地方税收制度

财政部在进行中央税收制度整顿和改革的同时，对地方税收制度也开始进行整顿和改革，但进展速度缓慢。中央税制改革在1933年11月宋子文辞去财长时，大部分已完成，而地方税制整顿和改革才刚

---

① 孔祥熙：《十年来的中国金融与财政》，《抗战十年前之中国》，第112—113页。
② 孔祥熙：《十年来的中国金融与财政》，《抗战十年前之中国》，第112—113页。

刚展开,孔祥熙在地方税制整顿和改革方面做了很多工作。地方税系统以土地税为主,此外还包括契税、屠宰税、营业牌照税、房捐、筵席及娱乐税以及各种附加、摊派和杂捐等。

(一)土地税的整顿和改革

国民政府时期的土地税是指一切以土地为征税对象的赋税,主要包括田赋、地价税和土地增值税。

1. 田赋

田赋自古以来都是中央主要税收,而国民政府成立后,于1928年7月颁布国地税收系统时,却将田赋首次划为地方税,作为省级财政的主要收入来源。这时的田赋包括正项和附加两部分。正项包括地丁、漕粮、租课等税目,也有的省份通称为田赋,税目归并为一;至于附加,名目繁多。各省的田赋基本上按土地肥瘠程度,划等定税,按亩征收。税率各省不一,征收期限为上忙和下忙两次。

田赋收入在各省岁入中一般均列第一位,占省税的半数乃至六七成以上。仅以1935年为例,江苏、浙江、安徽、江西、四川、山东、山西、河南、宁夏、福建、河北、绥远十二省,田赋总额计达9060余万元,占地方税收预算总额的60%,居首位,成为上述各省税收的主要部分。这说明田赋正税在各省地方收入中所占地位的重要性。

田赋划归地方后,财政部曾规定,地方政府不得再增设田赋附加。但是,当地方政府把持田赋征收权力后,附加便难以控制,各地通过各种名目加征田赋附加,甚至于附加超过正税若干倍。如1933年江苏泰县的田赋附加税有:教育费、公安亩捐、自活亩捐、积谷亩捐、党部民众捐、农业改良捐、普教亩捐、抵补金亩捐、芦课自治捐、芦课党务捐、清丈费、保卫团捐、水巡队经费、警察队经费、户籍经费、防务费、区经费、区圩塘工捐、乡镇经费、村制费、公益费、开河经费、保安费、建闸费、国省选举费、修志费等26种之多,五花八门,名目翻新。附加税往往超过正税若干倍,如1933年江苏如皋县的附加税就超过正税十六倍,海门超过二十五倍。据浙江瑞安县统计,1934年经财政部命令废除的各项苛捐就有 83 种,同年广西被废除的苛捐也有 45 种①。田赋征收还广泛流行着预征制,这是对农民进行"竭泽而渔"的掠夺。1918 年开始,只出现于地方军阀割据的地区四川省,而后遍及全国。这种预征,一年可以数次,或十数次,如四川梓桐,在 1926 年已征到 1957 年,温、郫等九县在 1931 年已征到 1961 年。苛重赋税的压迫,更增加了农民的贫困和削弱了农业经济再生产的能力,严重摧残了农业经济。我国以农立国,可在 1934 年以前,沿海和各大都市吃粮全靠进口,外国洋米、洋面进口只收 0.5% 以下的关税。结果造成中国丰收成灾,谷贱伤农的惨剧。农民辛苦劳动一年,到头来一年收入,除去成本,往往不敷税款。人民不堪重负,有将田契贴于门上而逃荒的,更有"以命完粮"者,田赋附加和预征给农民带来的灾难之大可想而见。

孔祥熙出任财长后,多次明令废除田赋附加税。在 1934 年 5 月国民政府召开的第二次全国财政会议上,通过财政部提出的《办理土地陈报案》、《整理田赋减轻附加废除苛捐杂税计划案》、《减轻各省县田赋附加地方费用不足由中央另筹抵补案》等,总共关于整理田赋减轻附加者,计二十五案。经议定明确办法,呈奉国府以明令颁布,嗣后永远不再增加田赋附加和不合法税则②。第二次全国财政会议作出的关于改革田赋征收制度的主要原则是:一、经征机关与收款机关应行分立;二、串册应注明正、附税额及其合计数,并预发通知单;三、不得携串册游征、预征;四、确定征收费,由正税项下开支,不得另征。这个新办法在当时虽不能彻底贯彻,但内容是有针对性,切中时弊的,尤其是经征机关与收款单位分开,确对旧制是一项革新,对防止征税官员中饱私囊可以起制度上的防范作用。废除田赋附加,减轻了农民的负担,有利于农

①　郑庆平:《略论中国近代农业赋税制度的发展特征》,见《中国农史》1986 年第 2 期。

②　李荣廷辑:《民元来国内外经济大事记》,《民国经济史》,银行学会刊行 1948 年版,第 739 页。

业生产的发展。同时国民政府国定税制委员会还提高了外国粮食进口税率,使之由 0.5% 以下上升到 27%①。这又保护了民族市场,促进农业生产发展,所以从 1934 年以后,农业生产出现了大发展的好势头,如 1934 年中国农业产品总值仅为 17.11 亿多元,而到 1936 年就增加到 18.89 亿多元,后者比前者增加了 1.78 亿元②,平均年增长率为 3.5%。

2. 地价税和土地增值税

地价税,又称土地原价税,是按土地的本身价格(不包括土地改良物价格)课征的;土地增值税是根据土地价格增加的数额向土地所有人课征的。国民政府时期,地价税和土地增值税同田赋一起划入土地税范围。

中国的地价税和土地增值税是德国人占领青岛时最早出现的。1927 年上海市成立土地局,议办地价税。1928 年广州开征了临时地价税。1930 年国民政府颁布了土地法,其中对地价税作了规定,税率为:市改良地为 10‰—20‰,市未改良地为 15‰—30‰,市荒地为 30‰—100‰,乡改良地为 10‰,乡未改良地为 12‰—15‰,乡荒地为 10‰—100‰③。征收地价税曾经是孙中山为"平均地权"和"节制资本"而提出的一项措施,南京政府名义上遵循孙中山的主张,实际上是借以维护大土地所有者的权益。

开办地价税和土地增值税的前提是整理土地和核定地价,而很多省市土地未整理,地价也无法核定,结果只有上海、青岛、广州、杭州和广东省等少数省市开办了,其他地区未办。而这几个省市的办法也不一致:上海市 1933 年规定,凡区内土地,清丈已定,一律开征地价税,未清丈土地暂征田赋,清丈后再补交地价税,税率为 6‰,一年分两期缴

---

①　严中平:《中国近代经济史统计资料选辑》,科学出版社 1955 年版,第 60 页。

②　[美]恩·杨格:《一九二七至一九三七年的中国财政经济情况》,第 451 页。

③　吴兆莘:《中国税制史》下册,第 168 页。

纳。青岛市 1932 年规定,地价税为两类,甲类为原官厅收买而出售的土地,税率为 2%,如建筑延期则递增至 10%,一年税款分四期缴纳;乙类为私有土地,按原田赋额分等征收,一等征洋 3 角 5 分,二等征洋 2 角 5 分,三等征洋 1 角 5 分,每年 12 月一次缴纳。广州市于 1928 年开征临时地税,按估定地价征收,其税率为:宅地征 1%,农地征 5‰,矿地征 2‰,在土地转移(除抵押)时,须纳土地增值税,采用累进税率,其增值未及原价一半者征收增值部分五分之一;超过一半不及一倍者,其一半部分为五分之一,超过部分征四分之一;超过一倍以上者,超过一倍部分征收三分之一,一倍以内部分征四分之一。杭州市 1933 年 6 月开征地价税,税率为 8‰,一年分两次缴纳。

地价税和土地增值税制度各地不尽一致,开征也不普遍,从 1937—1942 年全国只有 49 个县市开办了此税,而且数额甚微。

(二)契税

国民政府初期开征的契税包括正税、附加和验契费三部分。正税税率,各省不一。有的省卖契为 9%,典契为 6%,有的省卖契为 6%;典契为 3%,还有的省较低,卖契为 4%,典契为 2%。除正税外,还有附加,附加额度不一,有的与正税齐等,也有超过正税的。验契费包括契约的呈验费和注册费。1928 年对不动产旧契,不分典卖,也不问已税未税,一律呈验注册,换给新契纸,每张收契费 1.5 元,注册费 1 角,附加教育费 2 角。其不动产价格在 30 元以下的契约,只收注册费。1934 年 5 月调整契税时,将卖契以 6%,典契以 3% 为正税最高税率,卖典契纸每张 5 角。

地方军阀经常以验契、新契换旧契等方式搜刮人民,致使契税总额不断增加,成为人民的沉重负担。在这一时期,契税是地方税收的三大来源之一,占地方税收总额的 10% 左右。

(三)营业税

国民政府于 1928 年召开的第一次全国财政会议上,决议裁撤厘金,同时为弥补各省裁厘的损失,决定由各省开征营业税。营业税是原有的牙税、屠宰税、当税的扩大,是以地方商业、手工业营业总收入额或营业资本额为课征对象的新税种。1931 年 6 月,国民政府财政部制定营业税法并公布施行。规定营业税为地方税,由各省自行办理。营业税在这一时期为地方岁入的主要来源之一,占地方税收总额的 27.5%。

(四)营业牌照税、使用牌照税、屠宰税、房捐、筵席及娱乐税

以上几种税是本期地方收入又一来源,但收入占税收总额的比重较小。

营业牌照税是由特种营业执照税和普通营业牌照税合并而来的,其课征范围与等级各有不同。1935 年将营业牌照税列为县税,但未举办。

使用牌照税是由各地的船捐和车捐演进而来的,1935 年定为县税。

屠宰税是对屠宰牲畜行为的课税。1931 年将屠宰税并入营业税范围,其税率各省高低不一,如宰牛一头,有征 6 角至 1 元的,宰猪一头征 4 角,羊一头征 3 角。

房捐于 1928 年列为地方税,征收制度各地不一。

筵席及娱乐税,国民政府初期各市县间有征收,但征收范围各地不同,1935 年划为行为取缔税。

各地方军阀同样利用这些小税搜刮人民,这也足以说明地方财政的封建性。

(五)无名税捐

在一些省的预算中,除了上述一些税项外,还列有"其他收入"项目,实质上是没有名目的捐税。许多省份的这项数字相当庞大,其中广东、陕西、江西、湖南均占 30% 以上,贵州竟达 72%。这些"其他收入"或"各项税捐",其实是一些难以公开的鸦片税、赌博税和妓院税,这些收入成了地方财政的重要来源,反映出地方财政的丑恶和黑暗[1]。

---

[1]　孙文学:《中国近代财政史》,第 310—312 页。

（六）杂捐

国民政府初期的杂捐可谓为繁杂苛细，称得上无货不税，无物不征，活人抽捐，死人也要收白骨捐。杂捐的名称五花八门。捐税之多，苛征之重，扰民之甚，连国民政府的税务负责人也无法否认。据当时财政部长孔祥熙在国民党六中全会的报告中透露，1934 年 7 月 1 日到 1935 年 8 月底，全国各省已裁苛杂五千余种，计税额达 5000 万元。这不过是第一、二批废除的项目，以后还有第三、第四批的续裁项目，由此推算，全国的苛捐杂税当在万余种。所谓裁撤税捐往往也只是一纸虚文，明裁暗增、边裁边增的情况屡见不鲜。

（七）摊派

在一般情况下，捐税再重，终有个名目和限度，到了人民无法负担，阶级矛盾日益尖锐的时候，统治者往往不得不适当调整，以缓和矛盾。而摊派则师出无名，既无预算，也无限度，随便找个借口即可，所以这种办法更为各级地方政府官所采用，其剥削程度和对百姓的苛扰更甚于捐税。这一时期，摊派十分普遍，有省的摊派，有县的摊派，也有区的摊派，有的是明令的，有的是擅自征收的，甚至各地的保安队长和民团团长都有权摊派。而每一摊派都层层加码，层层剥削，省方若需款五千元，人民就得摊付万元以上①。除地方政府搞摊派以外，当地驻军也搞摊派，而且谁也不敢不给。

第四节　国家金融机构的建立与中国现代银行制度的初步确立

一　国家金融机构的建立

（一）中央银行的建立

---

① 中国经济报社：《中国经济论文集》第 2 集，生活书店 1936 年版，第 257 页。

国民政府成立后立即着手筹建中央银行。1927年10月25日制定《中央银行条例》十九条，规定"中央银行为特许国家银行，在国内为最高之金融机关，由国家集资经营之"，并设筹备处于上海。"1928年10月8日，《中央银行条例》经国府修订为二十条，并由国民政府拨给资本二千万元，于11月1日成立，总行设于上海"①。设九人理事会司立法之责；设七人监事会司监察之责；行政权则由总裁副总裁行之，使立法、监察、行政三权分立。总裁之下设发行、业务二局。发行对于业务完全独立，若无法定之准备金，不得滥发一纸。第一任总裁由财政部长宋子文兼任。按照《中央银行条例》规定，国民政府授与中央银行的特权主要有四项：（一）依兑换券条例，发行兑换券——纸币；（二）国币（硬货）之铸造及发行；（三）办理国库事务；（四）募集内外公债及办理其他事宜②。宋子文在发表就职演说时说："国民政府设立中央银行不是以筹款和营利为目的，而是为了统一国家金融，它的业务方针有三：一、为统一国家之币制；二、为统一国家之金库；三、为调剂国内之金融。"③中央银行与财政部是平行关系，宋子文是以行政院副院长兼财政部长的身份又兼任中央银行总裁，可见中央银行所处地位的重要性。有人回顾中央银行开幕典礼情景时说："宋母宋老太太满面春风，一手扶着大女儿宋霭龄，一手挽着小女儿宋美龄，后面紧跟着儿媳张乐怡，刚参观过大女婿实业部长孔祥熙在上海南市举办的国货展览会，又前来参观小女婿蒋介石授印、大儿子出任总裁的中央银行开幕典礼礼品展览。"④从这些典型的画面里不难看出蒋、宋、孔三大家族的显赫地位和得意神情。中央银行成立以后，利用它代理国库，经办公债，控制外汇

---

① 朱斯煌主编：《民国经济史》，上海银行学会1948年刊印，第5页。

② 陈真、姚洛合编：《中国近代工业史资料》第1辑，三联书店1961年版，第320页。

③ 《中央银行开幕志要》，《银行月刊》第8卷11号银行近闻。

④ 寿乐英：《宋子文与中央银行的建立》，《中央银行史话》，中国文史出版社1987年版，第10页。

和黄金等特权,逐步开展业务,增强实力,加强自己的基础。但中央银行的实力是远不及中国、交通两行的。

(二)将中国、交通两行改造成国家银行

中国银行原为清政府的大清银行,北京政府时期改组为中国银行,虽无有中央银行之名,却在发行纸币、代理国库、调剂市面、安定金融方面,起到了中央银行的作用,其业务发展非常快,但商股占绝对优势,官股微不足道。

宋子文出任财长后,曾设想将中国银行改组成完全由政府控制的国家银行(其作用与中央银行相同),但因中国银行副总经理张公权的反对而未能实现。后来,根据中国、交通二行系仿照日本银行制度建立起来的特点,张公权向南京政府建议,应仿照日本的日本银行、横滨正金银行及日本兴业银行三行鼎立的制度,另组一个完全属于政府的国家银行,于是才有中央银行之设。因此,中央银行建立起来后,对中国、交通二行的改造是必然的。

政府对中国、交通二行的改造步骤,大致上采用的是先渗透、再控制的办法。所谓"渗透",就是在中国、交通二行中强行加入官股,改变其纯私股的成分。中国银行有资本 2000 万元,1928 年南京政府将该行总管理处由北京迁往上海时即修改其银行条例,将资本额定为 2500 万元。这新增的 500 万元就是强行加入的"官股"。同年,南京政府将交通银行总行由北京迁往上海时,又使用同样的办法,即颁布该行条例,规定其资本额为 1200 万元。交行资本原为 1000 万元,新增的 200 万元便是"官股"。实际上,南京政府口头上虽说要加入交行官股两成,而实际上只交资本一成,即 100 万元。由于中央银行的设立,中国、交通二行在北京政府统治时期曾经享有的代理国库的特权被取消了。经过这一步改造,南京政府的国家资本就渗透到了这两家银行①。

南京政府又将中国银行改组成特许的国际汇兑银行,其业务是:

---

① 董长芝等著:《民国财政经济史》,辽宁师大出版社 1997 年版,第 152 页。

"一、经理政府发行海外公债及还本付息事宜;二、经理政府存在国外之各项公款及收付事宜;三、发展及扶植海外贸易事宜;四、代理一部分国库事宜;并仍有发行兑换券之特权,此外并经理国内外汇兑及货物押汇,商业期票及汇票贴现",由临时股东会选张公权为总经理,由国府任命李铭为董事长①。同时将交通银行改组为"政府特许发展全国实业之银行,由胡祖同任总经理。其业务是:一、代理公共实业机关发行债票及经理还本付息事宜;二、代理交通事业之公款收支事项;三、办理其他奖励及发展实业计划。四、代理一部分国库事宜,并可发行兑换券。"②这样,中央、中国、交通三行鼎立的制度就建立起来,它们各负其责,共同为推行政府的金融政策服务。

在宋子文出任财长和中央银行总裁期间,为了给蒋介石发动"剿共"内战和排除异己的军阀混战筹措军费,财政部发行的公债额很大,到1933年已达14亿多元。这不仅使宋子文同上海金融家的矛盾加剧了,而且由于筹划公债的还本付息和开发新财源感到很吃紧,因此宋子文与蒋介石在裁撤军队、减少军费、平衡预算等问题上发生了激烈矛盾,从而使蒋介石不得不采取"走马换将"的办法,让孔祥熙接替宋子文的职务,于1933年4月6日接任中央银行总裁,11月1日接任财长。孔接任当时,"国库每月收入1500余万元,支出2200余万元,其中军费一项每月即达1800万元,每月不敷数目约800万元之谱。库存仅有现金300余万元及尚未发行的公债库券2700余万元,黄金外汇全无。即使2700余万元的公债能全部顺利发行,也不过维持三个月的开支而已。宋子文认为:三个月之后,国民政府的财政,就要垮得一塌糊涂,不可收拾"③。孔就是在这样窘迫的境况下受命的,为了挽救南京政府财政窘迫危机的局面,孔与蒋、宋在武汉开会密商,决定对中、交两行进行

---

① 朱斯煌主编:《民国经济史》,第12页。
② 朱斯煌主编:《民国经济史》,第12页。
③ 郭荣生:《孔祥熙年谱》,台湾商务印书馆1981年版,第83—84页。

第二步改造,这就是增资改组,提高中央银行地位。

（三）增资改组,使中央银行成为三行之冠

为了进一步控制中、交两行,使中央银行成为三行之冠,南京政府又寻找机会对中、交两行进行第二步改造。1935年初,孔祥熙开始面临新的财政危机,美国的白银政策使孔所施行的赤字财政政策受到重大威胁。由于货币市场紧张,上海金融界不愿意认购政府的新公债,而中央银行的负担又沉重到了极点。在这种情况下,中国银行总经理张公权不仅反对孔氏的赤字财政政策,而且当财政危机加剧时,中国银行与交通银行联合起来拒绝以财力支援孔祥熙,这使孔十分恼怒。于是,孔与蒋介石密商,决定要把张公权和胡祖同从中交两行总经理的位置上撤下来。由于担心采取强硬措施会引起中交两行投资者的恐惧,从而将其资本转入上海外国银行,孔祥熙不得不小心翼翼地进行着改造中交两行的工作。1935年2月,美国大量收购白银,导致上海货币市场奇紧,很多工商企业面临倒闭破产的危险,工商业团体强烈要求南京政府提供救济。孔祥熙便操纵工商界资本家要求银行贷款,把工商界的不满引向银行界。

这样,银行资本家在政治上陷于孤立后,就为南京政府改造和控制中交两行提供了借口。3月23日,孔祥熙突然宣布,政府将要对中交两行实行管制,要求该两行增发股票,而且要把两行的控制权交给政府①。与索取控制权相配合,南京政府同时发行了1亿元以关税为担保的金融公债,作为购买新股的资金。起初,孔祥熙企图使中国银行的资本股额变为官三商二（即国家资本占30万股,私人资本占20万股,每股为100元）,使官股压倒商股,但遭到中国银行商股势力最大的江浙资本集团反对。经过讨价还价,最后是国家与私人资本各占一半（即官商各占20万股）,使资本总额达到4000万元②。这样,中国银行的

①　［美］小科布尔:《上海资本家与国民政府(1927—1937)》,第217页。

②　中国银行经济研究室编印:《全国银行年鉴》,1936年,B70页。

国家资本就占到 50％。在交通银行中,财政部增拨金融公债 1000 万元,连同原有官股,使国家资本占到 55％。在向中交两行强行增资的同时,孔祥熙又宣布中国银行董事长和总经理的位置由宋子文接替(后为拉拢江浙资本集团,宋只任董事长,总经理由江浙财团的宋汉章担任),原总经理张公权和董事长李铭被调出中国银行;交通银行则由孔氏派系的唐寿民和胡笔江(即胡筠)分任总经理和董事长。

为了增强中央银行的实力,南京政府决定将其资本总额增加到 1 亿元,并将总行由上海迁往南京,以便在首都能够有效地担负起调济全国金融之职责。总裁行使行政权的主要机构,是其下设的发行、业务二局。此二局相互独立,若无法定准备金,发行局不得滥发纸币。中央银行成立之初,为得到金融界支持,南京政府曾在理事会、监事会中拉拢一些金融巨头来担任理、监事,如江浙财团的荣宗敬、钱永铭、陈光甫、张公权、吴鼎昌、叶琢堂等先后担任过理事;李铭、秦润卿、贝祖诒、虞洽卿、徐成冕、胡孟嘉、唐寿民等先后担任过监事。而实权却为宋、孔所掌握。

中央银行凭借国有银行的特殊地位,在经营银行业务的过程中大肆排挤其他银行,获取了巨额利润。以该行成立时的 1928 年为基期,到 1936 年时其资产总额增加了 23 倍,存款额增长了 341 倍,兑换券发行增加了 25 倍,从中所获得的纯利则增加了 61 倍(1934 年达最高额)。中央银行确实成了三行之冠①。其发展速度是其他银行无法比拟的,它所积累的大量资本,奠定了政府垄断全国金融业的基础,如果没有中央银行的迅速发展,要形成后来以"四行二局"为主干的国家金融体系是不可能的。因此,可以说中央银行是南京政府国家银行团的核心。

(四)四省农民银行改组成中国农民银行

中国农民银行是南京政府由原"豫鄂皖赣四省农民银行"改组而成

---

① 石毓符著:《中国货币金融史略》,天津人民出版社 1984 年版,第 288 页。

的一家面向农村的国家专业银行。1930 年 11 月,中原大战结束时,蒋介石立即把矛头指向中央苏区,并在江西设有"剿共"总司令部。该司令部内设有一个所谓的"农村金融救济处"。1933 年初,为了筹措"剿共"军费,蒋介石批准在农村金融救济处的基础上,组设豫鄂皖赣四省农民银行。该行最初的资金来自湖北鸦片特税,同时湖北省银行也是它最重要的股东。其总行设在汉口,四省各设分行。四省农行时期,总经理是郭外峰,1935 年改由蒋介石的亲信徐继庄接任。该行曾发行一角、二角、五角三种流通券,由"剿匪总司令部"布告四省,强制使用。四省农行的业务活动从不公开,它的出现被认为是"为财政部和中央银行制造麻烦的根源"①。

1935 年 4 月 1 日,南京政府决定将四省农行改组为中国农民银行。据称改组的原因是:四省农行"成立两年有余,于调剂农村金融颇见成效","而其他各省农村金融,亦确有统筹调剂之必要。现拟将四省农民银行扩大范围,改为中国农民银行"②。同年 5 月,立法院通过了《中国农民银行条例》,规定该行作为南京政府"供给农民资金、复兴农村经济、促进农业生产"的农业专门银行。它的业务范围是:(1)收受存款;(2)办理汇兑;(3)买卖生金银及有价证券;(4)动产不动产之抵押放款及保证信用放款;(5)经营农业仓库及放款于农产农具之改良事宜与农民合作社;(6)发行农业债券及农业流通券;(7)农业票据贴现③。中国农民银行的资本总额规定为 1000 万元,由财政部认购 250 万元,各省市政府共计认购 250 万元,其余的 500 万元由社会各阶层人士自由认购。事实上,私人从未认购农民银行股票,其资金全部都是由财政部拨付的。中国农民银行成立后,蒋介石自任董事长,并准备将资本增加

①　[美]恩·杨格:《一九二七至一九三七年中国财政经济情况》,第 296—297 页。

②　中国人民银行金融研究所编:《中国农民银行》,中国财政经济出版社 1980 年版,第 29—30 页。

③　沈雷春编:《中国金融年鉴》,台北文海出版社 1939 年版,第 156 页。

到 6000 万元。孔祥熙为迎合蒋氏的要求,对农民银行进行全力帮助。如法币政策实施后,孔祥熙规定,除河南农业银行、湖北省银行、浙江地方银行、陕西省银行等四家银行的发行部分由中央、中国、交通三行接收外,其余各省银行或类似省银行的发行部分,统统由中国农民银行接收;对尚未设立中国农民银行分行的省份,同意陆续筹备设立①。通过这些措施,农民银行很快就发展成为与中国、交通两行并列的第三大专业银行。

中央银行设立之初,其势力原本是很孤单的,但将中国、交通、四省农行相继改组为三大专业银行后,这家"银行之银行"的中央银行,如虎添翼,使国家银行的势力空前强大起来,很快就成为政府国家金融资本的核心支柱。此后,政府就通过这四大国家银行进一步扩大国家垄断资本。

(五)设立中央信托局和成立邮政储金汇业局

中央信托局是中央银行直辖的一个局。1935 年 7 月 30 日,财政部宣布中央信托局成立,原中国银行总经理张公权调任中央银行副总裁兼中央信托局长。同年 10 月 1 日,信托局开始营业。在营业开幕式上,孔祥熙对成立信托局的原因作了说明。他说,因政府方面有许多事要委托商业机构经理,同时中央银行限于国家银行代理国库的地位,事实上及手续上都不能出面,所以在中央银行之下,组织一个信托事业独立机构,经办这方面的事情②。中央信托局的理事长由孔祥熙自己兼任,张公权与叶琢堂为常务理事。根据《中央信托局章程》,信托局的资本定为 1000 万元,由中央银行一次拨足;总局设在上海,各地酌设分局。其主要业务是:代理国家收购各项出口物资,并经办军火进口生意;经理"国营"事业或"公用"事业债券股票募集与发行;经营国家财产物资的保险业务及政府机关重要文件契约的保管事项;经收"公共机

①　寿充一编:《孔祥熙其人其事》,中国文史出版社 1987 年版,第 65 页。
②　寿充一编:《孔祥熙其人其事》,中国文史出版社 1987 年版,第 66—67 页。

关"或"公共团体"的信托存款；办理各种保证事项和委托代理事项，等等①。不久，中央信托局又经营起了普通储蓄存款放款业务，其经营范围从采办、保险、信托、储蓄、直至农贷，几乎无所不包。但是，它所侧重的方面还是经营购料和易货业务，以致后来发展成为国家垄断对外贸易、从事买办性商业活动的重要工具。

中国邮政局早在 1898 年即已开办汇兑业务，1908 年又开办了储蓄业务，至 1929 年，通汇的邮局及代办处所有 2374 处，办理储蓄业务的邮局达 206 处以上。有这样一群庞大而广泛的信用机构，国民政府自然要将其收归国有。1930 年，政府下令将原来经营储金汇兑业务的邮政局改为邮政储金汇业局，并在上海成立邮政储金汇业总局，直属交通部管辖。1931 年 6 月，政府相继公布《邮政储金汇业总局组织法》、《邮政国内汇兑法》和《邮政储金法》。1935 年，邮政储金汇业总局改称邮政储金汇业局，改隶于邮政总局。邮政储金汇业局的资本，没有规定具体数额，而是以"全国邮政收入为担保"，其经营业务为：举办活期储蓄、定期储蓄、邮政汇票、电报汇款、抵押放款、贴现放款，购买公债或库券以及办理保险业务等等。该局成立之时，储金总额只有 1000 万元，1935 年时增至 5000 万元，通汇的局、所已增加到 9500 处以上②。政府曾规定，凡中央、中国、交通三行未设分支机构的地方，政府的一切款项均由邮政储金汇业局转饬当地邮局代办。这样，邮政储金汇业局便成为南京政府吸收大量存款和汇兑资金的工具，到 1936 年 6 月，其总资产额已达 8520 万元。

上述是政府控制国家金融命脉的所谓"四行二局"形成的简略情况。它们作为完整意义上的国家金融统治机构，其最后形成是在 1935 年前后。通过 1935 年实施的法币政策，"四行二局"作为国民政府国家

---

① 中央银行经济研究处编：《金融法规汇编》，商务印书馆 1937 年版，第 60—63 页。

② 中国银行经济研究室编印：《全国银行年鉴》1936 年，J45 页。

金融体系的主体地位已经稳固下来,并开始发挥控制和支配全国货币金融总枢纽的功能。"四行二局"的最后形成,可以说是政府国家金融体制及其统治网建立的标志。

二　对私人行庄的控制与全国金融网的形成

国民政府刚建立国家金融机构的时候,对私人商业银行采取了任其发展的政策。按照财政部的规定,私人商业银行的设立只须按照银行注册章程申请注册,年终呈送营业报告即可。因此,私人商业银行在政府初建时发展较为迅速。据统计,1927年私人新式商业银行仅48家,到1931年时已增加到110家,其存款总额也增加到占中、中、交三行存款总额的一半左右[①]。

政府对私人商业银行的放任政策虽一度使私立银行出现过短暂的繁荣,但迅猛席卷世界的经济危机,又为政府实现对这些脱缰的"野马"进行有效控制提供了前提条件。美国政府为转嫁危机而实行的白银政策以及"一二八"淞沪抗战的发生,导致了前所未有的金融大恐慌,政府利用这种突发事变,迅速改组一些重要的私人商业银行,从而实现了对私人商业银行的控制。

国民政府兼并和控制私人商业银行的方式大约有四种:一是采用所谓"官商合办"的形式进行控制,如对中国国货与农商两行就是这样。1929年,政府以提倡国民集资的名义,组成官商合办的中国国货银行,其中商股占五分之三,官股为五分之二,资本额为500万元。董事长却由孔祥熙兼任,总经理则为宋子良。农商银行创办于1921年,曾有权发行兑换券,因1929年受时局影响而停业,并收回兑换券。1933年8月,将农商银行原资本折为80万元,另加入官股140万元(实收资本共计220万元),将总行由北平迁往上海,改组成

---

①　《革命文献》第74辑,第68页。

官商合办银行,董事长由陈公博担任,总经理为梅哲之①。这样,农商银行实际上已列入国家资本银行系统。二是利用所谓"经济援助"加以控制,如对中国通商、中国实业、四明商业储蓄等银行就是这种办法。此三行有几个共同点:建行历史较长,均为发钞银行,经营管理不善,内部实力空虚。1935 年夏,由于金融恐慌,全国发生挤兑风潮,该三行资金周转不灵,引起危机。在这危难时刻,政府下令主动向这三家银行表示愿意提供经济救援,并以 500 万元拨给中国通商银行,400 万元拨给中国实业银行,另以巨款拨给四明商业储蓄银行解救挤兑危机。然后,政府将此救济款项变作官股加入三行,使它们均变成了以国家资本为主的官商合办银行。三家银行的董事长与总经理,除杜月笙(中国通商银行董事长)外,其余五人全是由中央银行和财政部派去的人②。三是利用金融恐慌,对个别银行进行收买。如 1913 年成立的广东银行,是著名的华侨银行,因 1935 年受金融恐慌袭击,资金发生严重困难,宋子文乘机将其收买,然后加以改组吞并。四是利用人事改组对银行进行间接控制。曾在中国金融界早已出头露面的一些江浙资本集团的代表人物,如张公权、宋汉章、李馥荪、陈光甫等人,南京政府对他们均委以高官厚禄,从而对他们所经营的浙江兴业、浙江实业、上海商业储蓄(此即"南三行")等银行渗进政府势力,使其变为被国家控制的银行。至于盐业、金城、大陆和中南(此谓"北四行")银行,虽未被南京政府直接控制,但它们在业务上则无法摆脱对"四行二局"的依赖与间接控制③。经过一系列的兼并与控制活动,到 1936 年,中国一些重要的私人商业银行都被纳入国家金融体系之内。

　　一度在中国金融界十分活跃的钱庄业,1927 年以后开始逐步走下

---

①　沈雷春编:《中国金融年鉴》,1939 年文海出版社,第 165 页。

②　寿充一编:《孔祥熙其人其事》,第 69 页。

③　董长芝等著:《民国财政经济史》,第 159 页。

坡路。上海是钱庄较为集中的城市,1927 至 1937 年间,新设的钱庄只有 16 家,而歇业的则有 57 家;1927 年全市共有钱庄 85 家,1937 年时仅剩下 46 家①。在其他城市,因 1934 年白银大量外流所引起的金融危机,也迫使钱庄大量歇业或倒闭。据北平、南京、广州、福州、太原五个城市统计,1934 至 1936 年间,钱庄总数从 244 家减少为 151 家,减少了 38.1%②。尤其是从废两改元以来,已失去操纵两、元兑换为主要任务的钱庄业,更是日趋没落。这时国民政府以救济危机、安定市面为名,命令中国、中央、交通三行借款 1800 万元给予援助,由财政部组织成立上海"钱庄监理委员会,对上海钱庄进行管理监督"。自此这一封建性质的信用机构也因受到国家金融机构的控制③而失去独立性,并逐步转变为近代银行业的附庸,也被纳入国家金融机构的控制之中。

到 1935 年 11 月法币政策实施以前,国民政府已经完成对全国金融业的控制,并在资本实力上占绝对优势。如全国共有银行 159 家,资本总额是 36,800 余万元,而四家国家银行就有资本 15900 多万元,占全国资本额的 43.3%。加上官商合办的省市立银行的资本总额 3700 多万元;再加上由商业银行改组成官商合办的五家银行的资本额 2000 万元,合占全国银行资本总额的 58%。

上述史实说明,政府的国家金融机构不仅建立、发展、壮大起来,而且已完成了对省市立银行和私人行庄的控制,这不仅为国民政府控制全国财政、金融、经济发展方向提供基础,也为法币政策的实施奠定物质基础。法币政策实施以后,国民政府通过中央、中国、交通、农民等四行垄断法币发行权的手段,更是牢牢地抓住对中国通商、中国实业、四

---

①　中国人民银行上海市分行编:《上海钱庄史料》,上海人民出版社 1960 年版,第 260 页。

②　见中国银行经济研究室编印,1935 年、1936 年《全国银行年鉴》。

③　石毓符著:《中国货币金融史略》,第 294 页。

明、中国国货、农商、广东、新华信托等银行以及北四行和南三行等银行的控制权，实际上则等于控制了南京政府成立以前中国已形成的江浙、华北、华南三个大资本集团的主要银行。与此同时，省市立银行和主要私人行庄也被控制了。这就标志着国民政府的金融垄断体制初步形成，为发展经济，安定政治局面，准备抗战，创造了有利条件。同时也标志着中国现代银行制度的初步确立。

第五节　整理货币与废两改元

一　货币制度的整理

中国自从1840年鸦片战争以后，随着外国资本主义的侵入和本国商品经济的发展，本来就不统一的货币制度，变得更加复杂化。到20世纪30年代，多种不同的银两、银元、铜币和形形色色的纸币在市场上并行流通，严重阻碍商品交换和贸易发展。马寅初1925年8月在给上海学生联合会所作演讲时，对中国货币不统一的现状有这样一番话："国内货币之不统一，人所尽知，各省往来，几若异国，故规元不能通用于汉口，洋例（汉口通用的一种银两计算单位）不能通用于上海，即以京津而论，相距不过数百里，费时不到四小时，然以两地银本位币之不同，金融运用，遂发生许多难题。"马氏举例说，如北京商人向天津商人采办货物50万元，天津商人向北京商人采办货物100万元，两相对抵，则津商欠京商50万元。在正常情况下，按理津商只要给京商支付50万元现款就可以了。但是，北京一向使用"长锭十足银"（重10两）；天津使用"行平白宝"（重50两），其惯例是"天津不用锭，北京不用宝"。那么津商所欠京商50万元怎么办呢？其办法是津商用宝银在钱庄或银行兑换成锭银，然后再付给京商。在兑换锭银时，津商要受到钱庄或银行折扣的盘剥，吃亏不小。如此一来，津商感到无利可得，下次就不会再来向京商采办货物；反过来，京商也不会找津商采办。长此以往，双方交流减少,商品不能流通,势必导致市场凋零①。

　　类似津京的情形,其他各地均不同程度地存在着。例如,有东北商人欠上海商人货款 100 万元,除了用货物抵偿外,偿还现款也是十分麻烦的。因为"东北王"张作霖曾规定:禁止现银出关,每人出关时只能带银 50 元。当时东北实行流通券(纸币)"奉票",虽说支付方便,但不能用于上海,沪商当然不接受。如果要解决付款问题,"只有间接汇兑,商人先用奉票购买日金送至大连,托朝鲜银行汇至日本",日本又汇至上海,沪商将日元卖出兑换成上海通用的"规元"。"如是往来,非假乎于日本不可"。除了银行从中盘剥不说,如果中国"欲与日人经济绝交"又怎么办呢②? 因此,货币制度的不统一,严重地阻碍着国内商品的流通,中国广大的国内市场不能有效地占领,为外货倾销提供了可乘之机,这对中国资本主义经济的发展十分不利。所以,整理和统一中国货币,是中国经济发展的客观要求。

　　财长宋子文认为:中国极为紊乱的货币制度必须加以整理,其整理目标,应从开铸统一的国币,严禁各种劣币流通方面着手③。在 1928年 6 月的全国经济会议上,他提出应该统一"各省参差之币制",整理"滥币"。会议通过了关于整理纸币与硬币、废两用元的提案。嗣后召开的全国财政会议又通过了改革币制的方针,包括"实行改两为元"、"施行金汇兑本位办法"。

　　(一)整理纸币

　　在整理纸币方面,宋确定的最终目标是由国家银行统一纸币的发行权。其依据是,"纸币发行之原则,系为代替现币之用;而现币之铸造权系专属于政府,则纸币之发行权自应限于国家银行,其余各银行均不

---

　　①　马寅初:《中国经济之分裂》,见《马寅初演讲集》第 3 集,北京晨报社 1926 年版,第 173 页。

　　②　马寅初:《中国经济之分裂》,见《马寅初演讲集》第 3 集,第 175 页。

　　③　宋子文:《国民政府财政部最近三个月报告书》(1928 年 6 月),引自《宋子文评传》,第 131 页。

得印发纸币"。而当时的实际情况是,国内有纸币发行权的银行多得"几至不胜枚举",要马上一律取消难以做到,只能徐图整理之策①。其办法是对不同发行机构采取不同措施。如对中央银行应呈请国民政府授其享有纸币发行权,载入《中央银行条例》,公布施行;对其他有纸币发行权的银行,一面调查这些银行的发行数额与相应的发行准备情况,制止滥发;对一些不具备条件发行纸币的银行,则取消之;同时又制订颁行纸币印制运行条例,对这些银行发行纸币给予限制。对于数量众多的各省县属地方钱庄、商号,则严令禁止发行纸币和类似纸币的票券。宋子文想通过这些措施,限制其他银行、庄号发行纸币,"然后再限令各发行银行分期自行收回,撤销其发行权"②,由国家银行垄断纸币发行权,统一币制。

(二)严格整理广东、武汉国民政府发行的各种纸币

(1)整理汉口中央银行纸币及财政部在汉口时期向中国银行、交通银行所借之纸币。在武汉国民政府时期,汉口中央银行曾发行钞票近2000万元,又委托中国银行、交通银行发行过钞票。1927年4月武汉国民政府为集中现金,下令停止钞票兑现,引起武汉经济恐慌,国民政府的信用受损颇大。在1928年的全国经济会议上,部分代表曾提出应对这些钞票加以整理。接着召开的全国财政会议便决定以发行公债的办法来收回汉口中央银行和中交二行当时发行的钞票。1928年11月,财政部发行民国十七年金融公债4500万元,收回尚在市面上印有"汉口"字样的三行钞票。这笔公债还本期限较长(自第六年至第二十五年),仅每年付息两次。对于上述三行汉口钞票的持有者来说,尽管不可能马上兑现,但毕竟把手中几乎变成废纸的汉钞变成了可望获得本息的债券。这对安定民心、维护政府信用大有益处。

---

① 宋子文:《国民党第三次全国代表大会财政部工作报告》(1929年3月),引自《宋子文评传》,第131页。

② 《宋子文评传》,第132页。

　　(2)接管中央辅币券的兑换事宜。中央辅币券是北伐期间由国民政府总司令部发行的,以充军饷之用。这是一种变相的纸币,在大规模战事期间,中央辅币券固然可以凭借超经济的力量进入流通,但它的信用无法同其他大银行的纸币相比拟,在流通过程中常遭拒绝收受。在北伐战事进行期间,国民革命军总司令部曾在一些地区设立中央辅币券兑换所,以维持其信用。全国经济会议和财政会议之后,宋子文把中央辅币券也列入整理之列。其具体做法就是在维持中央辅币券信用的同时,逐步使之退出流通领域。1928 年 10 月,宋子文以财政部的名义接管了中央辅币券的兑换事宜。他一面训令财政部下属各征收机关,并发布告:照旧行使收受中央辅币券;另一方面从国民革命军总司令部那里接收所有印完的中央辅币券,予以封存,不再投入流通。为了加快收回市面上的中央辅币券,又在北伐战事所经地区增设兑换所,由中央、中国、交通银行在各地的分支机构兼营中央辅币券兑换事宜。到1930 年上半年,基本上收回了市面上的中央辅币券。

　　(3)整理湘鄂赣三省通用大洋券和湘赣桂三省通用毫洋券。这两种钞票在武汉国民政府成立初期,一度由汉口中央银行代兑,不久便停止兑现。1929 年 1 月,宋子文将湘鄂赣三省通用大洋券与汉口中央银行钞票一并整理,委托上海江苏银行办理十足掉换民国十七年金融长期公债。后因江苏银行难以独家完成掉换事宜,宋子文又令财政部驻湖北财政特派员公署着手附近地区的大洋券掉换金融长期公债事宜。1929 年 7 月大洋券掉换公债事宜到期后,宋子文又令湖北财政特派员公署及上海江苏银行开始办理湘赣桂三省通用毫洋券掉换民国十七年金融长期公债事宜,至 1929 年底,这两种纸币的整理事宜基本完成[①]。

　　宋子文对上述纸币整理的完成,既维护广大民众的利益,又提高国民政府的威望,基本上确立了财政部在纸币发行上的信用。这样就更有条件对其他金融机构所发钞票进行整理了。

---

①　吴景平:《宋子文评传》,第 133 页。

(三)整理铸币

宋子文认为整理铸币(硬币)更加急需和重要。他指出:"吾国币制之紊乱,近年已达极点。各省之银铜辅币滥铸滥发,尽人皆知,固无待赘述;即以一元钱币而论,尚有站人洋、龙洋流行市面。形式既未能统一,成色重量自未必一致。因是货币之法价不能维持,市价之涨缩随之而生,自应亟图整理。故厘定币制法规,实为最要。"①在实施铸币整理的步骤上,宋子文则主张循序渐进,认为在条件不成熟的情况下,不拟贸然施行。他主张要实行铸币统一,首先要统一铸造机关。北京政府时期,以天津造币厂为总厂,南京、武昌、成都、广州、云南、奉天、长沙、重庆、杭州、安庆、上海各造币厂为分厂。但各分厂在用人行政方面皆处独立地位。宋子文认为铸币厂数目过多,铸发必滥,应当酌加裁并。1928年10月,宋子文便决定以原上海造币厂为基础,改建为中央造币厂,筹办开铸统一的国币。这一筹办工作包括清偿原上海造币厂旧债务、扩充厂基、建筑厂屋、添装机器和聘任外籍技师,另外还确定了国币图案、向外国定制铸币模具。对其余造币厂,宋子文则令严加整理,不具备条件者则予以取消②。实际上,宋对硬币整理工作未及开展。他的根本思想是主张对现行货币制度进行彻底改革。

二　图谋采行金本位制与实行海关金单位

中国自古以来就以白银为货币,以白银重量计值,以两为本位,故称银两。鸦片战争以后银元由墨西哥输入中国,清光绪年间中国又开始自铸,到民国时期已成为全国通用的货币。银元是一种铸币,有一定的模式、重量和质量,较银两使用方便。所以,清宣统二年(1910)颁布

---

① 宋子文:《国民党第三次全国代表大会财政部工作报告》(1929年3月),引自《宋子文评传》,第133页。

② 《宋子文评传》,第134页。

的《币制则例》、民国三年(1914)颁布的《国币条例》，理论上已确定以银元为本位货币。嗣后，政府的财政部门、专家学者以及银行界人士均以此为努力目标，但始终未能实现。其原因是：当时在金融业中尚占极大优势的钱庄业反对，外国银行团借口过去债款都是以银两计算的，改成银元换算困难，因而也反对，还有其他理由。

国民政府北伐统一后，整理全国货币之可行性增大。然而，第一次世界大战结束后，国际银价高涨的因素开始消失，白银产量与日俱增，而白银需要量则日渐减少，银产量供过于求，价格开始暴跌。如1920年伦敦标准银价为每盎司61.95便士，而到1928年却跌为每盎司25便士左右，等于最高银价的五分之二，到1931年2月竟跌至12便士半，仅等于最高峰时的五分之一①。银价暴跌，对以银为货币的中国，用银币偿还外债和对外汇兑十分不利。而金价日益高涨，又引起国人极度恐慌，中国是否仍应继续保留银本位制，还是改用新货币本位，又引起热烈争论。宋子文为寻求最佳的改革币制方案，决定邀请美国著名货币专家甘末尔(Kemmerer,Edwin W.)博士来华，帮助筹谋改革币制方案。

甘末尔是美国著名的财政学家，曾先后为十个国家充当财政顾问，策划币制改革，有丰富的实际改革币制经验。1929年2月，甘氏偕同财经专家恩·杨格(Arthur N. Young)博士等十四人来华，组成财政设计委员会，谋划币制改革方案。经过六个月的调查研究，于同年11月提出《中国逐渐采行金本位币制草案》，共分五章四十条，另附长篇理由书，其内容之详密为历次方案之最。

改行金汇兑本位制。草案规定，逐渐采行金本位币制，但并不主张铸造金币，只以金量来确定货币单位价值，因此可谓金汇兑本位制②。新货币单位为"孙"(sun)，其记号为S，用以纪念孙中山先生。每"孙"

① 卓遵宏：《中国近代币制改革史》，台北"国史馆"印行1986年版，第232页。
② 杨树人：《甘末尔改革币制方案》，台北《大陆杂志》25卷4期，1962年版，第1—7页。

为 100 分,每分为 10 厘。1"孙"含有纯金 60.1866 公毫,其价值等于美金 4 角,英镑 1 先令 7265 便士,日币 0.8025 元。实际流通于国内之货币为"银孙"。1"银孙"之实值较面值(等于 1 金单位)减少三分之一,为信用货币。还有 5 角和 2 角的银辅币、1 角和 5 分的镍币、半分及 2 厘的铜币。政府承诺个人可选择以金汇票或生金为无限制的兑换,以维持"银孙"与"金"单位之平价①。因中国地域广阔,可根据各省经济情况分先后推行,故称逐渐采行案。

　　1930 年 3 月 30 日,宋子文公布了甘末尔的货币改革方案,以听取各方面的意见。然而在考虑了各种因素之后,宋子文最终搁置了采用金本位币制的方案。从国内来看,各界持反对意见者居多。究其根源,在于中国用银作为货币的历史久远,已形成巨大的惰性力;而一旦实行金本位,就会被认为将大量抛售现银,引起银价暴跌,这是持银者所不愿见到的。实行这一重大改革,必须筹备足够的储备金。当时西方资本主义国家正处于经济恐慌之中,不可能向中国提供大笔储备金;中国对外出口也因之下跌,外汇储备减少。此外,1931 年"九一八"事变爆发,不久英国宣布放弃金本位,致使国际市场上英镑、美元及其他货币对黄金的比价变化不定。基于上述种种因素,宋子文认识到,中国尚不具备立即采取金本位币制的经济力量和其他条件,而且改行金本位币制之后,也难以保证新国币汇价的稳定。因此,尽管他在公开场合仍称币制改革将依据甘末尔的方案,但强调要"参酌国情"。此后,在宋子文任内实际上已放弃了采取金本位的方案。

　　甘氏的谋划虽未导致划时代的币制改革,但却帮助财政部解决部分财政金融难题。自从 1928 年世界银价再度暴跌以来,向以海关税收为抵押的外债(包括赔款),因关税稽征系以白银海关两为单位,而对外债务还本付息却以黄金(如英镑、美金、法郎、日金等)为计算标准,因此

---

　　①　甘末尔设计委员会:《中国逐渐采行金本位币制法草案附理由书》,上海银行周报社 1930 年版。

关税收入受此影响而无形减少,使国家财政损失颇巨。为避免这一损失,国民政府毅然宣布,于 1930 年 2 月 1 日起,将海关进口税改为征收价值较稳定的金单位。每一个海关金单位值纯金 60.1866 公毫,即甘氏草案的金本位之单位——"孙"(Sun)所含的纯金量。实施之初,与各国货币的换算率亦完全依照甘氏的设计,即每一海关金单位(关金券壹元)折合美金 4 角,英镑 1 先令 7265 便士,日币 0.8025 元。其后各国货币相继贬值,此海关金单位便不与任何一国外汇固定联系,而完全以单纯含金量计算。从此以后,中国对庚子赔款及若干外债偿付本息,可以直接用海关税收(关金券)偿还,无须再用银两折算各国金币还债。这就减少了因国际银价涨跌对我国财政和税收的影响①。海关金单位开始使用时,仅为稽征计算单位,非真正货币。但财政部声明:商人完税,除以银洋、英金或美元向海关兑换关金券外,并可以向中央银行直接购买,以防汇价涨落,而且可向中央银行开立关金券活期存款户。于是各商业银行及钱庄等相继前往中央银行开立存户,进口商也可持纽约或伦敦电汇证明书,或即期汇票,前往中央银行折合关金券使用。这样,关金券(即海关金单位)便逐渐进入市场成为实际支付工具。就此而论,甘氏草案对中国财政货币不无贡献②。此外,随甘氏来华的著名财政专家杨格博士在甘氏完成任务回国后,仍继续留在中国担任财政顾问,到 1947 年因身体欠佳才回国,在华期间对中国财政、税收、货币、金融等改革无不参与谋划,贡献良多③。

三　实施废两改元及影响

废两改元是宋子文在货币单位方面进行的重大改革,但在实施步

---

① 卓遵宏:《中国近代币制改革史》,第 238 页。

② 沈麟玉:《我国币制改革之经过》,中央银行月报 4 卷 2 期,1935 年版,第 2473 页。

③ 《时报》1929 年 2 月 17 日。

骤、日期问题上是较慎重的。如 1928 年春天，浙江省政府曾提出《统一国币应先废两改元案》，经国民政府会议通过；同年召开的全国经济会议又决定于 1929 年 7 月 1 日实施"废两改元"，而后召开的全国财政会议又通过"应从速实行，以期币制之统一"的决定①。宋子文一度有此考虑，但他清楚地知道，在统一的国币大量开铸之前，不宜匆忙宣布废两改元。在实际过程中，以原上海造币厂为基础筹建中央造币厂并非轻而易举；而分别向西方各国定制新国币模具，加以比较选择，也需花去不少时日。因此，宋顶住了一些急于施行废两改元的意见。例如：1929 年 9 月国民党中央执行委员会秘书处函转上海特别市执行委员会呈请通令各海关税率改用国币为单位以利商民一案，请财政部查照核办。而宋认为：我国币制复杂，各地不同，海关税率沿用关银，因关银划一，以此估计，可求一致。现在币制尚未统一，若一地任用一种货币，则全国税率名同实异，不便于商民者尚小，影响于税收实大②，因此驳复了这一提案。1931 年 9 月国民政府行政院训令公布海关出口税制，并要求财政部"以后关于税率之规定，应一律改两为元"。宋子文在听取了国家税则委员会和总税务司的意见后，又认为暂不宜施行。他的理由是："在此整理币制尚未就绪之时，各商埠通行之银两银币名称甚繁，重量成色复至纷歧，商业习惯既以银两为通货之准则，而标准国币现尚不敷市面流通，设将海关出口税则骤予改两为元，则国税难免受重大之损失，而洋厘行市必将随之增涨，影响银市亦非浅鲜。拟请俟将来修改规则时，标准国币业已推行，再行改订，庶于国税商务两得其宜。"③

　　后因 1931 年长江发生大水灾，东北发生"九一八"事变，全国农工

　　①　卓遵宏：《抗战前 10 年货币史资料（一）币制改革》，第 99—101、124—131 页。
　　②　宋子文：《财政部 1929 年 9 月份工作报告》，引自《宋子文评传》，第 135 页。
　　③　宋子文：《财政部 1931 年 9 月份工作报告》，引自《宋子文评传》，第 136 页。

商各业均日趋凋敝,上海洋厘骤跌,造成空前低潮,内陆城乡的银元涌进城市。1932 年春,上海银元过剩,内地流进上海的银元达 5466 万元[①],比以往加快,一般舆论也认为废两改元时机已成熟。当时官商一致支持废两改元的原因有三:

(1)银两的枯竭。自清末中国自铸银元后,银元不断铸造,银锭逐渐减少,内陆乡村银两几已绝迹,实际收付多改用虚银为记账单位,如上海之九八规元,天津之行化银,汉口之洋例银等。故"废两"仅是停止以虚银为记账单位,使实际收支与记账单位趋于一致。

(2)银元的普及。银元数量不断增加,流通范围日趋广泛。据估计 1928 年全国仅有 6 亿银元,到 1933 年财政部估计,流通的银元已高达 14 亿元,用作准备金的银元有 2 亿元,共达 16 亿元之多。由于银元普及,用途日广,举凡政府收入,盐税公债、公司行号资产负债,莫不用银元计算。而在 1933 年中流通的银锭,据估计仅有 1.53 亿上海两(约 2 亿元)。充裕的银元为废两改元提供方便。

(3)洋厘的跌落。上海银元价格一向为各地银元价格的标准。1932 年上海"一二八"事变爆发,上海金融市场乃呈瘫痪,内地钱庄无法前来结账。战事结束后,上海银行钱庄纷纷要求内地钱庄以现款清账,这样上海银元存量就大增。1931 年底上海白银存底仅为 2.66 亿元,至年底上海白银存底即达 4.38 亿元,到 1933 年 3 月更达 4.72 亿元。结果上海因存银元量多而价格低落。内地因市面萧条,银元需要量小而价格低落。如 1931 年以前,洋厘行情约为每元价 7.3 钱即每百个银元值银 73 两。从 1932 年 3 月开始价格下降,到 1932 年 8 月洋厘跌至 6.8375 钱,造成六十余年来的最低价。

当时银两与银元的熔解点为 0.711564 两,即铸造银元 1 元需 7.11564 钱白银。洋厘(就是银元 1 元折付银两时的折算率)降至 0.7

①　中国银行经济研究室编印,1934 年《全国银行年鉴》,F140 页。

两以下,就是银元1元折付银两的价格低于0.7两,这样,银元1元的价格就低于它的成本价0.711564两,实属不正常。就葛莱欣法则而言,两种货币若同时流通市面,价格高的将驱逐价格低的,洋厘价值过分跌落,将使人民收藏银两而抛出银元①。这样,市场流通的银元就会更加充裕,实施废两改元更有利于市场资金的流通。

(4)中央造币厂已完成整建,拥有每日铸造40万个银元之生产能力②,银元供应不成问题,为改元提供了条件。

到1932年秋,废两改元的条件已基本具备。是年7月7日,宋子文在上海召集银钱业代表谈话,说明废两改元的原则:(一)废除银两,完全采用银元,以统一币制。(二)完全采用银元制度时,旧铸银元仍照旧使用。(三)每元法价重量决定后,即开始铸造新币③。上海钱庄闻讯后,即召开会议,并致函财政部,表示原则上同意废两改元,但须假以时日,不应操之过急。因此,财政部又于当年秋间"罗致上海中外金融界重要人员,组织废两改元研究委员会"进行研究。1933年3月1日,中央造币厂正式开铸统一标准的银元。同日宋子文颁令,规定上海市面通用银两与银本位币换算率为规元7.15钱合1元,并于3月10日起先从上海施行。3月10日这天,上海各业开始实行银元本位制,银钱业取消洋厘行市,同日海关税收亦改收银元。在上海试行的基础上,国民政府于1933年4月6日颁发废两改元训令:"兹定四月六日起,所有公私款项之收付及一切交易,须一律改用银币,不得再用银两。其是日以前原订以银两为收付者,应以规元银七钱一分五厘折合银币一元为标准,概以银币收付。"④在上海以外各地方,应按四月五日申汇行市

---

① 卓遵宏:《中国近代币制改革史》,第239—241页。
② 《财政部长孔祥熙向中国国民党四届四中全会财政报告》,《革命文献》第73辑,第317页。
③ 中国银行经济研究室编印:1934年《全国银行年鉴》,A23页。
④ 《国民政府废两改元训令》,《国民政府公报》第1098号,民国二十二年四月六日,《革命文献》第74辑,第3页。

先行折合规元,再以规元七钱一分五厘折合银币一元为标准,以银币收付。凡持有银两者,得依照银本位币铸造条例之规定,请求中央造币厂代铸银币,或送交就地中央、中国、交通三银行兑换银币行使,以资便利①。

在宣布废两改元之前,预先于 3 月 8 日公布了《银本位币铸造条例》。其主要内容是:"银本位币之铸造专属于中央造币厂。银本位币定名曰元。总重 26.6971 公分,银 88％,铜 12％,即含纯银 23.493448公分。""银本位币 1 元等于 100 分,1 分等于 10 厘"②,等等。国民政府为了实现废两改元,还采取以下措施:第一,财政部委托中央、中国、交通三银行代为兑换银币。中央造币厂得铸厂条,以适应市面巨额款项收付之用。第二,对各行庄宝银进行登记及兑换。至当年 12 月 15 日,登记宝银总计 14621 万两,即按成开兑③。第三,撤销炉房及公估局。第四,经国民政府财政部批准,暂设立冶金小炉,将碎杂银冶炼成银饼,送到中央银行估价兑换。

中央造币厂成立后,财政部便聘请美国造币专家、原美国造币厂厂长罗伯特·格兰特(Robert,Grant J.)担任造币厂的厂长和顾问,并有三位曾在美国费城造币厂受过训练的中国技师襄助。同时还成立中央造币厂审查委员会,审查铸币的重量和成色,以保证质量。造币厂所铸造新银元,查不出一个不合乎标准的。新铸的银本位币,成色 0.88,重量为 26.697 克,正面为孙中山半身像,背面为帆船图案,俗称"孙头"或船洋。旧银元有"袁头"龙洋等,在铸银元的同时,还铸造两种厂条:甲种为成色 0.999 的"A 字"厂条,乙种为 0.888 的"B 字"厂条,每条值1000 银元。中央造币厂从 1933 年 3 月 1 日开始工作,到 1935 年 6 月30 日止,先后共造 1 亿 3 千 3 百万枚新银元和 5 千 6 百万元的银条(全

---

① 国民政府财政部编:《国民政府财政公报》第 62 期,第 76—77 页。

② 中国银行经济研究室编印:1934 年《全国银行年鉴》,E90—91 页。

③ 《国民政府"废两改元"案》,《历史档案》1982 年第 1 期。

部是"B字"厂条)①。1935年11月实施法币政策之后,新银元的鼓造工作仍旧进行,直至年底止。这样办既是对公众留恋用银情绪的一种安抚,又表示没有贬低银元价值的意图。法币改革后至1936年下半年又生产5亿元价值的"B字"银条,银两的废止是中国完成了对币制的一次真正而有效的简化工作。一座拥有合格人员的现代化造币厂的存在,为铸币的基本改革扫清了道路。造币厂在1935年币制改革后,又集中力量铸造法币本位币1元以下的各种辅币,从1936年2月开始发行使用②。中国币制改革能顺利成功,中央造币厂功不可没。

废两改元的实施,是中国币制现代化过程中的一个重要步骤。自民初以来,国内金融界、工商界便有废两用元之议,但由于国内事实上存在的政治上经济上的分裂局面,各地成色、重量上参差不等的铸币未能统一,在商品流通领域中,特别是各省之间交易过程中,仍然须将银元换算成银两。这给社会经济生活带来了极大的不便。实施废两改元,既使货币计算单位由繁变简,又使不同的银元归于统一,由中央造币厂开铸的国币代替,确实对促进社会商品经济的发展有着重大作用。这也是商品经济日益发展的客观规律所使然。废两改元既起到统一货币、发展经济和便利人民的作用,又扩大了中央银行活动的规模和机能,有利于中央银行纸币的推行,也为以后实行法币制度奠定了基础。

废两改元的作用和影响并不限于经济领域,对加强国民党中央对各地方派系的驾驭力量,强化国民政府在政治上的统治地位,都起到一定作用。

但是,实行废两改元,中国仍然还是行使银本位货币制,必然受到世界银价涨落的影响而不稳定。因此,实行法币政策便是历史发展的

① 《国民政府中央造币厂自开工之日起至1935年6月30日为止的报告》,第14页。
② [美]恩·杨格:《一九二七至一九三七年中国财政经济情况》,第205—206页。

抉择。

第六节　法币政策的制定和实施

一　实施法币政策的导因和条件

世界货币金融形势的变化　1929 年—1933 年,资本主义世界爆发了大规模经济危机。帝国主义列强为了转嫁经济危机和垄断世界金融,先后放弃金本位,采取货币贬值政策,如英国于 1931 年 8 月放弃金本位之后,由于贸易逆差和资金外流等双重影响,英镑汇价急剧下跌;日本于同年 12 月停止金本位,日汇也迅速下落;美国于 1933 年 3 月罗斯福就任总统后,实行新政也放弃金本位。同年 12 月,美国决定美元的准备金由足金改为"金三银一"使美元贬值。为达到这一比例,就得高价购进 13 亿银元,这样,它在金银的储备量上均可居世界首位,以"实现垄断世界金融之大权,借以执世界盟主之企图"[①]。其结果是,到1933 年底和 1934 年初,英镑汇价已跌 40%,日元汇价亦下降 60%,美元汇价贬值 40.9%。英、美、日三国占中国对外贸易总额的 70%,它们的货币贬值,中国银元汇率却成反比例抬高[②]。中国以银为货币,不论银两或银元都有固定含银量,无法任意贬值,致使国货难以输出而外货倾销易,故入超日甚。国内农工商各业均因受此打击而日趋萧条,中国币制不改无法振兴经济。

美国白银政策对中国币制的冲击　美国是世界的主要产银国,加上在国外投资的银矿,每年产银量约占世界总产量的 66%。银价低落使美国银矿主和白银派参议员大为不满。他们极力主张提高银价,以

---

①　《银行周报》,第 840 号。

②　赵兰坪:《现代中国货币制度》,台北中华文化出版公司 1955 年版,第 81—83 页。

增强东方各用银国家人民的购买力,打开美国货物的销路,帮助美国摆脱经济困境①。为此,美国从 1933 年起推出一连串提高银价的办法,其中对中国影响最大的就是 1934 年 6 月实施的《购银法案》。此法案授权财政部购买国内外白银,白银价格最高可达每盎司为美金 1.29元。如此高价收购达 13 亿元之巨的白银,促使世界银价飞涨。从1934 年 7 月至 1935 年 5 月,纽约银价由每盎司 0.4625 美元升至0.7437 美元,伦敦由 20.5 便士上升为 33.88 便士②。世界银价步步高涨,中国汇价随之激升,对中国经济造成三大不利:(1)国货因白银汇价高涨,外销价格也随之增高,更难输出;外国输华商品却因物价、汇价双重降低则加速倾销;结果中外贸易逆差日甚。(2)华侨汇款以往占中国对外收入的大宗,是弥补外汇逆差的重要来源,现因世界经济恐慌和白银汇价高涨而大为减少,使我国对外收支逆差更甚。(3)国际市场银价高涨,中外银价悬殊,为外国在华银行运银出口谋取暴利,造成千载难逢的好时机。他们用轮船甚至兵舰装运白银出口,仅 1934 年就达25,600 余万元③,其中 8 月份最严重高达 7900 余万元,仅 8 月 21 日这一天,只汇丰银行一家就交英国轮船“拉浦伦”号从上海运出白银 1500万元。除外国银行利用不平等条约,肆无忌惮地破坏我国金融外,国内外投机商、冒险家也趋之若鹜,纷纷到各地搜购白银,装运出口,赴伦敦、纽约出售谋利,致使国内白银大量外流。从 1934 年 7 月 1 日到 10月 15 日,仅三个半月内,中国白银外流量就达 2 亿元以上④。白银大量外流使上海的存银,由最高峰的 1934 年 5 月底的 5.94 亿元,降至 10

---

① 李绍荣、钱纯译:《货币银行学》,台北商务印书馆 1962 年版,第 404 页。

② I. Y. Shen, *China's Currency Reform* (Shanghai: Ine Mrcury Press, 1941), p. 171。

③ 中国人民大学国民经济史研究室编:《中国近代国民经济史参考资料》(二),中国人民大学出版社 1962 年版,第 310 页。

④ 国民政府档案,档号:(财〇二·三——一)档名:《关于银问题之契约节略》,台北“国史馆”藏。

月底的3.84亿元,到11月15日又降至3.67亿元①。

巨额白银外流严重影响中国金融和经济稳定　如:一、大量银元被熔为银块出口获利,导致白银准备锐减,通货紧缩,拆息飞腾。更有甚者是人心浮动,在京、津等大城市,相继出现白银挤兑风潮,迫使许多银行停业或倒闭。如1935年仅上海一地就有14家银行停业,资本额达210万元。二、白银大量外流造成通货奇缺,物价跌落,以上海物价为例:1932年跌11.4%,1933年跌7.7%,1934年跌6.5%,1935年跌0.7%,1935年比1932年总共下跌23.9%②。由于物价下跌使商店经营赔本导致商业萧条,工厂倒闭,整个国民经济陷于崩溃边缘,仅上海一地,工厂就倒闭238家,改组839家,全国主要工业营业额大幅度下降③。三、中国对外贸易入超增加和华侨汇款减少,使中国对外收支逆差增加,直接造成政府财政收入减少和困难。财政金融是巩固国家政权的物质基础,国民政府必须采取紧急措施救治。

开征白银出口税和平衡税　为了遏制白银外流和稳定币制,财政部决定从1934年10月5日起,采取紧急处置:征收银出口税和平衡税。凡运银本位币或厂条出口,征出口税7.75%(出口税为10%,减去银币铸费2.25%),运大条宝银及其他银类出口,征出口税10%。如伦敦银价折合上海汇兑之比价,与中央银行当日照市价核定之汇价相差之数,在缴纳出口税仍有不足时,应按其不足之额,加征平衡税④。即平衡税的税率应和赢利率相等,可随国际银价涨落而增减,进行灵活调节,使白银输出者无利可图而停止活动。

---

① 张素民:《一年来之中国金融事业》,《文化建设》1卷3期,第29页,1934年12月10日。

② 《中国近代国民经济史参考资料》(二),第313页。

③ 张素民:《一年来之中国金融事业》,《文化建设》1卷3期,第29页,1934年12月10日。

④ 国民政府档案,档号:(财〇二·三——一)档名:《关于银问题之契约节略》,台北"国史馆"藏。

　　但事实上,自加征白银出口税和开征平衡税后,国内经海关运银者少了,而偷运者则大为增加。据中国银行精密估计,仅 1935 年白银偷运,曾达 2.3 亿元①。严重的走私,使平衡税失去意义。银本位制的根本动摇,金融市场与整个国民经济行将崩溃,迫使国民政府不得不另谋新途——提早实施法币改革。同时,30 年代初开始,世界各重要国家因世界经济恐慌而相继"改定货币政策,不许流通硬币"②的潮流,对国民政府实行法币改革也起到了示范和推动作用。除此以外,如国家财政困难,预算庞大,赤字无法平衡,日本侵华战争日益扩大迫切需要筹集战时财政,均需要有一个稳定的、富有弹性的货币制度给予配合;而废两改元的顺利成功和金融垄断体制的形成,又为实施法币改革创造有利条件和奠定物质基础。

二　法币政策的制定和实施

　　(一)英国首席经济顾问李滋·罗斯(Leith—Ross)来华考察协助

　　国民政府 1934 年 10 月开征白银出口税之后就考虑币制改革方案,同时又极力恳请美、英等国派财政专家帮助策划,企图在洋人支持和援助下找到解决困难的办法。英国在中国的经济权益最大,为保持在华经济利益优势,打破日本独占中国野心,在接到宋子文请求援助之后,立即开始行动。1935 年 3 月 3 日,英国提议由英、美、法、日四国共同借款援助中国。英国驻华大使贾德干(A. M. G. Cadogan)立刻入京同外交财政部门接洽借款事宜,惟日本反对,美法又不热衷,事遂不成。同年 6 月初,英国决定派遣首席经济顾问李滋·罗斯爵士来华,考察英国在华贸易现况,并协助中国解决财政与金融问题。

①　朱疑译:《新货币政策实施半年来中国经济情况之详述》,《中国经济》4 卷 7 期,第 13 页,1936 年 7 月 15 日。
②　杨培新:《旧中国的通货膨胀》,三联书店 1963 年版,第 23 页。

　　李滋·罗斯是英国第一流财政专家,从 1932 年起担任英国首席经济顾问,8 月 10 日李氏偕同英格兰银行专家罗杰斯(Rogers)等一行十四人来华。于 9 月 6 日先抵日本,在日停留两周,9 月 21 日抵上海。李滋·罗斯首先与中国银行董事长宋子文恳谈,随后即偕英驻华大使贾德干晋京与行政院长汪精卫、财政部长孔祥熙会商。9 月底回沪设办事处,对中国财政经济情况进行调查,并与中外金融商业界头面人物交换意见,其工作重点就是对中国货币制度进行"详细调查研究"①。美、德、法等国亦派代表团来华,但持观望态度,没有实际行动。

　　(二)中国自行制定法币政策

　　法币改革方案在 1934 年 10 月开始谋划。不过这是绝对保密的,以防日本人破坏,只有蒋介石在汉口召集宋子文、孔祥熙进行过秘商。而后宋立即与美籍顾问杨格等人着手规划,草拟各种币制改革方案。1935 年 6 月 3 日,财政部次长(原为钱币司司长)徐堪,奉命拟定法币政策具体条文。他独居南京郊区,经若干时日,废寝忘食,草拟实施法币政策办法。"其初方考虑实行金本位制与虚金本位制,均难适合现状。最后乃根据国父钱币革命之理论,实施法币政策,对内不兑现,然必须确立信用,除以现金为准备外,一切完粮纳税均用之,方可示民于信。但对外则可无限制买卖外汇,以稳定汇价。于是豁然贯通,乃拟具实施法币政策六条。""拟定后复字斟句酌,逐条检计,然后定稿。其后虽经财经首长宋子文、孔祥熙及最高当局之研究审阅,复征询李滋·罗斯之认可,但并无一字修改"②。这就是同年 9 月底李滋·罗斯抵南京后,孔祥熙送给李氏征询意见的草案。李氏阅后视为周密完善之规划,极表赞许;并协助财政部解决若干实施细节问题。由于英国的同情和支援,使币制改革的障碍去除大半,中国政府断然宣布实施法币政策。实施后,李滋·罗斯又协调英国政府和英商给予支持,协调各国在华商

---

①　《申报年鉴》1936 年,A26 页。

②　徐堪:《自述》,《徐可亭先生文存》,台北 1970 年版,第 5—6 页。

人给予支持。

（三）法币政策的公布实施

11月3日午后4时，孔祥熙在上海财政部办事处，召集银行界领袖开会，讨论改善金融，巩固币制，实行新货币政策的办法，至晚9时结束。会后即颁布实施徐堪拟定的《紧急安定货币金融办法》，这就是《财政部改革币制令》。具体内容有以下六项：

一、自本年十一月四日起，以中央、中国、交通三银行所发行之钞票定为法币。所有完粮纳税及一切公私款项之收付，概以法币为限，不得行使现金，违者全数没收，以防白银之偷漏。如有故存隐匿，意图偷漏者，应准照危害民国紧急治罪法处治。

二、中央、中国、交通三银行以外，曾经财政部核准发行之银行钞票，现在流通者，将其照常行使，其发行数额，即以截至十一月三日止的流通之总额为限，不得增发，由财政部酌定限期，逐渐以中央钞票换回，并将流通总额之法定准备金，连同已印未发之新钞，及已发收回之旧钞，如数交由发行准备管理委员会保管。其核准印制中的新钞，并俟印就时，一并照交保管。

三、法币准备金之保管及其发行收换事宜，设发行准备管理委员会办理，以昭确实，而固信用，其委员会章程另案公布。

四、凡银钱、行号、商店及其他公私机关或个人，持有银本位币或其他银币、生银等银类者，应自十一月四日起，交由发行准备管理委员会或其指定之银行，兑换法币。除银本位币按照面额兑换法币外，其余银类各依其实含纯银数量兑换。

五、旧有以银币单位订立之契约，应各照原定数额，于到期日，概以法币结算收付之。

六、为使法币对外汇价按照目前价格稳定起见，应由中央、中国、交通三银行无限制买卖外汇①。

---

① 国民政府档案，档号：2—1·12·10—11《改定货币政策》，台北"国史馆"藏。

《财政部改革币制布告》还谈到："中央银行之组织，亦将力求改善，以尽银行之职务。其一般银行制度，更须改革健全，于稳妥条件之下，设法增加其流动性，俾其资金充裕后，得以供应正当工商企业之需要。并将增设不动产抵押放款银行，修正不动产抵押法令，以谋地产之活泼。"①

1935年11月4日凌晨，为减少商民的疑惑，孔祥熙发表谈话，说明实施法币政策的原因和目的，并另以布告方式，宣布实施法币政策。公布币制改革布告的同时，国民政府还公布了《发行准备管理委员会章程》，规定该委员会由财政部、中、中、交三行及银钱业代表等组成；奉命保管法币准备金，并办理法币发行收换事宜；法币准备金由发行准备管理委员会规定的中央、中国、交通三行之库房为准备库，予以保管等等。

国民政府还公布了《兑换法币办法》，规定各地银钱行号商店及其他公共团体和个人持有银币、厂条、生银、银锭、银块及其他银类者，应于民国1935年11月4日起，三个月以内，就近交各地兑换机关换取法币；兑换机关除中、中、交三行及其分支行或代理处外，还有三行委托之银行、钱庄、典当、邮政、铁路、轮船、电报各局及其他公共机关或团体，各地税收机关和各县政府；除三行及其分支行、代理处以外的兑换机关收兑的银币、厂条、生银、银锭、银块或其他银类，应立即送交附近中、中、交三行兑换法币。国民政府想通过发行法币聚敛白银，而广大群众由于长期使用银币的习惯，和对法币的不信任，兑换法币期限由1936年2月3日延至5月3日，而后又以偏远省区"持有银币银类未即兑换法币者，仍不在少数"，决定对这些地方兑换法币事项，暂维现状，继续办理，将来由财政部斟酌各地兑换情况，随时随地分别明令截止。

---

① 《国民政府财政部改革币制布告》，1935年11月3日。《革命文献》第74辑，第6—7页。1936年1月20日又规定"中国农民银行"发行的钞票同中、中、交三行的钞票一样定为法币，在国内同样流通，但不能无限制的买卖外汇。

　　改革币制布告公布后，在全国各地均开始实施新的法币制度。但是，由于现存军阀割据的关系，现银封存在各地方，并未集中到中央，特别是一些偏远省份更是如此。国民政府对于这种情况无能为力，只好顺水推舟，在天津、汉口、广州、济南等地设立"发行准备管理委员会分会"，"办理分会所在地法币准备金之保管检查事宜"。此外，广东、广西还规定以本省发行的钞票为法币，有的地方仍暂准许银币流通。

　　关于辅币问题，上海造币厂遵照 1936 年 1 月的《货币铸造条例》，陆续铸造和发行了一种重量分别为 6 公分、4.5 公分和 3 公分的两角、一角和五分的镍币；另一种是重量为 6.5 和 3.5 公分的一分和半分的铜币（因抗战爆发，改革辅币方案未彻底实行）①。

三　实施法币改革政策的效应

　　实施法币改革是中国货币金融史上的重大变革。过去人们多看重政府用不兑现的纸币代替铸币，为实行通货膨胀，掠夺人民而造成的恶果，故对法币改革持否定态度。但随着社会发展进步和历史沉淀期的延长，人们更看到它的积极效应。

　　第一，实行统一发行，采取管理纸币制度，不仅符合世界各国货币发展的共同规律，而且有利于货币统一和国民经济发展。过去，中国货币主体为金属货币，既笨重又不统一，对商品交换极为不利。发行权又不集中，有三十多家金融机构有发行权。法币改革实施后，发行权集中于国家四大银行，把国家银行发行的货币定为法币，这就是统一全国货币，有利于商品交换，促成全国统一市场的形成和国民经济发展。同时，由铸币换成管理纸币，也是顺应历史潮流，符合世界各国货币发展

---

　　①　董长芝、李帆：《中国现代经济史》，东北师范大学出版社 1988 年版，第 93—94 页。

的共同规律,使中国加入世界先进行列①。

第二,废除银本位制,实行法币改革,效法英美采取货币减值政策,有利于经济发展。1935 年 11 月 4 日实施法币政策时,规定银币 1 元兑换法币 1 元。而实际兑换时却是银币 6 元兑换法币 10 元。银行可以用白银 60%,票据 40%,兑换 100% 的法币。这样,法币的流动量就比银币增加了。1935 年 11 月 2 日以前,四行发行的钞票仅为 4.57 亿元,到 1937 年 6 月底就增发到 14.07 亿元,后者比前者增加了 3.2 倍②。

由于货币流通量的增加,使货币紧缩,市场危机得到了缓解,全国物价不断下跌的趋势为之一变,从 1935 年 11 月开始呈现出回升的景象:如上海 1936 年上涨 12.6%,到 1937 年 6 月底又上升到 16%;如果以 1937 年 6 月的指数 126.1 与 1935 年 7 月的最低指数 90.5 相比,则高出 39.3%,如果与 1931 年 8 月的最高指数 130.3% 相比,则低 3.2。物价的普遍回升又使商品生产变得有利可图,便刺激农工商各业的发展,使国民经济出现了繁荣的景象,如:1936 年,中国的农业,除川、豫、粤三省受灾外,全国均获丰收。据中国银行估计,1936 年重要谷物收成的价值达法币 56 亿元,比自 1933 至 1935 年的平均产值高出 17 亿元,几乎增加 45%。1936 年工业品总产值为 1,227,400 万元,比 1935年的 1,104,100 万元增加了 11.1%,比 1927 年的 670,100 万元增加了 83.2%。1936 年的农业总产值为 1.989 千万元,比 1935 年的 1.879 千万元增加了 5.9%。从 1916 年至 1946 年铁路运量的工、矿、农、林、畜牧产品历年货量指数表中,还可以看到 1936 年是旧中国经济发展的最高峰③。法币政策的实施促进了国民经济的发展。由于抗日

---

① 卓遵宏:《中国近代币制改革史(1887—1937)》,台北"国史馆"1986 年印行,第 404 页。

② 《历年法币逐月发行数额表》,《历史档案》1982 年第 1 期,第 67 页。

③ 严中平:《中国近代经济史统计资料选辑》,第 216 页。

战争的爆发,而使刚刚露出的头角就被淹没了。

第三,实行白银国有,卖银换汇,稳定法币汇价和金融行市,有利于对外贸易发展和国际收支平衡。实行法币政策后,法币对内采取管理纸币制度,1元法币不能兑换1元银币。对外却采取金汇兑本位制,由中、中、交三行无限制买卖外汇来保证。从11月5日起,由中央银行每日挂牌公布汇价。当时规定的汇价是法币1元等于英镑1先令2便士半。其他汇价由镑汇算出,每100元法币等于29.75美元,等于103日元①。此后法币对英镑、美元和日元的汇价,直到1938年3月很少变动。这是因为中国政府将全国所有的白银都收归国有,而后又将白银运到纽约和伦敦国际市场去出卖,换回的外汇做法币准备金,由中央银行集中保管的结果。据美籍财政专家恩·杨格统计:"币制改革之际,政府各银行收受其他银行所持有的白银总计约共两亿盎斯,这些都加进政府各银行原已拥有的1亿3千万盎斯之内。此外,1937年中期以前的二十个月内,又从公众方面收集到1亿7千万盎斯。因此在白银国有化方案之下,总共动员了5亿盎斯白银。"②又据张公权估计:到抗战前,全国收缴白银总额约达8亿银元③,占全国存银三分之一以上。收缴如此庞大的数额,有助于法币准备金及外汇基金的设立,对法币改革政策的成功起了良好作用。

收缴如此庞大数额的白银,封藏国内,如遇国际银价下落,将会大贬值;又恐中日战争爆发,外运不及,不如早运国外出售,换回外汇,充作中、中、交三行无限制买卖外汇的基金,以稳定汇价,建立法币的国际信誉。而且国人对管理纸币(法币)的信任程度不佳,而法币可随时按稳定汇率换取外汇,也可安定国内法币价值,稳定民心。世界银价均受美国购银政策影响,故国民政府寻求美国协助。在1935年11月2日

---

①　石毓符:《中国货币金融史略》,天津人民出版社1984年版,第27页。

②　[美]恩·杨格:《1927—1937年中国财政经济情况》,第269页。

③　张寿贤:《陈光甫先生传略》,台北1977年版。

法币政策公布前一天,美财长摩根索同意购银,13日签订协议,美方以每盎司美元6.625角向我购买白银5千万盎司,限定所得款数悉作稳定新币值用。1936年初,财政部又请求美国收购白银1亿盎司,美国建议派代表团磋商。中国于3月13日派陈光甫、顾翊群、郭秉文等赴美洽商,至5月14日达成协议①。美向中国购银7500万盎司,每盎司售价为美元4.5角,另以5千万盎司为担保,贷给中国2千万美元。并约定中国保持币制独立,不与世界任何货币集团联系,及中国至少保持25％的白银为发行法币之准备②。财长孔祥熙随后宣布:法币现金准备,可用外汇充之,唯白银准备最低限度,应占发行总额的25％③。从此,中国法币既同英镑有联系,又以美元集团为后盾;还有充裕的外汇作准备。这样既能稳定法币对外汇价,又能扩大法币对内准备金的范围,法币发行量亦随之扩大,金融市场因而活跃。到抗战爆发前夕,中国在美存银尚有6200万两,卢沟桥事变后,将所有存银售予美国,所得价款又买回美国黄金3000万两,存储联邦准备银行,作为发行准备④。

由上可见,实行白银国有,卖银买汇,稳定法币对外汇价和安定国内金融行市,既可解除金融恐慌,又可用法币买汇支付中国所欠各国的外债,以避免用白银偿债所带来的许多干扰和损失,有利于国际收支平衡。而且法币与英镑、美元、日元有固定比价,也有利中国对外贸易的发展。如法币改革之后的头几个月内,出口超过了进口。"国外对中国出口货物的要求,特别增加了农业生产者的购买力",因而到"1937年上半年,进口比一年前同期增加了40％"⑤。同时,中、中、交三行外汇

① 姚崧龄:《陈光甫的一生》,台北传记文学出版社1984年版,第80—82页。

② 张寿贤:《陈光甫先生传略》,第83—84页。

③ 李骏跃:《中国纸币发行史》,重庆中央银行经济研究处1944年版,第102页。

④ 国民党中央党史会编印:《中华民国重要史料初编——对日抗战时期》第3编,第221页。

⑤ 〔美〕恩·杨格:《一九二七至一九三七年中国财政经济情况》,第282页。

准备金充足,又可为农工商各业提供大量贷款,促进国民经济发展。

第四,缓解金融危机和解决财政困难,为准备战时财政,促进全国实质统一创造条件。法币政策实行以后,放弃银本位,银价与币值完全脱离关系,法币对内不再与定量白银有等价关系,对外汇价也可以作人为的控制。如法币改革前,每一银元所含白银的价值为英镑 24 便士,而法币实施时,却规定法币每 1 元只能购买英汇 14.5 便士,等于贬值 40%。这就可以冲销世界各国因放弃金本位而采取货币贬值政策,向中国低价倾销汇兑的不利影响。同时,中国放弃银本位,实行白银国有,杜绝外流,使法币与白银脱钩,终止世界银价涨落对中国币制发生不利影响,使中国币值稳定,金融行市正常运行,这就缓解了金融危机。与此同时,国民政府的财政危机也得到解决。法币改革后,由国家四行独享货币发行权,原为地方及商业银行分占的发行利润,全归政府所有。而且法币发行准备金由白银十足准备,改为收回 6 元银币,发行 10 元法币,降低 40%。这样,国家收回 8 亿元银币,就可发行 12 亿元的法币,政府无形中增加了 4 亿元的收入。同时,实行白银国有,集中准备,国家总共收回 8 亿盎司白银,将这些白银分批运往纽约,换回美元和黄金,稳定金融行市,政府财富顿形增加。资金因集中而雄厚,金融因调剂而活泼,国家的金融危机和政府的财政困难立时得到缓解或解决。到 1936 年秋天,国家的旧外债基本还清,中英、中美贸易和经济关系日趋密切,法币对外汇率稳定,无形中提高国家的国际政治、经济地位。法币改革后,地方政府的货币发行权被取消,白银被收缴为国有,在财政上不得不依附中央,受中央节制,各省之间因货币、市场的统一,商品交换经济交流更加密切;随着法币流通范围的扩大,人民对法币信用的依赖程度提高,对政府威信的认识有所加深。这就使中央政府同地方政府,同全国人民的关系密切起来,无形中加强了全国经济、政治、思想的实质上统一。这就为全民族抗战的发动创造了条件。

第五,实行法币改革,对坚持抗战起了保证作用。法币改革后,改银本位制为管理纸币制度，钞票发行富有弹性，可以根据国家财政经济发展的需要，实行有计划的增加发行。一旦国家面临生死关头，政府可以采取适当的通货膨胀政策来解决战争急需。抗战前期，法币价值尚称稳定，后期增发量大，出现通货膨胀。战时，世界各国普遍采取通货膨胀政策，德国马克贬值更厉害。全民族抗战八年之久，军用浩繁，国民政府能坚持抗战，获得最后胜利，法币政策功不可没。

此外，实行白银国有，战前即将白银运往国外，所得外汇存在海外。战争期间，得以外汇购买外国物资和军火运回国内，充实抗战力量。法币改革后，铸发新辅币，将大量的含铜量较多的铜元收回国有，铜为军需金属，用来制造军火，对抗战大为有利。

同时，法币政策实施后，资金集中，调度较易，对筹备战时财政、支援军事作战，特具功效。日本人曾说："中国如无 1935 年之法币政策，则无 1937 年之抗战。"[1]银行家陈光甫亦云："抗战之成功在于法币，若无法币，必更艰难。"[2]冯玉祥在 1935 年 11 月 4 日日记中记载说："本日政府已宣布法币办法。我以为此事关系抗敌之计甚大，此事若成，将来诸事都好办了，要大家起来拥护此善政。"[3]蒋介石认为：在抗战前，因"统一币制，实行法币政策，奠定了国家统一与独立的基础。我们今日抗战，使军事与经济都能立于不败之地，实赖于此"[4]。总而言之，币制改革，不仅挽救经济危机，有利民生产业，而且对国家存亡与抗战成败，均具重要意义。中国币制，由混乱分歧到统一健全，由传统过渡时期的毫无制度，到现代货币制度的建立，确实是货币史上重大事件，正如当时在中国的日本三菱银行上海分行负责人吉田政治所言："国民政府的币制改革，在中国经济史上可谓破天荒之事，任何外国的货币改

①　戴铭礼：《五十年来之中国币制》，中国通商银行编：《五十年来之中国经济》。
②　陈光甫：《五十年来之中国金融》，第 111、36 页。
③　《冯玉祥日记》第 4 册，江苏古籍出版社 1992 年版，第 634 页。
④　蒋中正：《中国之命运》，台北阳明山庄 1950 年版，第 120—121 页。

革,其复杂与困难程度诚不能比拟,亦可谓为世界上无与伦比大改革与大成功。"[1]

　　为避免日本人破坏,此次法币改革方案的筹备计划是极端保密的,对于实施办法六项内容,孔祥熙除同宋子文协商外,甚至事前未送交立法院审议,是事后送请追认的。故宣布后,日本大起恐慌,视为外交上一大失败。英国因为商务关系,早已答应给予协助。中国宣布后英皇已下诏在华侨民及汇丰、麦加利等银行,须遵行中国新币制。日本为此曾责问过英国政府,但想阻挠,已来不及了。因此,此事不仅是中国财政金融史上一项特大成功,亦是外交史上一大胜利。法币改革进行得比较顺利,除国民政府做了精心策划和认真推行外,孔祥熙将自家祥记公司交给英商亚细亚火油公司的保证金2.5万英镑,按当时的汇价,兑换法币40万元,人们听说孔本人肯将英镑兑换法币,疑虑顿消[2]。

　　法币改革的成功,废除了中国二千多年的硬币制度,实行管理纸币制度,使中国的货币金融制度进入现代世界先进国家行列,是中国币制实现现代化的重要里程碑。

第七节　国民政府三十年代财政收支概况与赤字

一　不断膨胀的财政支出和赤字

　　一个国家的财政是整个国家机器维持正常运转的润滑剂;财政收支是否平衡,直接影响它统治全国的力度。因此,当某一个阶级或社会集团建立起自己的统治之后,必须致力于财政问题的解决,否则整个国

---

　　①　王骏元:《白银问题与法币改革》,第8页。
　　②　李敏万:《为国尽瘁之孔祥熙先生》,台北《传记文学》第32卷第2期,第42页。

家机器就运转不起来,其统治不可能长久。然而,解决财政问题的关键
又是能否控制财政支出。如果无谓的财政支出过多,不仅使一般国民
的经济生活受到严重打击,而且也会给整个国民经济的发展造成严重
障碍。同时,财政收支能否平衡,并不是一个简单的技术问题,而是其
国家具体政治状况的直接反映。正如一位中国学者所说:"所谓财政者
是国家生产力发展至一定阶段上的一种缩影。……国家的财政是直接
地由国家的生产力来决定的,同时它和一个国家具体的政治状态也是
密切地有连带关系的。"①

由于帝国主义的侵略破坏,加上帝国主义支持的中国各派军阀之
间为争夺地盘而进行的连年不断的战争,使中国长时间地处在一种不
统一的内乱中,生产力无法得到发展,久在中国驻节的英国公使朱尔典
曾经形容"混乱与中国已经成了同义语"②。

南京政府是在篡夺北伐大革命的胜利果实后建立起来的。为了维
持其反动统治,不仅要进行所谓"围剿"红军和苏区的反人民战争,而且
还要进行排除异己的军阀战争。长期的混乱与内战,使中国消耗了无
数的人力、物力和财力。这一时期,南京政府的财政支出以服务于军事
需要为目的,一切以筹措战费为中心,把财政收入的绝大部分都用于内
战上,军费支出日见增长,一年比一年花的钱多。这就是国民政府军事
独裁统治的一大特点。

南京政府的另一大特点就是债台高筑。它对北京政府积欠的内外
债和清政府的对外赔款一概承认下来,并逐步整理清偿。因此,它一成
立就是一个财政破落户。

为了筹措庞大的军务费和清偿债务及赔款,南京政府的财政实支
总额不断膨胀。请看下表③:

① 陈叔温:《中国财政的根本问题》,《东方杂志》第33卷,第16号。
② [美]恩·杨格:《一九二七至一九三七年中国财政经济情况》,第3页。
③ 杨荫溥:《民国财政史》第43页表,中国财政经济出版社1985年版。

1927 年—1936 年度国民政府财政收支亏短数及其与
实支总额的百分比（百万元）

年　　度	实支总额	借债收入外的实收数	亏短数数额	占实支总额%
1927	150.8	77.3	73.5	48.7%
1928	412.6	332.5	80.1	19.4%
1929	539.0	438.1	100.9	18.7%
1930	714.4	497.8	216.8	30.3%
1931	583.0	553.0	130.0	19.0%
1932	644.8	559.3	85.5	13.3%
1933	769.1	621.7	147.4	19.2%
1934	1023.6	638.2	565.4	46.9%
1935	1336.9	513.2	823.7	61.6%
1936	1894.0	1293.3	600.7	31.7%

由上表可见：

第一，国民政府的财政实支总额是逐年膨胀的，而且愈演愈烈。1936 年比 1927 年增加了 12 倍多，比 1928 年增加 3 倍多。

第二，财政亏短数越来越多，1927 年度的亏短数高达 48.7%。但国民政府是新建政权头一年，可能不够正常，可置不论。

第三，1928 年—1933 年的六个年度，虽经常出现亏短情况，大体上徘徊于 10% 到 20% 之间，不算严重。

第四，及至本期最后三个年度，亏短情况就相当严重。平均仅略低于 50%，其中最严重的一个年度 1935 年，亏短数目占实支的 60% 以上。以绝对数来说，1935 年度亏短数就达 8 亿多元。

二　内战军费和债务费占财政支出的绝大部分

国民政府不顾债台高筑，竟使财政支出在十年间增加了十二倍多。

那么,它的财政支出都用到哪里去了?

以 1934 年度国民党中央政府的财政实支情况为例①:

（单位:元）:

党务费	6,217,102	国务费	14,077,236
内务费	4,826,030	外交费	9,772,887
财务费	72,573,581	文教费	36,735,660
司法费	2,292,286	实业费	36,735,660
交通费	5,028,271	蒙藏费	1,903,347
建设费	40,460,791	军事费	367,819,221
国家事业费	82,565,070	补助费	48,599,070
抚恤费	1,582,916	债务费	355,779,876
预支费	8,764,718	暂记各款净额	664,542
整理内外债准备金	5,000,000		
支出净计	1,059,354,593		
结存	143,658,520		
支出净计及结存	1,212,013.213		

由上列实支款项可见,实支总额为 10.59 多亿元。而军事费就占 3.678 多亿元,占实支总额的 34.4%;债务费为 3.56 亿元,占实支总额的 33.2%;两者合计占实支总额的 67.6%。军事费和债务费是国民政府财政支出的最庞大款项。不仅 1934 年如此,其他年度也一样。如果把军费与偿债两项支出相加,便占去了南京政府财政支出的 70% 以上。(因引用资料的来源不一,故本节的数据各年份或不一致,总额与

---

① 沈雷春:《中国金融年鉴》,1939 年,H19—20。

分项之和有时亦不一致。)请看这两项支出的比例(单位:百万元)①:

年度	军费与债务支出额	占岁出百分比
1927	132.8	88.1%
1928	330.8	80.2%
1929	404.8	75.0%
1930	552.6	77.3%
1931	542.6	79.4%
1932	490.2	76.0%
1933	575.2	74.8%
1934	842.4	70.2%
1935	720.6	53.9%
1936	1389.8	73.4%

在1927年—1932年度的六年中,军费与偿债支出占了整个岁出的75%—80%以上,1933年—1936年度的比重略有下降,但平均也在70%左右。

由于军费与债务两大支出所占比重太大,剩下的经费已经不多。而国民党的党务费和南京政府的行政费等项开支又占去了百分之十几,这样可以用于进行文化教育和生产建设的费用就非常有限。据统计,1933年—1936年度各年所支出的实业费、交通费、建设费、文化教育费等,其总数分别是:1933年度0.266亿元,1934年度0.764亿元,1935年度0.871亿元,1936年度为1.616亿元;其在各财政年度岁出中的比重分别为3.5%、6.3%、6.5%、8.5%。虽然1936年度投入物资建设与文化建设的费用最高,但仍没有超过10%;而且在这种比重中还隐蔽着部分属于军费的支出。实际上在1927年—1936年度的十年

① 杨荫溥:《民国财政史》,第70页。

期间,国民政府真正用来投资于生产建设性的支出,估计平均每年从来没有超过岁出总额实数的 4%,其中如实业费和交通费的支出都不到 1%,建设费和文化教育费虽然稍多一点,但也都超不过 2%。

国民政府为了筹措军费和清偿债务,致使财政支出逐年膨胀,财政赤字不断扩大。那么,它是靠什么措施来解决困难呢? 第一,最主要最根本的是靠增加税收,搜刮人民;第二,靠发行国内公债进行弥补;第三,靠发行国外债券,进行调节;第四,靠发行不兑现的纸币补充。

三 以关盐统三税为中心的国税收入不断增长

国民政府不断膨胀的财政支出,主要是靠不断增长的国税收入来解决的。我们就 1934 年政府的收入实况加以分析(单元:千元)[1]:

关税	356,258	盐税	172,778
统税	109,926	烟酒税	9950
印花税	67,528	矿税	2781
银行税	1163	交易所税	330
国家行政收入	8880	国营事业收入	831
国有财产收入	727	地方协款收入	671
国家机关协款收入	18574	国有营业纯益	35,000
其他收入	53,120		
公债库券	249,643	银行借垫款	43,464
上年滚存	9929		
收入合计	1,115,506		

① 沈雷春编:《中国金融年鉴》,1939 年,H19—20。

上列各项收入可见:第一,国民政府的财政收入主要可分三类:(一)国税收入,计660,386,占总收入的66%;(二)国有企业共收入为167,803,占总收入的14.9%;(三)债券借款收入是291,107,占总收入的25.1%。其他各年度也是国税收入占第一位,其次是债券借款收入。而国有企事业的营利收入是微不足道的,只到本期最后三年,随着国营资本主义经济发展,才逐步开始上升,占有一定的地位。第二,在国税收入中,关、盐、统三税占绝对优势,不仅本年度这样,其他年度也如此。第三,与不断增长的财政支出相适应,国税收入也是不断增长的。如下表:

1927 年—1936 年间的国税收入统计(单位:百万元)①:

年度	税项收入	年度	税项收入
1927	46.5	1932	583.0
1928	259.3	1933	659.4
1929	461.7	1934	748.3
1930	535.0	1935	704.9
1931	615.2	1936	1057.3

此表可见:1936 年度的税收为 10.57 亿元,是 1928 年度的四倍,1929 年—1932 年度的两倍,比 1935 年度也增长了 30%以上,增长速度很快。

从收入分类情况看,财政收入的主要来源是关、盐和统三税,其中关税是最大的税源。关税自主以后,收益逐年增加,超过全部税收总额的一半。1935 年以后,虽然比例有所缩减,但仍居主要地位。盐税大约占全部税收总额的四分之一,是仅次于关税的第二大税源。统税实行较晚,然而自 1931 年后,所占地位逐年上升,也

①　杨荫溥:《民国财政史》,第 47 页。

成为一项重要税源。

1927年—1936年国民政府关税、盐税、统税实收数及其占税项收入的百分数①

年度	税项收入（百万元）	关 税		盐 税		统 税		三税合占税收百分数
		数额（百万元）	占税收百分数	数额（百万元）	占税收百分数	数额（百万元）	占税收百分数	
1927	46.5	12.5	27.0%	20.8	44.7%	6.0	12.9%	84.6%
1928	259.3	179.1	69.1%	29.5	11.4%	29.7	11.4%	91.9%
1929	461.7	275.5	59.7%	122.1	26.4%	40.5	8.8%	94.9%
1930(＊1)	535.0	313.0	58.5%	150.5	28.1%	53.3	9.9%	96.5%
1931(＊1)	615.2	369.7	60.1%	144.2	23.4%	88.7	14.4%	97.9%
1932(＊1)	583.0	325.5	55.8%	158.1	27.1%	79.6	13.7%	96.6%
1933(＊1)	659.4	352.4	53.4%	177.4	26.9%	105.0	15.9%	96.2%
1934(＊2)	417.6 (748.3)	71.2 (382.9)	17.1% (51.2)%	206.7	49.5%	115.3	27.6%	94.2%
1935(＊2)	385.3 (704.9)	24.2 (341.4)	6.2% (48.3)%	184.7	47.9%	152.4	39.6%	93.7%
1936	1057.3	635.9	60.1%	247.4	23.4%	131.3	12.4%	95.9%

注：(＊1)坐拨征收费及退税未除去。

　　(＊2)括弧内系各该年度预算数字。

首先，上表可见，在本期内三税收入数额大体上是关税高居首位。在正常情况下，关税收入占全部税收半数以上，有些年度且高至百分之六七十，其中1934年—1935两个年度，由于贸易衰退，大量走私，以及日本侵入华北等非常情况，关税锐减。该两年度实收数字低于预算数字各在3亿元以上，从而影响该两年度税项收入，致其未能完成预算部

---

①　杨荫溥：《民国财政史》，第47页。

分,亦各 3 亿元以上。关税在税收中,因而亦在整个岁入中处于举足轻重的地位,由此亦得到证明。在一般情况下,盐税居第二位,其实收数常占税收百分之二三十左右。统税居第三位,通常占税收百分之十几,乃至百分之二十几。

其次,还可看出,在本期内国内经济政治情况虽极不正常,而关、盐、统三税收入却与年俱增,增长极为显著。以 1936 年度数字与 1928 年度相比,关税增长了 3.5 倍多;盐税更增长了八倍多;统税也增长了四倍多。总计关、盐、统三税合占整个国税收入的 95% 左右。可见,国民政府国税收入的支柱就是被称为"三大税源"的关、盐、统三税。国税收入总额在十年中增长了四倍多,而且在 1936 年突破 10 亿元大关,这说明它在财力方面比它的前任——靠借债度日的北京政府富裕多了,这是中国社会经济发展史上的一大进步,也为全民族参加的抗日战争的发动和胜利创造了物质条件。

第八节　国民政府三十年代的内外债

一　国民政府初建时期的外债

（一）国民政府对旧外债的清偿

南京政府成立之初,巨额的军务费支出是造成财政困难的第一大要素,第二大要素就是偿还外债的负担。国民政府对外债的政策是,包下旧债,续借新债。据张肖梅、张一凡记载:查我国举借外债,始于同光之交,前后借债 12 次,合计债款 4000 万两,十余年后如数清偿。甲午战后,五年间即借款七次,约 3.7 亿两,后又陆续借款筑路,加上庚子赔款,截至民国元年,已负外债 6.266 亿多元,赔款 18.747 亿元。北京政府所发的有确实担保的外债共十九种,其中财政借款九种,铁路借款十种。合计 42,363,981 英镑、1100 万美元、15899 万法郎、9360.81 万日元、荷金 5000 万弗洛林、国币 500 万银元①。

　　另据邬志陶换算成国币银元,北京政府时期共借外债是 5.337 亿元,加晚清时期的 6.266 亿元,共 11.603 亿元,再加清政府的赔款18.747 亿元,总共是 30.35 亿元。有人初步统计:从 1916 年 10 月至1918 年 9 月,日本对华借款共 89 项,其中有三项是与英、美、法等国共同借款,总计 29500 余万元。借给北京政府及各省地方政府的为288,000万元(包括南方各省地方政府七项借款 1050 余万元);借给个人和企业公司的 1650 余万元。就上述数字看,90％以上的借款是给皖系军阀把持的北京政府和各省地方政府的②。

　　国民政府刚成立时,在国际上没有得到普遍承认。各国承认这个新政府的前提条件之一,就是看它能不能偿还以前历届政府所积欠的外国债务。这一点国民政府当然是清楚的。同时政府也明白,只有偿还旧债,才有可能进一步向外国举借新债。为此,1928 年 7 月召开全国财政会议时就宣布要"全面整理外债"。9 月,宋子文又公开声明政府"亟欲维护国家信用"。1929 年 1 月,政府成立了"整理内外债务委员会",专门审议和处理偿债问题,并一直把承认和整理外债当作其初期外债政策的重点。债务委员会由行政院长、立法院长、监察院长、财政部长以及与内外债有关的各部部长组成,并聘请了一些外国专家参加(上面提到的杨格即是其中之一)。1930 年 11 月,债务委员会与各债权国代表在南京开会,商定了关于外债整理的三条原则:(一)数小而无问题者,不待交涉,即时开始偿还;(二)数大而无问题者,即予承认,商议偿还办法;(三)有问题者,另行交涉③。在这次会议上,日本最为关心的是所谓"西原借款"。这是因为段祺瑞为取得这笔借款,不惜出

　　①　张肖梅、张一凡:《民元来我国之国际收支》,《民国经济史》,银行学会 1948年刊印,第 270—271 页。

　　②　《光明日报》1965 年 2 月 10 日;另见孙文学:《中国近代财政史》,第 253—255 页。

　　③　邬志陶:《民元来我国之公债政策》,《民国经济史》,1948 年版,第 202 页。

卖中国主权与民族利益,遭到中国人民的强烈反对。孙中山先生早在国民党"一大"就宣布不承认这种卖国性质的借款,所以在这次会议上南京政府也不予承认。为此,中国与日本的债务谈判陷入僵局。在这种情况下,财政顾问杨格提出解决"西原借款"的妥协办法,"就是把中国公众认为极为可恶的这个债务放在一旁,先解决别的债务问题"[①]。因此,这次会议就专门列出一条,即所谓"其有问题者,另行交涉"。

国民政府按照上述原则,将历届政府遗留下来的外债分为两大类进行整理:第一类是指有债约而且债约中已明确规定要由中国关、盐两税来偿还的,即所谓"有确定担保债款",政府将按债约的规定,按期偿付本息;第二类是指有债约,但并没有明确规定偿还方式的即所谓"无确定担保之债款",政府将"一面审核整理,一面核拨基金,专款存储",准备逐步偿还。对第一类,"还本付息,从不衍期",在 1927 年—1933年的七年间共偿还银元 2.49 亿余万元[②]。对第二类,经过整理,截至1934 年 6 月底止,已承认列入整理准备偿还的,主要有美债七款、英债十三款、日债三十七款、比债五款以及法、意、荷、瑞典等若干款,总共是六十九款[③]。

据估计,财政部经管的无确实担保之外债,截至 1934 年 6 月底止,已承认"整理者",折合本息计达 10.96 亿元;铁道、交通两部经管之外债,承认偿还的,截至 1934 年 6 月底止,折合本息约为 6 亿元;对于有确实担保之借款,截至 1936 年 6 月底止,折合本息计约 5.8 亿元;另据战争赔款还积欠约 5 亿元。总计各项外债债额当在 30 亿元以上(另据全国经济委员会统计,截至 1935 年底止,中国国债总数为 57.95 亿元。

---

①　[美]恩·杨格《一九二七年至一九三七年中国财政经济情况》,第 134 页。

②　杨荫溥:《民国财政史》,第 63 页。

③　董长芝、李帆:《中国现代经济史》,第 68 页。

在这近 58 亿元国债中,内债大约为 25 亿元,外债实数约为 33 亿元)①。

为偿还巨额外债,财政部只得从关税和盐税中拨出款项专做还债基金。自 1929 年 2 月起,除由关税中每年拨出基金 500 万元专款存储外,另又从盐税中拨出专项基金用于偿债。经过整理,到 1937 年,所欠外债已经清偿了相当大一部分。其中,庚子赔款已由 1928 年的 1.28 亿美元减少到 1937 年的 0.33 亿美元;财政部负责经管的外债偿还了 0.72 亿美元(其中包括津浦铁路借款和湖广铁路借款等);铁道与财政两部共同负责经管的债务偿还了 0.7 亿美元;铁道部单独负责的外债偿还了 1.12 亿美元,交通部负责的外债偿还了 0.17 亿美元。政府在 1927 年—1937 年间共计偿还外债额达 2.75 亿美元②。如果按当时中国货币每元等于 0.3 美元计算,政府十年之间偿还外债额共合国币 8.25 亿元,平均每年偿还外债接近一亿元。在所清偿的外债中,因日本从 1931 年开始,相继挑起"九一八"事变、"一二八"上海事变和华北事变,所欠日债被迫暂停偿付,所付还的大都是西方国家债款。当时西方的外债已经剩得不多,按杨格的说法,"如果不是由于战争(即抗日战争)的干扰,这些旧债,除去日本的债权因日本侵略满洲和华北而缓议之外,其他都是不久即可清偿解决的"③。政府偿还外债如此卖力,在中国历届政府中也是少见的,此举博得了各贷款国家的好感。1936 年"双十节",财政部长孔祥熙曾"自豪"地宣称:"惟近年来政府对于维持债信,较前益加重视,还本付息,从未衍期,不惟国际市场对于我国债券较前增加信任,即国家地位声誉亦因此大为提高。"④

虽然南京政府在内债方面不讲债信,也无任何债信可言,但在致力

---

①　李立侠:《中国外债之检讨》,《东方杂志》第 34 卷第 14 号。

②　[美]恩·杨格:《一九二七年至一九三七年中国财政经济情况》,第 155 页。

③　[美]恩·杨格:《一九二七年至一九三七年中国财政经济情况》,第 155 页。

④　刘振东:《孔庸之先生讲演录》第 1 册,台北文海出版社 1960 年版,第 179 页。

于外债整理、努力恢复外债债信方面却作了不少工作。这就为它获得国际信任，取得西方借款，也为中国在抗日战争期间能获得更多的外国贷款和国际援助创造了条件。

（二）举借的新外债

有人认为"南京政府自成立以来（指 1927 年—1937 年），对于外债力主慎重，不肯轻于起借"。事实并非如此。国民政府为巩固其政权，四处寻找外国借款援助。20 年代末，美国政府的主要财政顾问普林斯顿大学教授甘末尔，是决定美国向国外政府提供贷款的最有影响的人物之一。1929 年初，国民政府特别邀请他组织一个"财政顾问委员会"，来华进行财政指导，其根本目的是想通过他从美国获得借款。1932 年—1933 年间，蒋介石多次派宋子文赴欧美国家寻求贷款，报纸上亦不断披露政府与外国秘密接洽借款的消息。1935 年 3 月 8 日，财政部长孔祥熙宣称："中国政府对于国际对华贷款'极具希望'。"然而，外国贷款并未像政府盼望那样源源而来，究其原因，主要有三条：

第一，1929 年—1933 年爆发的全球性资本主义世界经济大危机，是政府寻求外债的努力遭受挫折的主要原因。伴随这场经济危机而来的是资本主义世界信用危机，许多国家未按期偿还所负的国际债务。德国、意大利、匈牙利及大多数拉美国家纷纷单方面宣布停付或缓付外债。而债权国一方面由于本身的危机，另一方面又由于国际间普遍的赖债行为，不愿冒风险出借巨额资金，而拒绝向国外提供贷款，国际借贷市场陷于停顿，资本输出几乎停止。据统计，美国的外国有价证券发行额从 1928 年的 13.25 亿美元，到 1933 年降到 160 万美元（不包括对殖民地的贷款）。英国亦从 1928 年的 5700 万英镑下降到 1933 年的 800 万英镑[1]。这种信用危机，对于急需贷款的中国政府来说，无疑是一场灾难性的风暴。因此，宋子文数次赴欧美借款，其成果自然难以令人满意。而对这种局面，中国政府大有借贷无门之苦感。孔祥熙曾无

---

① 《国际联盟统计年鉴》，1933—1934 年。

可奈何地哀叹："现在各国自顾不暇，哪里还有余力来投资中国？"①

第二，北京政府遗留下来的外债问题是南京政府寻求外债活动的另一大障碍。北京政府统治时间，每届政府都要向帝国主义借款。到1927年，连同清末所举借的外债，中国所负外债有数百笔，其中除以关税和盐税等担保的之外，大多数都拖欠未还，这始终是外国政府最为关心的问题。整理清偿旧债成了南京政府获得国外贷款的先决条件。1935年9月来华的英国政府首席经济顾问李滋·罗斯就公开宣称，只要主要债务还未清偿，就谈不上对华借款问题。

第三，帝国主义国家之间在对华问题上的勾心斗角，牵制了他们的贷款能力。这是中国政府寻求外债活动中所遇到的又一个大障碍。日本与英美在争夺中国这块肥肉，一向是水火不相容，谁都想夺得对中国政府的支配权。因而他们在中国的所作所为往往互相矛盾，互相掣肘。例如，在世界资本主义经济危机浪潮过后的1935年2月，日本向南京政府表示愿意贷款援助中国，英美立即做出反映，首先由美国出面，宣称英美法等国正酝酿"由各国集合力量，援助中国，以代替一国之单独助力，因恐该国单独享受权利，违反门户开放之原则"。中国政府得悉后，信以为真。3月上旬，当孔祥熙准备与各国进行"相当之接洽"时，日本政府自知难以同美英政府抗争，只得让步。由日驻华大使有吉明出面宣布："日本并未以任何经济力量援助中国。"②于是，美国罗斯福总统也对记者宣称，英美借款给中国问题，虽在考虑，但不会有新的进展，国民政府极其希望的国际贷款，顿时化为乌有。

上述说明，南京政府"力主慎重"借款的说法，是不符合客观实际的。虽然困难重重，经过政府的努力和周旋，在本时期的后一阶段，还

---

① 孔祥熙在1936年3月30日的中央纪念周报告词《自力更生与经济复兴》，《孔庸之（祥熙）先生讲演录》，第449页。

② 《中央日报》1935年3月6日。

是借了一些外债的。请看下表①：

1927年—1937年间南京政府举借外债表

年度	名称	金额
1928	中比庚款	500万美元
1931	美麦借款	921.2万美元
1933	美棉借款	1708.7万美元
1934	中英庚款	150万英镑
1935	沙生银行	23.8万英镑
1937	广东河工借款	200万美元

以上六种为财政借款，均系实际发行额。

1936	沪杭甬路	110万英镑
1934	浙赣路	800万法币元
1936	南萍路	1000万法币元
1936	玉杭段	233.1万关金元
1936	宝成路	45000万法郎
1936	湘黔路	3000万法币元
1936	平汉江桥	1000万法币元
1936	成渝路	3400万法币元

以上八种为铁路建设借款，均为实际发行额。

这是有案可查的十四项，共计金额283.8万英镑、3329.9万美元、4.5亿法郎、233.1万海关金单位、9200万元法币②。另据杨格估计，

①　张肖梅、张一凡：《民元来我国之国际收支》，朱斯煌主编：《民国经济史》，银行学会1948年刊印，第271页。

②　张肖梅、张一凡：《民国经济史》，第271页。

中国在这几年得到实际使用的铁路信贷总额约有 4000 万美元；1937 年中期德国为中国政府提供信贷（德国对中国的军火易货款）也有 4000 万美元，共计 8000 万美元①。

总起来看，南京政府所借到的实际外债还不如其偿付外债的实际支出多，从财政的角度来说，它举借的外债并没有起到平衡预算的作用。政府平衡预算主要是依靠内债，依靠搜刮国内人民来渡过财政难关的。

南京政府在 1936 年—1937 年间所借外债，主要用在铁路建设和国防建设上，对经济发展和抗战准备起了一定的作用。

二　国民政府举借的国内公债

（一）宋子文举借的公债

国民政府成立以后便以发行内债为主的公债政策来弥补财政赤字。这个公债政策，早在 1926 年国民党"二大"时就已经制定。"二大"决议案中说："国家之公债政策，为发展国家之经济及完成重大之计划（如建筑黄浦商港）起见，国民党宜采用国内公债办法。最初发行之公债额宜为一千万元。此公债须以政府所有之产额为其担保，及以明年加增之收入为归还此债额用。此公债宜为短期之有奖公债，抽签发奖之次数须多。此公债成功之时，政府可以发行转为长期之公债。"②南京政府的公债政策由此发端，尔后成为一项基本财政政策。

南京政府在初建十年发行的公债，可分为两个时期，第一个时期为 1927 年—1933 年，是宋子文出任财长，有外国支持，有金融资产阶级捧

---

①　［美］恩·杨格：《一九二七年至一九三七年中国财政经济情况》，第 418—419 页。

②　财政部财政年鉴编纂处：《财政年鉴续编》第一编，中央印务局 1948 年版，第 17 页。

场,以关、盐、统三税作担保,发行大量公债,请看下表①:

1927 年—1931 年公债发行数额表

年　份	发行债券种类	债　额
1927	2	70,000,000 元
1928	6	150,000,000 元
1929	6	198,000,000 元
1930	4	174,000,000 元
1931	7	466,000,000 元
合计	25	1,058,000,000 元

上表可见,五年内发行 25 种债券,总金额达 10.58 亿元。年息 8 厘,折扣除外,平均利润在 1 分 5 厘以上,企图用这种高额利润来吸引钱庄、银行、富商、巨贾购买。到 1931 年,每月为了偿付公债本息所需的基金便要 1600—1700 万元,全年约 2 亿元。当时国民政府每年的收入总额不过三四亿元,还要偿还外债赔款和支付军政各费,所剩无几。关税收入自 1929 年以后虽然成倍增加,也绝对应付不了这样逐日增加的债券本息。"九一八"、"一二八"事变后,债券价格跌落,银行周转不灵,于是国民政府借口"财政困难"严重,第一次宣告债信破产。1932 年 2 月,政府通过"持券人会"对内债发表宣言的方式,宣布改变债券还本付息的办法,主要内容是:

(一)所有债券除十七年金融长期公债不变外(原定为利息二厘半),概改为年息六厘计算,延长还本年限为以前的一倍,即"向来以 20 个月还 20 元者,今改为 40 月还 20 元"。

(二)取消以关税、盐税、印花税分别担保的办法,改为概以关

---

①　千家驹:《旧中国公债史料》代序,财政经济出版社 1955 年版,第 19 页。

税为担保。

（三）每月由海关税项下拨出基金 860 万元，以为偿付所有债券本息之基金。

（四）设立国债基金保管委员会，以替代以前的"二五基金会"①。

这是国民政府第一次宣告自己债信破产。它通过"持券人会"的方式提出来，这是表示金融资产阶级对政府的一种让步和支持。但这种让步是有限度有条件的，他们在宣言中说："持票人既因困难牺牲个人利益，竭诚拥护国家，自此次减息展本之后，无论政府财政如何困难不再牵动基金及变更所定。"同时还要求政府"应将财政彻底整理，完全公开，财政委员会由各团体参加，取节缩主义，应在收入范围内确定概算，不得稍有逾越"。此外，还要求今后"政府不再向各商业团体举借为内战及政费之用公债"②。这项宣言是国民政府与金融资产阶级成立的一个新谅解，据当时报纸传说，政府且有"四年之内不发行公债"的口头默契。但是，中国的金融资产阶级毕竟是半殖民地半封建社会的资产阶级，它们是软弱无力的，根本无力左右政府。政府仅在这一年内未正式发行公债，但也向银行借了一亿数千万元。从 1933 年起，蒋介石又继续发行公债作为发动内战的费用，而中国金融资产阶级却哑口无言。因为，这时候中国工农红军在共产党领导下，还在江西苏区活动。蒋介石发动对红军和苏区的第四次、第五次"围剿"正是为了保护买办金融资产阶级的长远利益。宋子文仍坚持不再大量举债，仅发行了用于热河抗战的 2000 万元爱国库券。蒋介石对此甚为不满，最后宋氏被迫辞职。

需要指出，尽管宋子文后来反对举债，但他还是举借了大量的内债，合计总额达 12.44 亿元，除了其中的 3.41 亿元公债之外，其余的为

---

① "持券人会"对于内债之宣言，见中国银行经济研究处：《中国债券汇编》。

② "持券人会"对于内债之宣言，见中国银行经济研究处：《中国债券汇编》。

国库券,共分为十七次发行,总计 9.03 亿元①,所发国库券大约是公债的三倍左右。为什么宋氏要多发国库券而少发公债呢?因为国库券的还本期近,而且每个月付息一次,如果能够按时偿付,便可以增加社会对政府的信任感,提高政府的债信;同时对加强资金的流通、活跃金融市场也有一定的作用。而公债的期限一般较长,还本付息不能按年按月进行,几年付息一次,还须抽签碰运气。因此,发行公债既不利于提高债信,也难于推销。由于国库券偿还周期较短,举借以后所形成的还债压力较大,使宋氏难于应付,感到这条路不能继续走下去,这才迫使他紧缩开支,尽量少借债,从其他方面寻找出路。在找不到出路的情况下,除了辞职就没有更好的选择。

(二)孔祥熙举借的公债

请看下表:

1933 年—1936 年财政部发行公债数额

年份	种类	债款(百万元)
1933	3	124
1934	3	124
1935	7	560
1936	3	455 *

＊本年发行统一公债 14.6 亿元,系换发的债券,未计入。

在 1933 年—1937 年的第二个时期,由孔祥熙担任财政部长。1933 年 10 月孔氏刚被任命,就立即表示全力支持蒋介石的反共战争。当时正值蒋介石准备用 50 万人马对共产党领导的中央苏区进行第五次围剿,军费需求非常紧迫。11 月 1 日,孔氏对新闻界的声明和 11 月 6 日的就职演说中均表示要竭尽全力来筹集蒋介石所需要的军费,声

---

① 邬志陶:《民元来我国之公债政策》,《民国经济史》,第 201 页。

称:"能有个平衡的预算固然很好,然而保证剿共战争的成功更为重要。"①蒋介石要多少军费,孔祥熙便筹集多少。孔祥熙筹措军费的最好办法就是发行公债。孔氏发行的公债由上表统计,1933 年—1937 年抗战爆发前,共十三种,金额为 12.63 亿元②。而且 1936 年为调换旧债券所发行统一公债 14.6 亿元还不计算在内,年平均举借内债达 3 亿元以上。孔氏举债额平均是宋子文时期的一倍左右。

　　孔祥熙理财素以圆滑著称。他将政府主要的财政收入,如关盐统等税款用来支持蒋介石作为军费开支,而其他应该支出的费用则采取举债的办法。据邬志陶统计,孔祥熙在 1934 年—1937 年共发行十九次公债,合计约 11 亿余元法币、2000 万元美金、150 万镑英金。计用于金融建设者七种,如用作增加中、中、交三行资本,整理四川、广西等省金融等等;用于交通建设者五种,如完成粤汉铁路、修筑玉萍京赣铁路,补充铁路设备,建设电报及无线电通讯网等等;用于生产建设与赈济者三种,如赈济华北、补助农村、救济水灾、办理工赈等等;用于水利建设者一种,即 1937 年 4 月发行的开浚广东港河工程公债;至于在名义上纯属用来周转国库解决财政困难的只有三种,合计金额为 2.44 亿元③。可见,名义上专为解决财政危机所发公债占据的比例并不大。而这些借款,有相当一部分做到了专款专用。如在交通运输业中,铁路、公路的建设速度在 1934 年以后明显加快,全国铁路干线南北交通大动脉粤汉线的接轨工程就是在这一时期完成的,东南的交通干线浙赣铁路也于这一时期完成。同时,为了作好抗日战争的物资准备工作,政府投资煤炭、电力、钢铁等能源工业及基础工业的步伐也较以前加快,有相当一部分工业都是在 1936 年前后建成或者是在这个时期动工兴建的。

①　[美]小科布尔:《上海资本家与国民政府(1927—1937)》,第 193—194 页。
②　杨荫溥:《民国财政史》,第 64 页。
③　邬志陶:《民元来我国之公债政策》,《民国经济史》,第 201 页。

（三）举借公债的作用

南京国民政府举借的内债，在经济建设和抗战准备上起过一定的作用，但是，蒋、宋、孔举借内债的目的和作用，远远超过这个范围，如：

第一，为发动内战筹措军费。公债是与内战分不开的，国民政府发行的二十多亿公债，为它进行北伐战争，排除异己的军阀战争和围剿红军的反共反人民的战争，提供了充足的军费。使它能转不利为胜利，巩固其统治地位，而给人民、给革命却带来了惨重的损失和灾难。

第二，金融资产阶级发了财。金融资产阶级承购公债支持国民党政府，同时也从公债买卖中发了财。发行公债是有折扣的，在发行条例上虽然规定为"十足发行"或"九八发行"，而事实上，当公债向银行抵押时，普遍是五六折或六七折，加上公债的利息6厘8厘不等，所以银行承购公债，如按结价时计算，所得年利约在三四分之间。政府发行的公债有半数以上，为上海较大的十七家银行所承购。这些金融资产阶级在公债买卖中发了横财。同时又因他们购买公债支持南京政府，与政府结下生死与共的关系，使他们共同为维护资产阶级的利益而奋斗，是对两者都有利的。

第三，扩大政府国家资本的势力。所谓国家资本就是指国民党中央政府和地方政府所经营的企事业。这些国营企事业都是在国民政府建立以后，靠国家机器这个超经济的强制力量建立起来的。其资金来源除了靠税收，就是靠公债。如政府的四行二局的建立和发展、各省银行的建立和发展，都是靠公债。政府发行的金融公债都是同加强国营银行分不开的。另外1936年发行的复兴公债，四川、广东公债，都是加强国有工矿业、铁路交通业、金融银行业建设的。这些公债都增强了中央政府和各省地方政府所管辖的国营企事业的实力，使国家资本逐步成长为对全国金融业、工矿业、交通业进行垄断的经济力量。而靠承购公债支持它的民营资产阶级，却变成了受国家资本支配和控制的附庸，而失去了昔日自由发展的权力。

第四,加速了中国社会的两极分化。在大量发行内债过程中,发财最快最大的不是金融资产阶级,而是以蒋、宋、孔、陈为代表的官僚资产阶级。他们通过发行公债的方式,集中了国家财富,不仅为巩固其统治地位服务,而且在公债投机中兴风作浪,从中取利,成了亿万富翁,成为主宰中国大权的统治者。而这些公债的还本付息是靠政府增加关、盐、统三税的收入来偿还的,赋税重担最终都要压在中国劳动人民的头上,也激化了社会矛盾。

第十章　国民政府的经济

第一节　经济行政的调整

一　实业部的设立

南京国民政府成立初期,分管全国工、矿、商、农等事务的行政机关为工商和农矿两部。1928 年 2 月 28 日,农矿部设立,以易培基为部长;3 月 28 日,工商部设立,以孔祥熙为部长。国民政府为刷新政治,改善制度,提高行政效率,于 1931 年 1 月 17 日公布《实业部组织法》,将农矿部与工商部合并为实业部。

实业部是管理全国工业、矿产、农林渔牧及商业等实业行政事务的最高行政机关,内设八司一署。总务司掌公布部令、典守印信、统计、出版、预决算、会计、官产保管。农业司掌农业试验、农地改良、防除病虫害、农田水利、农业调查、农民银行及合作社。工业司掌国营和民营之化学、机械、冶炼及其他工业之筹设、管理、奖励、监督、改良、推广。商业司掌国营、民营商业之管理及推广,商品之展览检验,调节物价,发展国际贸易。渔牧司掌畜产、水产之改良,渔税之拟定,兽疫之调查及防除。矿业司掌国营矿业之筹设,矿区税之拟定,矿业调查及统计,矿区勘定及矿质分析,矿权、矿警及地质调查等项。劳工司掌劳工团体之监督,劳工生活之改良,工厂之卫生设备,工人失业之救济,调解工人与雇主或工会间之纠纷,劳工移植及侨工保护等项。后又设立合作司,计为八司。一署为林垦署,掌林业与垦植。此外,还设有各种专门委员会和专业局等直属机构,如全国度量衡局、国际贸易局、工厂检查委员会、奖励工业技术审查委员会、地质研究所、中央农业实验所、中央工业实验所、中央模范林管理局、商标局暨各地之商品检验局、海洋渔业管理局等,均为较重要者。

至于地方实业行政组织,各省均设有建设厅(或实业厅)为管理工商业及农林渔牧等经济事务的机构。

实业部设立时,以原任工商部长孔祥熙为首任部长,郑洪年为政务次长,穆湘明为常务次长。这时南京国民政府面临军事政治危机,财政上没有力量顾及发展实业,实业部因经费不足,工作软弱无力,几近停顿。孔祥熙在实业部任职一年,虽然继续进行并扩展原工商农矿方面的正常业务,制定《工厂检查法》及六年期实业建设程序,并会同外交、财政两部制定《取缔日渔轮侵入我领海捕鱼办法》等,但在实业方面未有重大举措。

1931年12月30日,国民政府任命陈公博为实业部长。陈是改组派的首领,汪精卫的追随者。他于1932年1月5日接任部长后,立即提出《四年实业计划》。该计划以统制经济为宗旨,要对粮食、棉花、煤炭的生产进行统制,并建立钢铁厂、化学工厂、机器厂、纱厂、造纸厂、汽车厂、糖厂、磁器厂、铜矿、油矿及大规模农业加工厂等,计划每年投资1亿元。这个发展国营工业的庞大计划根本无法实现,因为1932年开始的蒋介石和汪精卫的合作并不稳定,汪及其派系得不到实权,使陈公博既无经费又无权力来实现他的计划。陈公博在实业部主政四年期间,只完成了一个较大项目,即1933年与华侨合资创建的中国酒精厂。该厂系与侨商黄江泉合资,资本定为100万元,官股占十分之一。后增加股本至150万元,并扩充设备,最高产量可达每日生产1万加仑酒精,当时被称为“东亚第一酒精厂”①。1935年11月,汪精卫被刺,于12月1日电请辞去行政院长本兼各职。汪既隐退,陈亦无法恋栈,于

---

① 陈公博:《四年从政录》,商务印书馆1936年版,第69页。

12月12日辞去实业部长职务。

　　1935年底,吴鼎昌继任实业部长。吴是盐业、金城、大陆、中南即"北四行"首脑人物,有金融资本为其实力后盾,又有蒋介石集团中的政学系为其政治背景。他是通过政学系的关系出掌实业部的。由于有政治关系,吴有实力实现较大的实业规划。在吴主持下,实业部成为南京政府参与发展工商业的重心①。1936年初,实业部创办上海鱼市场股份有限公司,着手建立一个价值100万元的现代化鱼市场,有冷冻厂、鱼码头、仓库等完善设备。资本定为120万元,实业部认定50万元,交通银行30万元,私股40万元。5月12日,新鱼市场开业,以促进渔业、减少中国水产进口为名,实行垄断渔业的交易。老式鱼商对此十分愤怒,认为官办公司牺牲他们的利益而攫取超额利润,5月26日鱼行罢市以示反对。后经杜月笙调停,上海鱼市场股份有限公司降低鱼商利用鱼市场的收费标准,平息了鱼商的反对。上海鱼市场股份有限公司有了政府和上海帮会头目的双重支持,成为一个财源茂盛、利润丰盈的企业。

　　同年6月3日,实业部以响应蒋介石倡导国民经济建设运动的名义,成立国民经济建设运动委员会,请蒋介石任会长,在南京设总会,各省、县设立支会。该会任务为:(一)协助推行中央及地方政府经济建设计划;(二)倡导社会各种经济建设事业;(三)培训及介绍各种经济建设人才;(四)研究发展全国农工副业及地方特殊产品;(五)倡导节约,推行国货等②。实业部即以此新设机构来创办大型企业,主要有:一、中国植物油料厂股份有限公司。1936年8月,实业部与川、鄂、湘、浙、皖、赣六省政府和一部分油商共同组成中国植物油料

---

　　①　小科布尔著、蔡静仪译:《江浙财阀与国民政府》,南开大学出版社1987年版,第171页。

　　②　朱汇森:《中华民国史事纪要》(1936年1—6月),台北"国史馆"1987年版,第1145—1146页。

厂股份有限公司,垄断出口油料,主要是桐油的出口。该公司资本为200万元,由参加单位分担认股。每一单位可将认股的一半股份转售给私人。于是,从事建立机构的政府官员就可以以私股身份参加进来,政学系的影响也得到了体现,因为参加企业的各省当局是和政学系有密切关系的。政学系成员张嘉璈的弟弟张嘉铸担任公司的经理兼商股董事,政学系的要人熊式辉是官股董事①。该公司的宗旨是为了改进植物油生产,并开始建立炼油厂。但提炼植物油获利极缓,于是转而致力于更能获利的销售植物油。豆油和桐油是中国传统的出口商品,1936年出口值将近8500万元②。1937年该公司在各省政府的配合下,试图完全控制植物油贸易,旋因中日战争爆发而中止,但1937年出口总数仍达1300万元③。中国植物油料公司由于有强大的靠山,在中国油类出口业中建立了重要基础。二、温溪造纸公司。1937年春,实业部成立温溪造纸公司,资本总额为320万元,商股定为170万元。在吴鼎昌邀请下,三大报纸(申报、新闻报和大公报)和四大出版机构(商务、中华、正中和世界书局)认定二分之一以上的私股股份。同时也获得宋子文的支持,中国银行和交通银行与实业部共同购买150万元的公股,从而保证了造纸公司所需的资金。三、中国茶叶股份有限公司。1937年5月,实业部与闽、鄂、湘、浙、皖、赣六省政府共同组成中国茶叶股份有限公司。资本总额为200万元,由实业部和六省政府认购,二分之一股份售与个人。该公司的主要业务是推销和出口茶叶,它在各有关省政府的配合下,在茶叶市场上开始取代私商,掌握垄断权,但开始不久因中日战争而被打乱。四、中国国货联营公司和首都国货公司。国货公司于1932

---

①　张嘉铸:《致经济部工作报告(1941年1月14日)》,参见陈真:《中国近代工业史资料》第3辑,生活·读书·新知三联书店1961年版,第797—801、797—798页。

②　小科布尔著、蔡静仪译:《江浙财阀与国民政府》,第172页。

③　小科布尔著、蔡静仪译:《江浙财阀与国民政府》,第172页。

年、1933年在上海、南京等地设立，但营业未得到大的发展。吴鼎昌主管实业部后，决定大力扩大国货公司销售业务，以国民经济建设运动委员会出面，联合中华国货产销协会、国货联办处等，共同成立中国国货联合公司。资本额定为200万元，官商合办，其中政府投资占三分之一，其余均由国货工厂和公司入股投资。1937年4月10日在南京成立，5月17日在上海开业①。6月，实业部又在南京成立另一家公私合营的首都国货公司。这两家公司因有政府关系得到不少好处。实业部通知各省政府机关，凡公用设备和办公用品均须向上述两公司购买。由于政府的支持，两家国货公司销售业务得到很大的发展，后因"七七"事变遭受沉重打击。

1937年11月，吴鼎昌因阻止上海棉织品投机，在政治上遇到麻烦，不得不辞实业部长职务。但在他短暂的实业部长任期内，由于有从事工商业的经验，有与银行业、商业、政界各方面关系，所以能迅速地筹集资本组织企业，成功地创办了几个企业。他所创立的公司，多是针对当时某些特殊经济问题的，如为防止大量渔产进口而办渔业公司，为防止新闻纸进口而办造纸厂等；多数公司是从事销售而不是从事制造，很少建立新式的工业生产企业。

1937年11月20日，程天固继任实业部长，因抗战之需要，于12月遂合并于全国经济委员会，后改为经济部。

二　全国经济委员会的成立

国民政府为注重经济计划工作，于1931年4月采纳国际联盟派遣来华专家沙特爵士的建议，决定成立全国经济委员会②。同年6月6

---

①　潘群祥：《中国近代国货运动》，中国文史出版社1996年版，第44页。

②　杨格著、陈泽宪等译：《中国财政经济情况》，中国社会科学出版社1981年版，第383页。

日，国民政府颁布《全国经济委员会组织条例》，规定全国经济委员会为经济计划与施行机关，统筹国营经济，直隶于行政院。其职掌为：凡国家一切经济建设或发展其经费由国库负担或辅助者，应经全国经济委员会审定呈请国民政府核准之；施行国营事业建设或发展计划时，全国经济委员会得审核其工作及其费用；组织各种专门委员会研究各项专门问题，并得派专门人员视察或指导各种计划之实施。全国经济委员会在性质上被规定为集顾问、审议、实施于一身的指导国营经济的机关，业务庞大、复杂。

全国经委会工作由于内战连绵、洪水为灾和"九一八"事变，迟迟未能展开。虽然当年9月26日国民政府任命蒋介石、宋子文、刘尚清、连声海、王伯群、孔祥熙、李书华、张人杰、张学良、李煜瀛、张嘉璈、李铭、周作民、晏阳初、虞和德、吴鼎昌、荣宗敬为全国经济委员会委员（11月23日、12月15日又分别任命刘瑞恒、马凌甫为委员），指定蒋介石、宋子文为正副委员长，任命朱家骅为秘书长。但直至11月15日才先行设立全国经济委员会筹备处，任命秦汾为筹备主任。该筹备处历时两年，至1933年9月该处代行秘书处职权，主持办理一应筹备事宜，奠定了全国经济委员会成立的基础。

筹备处下设机构有：一、审议机构：公路专门委员会、工程专门委员会、农村建设专门委员会；二、实施机构：公路处、工程处、中央卫生设施实验处、湖北堤工专款保管委员会。

在筹备处工作基础上，1933年9月13日国民党中政会决定扩大全国经济委员会职掌范围，直隶于国民政府，采常委制，以汪精卫、孙科、宋子文为常务委员；棉麦借款交全国经委会支配，另组监督与保管机关。10月4日，全国经济委员会正式成立，秦汾为秘书长，并由常务委员决议推任汪精卫、孙科、宋子文、黄绍竑、朱家骅、王世杰、张人杰、孔祥熙、邵元冲、张嘉璈、周作民、晏阳初、吴鼎昌、荣宗敬、陈立夫、钱新之、陈光甫、刘鸿生、史量才、王晓籁、徐新六、叶恭绰、蒋中正、叶琢堂、彭学沛等为委员。

　　全国经济委员会似为全国经济行政最高机构,这亦可以从其常务委员声望及预算看出。以 1934 年论,当时的常务委员为汪精卫、孙科、宋子文、蒋介石、孔祥熙;该年的经费为 1500 万元,约为该年中央内政部预算 6.5%,或为中央其他支出预算的 18%①。全国经济委员会内设秘书处处理会内一切事务。为完成特定经济建设或发展计划之直接实施,设立专门的审议与实施机构。

　　审议系统的主要机构有:一、公路委员会。1932 年 11 月为发展豫鄂皖赣苏浙湘七省公路建设,设立七省公路专门委员会,办理七省公路建设事宜。1933 年 11 月,七省公路专门委员会改组为公路委员会,为审议公路专门事项之机关,掌理公路建设计划之审议及经费之核议,以及公路法规、工程标准之审核。二、水利委员会。1932 年 8 月全国经济委员会为办理国民政府救济水灾委员会移交之工程,设立工程专门委员会,1933 年 10 月改组为水利委员会,为审议水利专门事项之机关,掌理水利建设计划之审议及经费之核议,以及水利法规及工程标准之审核。三、卫生委员会。1932 年 8 月全国经济委员会设立卫生专门委员会,1933 年 11 月更名为卫生委员会,掌理卫生计划之拟订审核,卫生设施之视察指导,以及卫生问题之研究。四、教育委员会。1932 年 11 月全国经济委员会设立教育专门委员会,1933 年 11 月更名为教育委员会,掌理教育政策之建议,教育改革计划之拟订及审核,教育之调查。五、农村建设委员会。1932 年 11 月全国经济委员会为改良农产、改善农民生活设立农村建设专门委员会,1933 年 11 月更名为农村建设委员会,掌理农村建设计划之拟订、审核及有关农业统计调查、农村教育、移民垦殖、农业租佃与农产品运销等问题之研讨。六、湖北堤工专款保管委员会。1932 年 12 月,全国经济委员会为保管湖北堤工专款事项而设。湖北堤工专款账用于湖北省内堤工水利工程,各款均

──────────

　　① 秦孝仪:《中华民国经济发展史》(一),台北近代中国出版社 1983 年,第414 页。

委托各征收机关征收径解汉口中央银行列收。七、棉业统制委员会。1932年10月,全国经济委员会设立棉业统制委员会,对全国棉业纺织业行指导监督及施行统制奖惩之权,棉业统制委员会设技术股对棉业纺织业的发展进行研究。八、蚕丝改良委员会。1934年2月,全国经济委员会为采用科学方法改进全国蚕丝业,设立蚕丝改良委员会,对全国蚕桑丝茧各业行指导监督奖惩之权。蚕丝改良委员会还设技术室,研究蚕丝业的发展。

工程实施系统的主要机构有:一、公路处。1932年11月全国经济委员会为办理7省联络公路督造事宜设立公路处,1933年改组办理公路建设事务,由陈体诚、赵祖康分任正副处长,分设工务、交通、计划三科,分别进行公路工程之实施,公路运输之统筹监督及公路建设、筑路养路材料、车辆油料之研究。二、水利处。1932年8月,全国经济委员会为办理国民政府救济水灾委员会移交工程设工程处,1933年10月改组为水利处,办理水利建设事务,处长为茅以升,分设设计、工务二科,分别进行水利建设之发展及水利工程之设计及实施。三、卫生实验处。1932年8月,全国经济委员会为办理全国卫生设施事务设置中央卫生设施实验处,1933年底更名卫生实验处,刘瑞恒、金宝善分任正副处长,下设防疫检验、化学药物、寄生虫学、环境卫生、社会医疗、妇婴卫生、工业卫生、生命统计、卫生教育等九系。四、农业处。1933年11月,全国经济委员会设立农业处,办理农业建设事务,赵连芳、许仕廉分任正副处长,下设农业改良、农业建设、农业工程三科,分别进行农业改良、农村金融、农产品产销、土地利用及农村教育等之建设,农村垦荒、水利、建筑等工程之实施。五、信托处。1933年11月,全国经济委员会设立信托处,叶琢堂任处长,办理棉麦借款之保管及运用。六、江西办事处、西北办事处。1934年1月,全国经济委员会分别设立江西办事处、西北办事处,分别办理各该地区经济建设事宜。七、驻沪办事处。1934年1月,全国经济委员会设立驻沪办事处,处长邓勉仁,办理沪地一应接洽事宜。

全国经济委员会成立之初,工作计划先从三方面入手:一为运输交通之设施;二为农业之救济;三为重要生产事业之改良。1934年2月,国民政府决定全国水利行政机关亦归全国经济委员会统筹办理,其工作范围愈益扩大,设有五个直辖水利机构,即导淮委员会、黄河水利委员会、扬子江水利委员会、华北水利委员会、广东治河委员会,分别管理国家大规模水利工程。至此,国民政府的水利行政始趋于统一。全国经济委员会业务绩效最为显著者有六个部门,即公路建设、水利建设、农业建设、棉业统制、蚕丝改良及卫生设施,它们的规划与指导对经济发展有一定的推动作用。同时曾奉国民政府训令,一方面会同内政部、财政部合组土地委员会,办理土地调查研究事宜;一方面与教育部合作,设立全国学术工作咨询处,办理全国学术人才供需方面之联络与辅导。又配合西北之开发,通过《建设西北计划》,逐步实施。1937年2月,国民党五届三中全会在南京举行,全国经济委员会五位常务委员由蒋介石领衔提出《全国经济建设方案》,期于五年内完成国家各种必要之建设,一方面充实国防需要,一方面提高民众生活,规划尤为具体而远大。同年7月抗战爆发,全国经济委员会乃进行西南各省公路之统一管理,于人力物力之运输贡献良多。1938年1月,国民政府为完成战时体制改组,将全国经济委员会撤销,并将其公路机构归并交通部,水利机构归并经济部,卫生机构归并卫生署,至此全国经济委员会暂告结束。

三　资源委员会的建立

国民政府除设立全国经济委员会外,还设立了资源委员会。

资源委员会系国民政府为调查控制全国国防资源及基本工业建设事业的管理机构,其前身是蒋介石自任委员长的国防设计委员会。

1932年3月蒋介石就任南京国民政府军事委员会委员长后,4月17日,邀请国民党中央监察委员吴稚晖、张静江、黄郛到南京,详细讨论国家的分期建设计划。蒋介石特别和黄郛两次单独商谈未来的国防计划,希望黄郛共同彻底研究。黄郛想出组织国防委员会的主意。他把这个主意告诉了他的连襟钱昌照,钱即向蒋介石上条陈,并得到采纳①。11 月 1 日,参谋本部创设的国防设计委员会在南京成立,是一个调查统计设计机构,对外并不公开。它由军事委员会委员长兼参谋本部参谋长蒋介石任委员长,秘书长翁文灏、副秘书长钱昌照负实际责任。其成员来自军政、财经、工商、文教各界中的知名人士,主要任务是发展国家资本,达成中国工业化。它的首要目标在调查和研究国防经济,以为建设基本工业和筹划经济动员的准备。根据《国防设计委员会组织条例》规定,研究的范围分为军事、国防、文化、经济及财政、原料及制造、运输及交通、人口土地及食粮、专门人才等八部分。因人力和财力的限制,只注意国防经济方面的调查统计工作,其中做得最多的是原料和制造(即矿产、工业)、交通、粮食、经济财政、专门人才等五项。人口与土地的调查,因范围太广泛,只试办了一些地方。国防设计委员会的研究与调查工作,为资源委员会后来成为南京政府主要工业机关,在资料和人员方面进行了初步准备。

1935 年 4 月,南京政府军事机构进行大改组,国防设计委员会由参谋本部改隶军事委员会,更名为资源委员会。资源委员会成立以后,仍由蒋介石自兼委员长,翁文灏、钱昌照分任正副秘书长。根据《资源委员会组织条例》规定的职掌,计有人的资源及物的资源的调查统计研究事项,资源的计划和建设事项,资源动员的计划事项,其他有关资源的事项等。由于职掌变更,工作也有所调整,原来的军事、国际关系、教育文化三部分工作均告结束,其余国防经济之调查、统计、研究工作则仍继续,以便服务于直接建设及资源动员计划。资源委员会的工作重心是重工业建设,过去虽有调查设计,而苦于经费无着未能建设。直到

① 全国政协文史委员会:《回忆国民党政府资源委员会》,中国文史出版社 1988 年,第 66—67 页。

1936 年度预算中,南京政府始指定 1000 万元供建设重工业之用。同时,资源委员会呈准军事委员会统制钨、锑两矿出口贸易,所得盈利充作建设费用,而一部分设计乃得见诸实行。

抗战前,资源委员会主要是经办钨锑的对外贸易和建立重工业机构。

1. 钨锑对外贸易。钨锑两种矿产是军用合金的重要资源,并为中国特产。1930 年—1933 年,中国钨、锑产量分别占世界钨、锑产量的41.4％、70％强①。德国在希特勒执政后扩军备战,急需储备钨锑。1935 年,德国派特使克兰(Klien)访蒋介石,随后由孔祥熙与德国经济部长沙赫特(Schaht)签订了经济合作合同,两国实行易货贸易。蒋介石将此事交资源委员会办理,1936 年 2 月资源委员会与德国经济部签订 1 亿金马克的周转信贷合同。资源委员会从这笔信贷中获得不足十分之一(981.944 万马克)的款项用以建设工业,其余都用于购买军火和兵工厂器材。借款以中国桐油、猪鬃和钨锑偿还。桐油、猪鬃由中央信托局收购和出口,钨锑由资源委员会办理。

中国钨矿主要在江西,次为广东、湖南,锑矿集中在湖南,均手工开采,由商人联合经营,办理不好,有的省份各自为政,不能统一。资源委员会接手后,采取和地方政府分利的办法,从钨锑买卖上获得的好处,由地方政府和资源委员会各半分配,用人行政,地方不过问。1936 年 1月 1 日,资源委员会在湖南长沙成立锑业管理处,2 月 28 日又在江西南昌成立钨业管理处,吉安建立钨铁厂,把当地钨砂炼成钨铁,并在上海、汉口设国外贸易事务所垄断出口。德方则于上海设立合步楼公司(Haplo Co.)办理易货。1936 年至 1937 年,资源委员会出口钨 16697吨,内易货 5183 吨;出口锑 8583 吨,内易货 1247 吨。从此,钨锑对外贸易地位增强,国际上对于钨锑越来越需要,出口数量和价格也大有增长,资源委员会颇获盈利。

---

① 陈真:《中国近代工业史资料》第 4 辑,第 963、980 页。

2. 重工业建设。1935 年,资源委员会制定重工业建设五年计划,以供国防需要和经济自给为目标,分为冶金、燃料、化学、机器及电气五个部门,经费预算计 2.7 亿元。1936 年夏,国民政府指拨1000 万元,开始建厂工作。一、冶金工业:有中央钢铁厂、茶陵铁矿、灵乡铁矿、江西钨铁厂、彭县铜矿、阳新大冶铜矿;二、燃料工业:有高坑煤矿、天河煤矿、万县煤矿、四川油矿、植物油提炼轻油厂、煤气车推行处;三、机器工业:有机器制造厂;四、电气工业:有电工器材厂、无线电机制造厂、电瓷制造厂及四川水力发电厂,以上共计筹建十七单位。

1937 年,南京政府又拨经费 2000 万元,建设计划大体继续上年,事业稍有调整,如冶金工业增设湖南铅锌矿,化学工业增建氮气厂。事实上,资源委员会于 1936 年、1937 年两年陆续设立二十五个企事业单位,其中六个是与省政府或其他部门合办,矿业多是在接办或收买民矿基础上扩建的。当时考虑到与国防有关,这些厂矿均分布在湖南、湖北、江西、云南、四川、青海等内地各省。

资源委员会重工业建设正在进行,抗日战争爆发,它的各项事业受到影响,已设立的二十五个企事业单位中有九个结束或停办,五个迁往内地。它们大都于 1938 年以后才形成生产力。

上述实业部、全国经济委员会、资源委员会是南京政府于 30 年代初建立的经济行政机构。在此之前南京政府还于 1928 年在南京成立建设委员会,以张静江为主席(后改称委员长),直隶南京政府以经营国有事业及计划建设方案,并指导一切建设实施之责。这些经济行政组织,虽说吸收西方资本主义国家的管理模式,各成系统,但机构重叠,各自为政,如全国经济委员会、建设委员会与实业部的工作很难明确划分;农业方面,除实业部有农业司外,全国经济委员会下有农业处,建设委员会下有振兴农业设计委员会,而且教育部还设有农业推广委员会。政出多门之弊随处可见,不利于全国经济建设的协调与发展。

第二节　国民政府的经济政策

一　国营经济的建立

南京政府成立后,国民党于 1930 年 3 月召开三届三中全会通过《关于建设之方针案》。该案指出:"以言需要,则敷设铁道,改良水利,经营工业,开发矿产,扶植农商,均为目前迫切之图,所刻不容缓者也。惟其中如铁道、水利、造船、制铁、炼钢等伟大之建设事业,依总理节制资本之义,宜由国家经营之。"①此等基本工业往往建设费时甚长,需款甚巨,而完成之后,亦不易有利可图,私人多无力举办,亦不愿举办。国民党建立国营经济之目的在发达国家资本主义,亦在奠定工业化之基础。基于此点,南京政府在统制金融业的同时,着手在军工、工矿、商业、交通各部门建立国营经济。

(一)军工业

南京政府成立后没收和接办北洋军阀官僚资本的军工厂有汉阳、金陵、济南、巩县、华阴、上海等六厂,另有德州、开封两个小厂和生产兵工材料的上海炼钢厂②。南京政府接办军工厂后,根据国防需要整理原有军工厂,一是进行撤并或扩建,二是统一各厂出品之制式,以利战时补给。对原有各厂撤销或扩张,基本上是按参谋本部制定的《兵工厂整理计划草案》进行。1932 年 9 月,为扩展兵工材料生产以谋自给,兵工署决定将汉阳兵工厂之制药厂,"与汉阳兵工厂分立,更名曰汉阳火药厂"③,并直属兵工署,加以扩建。之后,又决定将因"一二八"抗战而

---

①　《中国国民党历届次中全会重要决议案汇编(一)》,《革命文献》第 79 辑,第161 页。

②　中国近代兵器工业档案史料编委会:《中国近代兵器工业档案史料》(三),兵器工业出版社 1993 年版,第 234—237 页。

③　《兵工署前第二工厂厂史资料》,1948 年油印稿,重庆市档案馆藏。

停工之上海兵工厂撤销,将其机器设备,按性质分别移并宁、汉、巩三厂;并将德州、开封两地方小厂撤销,设备拨济南厂。按《兵工厂整理计划草案》,华阴兵工厂不属撤销之列,但因其设备陈旧等因,1933年奉命停办①。该厂停办后,少数设备移并巩县兵工厂,大部分机器交陕西省政府作民用。原有各厂整理后,兵工署直辖之兵工厂有金陵兵工厂、巩县兵工厂、济南兵工厂、汉阳兵工厂、汉阳火药厂、上海炼钢厂等六家。各厂还淘汰旧机,补充新机,整顿产品,增加品种。

整理旧厂另一项是力谋械弹制式的统一。北伐完成,全国形式上实现统一,但地方军阀拥兵自重状况没有根本改变,其兵器多购自国外,聘某一国之顾问,即购某一国之兵器,各部队所使用之武器种类陈杂不齐,零件不能互换,枪弹不能通用。一旦发生对外战事,各部队械弹制式不一,不利于补充。1934年12月22日,军事委员会召集有关单位,讨论各式兵器战术要求诸问题,统一制式有了实质性的进展,逐步定型并大量制造我国自造或仿造的诸如中正式步枪、捷克式轻机枪、二四式马克沁重机枪、八二迫击炮等制式兵器,一些非制式兵器逐步淘汰。制式武器中,步、机枪口径均为7.9毫米,枪弹能互相通用。械弹制式的统一,为后来的抗日战争中的械弹补充带来很多便利。

南京政府除整理旧厂外,还建设新厂。根据1932年的计划,拟新建的兵器及材料工厂计有制炮厂、炮弹厂、炼钢厂、动力厂、氮气厂、军用化学厂等。但至抗战爆发时,实际完成并投产的仅有生产军用化学产品的巩县兵工分厂。株洲兵工厂于1936年初开始兴建,抗战爆发时尚未出品。

据统计,30年代,南京政府兵工署系统的兵工厂约十余家,军需署系统的被服、粮秣、炼钢、代工等企业十六家,海军部系统的造船、飞机

---

① 中国近代兵器工业档案史料编委会:《中国近代兵器械工业档案史料》(三),兵器工业出版社1993年版,第393页。

等企业和工程处十个单位,航空委员会所属的飞机修理厂三处①。南京政府的军工建设,加强了中国的国防实力,对于增强抗战实力有其积极意义。

(二)工矿业

南京政府通过建设委员会、国家银行、实业部、资源委员会等,均组织与筹建了一批国营厂矿企业。

1. 建设委员会系统。建设委员会于1928年2月成立于南京,以张静江为主席(后改称委员长),直隶南京政府。它成立后积极向工业领域渗透,没收和吞并了许多重要的工矿企业。金陵电灯官厂是建立于民国初年的官营企业,1928年4月由建设委员会接管经营,改为首都电厂。1929年建设委员会发行八年短期电气公债,扩充首都电厂的发电能力,1930年发电容量已达2.5万千瓦,到1937年资产已从50万元增至1300万元②。长兴煤矿(湖州长兴县)是建设委员会吞并的一家重要商办企业,1927年冬因该矿抗纳矿税、私向银行团借款,南京政府派员进驻该矿,宣布收归国有,由建设委员会接办。戚墅堰电厂是1923年由中德合资建立,设在江苏省,跨武进、无锡二县,1928年由建设委员会接办收归国有。除没收和吞并北洋军阀官办或商办企业外,建设委员会还自办若干工矿企业。1930年建立淮南煤矿,矿区位于安徽淮南,面积达22平方公里,日产煤1700吨,为了运输煤炭至武汉,又修建长220公里的淮南铁路。此外,建设委员会为军事通讯需要设立电机制造厂,专制无线电收发报机,常年经费4万元,由南京政府国库拨给。

1937年春,建设委员会以该会负债超过投资一半为由,经国民党中央政治委员会决议,将所办首都电厂、戚墅堰电厂、淮南煤矿、淮南铁路委托中国建设银公司招商经营。中国建设银公司系1934年6月由

① 许涤新等:《中国资本主义发展史》第3卷,第101页。
② 陈真:《中国近代工业史资料》第3辑,第775页。

宋子文创办,资本 1000 万元,中国、交通、金城等银行及孔祥熙、张嘉璈、宋子良等均有股份,宋子文任董事长,宋子良任总经理。该公司属投资公司,以引进外资,对企业控股为目的。该公司接办首都电厂、戚墅堰电厂,并收买汉口既济水电公司股份,组成扬子电气公司。扬子资本 1000 万元,内保留建设委员会股本 200 万元,余由建设银公司募足(银公司自持股本 60%)。中国建设银公司接办淮南煤矿、淮南铁路后,成立淮南路矿公司,资本 1000 万元,内保留建设委员会股本 200 万元,余由建设银公司募足①。

　　中国建设银公司还于 1936 年与全国经济委员会、陕西省政府创办西京电厂②,并拟与陕西省政府合办同官煤矿和修建同官至咸阳铁路。又于 1936 年与铁道部、四川省政府、法国银团合作创设川黔铁路公司,资本 2000 万元,并与法国银团签订 3450 万元借款合同,抗战前完成内江至重庆段路基及桥梁涵洞工程③。1936 年底,中国建设银公司总资产 3283.6 万元,内各项投资 750.4 万元,放款 752.8 万元,现金 892.9万元,当年纯益 191.4 万元④。

　　2. 国家银行系统。南京政府利用国家银行的金融独占地位,积极向工业领域扩张。其中中央银行因偏重金融,投资工业不多,仅有虬江码头和麻织厂两家。相比之下,中国银行在工业领域的扩张及投资活动显得特别活跃,交通银行次之。中国银行和交通银行通过债务关系及投资改组的方法,不断对民族资本企业进行控制,使一部分民族资本企业变成为国营经济。截至 1937 年上半年为止,中、交两行控制了 15家纺织厂,拥有纱锭 35 万余枚,占华商纱厂的 13%,其中利用债务关

　　①　陈真:《中国近代工业史资料》第 3 辑,第 788—789 页。
　　②　陈真:《中国近代工业史资料》第 3 辑,第 1025 页。
　　③　宓汝成:《帝国主义与中国铁路 1847—1947 年》,人民出版社 1980 年版,第 291、668 页。
　　④　陈真:《中国近代工业史资料》第 3 辑,第 1034 页。

系经营的有七家,投资经办者四家,通过银团、信托公司等收买的有 4 家①。1934 年,著名的郑州豫丰纱厂因倒闭被中国银行收买。山西的雍裕纺织公司也因破产于 1936 年冬为中国银行接管,同年中国银行又对破产的济南仁丰纱厂进行加资改组攫为己有。1937 年 3 月,中国银行乘南洋兄弟烟草公司资金周转不灵之机,以每股 5 元(每股票面额是 15 元,市价为七八元)的低价,购买该公司 20 万股,控制了这家当时中国最大的民营卷烟厂。1937 年春,渤海化学公司破产,中国银行承付该公司债款 120 万元,控制了该企业②。

中国银行还通过"官商合办"或商办的形式投资工业,如中国汽车制造公司、中益电工制造厂等。此外,中国银行还投资于其他行业,主要有面粉厂、电器公司、打包厂、食品公司、造纸厂、制铁公司、麻织厂、薄荷厂、榨油厂等,共 17 家,至 1937 年 7 月,共投资 440.8 万元,占上述十七家工厂总资本的 31.8%③。

3. 实业部系统。实业部主管全国工商农矿等企业的行政事务,负责执行国家工业发展计划,但由于政治和经济上的各种因素,1935 年底以前实业部在发展工商企业方面起的作用很有限。1935 年 12 月,吴鼎昌继任实业部长,得到政学系的支持,得以大规模投资工业。抗战前,实业部建成的企业有下列三厂。

中央机器制造厂,1932 年筹办,1936 年投产,资本 310 万元,由英庚款项内拨付。厂设上海,机器设备购自英国④。

中国酒精厂,实业部与华侨黄江泉、沪商赵晋卿合办,1933 年筹办,1935 年投产。资本 130 万元,内官股 15 万元,由英庚款项内拨付。厂设上海,机器设备购自英国,日产量 3 万公升⑤。

① 严中平:《中国棉纺织史稿》,科学出版社 1955 年版,第 253 页。
② 中国银行:《1937 年度报告》,第 42—43 页。
③ 陈真:《中国近代工业史资料》第 3 辑,第 958—959 页。
④ 许涤新:《中国资本主义发展史》第 3 卷,第 109—110 页。
⑤ 许涤新:《中国资本主义发展史》第 3 卷,第 109—110 页。

　　中国植物油料厂,由实业部与川、鄂、湘、浙、皖、赣六省政府及油商合组,1936 年成立。资本 200 万元,先收 100 万元。抗战前,该厂主要是经营桐油出口,并在上海、汉口、芜湖、万县、重庆设炼油厂;芜湖厂资本 10 万元,有新式榨油机三部,日可出油 10 吨①。

　　4.资源委员会系统。1935 年 4 月资源委员会成立后,积极发展与军事有关的重工业和基础工业。首先拟定一个《重工业五年建设计划》,规定在五年内投资 2.712 亿元,兴建冶金、化工、燃料、机械、电气等行业三十余个大中型厂矿,并在内地筹建军事工业基地②。为了实现这一计划,南京政府积极寻求外援,1936 年 2 月与德国签订《中德信用借款合同》,德国向中国提供 1 亿金马克的信用贷款。资源委员会从这笔贷款中获得不足十分之一(981.944 万马克)用以建设工业,并由德国帮助资源委员会建设钨铁厂和钢铁、电工器材等厂,中国则以钨、锑、生丝、猪鬃等农矿产品作偿付。为了有效控制钨、锑的生产与出口,资源委员会分别于 1936 年 1 月 1 日和 3 月 1 日在湖南、江西设立锑业管理处和钨业管理处,开始实施对钨锑的管制政策。同时,南京政府于 1936 年夏拨款 1000 万元,次年再拨 2000 万元,作为资源委员会的建厂资金。到抗战前,资源委员会陆续设立了二十五个企业事业单位,如下表。

1936 年—1937 年资源委员会设立的企业事业单位

设立时间	企事业名称	所在地	附　　注
1936.1	锑业管理处	长沙	
1936.2	钨业管理处	南昌	另外省府合办钨矿工程处,1938.11 结束
1936	国外贸易事务所	上海、汉口	1938 年迁香港

① 陈真:《中国近代工业史资料》第 3 辑,第 797—800 页。
② 国民政府资源委员会档案,中国第二历史档案馆藏。

（续）

设立时间	企事业名称	所在地	附　　注
1936.6	中央钢铁厂	湘潭	1938.6 停办
1936.6	茶陵铁矿勘探队	1938.11 停办	
1936.7	彭县铜矿筹备处	四川彭县	接收原官矿,与重庆行营联合投资
1936.8	江西钨铁厂	江西吉安	存沪机器被毁,停办
1936.8	阳新大冶铜矿勘探队	阳新、大冶	1938.2 结束
1936	中央机器制造厂	湘潭	1938 年迁昆明
1936	中央电工器材厂	湘潭	有 4 个厂 1938 年迁滇桂
1936	中央无线电制造厂	湘潭	与湘省府及广播事业委员会合办,1938 年迁川
1936	中央电磁制造厂	长沙	与交通部办,1938 年迁川
1936	高坑煤矿局	江西安源	收买民窑,1938.10 结束
1936	湘潭煤矿公司	湘潭	与中福公司合办,收买民矿,1938.11 结束
1937.1	灵乡铁矿勘探队	1938.3 结束	
1937.2	天河煤矿筹备处	江西天河	与省府合办,收买民矿
1937.7	龙溪河水电厂	长寿	
1937.9	水口山铅锌矿勘探队	常宁	1938.8 结束
1937	四川油矿勘探处	巴县	
1937	中央炼铜厂	昆明	后改称昆明炼铜厂
1937	重庆炼铜厂	重庆	
1937	云南锡矿工程处	个旧	
1937	青海金矿办事处	西宁	与省府合办
1937	四川金矿办事处	松潘	
1937	宜洛煤矿	宜城洛阳	接办原企业,战后停产

资料来源:资源委员会:《资源委员会沿革》,1947 年油印本,参考其他资料修订。

（三）商业

南京政府实行若干商业统制政策，建立国营商业，进行商业独占活动。南京政府的商业统制，常以改进品种、防止中间剥削、集中运用银行资金为由，如 1933 年全国经济委员会设立棉业统制委员会，从事棉种改良，规定棉价，组织银行贷款等。1934 年 2 月，全国经济委员会设蚕丝改良委员会，江浙两省也相继设立蚕丝改进委员会、蚕桑管理委员会，在改良蚕种和茧灶方面作些倡导，而重点是统制产销，尤其是统制茧行，统一收购，垄断市场。1936 年，资源委员会垄断了全国的钨锑运销和出口。孔祥熙控制的天津祥记商行，以"商办"名义出现的国家资本，专门从事匹头、颜料、煤油等商品的买卖，在全国各重要都市设有七八个大商号。宋子文任董事长的中国棉业公司也于 1936 年成立，资本为 50 万元。1937 年春，增资为 200 万元，5 月又增资至 1000 万元。该公司在上海商品市场的交易很活跃，开张第一年，贸易额即超过 20 万元，原棉交易总额 1300 万元，经销纱布约 500 万元，信托业务 300 万元[①]，成为当时中国最大的商业垄断组织之一。1937 年 3 月，宋子文又在广州成立华南米业公司，资本 1000 万元，但流动资金 2000 万元，垄断了华中、华南大米的运输和销售。1936 年和 1937 年，南京政府又先后设立了中国粮食工业公司、中国植物油料公司、上海中央鱼市场股份有限公司、中国茶叶股份公司等商业垄断机构。这种商业因有政府或官僚投资，在政府的支持下，在商业领域的独占活动发展很快，在一些行业已取得垄断控制权。

（四）交通

南京政府成立后继承清政府和北洋政府修筑的铁路，里程 12728 公里[②]；1931 年东北沦陷后，东北铁路里程 6000 多公里亦连同损失。30 年代前期，南京政府修筑了浙赣铁路、粤汉铁路的株洲至韶关段、湘

---

① 小科布尔著、蔡静仪译：《江浙财阀与国民政府》，第 163 页。

② 许涤新等：《中国资本主义发展史》第 3 卷，第 87 页。

黔铁路的株洲至湘潭段等,至抗战前夕,全国有铁路 21,761 公里,南京政府实际控制的铁路只有 11,419 公里,约占 52.5％,其余均在外国资本控制之下①。

公路建设原由交通部主管,后交铁道部接办,再于 1932 年交由全国经济委员会掌理。1933 年,全国通车里程除东北外,有 6.3406 万公里,到抗战前夕,里程扩展到 10.95 万公里②。

航运业,主要是招商局。该局成立于 1872 年,以后所有权经过几次变动,1932 年才由南京政府接办。到抗战前,招商局的船舶数目最多时有 153 艘,吨位 8.63 万余吨③,占当时全国国营和民营船舶总吨位 57.6 万吨的 15％左右。

航空运输业,到 1936 年底,中国已有中国(与美国合办)、欧亚(与德国合办)、西南、惠通四家航空公司。中国和欧亚两公司有飞机 27 架④,西南公司系两广政府投资的 30 万元,惠通公司为中日合办,实为日资。此外,尚有中苏航空公司,仅有两架飞机。

据估计,1927 年—1937 年,南京政府统治下,国家资本在工矿业中的资本额为 2.06 亿元,在交通运输业中的资本额为 2.35 亿元⑤。交通运输业中的国家资本的资产为 16.3897 亿元(其中铁路为 9.8657 亿元,公路 4.5114 亿元)。1927 年—1937 年,南京政府国家资本的资产在工矿业和交通运输业中合计为 18.4479 亿元⑥。国家资本已在交通运输业中的铁路、公路、空运和邮局部门取得垄断和独占地位,但在航运部门则落后于民族资本。在工矿业资产中,国营、民营工矿业资本合计为 13.76 亿元,其中国营为 2.06 亿元占 15％,民营为 11.7 亿元占

① 许涤新等:《中国资本主义发展史》第 3 卷,第 87—88 页。
② 孙健:《中国经济史——近代部分》,第 473 页。
③ 简锐:《国民党官僚资本发展概述》,《中国经济史研究》1986 年,第 3 期。
④ 陈真:《中国近代工业史资料》第 3 辑,第 838 页。
⑤ 吴承明:《中国资本主义与国内市场》,第 130 页。
⑥ 简锐:《国民党官僚资本发展概述》,《中国经济史研究》1986 年,第 3 期。

85％。这表明国家资本在抗战前,在工矿企业中还没有占居绝对垄断和统治地位,只是处在初步形成阶段。然而,南京政府的国家资本在金融业中已占统治地位,它通过货币信用和外汇政策等,已经可以掌握全国经济命运了。这里所指的国家资本已包含有通常所说的官僚资本的概念。关于官僚资本问题,本书以后各卷将作进一步论述,读者亦可参阅现有的相关著述。

二　对民营企业的扶助

南京政府在建立国营经济的同时,也从清理整顿与奖励两方面扶持民营企业。

（一）清理整顿原有工矿

1930 年 3 月,国民党三届三中全会通过《关于经济建设之方针案》规定:"中国之普通工业,在政府之提倡农业增加原料减轻原料之价格及政府施行保护税则之范围内,准其自由发展。"[①]南京政府依据三中全会决议,对普通民营工业给予切实保障,而对于混乱状态的钨锑业、采金业,铁砂贸易,以及有逆股的企业,进行清理整顿。先后对中兴煤矿、益华铁矿、烈山煤矿等进行清理;同时对外国人经营的中福、开滦、鲁大等煤矿也进行整理。通过清理,一部分产权被认为有"逆股"而作公产处理。如山东峄县枣庄中兴煤矿公司,北洋军阀所占逆股颇多。自国民党军克复枣庄后,战地政委会即委俞飞鹏为整理该矿委员会主任,着手进行整理。嗣经委员会与该公司双方议定,由公司资助军饷百万,逆股充公,商股照旧维持,已由委员会呈报总司令部及战地政委会核准。但该公司初则以国民党军北伐未成,意存观望,继则以战地政委会行将取消,冀该会同时裁撤,虽现款已筹足,复提出种种要求,不肯将款缴案,经俞飞鹏迭次交涉卒归无效。该会遂据情电呈蒋介石请示,奉

---

①　秦孝仪:《革命文献》第 79 辑,第 162 页。

电严限该公司 30 日以前付清。后逾期仍不遵缴，蒋以该公司竟敢背约要挟，显系军阀奸商朋比为奸，希图阻挠军饷，大为震怒，遂于 1928 年 7 月 5 日正式公布，将该矿所有财产，一律充公，并责成俞飞鹏负责接收，一面严令该公司遵照移交，如敢违抗，定予严办；一面将处置经过情形，函请农矿部查照备案①。同时对一些由外国人经营，中国政府一向难以控制的厂矿，加强了控制。如中福公司合资经营煤矿须经南京政府批准，而合资期限只定为十年，到期后得依法呈请展限，等等②。

（二）颁行奖励扶持民营企业的政策

南京政府于 1929 年 7 月及 1930 年 2 月公布《特种工业奖励法》及《奖励特种工业审查标准》，以鼓励人民投资创办新兴工业。1934 年 4 月 20 日又将它修改为《工业奖励法》，并扩大奖励范围。其奖励对象为：应用机器或改良手工制造的制品，在国内外市场能大宗推销的工业；采用外国最新方法首先在本国一定区域内制造的工业；应用在本国享有专利权之发明在国内制造的工业③。这三种奖励对象的目的在于促进：1. 基本工业，期能带动其他工业；2. 外销工业，以增加外汇收入；3. 新工业，以鼓励技术进步；4. 进口代替工业，以缩减国际收支逆差。奖励方法：减低或免除出口税；减低或免除原料税；减低国营交通事业之运输费；给予奖励金；准在一定区域内享有五年以下之专制权。至 1936 年底，经审查核准予专制权的有纬成股份有限公司、中业化工股份有限公司、福建造纸股份有限公司等十三件；减免税款的有商务印书馆股份有限公司、汉蓼公司、天原电化股份有限公司等四十一件；减低国营交通事业运输费的有江南制纸股份有限公司、章华毛绒纺织股份有限公司、裕庆德毛织工厂等二十七件，共计八十一件④。

---

① 陈真:《中国近代工业史资料》第 3 辑,第 698—699 页。
② 陈真:《中国近代工业史资料》第 2 辑,第 204—205 页。
③ 《中华民国法规大全》第 3 册,商务印书馆 1936 年版,第 3398 页。
④ 实业部档案四二二(1)·2010、2009 卷,中国第二历史档案馆藏。

对于小工业及手工业,实业部又于 1931 年 5 月 15 日颁布《小工业及手工业奖励规则》,奖励对象为:"对于各种制造品有特别改良者";"应用外国成法制造物品确属精巧者";"擅长特别技能制品优良者"。奖励方法:奖金、奖章、褒状、匾额①。自"规则"颁布后至 1932 年底的一年半时间内,各省市依照该规则呈请奖励者甚多,经核准发给褒章、褒状、匾额等奖励者,计有哈尔滨华北油漆厂、上海联华影片公司、天津隆记工厂、山西樊字华铜工厂、山东瑞兴和工厂、湖北叶正兴蚊香厂、汕头曹裕兴爱国纸伞厂等三十余家②。同时,对小工业及手工业中擅长特别技能或应用外国成法能制为世人称道的精良物品,除援照前农商部机制洋货税办理外,对于仿制机则给予减免税捐的优惠。1933 年一年内,有一百一十多家工厂对外销免税,内销只抽正附税③。

南京政府于 1931 年 12 月 26 日颁布《实业部中央工业试验所组织条例》,成立中央工业试验所。该所努力引进国外先进技术,研究工业制造技术,并进行推广。1932 年,南京政府还选聘九十余名专家组成工业标准委员会,制定工业技术标准,实行商品检验等。在此之前,南京政府还于 1929 年 6 月 28 日公布《技师登记法》,进行技术人才登记,以发挥工程技术人员的作用,至 1937 年,登记技师或技副的有 1367人④。

南京政府为调查了解全国工矿企业情况,1931 年 12 月 18 日实业部公布《工厂登记规则》。规则规定:"凡中华民国境内之工厂平时雇用三十名以上之工人或用机械动力制造出品者,均依本规则呈请登记。"⑤

---

① 《中华民国法规大全》第 3 册,第 3410 页。

② 《抗战前国家建设史料——实业》,《革命文献》第 75 辑,第 1377 页。

③ 秦孝仪:《中华民国经济发展史》(一),第 425 页。

④ 中央文化工作会主编:《中国国民党与经济建设》上册,台北 1984 年版,第29 页。

⑤ 《中华民国法规大全》第 3 册,第 3415 页。

至 1937 年,全国核准登记的工厂共 3849 家①。

南京政府于 1929 年 2 月还颁布《华侨回国兴办实业奖励办法》,奖励华侨回国兴办实业。为扶助纺织业的发展,借拨英国退还庚款余额属水利工程项下的购料款,由政府担保,商民向英国分批订购纱锭 60 万枚,布机 5000 台。对于私营企业的资金确有困难者,进行贷款等方式给予补助。1931 年为解决丝业危机,发行丝业公债 800 万元等。政府还提倡举办国货展览会,参加国外的博览会,以扩大中国民族工业产品的影响和销路。

南京政府对民营企业的奖励和扶持,对工业生产起到了一定的推动作用,使工业生产在艰难曲折的道路上得到一定程度的发展,工业生产的平均增长率由 1921 年—1928 年的 7.3%,到 1928 年—1936 年增长到 8.3%。1936 年全国工业产值 122.74 亿元,比 1927 年的 67 亿余元增长 83.2%②。

三　合作事业的推广

中国合作运动萌芽于 1919 年。"中国初期合作运动的一个重要特征,是完全只是凭私人及若干社会团体的努力所推动"③。中国初期小量合作社,对后来 30 年代的合作运动并无直接影响。可以说,中国农村合作运动主要是在华洋义赈会推动下,从信用合作社开始的。

华洋义赈会是由中外人士合组,本为救灾而设的慈善组织。1920 年华北五省大旱,部分驻华外国公使及外国人士在各地纷纷组织国际救灾会,进行募捐救灾。1921 年恰逢丰收,直接的救灾工作结束,但赈款尚余二三百万元,加之中国灾荒频繁,于是这些救灾会于 1921 年 11

① 《工厂登记分类清册》,经济部档案四 35297 卷,中国第二历史档案馆藏。
② 中央文化工作会主编:《中国国民党与经济建设》上册,第 29 页。
③ 朱斯煌:《民国经济史》,第 349 页。

月在北京成立"中国华洋义赈救灾会"。从成立起，其目标不再是简单地赈济已成之灾，而是防灾。1922 年 4 月，华洋义赈会本着"救灾先须防灾，防灾先须调剂农村金融，俾能使恢复元气"的宗旨，设立机构进行调查。根据调查结果，认定农村信用合作制度最适合于中国之农村社会。1923 年 6 月，该会拨款 5000 元为试办农村信用合作社之费用，并在河北省香河县诞生了中国第一个农村信用合作社。到 1927 年，得到华洋义赈会批准的合作社计 561 个，社员 13190 人①。

中国初期的合作运动蓬勃发展起来，然而北洋政府对于带有社会经济改革运动的合作社，始终抱歧视甚至是仇视的态度。1927 年 11 月，北洋政府农工部通令禁止合作社，各地合作社组织相继遭到封闭，特别是关联到社会经济结构之中心的生产合作社首当其冲。这样，中国初期的合作运动到此告一段落。

与北洋政府相反，1925 年，国民党第二次代表大会作出"提倡农民合作事业"的决议案；1926 年，国民党中央执行监察联席会议亦通过"扶助农民合作组织"的政纲。南京政府成立后，蒋介石、陈果夫等又在1928 年 2 月召开的国民党中央第四次全体执监会议上提出"本党应特别提倡合作运动案"。同年 10 月，国民党中央常委会通过六项运动为各级党部工作纲领，合作运动为其中之一（六项运动为卫生运动、保甲运动、合作运动、造路运动、造林运动、识字运动，以后又加上提倡国货运动，即当时所谓的"七项运动"）。但实际上，1931 年以前合作事业远没有形成一个运动。从 1931 年起，南京政府采取一系列步骤，包括1931 年公布《农村合作社暂行规程》，1933 年设立鄂豫皖赣四省农民银行及"农村复兴委员会"，1934 年 3 月 1 日颁布《合作社法》等，合作事业有了较大发展。

抗战前，南京政府直接参与和推动的合作事业，均出于现实的直接需要，即反共的需要。如 1931 年到 1932 年，在江西及鄂豫皖"围剿"共

---

① 方显廷：《中国经济研究》（上），第 415 页。

产党而成立的军事委员会委员长行营,就在这几个省积极推动合作事业:1931年8月制颁江西省"剿匪"区内农村合作社暂行条例,9月成立江西省农村合作指导员训练所。1932年,豫鄂皖三省"剿匪"总司令部复制颁"剿匪"区内农村合作社条例,公布信用、利用、供给、运销四种合作社模范章程,限期实施;同时设立豫鄂皖赣四省农村合作指导员训练所,规定每省训练100名①。1933年成立鄂豫皖赣四省农民银行,从资金上给予合作社以支持。四省农民银行开办以后,营业进展很快,1935年4月营业范围扩大到十二个省,故改称为中国农民银行。可见,合作运动实际是国民党反共政治斗争的重要内容。

30年代,合作事业在中国变成了一个真正运动,主要表现如下:

首先,从1931年起,合作社的数量及分布地区都有了一个相对迅速的发展。20年代合作社在中国北方主要局限在河北一省,南方主要在江苏、浙江两省。到1932年,合作社已扩展到至少八个省份,而且合作社的数量在各省逐年递增,见下表:

1932年—1933年合作社发展概况表

省别	有合作社县数			合作社数			社员数		
	1932年	1933年	增长率	1932年	1933年	增长率	1932年	1933年	增长率
河北	69	61	0.88	876	1605	1.83	24217	40263	1.7
江苏	51	54	1.06	1721	1897	1.10	53512	56192	1.1
浙江	32	40	1.25	731	1072	1.47	20219	29078	1.4
江西	5	21	4.20	12	335	27.92	827	10981	13.3
安徽	5	24	4.80	16	1742	108.88	439	50408	114.8

---

① 秦孝仪:《中华民国经济发展史》(一),第426页。

（续）

省别	有合作社县数			合作社数			社员数		
	1932 年	1933 年	增长率	1932 年	1933 年	增长率	1932 年	1933 年	增长率
湖南	2	7	3.50	8	31	3.88	8203	30367	3.7
湖北	2	14	7.00	3	117	39.00	272	23400	8.6
山东	24	61	2.54	114	225	1.92	6882	14800	2.2
总计	190	282	1.48	3481	7024	2.02	114571	255489	2.23

资料来源:方显廷:《中国经济研究》上册第 413—432 页,商务印书馆 1938 年 2 月版。

从表中可以看到,尽管其绝对数字都不高,但相对各地而言,发展却非常明显。

1933 年以后,合作社发展势头进一步扩大。到 1935 年底,合作社已发展到除上述八省外的广东、广西、福建、山西、陕西、甘肃及绥远等共十六省。到 1936 年底,合作社数增至 3.7318 万个,社员增至 164.3670 万人①。

第二,从 1932 年起,更多的金融机构参加到合作事业中来。在 20 年代,除义赈会外只有专设的省、县农民银行为支撑合作社的金融机构。到了 30 年代,先从 1931 年到 1933 年义赈会先后同上海银行、中国银行、金城银行订立合同为合作社提供贷款。尔后在 1933 年又有豫鄂皖赣四省农民银行向农村贷款。由于这些金融机构参加,合作社的资金数量也大为改观。例如,以 1922 年到 1931 年十年期间,义赈会提供给合作社的全部资金仅 11.22 万元,而当它与上述银行签订合同以

---

① 卜国群:《中国三十年代的合作运动及乡村改良潮》,《中国经济史研究》,1994 年第 4 期。

后,仅1933年一年,这些银行提供的资金即达20万元。至1934年上海的商业银行提供给全国合作社的贷款金额达五六百万元,到1936年底,中国农民银行提供的农业贷款达1480万元①。

第三,多种形式的合作社出现和发展。这一时期除信用合作社外,又有生产、利用、消费、购买、运销、保险、贮藏等多种形式的合作社。尽管信用合作社仍为整个合作事业的主流,如1933年信用合作社占全部合作社的82.3%,但随着合作社总数的增长,信用合作社的比例逐渐降低,到1936年已降至55.25%②。

抗战前南京政府推广合作事业,创办农业金融和农村信用合作社,是中国近代经济发展上的一个进步。信用合作社曾经起到一定调剂农村金融的作用。当时普通银行放款给合作社的月利总在0.8—0.9分之间,加上手续费以及合作社的开销,放给农民时月利多为1.3—1.6分。这与月息四五分以至七八分的高利贷比较,确实低得多。在救济自然灾害的过程中,南京政府发放农赈贷款,组织农民成立互助社、合作社,这对于农业经济的恢复也起了一些积极作用③。然而,它的客观效果和影响又怎样呢? 首先是合作社运动发展不普遍,只集中于少数几个省,合作社名不符实的现象也普遍存在。其次,合作运动并没有给农民带来多少好处,高利贷依然存在。据《农情报告》第二年第11期所载的调查报告统计,在全国23省中,银行放款在农民借款来源中占到2.4%,合作社平均也还没有占到3%,而富农占18.4%,地主占24.3%,商人占25.03%,三者合计占农民借款来源的70%④。银行

① 卜国群:《中国三十年代的合作运动及乡村改良潮》,《中国经济史研究》,1994年第4期。

② 卜国群:《中国三十年代的合作运动及乡村改良潮》,《中国经济史研究》,1994年第4期。

③ 卜国群:《中国三十年代的合作运动及乡村改良潮》,《中国经济史研究》1994年第4期。

④ 冯和法:《中国农村经济资料续编》,黎明书局1935年版,第807—808页。

和合作社对于农民的影响无足轻重，而地主、富农、商人之影响较重要而且普遍。从利率上看，银行的农贷的确是低利贷款，但是由于一般信用社章程规定家有一定财产（10亩地）方能入社，并取得借款权，借款须有财产抵押和担保，所以能够取得这种低利贷款的往往是地主富农。他们取得贷款以后，提高利息转借于农民，这样，农民所得到的仍然是高利贷。合作社被地主、富农所利用，成为剥削农民的新工具，南京政府的合作运动最后还是以失败告终。

四　国民经济建设运动

中国进入30年代后，由于遭受世界经济危机的袭击与国际帝国主义的经济侵略压迫，以及天灾战祸的影响，以致农村破产，工商凋敝，国计民生濒于危殆。军事委员会委员长蒋介石于1935年4月1日在贵阳发起"国民经济建设运动"，称为挽救崩溃之国民经济，而使人民获得相当之生活，"今日须有一种运动继新生活运动之后而起，即国民经济建设运动"①。8月8日，蒋介石复于成都通电各省政府主席转告各地同胞，指示经济建设纲要。10月10日，蒋介石又发表《国民经济建设运动之意义及其实施》的文章。同年12月，国民党五届一中全会还通过《确定国民经济建设运动实施计划大纲》。1936年元旦，蒋介石复将《国民经济建设运动实施计划大纲》公布。蒋介石的讲话及国民党五届一中的决议，对国民经济建设的涵义、目标及实施要项作了具体的论述：

国民经济建设运动的涵义："为促起人民以自动改善国民之经济，即为集合全国社会与生产机关各部分之努力，建设健全之国民经济。政府则以所有之力量，为之排除障碍，且予以种种助力与便利者也。国

---

① 蒋介石：《国民经济建设之意义及其实施》，葛定华：《国民经济建设要论》，正中书局1937年版，第1页。

民经济建设运动者,以建设国民经济,即解决民生问题为目的,与国家
经济政策范围有广狭之殊。盖国家经济政策,于民生而外,更须注意于
国计,而国民经济建设运动之本位,则为国民也,其对象则为民生也。
总理以民生主义为三民主义之中心,国民经济建设运动者,实以三民主
义为基础,亦即民生主义实现之初步也。"[1]

国民经济建设运动的目标:为"尽人力,辟地利,均供求,畅流通,以
谋国民经济之健全发展"[2]。其积极方面:甲、增加生产总量,解决生活
需要。乙、增加工作机会,解决失业问题。丙、增加输出产品,藉谋贸易
平衡。丁、保障投资安全,鼓励生产活动。消极方面:甲、解决阻碍生产
发展之外面的原因(如捐税、产业法规、劳资关系等)。乙、解除阻碍经
济发展之内在的原因(如缺乏经营方法与人才等)。丙、解除阻滞货物
流通之障碍(交通、金融、运销制度等)。丁、解除妨碍生产建设之心理
等因素(如愚昧迷信,保守,缺乏劳动习惯及漠视经济等)。

蒋介石说:在本运动目标上,"首要急务,为使人尽其才。一方面使
专门人才有贡献能力于经济建设之机会;一方面使有劳动力的国民,尽
量发挥其劳动力于经济建设;同时并须养成中级人员有实际之经验与
指导之能力。盖必先人尽其才,而后地尽其利,此为我国从事国民经济
建设时所不可忽略者"[3]。

国民经济建设运动的实施要项共分八点:

一、振兴农业:增加农业生产,凡制肥选种,改良农作方法,活泼农
业金融,流畅农产运销,悉以合作社为基础,指导并改进之,以达到粮食
自给自足为初步目标。一方面增加农业原料之生产量,同时提倡农产
之就地加工制造。

---

① 张其昀主编:《先总统蒋公全集》第 1 册,台湾中国文化大学 1984 年版,第
1014 页。

② 张其昀主编:《先总统蒋公全集》第 1 册,第 1015 页。

③ 张其昀主编:《先总统蒋公全集》第 1 册,第 1015 页。

二、鼓励垦牧：鼓励大规模之移民垦荒与经营畜牧，实施军区屯垦制，恢复并增进牛羊马匹与农村各种副产物（如猪鱼鸭之类）之生产，同时提倡各省所有荒废土地之开垦与耕作，以地无旷土为目标。

三、开发矿产：调查矿产状况及摧残矿业发展之原因，建议政府改善矿业法规，鼓励矿产投资，扶助矿商之独立经营与自由发展，以辟天然之富源，而容纳众多之劳力。

四、提倡征工：赞助政府实施征工制度，鼓励民众参加义务劳动。尤以开发交通道路，修治水利，培植森林，开辟垦地，为征工之基本工作。同时实施兵工政策，与征工制并行。以军队补助各地征工工务之不足，并为建设地方公共工程之倡导。

五、促进工业：对农村简易工业及农产品加工制造之简单工业，提倡就农村或其附近按合作系统经营之。对于一般工业，由政府分别保护并奖励之。一面设立劳资调节机关，遇有劳资纠纷，予以公平调处。并须赋与该机关以最后强制执行之权，借以保障企业之安全与劳动者之工作。

六、调节消费：统计各地尤其农村之消费品种类与数量，力谋供求之调剂，必须消费者尽量自己生产；其不能生产者尽量节约其消费。此项工作，须由当地职业团体及合作社协力进行，并须取得进口业公业之赞助。

七、流畅货运：一方面尽量发展各县各省区间之道路交通，改进水陆货运，力谋货物流通之便利；一方面设立各重要地区之主要农产品，如棉、麦、米、丝、茶等之公共仓库与运销机关。

八、调整金融：鼓励民间之储蓄，活泼资金之融通，由政府执行健全之货币与汇兑政策，而人民衷诚拥护之。

至于国民经济建设之初步工作，则为调查统计、集中人才、研究设计、训练人才与宣传指导等项目。其中有宜于利用合作系统者，有宜于利用教育系统者，有宜于利用军队系统者，有必须获得学术机关或学术团体之协助者，有必须产业团体与产业机关自动自发者，因此必须有一统筹机关来负责推动,此一机关即 1936 年 6 月成立的国民经济建设委员会。

国民经济建设委员会总会设在南京,分会遍设各省、县、市。该会并非政府机关,而是一个以宣传及提供实际协助方式,促进人民与政府密切合作的机构。委员会除蒋介石任委员长外,大部分委员均由政府人员兼任,但不另行支薪,与建设委员会等机构不同。

国民经济建设运动推行后,民众的经济建设观念为之一新,到了1936 年国民经济有所转机。随着世界资本主义世界经济的复苏,中国经济也开始活跃。中国农业,由于 1936 年全国未发生大的自然灾害,两年多来又采取了改进生产的措施,也出现了增产的势头。1936 年的中国工业、商业、农业比 1935 年都有较大的增长,与南京政府建立的1927 年相比,1936 年可算作中国经济发展的高峰。

第三节　经济建设的初步成效

一　工业生产状况

南京国民政府成立后,实施一系列有利于国内工业发展的新经济政策,如 1929 年实行关税自主,1931 年裁撤厘金统一税收,1933 年废两改元与统一货币,1935 年实行法币政策等。同时发展金融业,建立国家银行;注重交通建设,增修铁路和公路,开辟航空线路。这些政策与措施使中国工业在赓续民国以来发展基础上向前发展,缓解了 1929年至 1933 年世界经济危机的冲击;解除了 1934 年由于美国政府大量收购白银,国内金融紧缩给工业带来的萧条和困厄。此外,"五卅"惨案、"九一八"事变、"一二八"事变和"一二九"运动所激发起来的广泛的民族主义的浪潮,抵制外货,提倡国货,也为民族工业提供了发展的机会。所有这些,都促使中国工业在 1927 年—1937 年间有新的发展。

(一)棉纺织工业

棉纺织业始终执工业界之牛耳。第一次世界大战期间已有相当发展,后经过1923年—1924年纱布萧条,1925年纱业有了转机。1927年全国纱厂已达119家,以后纱厂、纱锭、织机逐年均有增加。进入30年代,由于东北沦陷和经济危机,纱业一直不振。1932年部分纱厂曾停工数周,1933年4月纱厂联合会决议停工23%,为期一个月。到期又决定各厂根据情况,在下半年自行减工,或停夜班,或全停数周[1]。自1932年起,华商纱厂纱产量逐年下降,不过因这时纱锭增多,故总水平尚高于20年代。自1933年以后,华商纱厂建设停滞,出售、出租、改组频仍。在此期间,华商棉纺织厂中,破产的有三家,清理的有三家,出租的有一家[2]。1935年6月底,59家华商纱厂,完全停工者24厂,而减工者复有14厂,停工减产总锭数超过100万枚[3]。至1936年,由于农村安定,农产丰收,农民购买力骤增,使中国棉纺织慢性衰落景象获得一线生机,棉业界人士转趋乐观,颇有奋起之势,但形势好转仅系曙光一现,1937年的"七七"抗战发生后,形势大变。

1927年—1937年,中国棉纺织业虽有发展,但华商纱厂无论是增长速度或是绝对增长数,都远比外商逊色。1927年全国纱锭数是367.5万枚,至1936年增加到510.3万枚,其中外国资本(绝大多数是日本的,一小部分是英国的)在华工厂所拥有纱锭数,由157.5万枚增加到235.6万枚,增加几乎达50%,在全国纱锭总数中所占的比重,由42.9%提高到46.2%;而华商纱厂拥有的纱锭数,从209.9万枚增加到274.6万枚,只增加31%,在全国总数中所占份额由57.1%降到53.8%[4]。布机在1927年总台数为2.9788万台,1936年增加到

① 严中平:《中国棉纺织史稿》,第230—231页。
② 祝慈寿:《中国近代工业史》,第668页。
③ 陆仰渊等:《民国社会经济史》,第378页。
④ 《银行周报30周年纪念刊》,1948年印,第225、335页。

5.8439 万台,其中外商厂由 1.6329 万台增到 3.2936 万台,增加了一倍有余,在全国布机总数中所占的比重由 54.8％提高到 58.1％;而华商厂布机数由 1.3459 万台增加到 2.5503 万台,增加约 90％,在总数中所占的比重则由 45.2％下降到 41.9％①。随着外资特别是日资势力的发展,上海华丰、宝成一厂与二厂及天津裕元、华新、宝成三厂均被日商纱厂兼并,天津裕大、唐山华新也由日资经营或合营。这些情况表明,外资特别是日资势力增强很快,对华商构成重大威胁。

（二）机器面粉工业

面粉是仅次于棉纺织的中国重要工业,它大都集中于交通口岸或大城市,尤以哈尔滨为多。1931 年前,面粉工业有所发展,新开设面粉厂 44 家,同时闭工歇业的也有 8 家②。这年全国共有面粉厂 157 家,其中华商 148 家,外资（主要是日资）9 家。以地区分,东北三省 64 家,江苏（包括上海）40 家,山东 16 家,河北 13 家,河南 7 家,山西和安徽各 3 家,湖北 10 家,湖南 1 家③。

1931 年"九一八"事变,面粉业受影响最深;原来华北及华中的面粉有相当部分销售东北,东北沦陷后,关内面粉输往既须征税,如外货,日粉入口反可免税,市场遂为所夺。而且欧美过剩的面粉又咸向中国倾销,益以华北动荡不安,土磨面粉可不纳税,机器面粉销路遂与日俱蹙,小厂停业,大厂减工,面粉工业经营艰难万状。至 1933 年,南京政府改订关税税则,每担面粉进口加征进口税 0.825 金单位;1935 年又对出口面粉实行退税办法,同时全数退还运销东北所征的税款,并大力调整铁路运费。凡此种种措施给予面粉业以帮助,面粉业得以渡过困

① 《银行周报 30 周年纪念刊》,1948 年印,第 336 页。
② 中国科学院经济研究所等:《旧中国机制面粉工业统计资料》,中华书局 1966 年版,第 207—300 页。
③ 陆仰渊等:《民国社会经济史》,第 382 页。

难缓慢发展。到 1936 年底止,全国机器面粉工厂实存数共计 152 家,日生产能力为 45.2218 万包。其中东北地区共 53 家,日生产能力为 11.651 万包;上海、无锡以及江苏等地区共 31 家,日生产能力 17.6 万包,仍占全国第一位。是年机器面粉工厂的生产能力虽较 1921 年增加 47%,而实际年产量仅增加 26%[1]。

（三）卷烟工业

卷烟工业在我国轻工业中仅次于纺织业和面粉业而占据第三位。中国卷烟工业向以上海为唯一中心,全国直接从事卷烟业的工人达 8 万人之多。在这一时期,上海的卷烟工业趋于衰退,每况愈下。1927 年上海有卷烟厂 182 家,1928 年减至 94 家,1929 年减至 79 家,1930 年减至 65 家,1931 年减至 64 家,1932 年减至 60 家[2],到 1936 年只余 44 家[3],仅为 1927 年的 24%。不过,本时期卷烟日益普及,市场不断扩大,又因其制造较易,内地各省都纷设小型烟厂,卷制低级烟,主销农村。据税务署统计,1933 年有纳统税的华商烟厂 116 家,销烟 51.7991 万箱,其中低级烟占 85% 左右[4]。

中国的卷烟工业实际上为外商所垄断和操纵。外商烟厂绝大部分在上海,所谓"八大公司"均是外国资本开设。其中以英美烟草公司最大,1935 年改名为颐中烟草公司,是国际烟草垄断公司之一。颐中公司在上海拥有三家工厂,汉口和天津两家工厂,青岛一家工厂,并在全国 28 个城市设有办事处,拥有卷烟机 534 台,工人达 2 万人以上,总资本达 4 亿元[5]。其次还有美商的大美、花旗、美迪,希腊商的锦华、杜柯、健身,意商的大宝等。据统计,1935 年华商销烟 46.5023 万箱,外

---

①　上海粮食局等:《中国近代面粉工业史》,中华书局 1987 年版,第 63 页。
②　祝慈寿:《中国近代工业史》,第 679 页。
③　许涤新等:《中国资本主义发展史》第 3 卷,第 152 页。
④　许涤新等:《中国资本主义发展史》第 3 卷,第 153 页。
⑤　《上海华商卷烟工业之现状》,《工商半月刊》第 5 卷,1935 年 1 月,第 1 页。

商销烟 64.1891 万箱,占 58%①。

(四)机器缫丝工业

机器缫丝工业由于欧战后欧美恢复丝织工业,华丝出口尚称顺利,又遇 1923 年日本关东大地震,日丝出口减少,故 1921 年—1930 年颇有发展。1929 年是我国历史上桑蚕丝产量最高的一年,达 16.5511 万公担,其中厂丝 8.937 万公担,占 54%。这一年全国 360 家丝厂,有丝车 12 万部②。其中,上海 104 家、丝车 2.3582 万部,无锡 46 家、丝车 1.2862 万部,苏州与镇江 6 家、丝车 1544 部,浙江 24 家、丝车 6452 部,广东 146 家、丝车 7.2455 万部③。

进入 30 年代,因资本主义世界进入经济危机,丝的需求量大减,加以日本改进了制丝技术,华丝难与竞争,以及人造丝大量侵占真丝市场,机器缫丝业面临重重困难。在 1930 年,上海和江浙两省的开工丝厂共有 193 家,其中上海 111 家,而已有开工不足情况;至 1931 年共减为 149 家,上海有 70 家,1932 年又减为 105 家,上海仅存 53 家。广东省 1929 年开工的丝厂 146 家,至 1930 年减为 121 家,1931 年又减为 111 家,至 1932 年仅存 58 家④。山东、四川等地丝厂亦减产或停闭。

但是,在中国缫丝工业的急剧衰落过程中,亦有不平衡现象。其中以原来上海、广东两大基地的衰落最甚,如上海 1934 年仅存 35 家,丝车 8270 部,广东仅存 37 家,丝车 19505 部,分别较 1929 年减少了 65% 和 73%;江苏省因苏州、镇江厂均早已停歇,所存 38 厂、丝车 10348 部全在无锡,故与 1929 年无锡的 46 厂、丝车 12862 部比较,减少仅 20%,1935 年后,由于永泰资本集团形成增长亦较快。又浙江省除

---

① 《近三年国内制造卷烟华商洋商销量每月比较表》,引自巫宝三等:《中国国民所得 一九三三年》下册,1947 年版,第 132 页。

② 上海社会科学院经济研究所等:《中国近代缫丝工业史》,上海人民出版社 1990 年版,第 322 页。

③ 祝慈寿:《中国近代工业史》,第 327 页。

④ 祝慈寿:《中国近代工业史》,第 325 页。

1934 年丝车减少较多外,其余年份减少不多,1935 年后且增长至历史最高水平①。

1935 年 6 月以后,美国丝织厂和袜厂纷纷开工,需要生丝增加,丝销渐起,丝价回升,一年内自最低每担 380 元一跃而至 700 元以上,我国缫丝工业才稍有起色。除江浙沪丝厂开工者有所增加外,其他广东、山东等地的缫丝工业也稍见活跃。1936 年最高丝价每担为 960 元,最低价也达 720 元,外销转旺;全国开工丝厂增加到 180 余家,厂丝总产量达 7.0971 万公担②,丝厂可略获盈利,行业有所转机。但是,1937年日本侵略我国,又给中国蚕丝业以毁灭性打击。

(五)火柴工业

火柴业在上一时期中本已相当发达,据统计,1928 年全国有火柴厂 180 家,资本总额为 2400 余万元③,遍布十四个省市,其中以广东、山东和上海较多。除上海以外,各省火柴厂大都规模较小,设备简陋,随时开张或关闭,生产不稳定,成本高,质量差。1928 年后,瑞典火柴商趁机向中国市场倾销火柴,瑞典厂商在东北收购许多日商火柴厂,借助其技术和资本的优势,生产廉价火柴在华北城乡倾销,以图挤垮华北的中国火柴厂,同时在上海和香港囤积大批瑞典火柴,向华中和华南各地城乡倾销,试图垄断中国的全部火柴市场,使中国民营火柴厂因亏蚀或滞销而纷纷倒闭。据报载,1929 年下半年,“东北各厂全数倒闭,广东厂家亦倒闭过半,苏浙皖各省虽根基较固,而停业亦及小半”④。

在此危机之际,政府与商业界采取措施尽力挽救。1930 年 12 月,南京政府将火柴进口税率由 7.5% 提高到 40%,加强国产火柴的竞争

①　许涤新等:《中国资本主义发展史》,第 3 卷,第 326 页。

②　许涤新等:《中国资本主义发展史》,第 3 卷,第 327 页。

③　龚骏:《中国新工业发展史大纲》,商务印书馆 1933 年版,第 290 页。

④　上海社会科学院经济研究所:《刘鸿生企业史料》上册,上海人民出版社1981 年版,第 108 页。

力,使进口火柴由 1930 年的 1.7661 万箱减少到 1933 年的 1461 箱①。火柴业集中地广东,1930 年组织维业堂共同议定产销定额,避免同业竞争。广东地方当局对外国和省外火柴征收内地消费税,从而形成地区垄断,维持偏安局面。东北华商和日商亦于 1931 年实行联营,并由东北当局实行火柴专卖,以抵制瑞典和关内火柴,旋因"九一八"事变中止。在关内,由刘鸿生倡导,于 1935 年成立中华全国火柴产销联营社,议定每年总产量为 74.6543 万箱,另留有给日本厂商的份额。惟各区内部争执未已,仅华中区 21 家实行。限产后,火柴价格提高,1936 年大中华厂已扭亏为盈,一些中等厂也有好转,但仍有些小厂亏累②。

民族火柴工业在国产火柴销路转快的刺激下,不仅原有工厂增加产量,而且又有许多新厂开设。据统计,从 1928 年到 1937 年抗战前,全国共设立 75 家火柴厂,其中 1933 年以前开设的 61 家,1933 年以后仅个别省份有所发展③。

(六)水泥工业

水泥工业是本期发展较快的民族工业,新设立的水泥厂有:1928 年广东设立的西村士敏土厂、1934 年山西太原设立的西北洋灰厂、1935 年江苏南京栖霞山设立的江南水泥厂、1936 年四川重庆设立的四川水泥厂。中国幅员广大,建设殷切,几家水泥工厂的产品不足以供应全国的需要。据《海关贸易册》的报告,这一时期水泥的进口数量:1928 年为 270.0609 万两,1929 年增至 340.6814 万两,1930 年更增至 384.0497 万两,每年均有若干增加④。进口水泥主要来自日本。日本运

---

① 国民政府经济委员会:《火柴工业报告书》,1935 年 7 月版。
② 青岛市工商行政管理局:《中国民族火柴工业》,中华书局 1967 年版,第 83 页。
③ 许涤新等:《中国资本主义发展史》第 3 卷,第 36 页。
④ 许涤新等:《中国资本主义发展史》第 3 卷,第 292 页。

销中国的水泥每袋售价还不到国产水泥价格的三分之二①,以低价打开中国销路。

由于日本水泥在中国市场倾销,华商水泥企业之间的竞争也日益剧烈。为了联合抵制外货的倾销,防止彼此在竞争中失利,启新、上海、中国、江南四家水泥厂于1925年、1931年、1936年先后实行过三次联营,联营内容包括划分销售区域、议定销售数额和价格等②。南京政府于1934年7月施行进口税新税则,水泥进口税率每100公斤增至金单位8角3分,使水泥输入大减,促进了国产水泥的销售。至1937年,中国资本自办的水泥厂已增至九家,原有厂家也购进新机,扩大生产规模,年产量增至735万桶,不仅供应本国水泥的需要,而且产品远销海外南洋一带,打下了中国水泥业的初步基础。

（七）重化学工业

重化学工业是中国建立和发展得比较晚的一个化学工业部门。中国早期的化学工业,大都是轻工业性质的,如早期的制药工业、化妆品工业等,以后才逐步略有重工业性质的化学工业。第一次世界大战后期至抗日战争之前的二十年间,是中国重化学工业创建和初步发展的一个重要时期。

重化学工业亦称基础化学工业,属于重工业范围,包括无机化学工业中的制酸、制碱、制盐、肥料等化学工业部门。

本期制酸工厂有:渤海化学工厂,创办于1926年,资本50万元,厂设塘沽,年产盐酸500吨。得利三酸厂,创办于1929年,资本5万元,厂设唐山,年产硫酸400吨。利中硫酸厂,创办于1933年,资本20万元,厂设唐山,年产硫酸800吨。而规模较大者乃是上海的天原和开成。著名化学工业家吴蕴初,于1922年集资5万元创办天厨味精厂;

①　南开大学经济研究所:《启新洋灰公司史料》,生活・读书・新知三联书店1963年版,第52页。

②　祝慈寿:《中国近代工业史》,第678页。

又于 1929 年创办天原电化厂,资本初为 20 万元后增至 105 万元,年产盐酸近 2500 吨,并产烧碱、漂白粉。他还创办天利淡气厂,资本 100 万元,1936 年投产,产硝酸 1600 吨,以及炽昌硝碱公司与炽昌牛皮胶公司等。上海开成造酸厂于 1932 年投产,资本 75 万元,年产硫酸 3400 吨。另上海江南、四川江北广益、成都裕川、西安集成四小厂,共产硫酸、盐酸、硝酸、醋酸 1100 余吨。此外,尚有广州、梧州、太原的省营厂,年产硫酸 8200 吨、盐酸 600 吨,而各大兵工厂也皆产硝酸。由于制酸工业的发展,硫酸、盐酸、硝酸的进口量由 20 年代末的 6000 余吨降至 1936 年的 1600 吨,而醋酸和其他酸类进口则见增长。

制碱工业的发展较制酸尤佳。著名化学工业家范旭东集中科技和管理人才创办久大、永利公司。塘沽永利碱厂是 1924 年才正式投产,永利纯碱产量逐年增加:1926 年产 4576 吨,1930 年产 1.9774 万吨,1936 年达到 5.6297 万吨。1930 年永利建烧碱车间,1933 年产 1159 吨,1936 年已达 4517 吨。永利由于生产不断扩大,资本由原来的 40 万元到 1936 年已超过 400 万元。另塘沽渤海化工厂和兴华泡花碱厂每年共产泡花碱 4880 吨,上海天原电化厂年产烧碱 2200 吨,上海开源公司年产泡花碱 1730 吨。此外,广东省营碱厂年产烧碱 1860 吨。至此,中国纯碱已可自给,永利产品并有出口,但烧碱仍然不足。

硫酸亚(化肥)是我国化学工业的一项缺门,30 年代进口量 1.2 万吨,价值 1300 万关两。1933 年,范旭东投资 800 万元,在浦口卸甲甸建硫酸亚厂,1937 年 2 月投产,日产硫酸亚 120 吨,硝酸 40 吨,但在上海抗战后,被日机炸毁停工。

(八)电力工业

电力是本期发展最快的工业。据建设委员会的调查,1929 年全国电厂共有 724 家,资本共计 22102.4559 万元,总发电容量为 83.5266 万千瓦;至 1932 年,电厂减至 665 家,但资本则增加到 30429.054 万元,总发电容量亦增至 89.3645 万千瓦①。1931 年至 1936 年,华商电厂发电量的年平均增长率达 13.21％②。

中国电力工业原为外国资本所控制,上海美商电力公司一家年发电容量和发电度数,即超过全部华厂的总和;但到 1929 年华厂总和已与外资旗鼓相当,1936 年不计已沦陷的东北在内,华厂已占总容量的56％。华厂中绝大部分是民营,官营已居微不足道地位。

然而,这一时期电力工业分布极不平衡,集中在上海包括江苏在内,共有发电厂 107 所,装机容量为 12.57 万千瓦,占全国装机总容量的 20％,年发电量 3.2 亿度,占全国总发电量的 18.6％。西南和西北各省仅有一些小发电厂,主要供照明之用。这一时期,上海及江浙一带,电力普及到镇市,促使地方小工业的发展和手工工场改用马达。

(九)矿冶业

中国在抗战前的矿冶业有国营与民营之分。国营矿冶业,无论在绝对数字上或在相对比重上,都显不出重要性。据 1933 年统计,国营矿场仅有十四处(河北四处,安徽三处,山西两处,河南、浙江、湖南、江西、云南各一处),资产额 6926 万元③。国营矿冶业的扩展,是在 1935 年资源委员会成立之后。

煤矿工业:战前中国的矿冶工业主要是煤矿工业。当时已知的全国煤矿储量为 2583.77 亿吨,其中山西省为 1271.27 亿吨,东北地区为 193.18 亿吨④。1927 年—1937 年间,煤的总产量逐年有所增加:1927 年为 2417 万吨,1929 年为 2652 万吨,1930 年为 2603.7 万吨,1931 年增加到 2723.6 万吨。"九一八"事变后,东北四省年产 1032 万吨煤全部被日本侵占,煤产减少 40％。1932 年以后,煤产量(包括东北在内)

---

① 龚骏:《中国新工业发展史大纲》,第 292 页。

② 许涤新等:《中国资本主义发展史》第 3 卷,第 122 页。

③ 汪馥荪:《中国国营经济的基础》,载《中国工业》月刊新 1 卷第 10 期(1950年 2 月号)。

④ 朱斯煌:《民国经济史》,第 281、287 页。

仍有增加,1932 年为 2683 万吨,1933 年为 2836 万吨,1934 年为 3934 万吨,1937 年为 3691 万吨①。但增产的主要是日本人控制的东北各矿和英国人控制的开滦、焦作等矿。外资势力控制垄断了中国煤矿,1935 年我国煤矿资本总额(包括东北)估计在 2.2415 亿元左右,其中华资经营的资本为 1.08687 亿元,占 48.22%,中日合办资本为 3000 万元,纯日资资本 2621.3 万元,中英合资资本 3136.3 万元,中德合资资本 450 万元,中俄合资资本 2400 万元,合计外资共计占 51.78%②。

这一时期国产煤已自给有余,年出口量约 350 万吨,但尚需进口工业燃煤 200 万吨。出口国家主要是日本,其次有南洋各国及越南等地。

钢铁工业:抗战以前,中国的钢铁工业非常微弱,许多铁矿尚未开采,已开采的产量极低,冶铁炼钢设备缺乏。较大的华商铁矿仅安徽当涂、察哈尔龙烟两处,余均年产不足万吨。龙烟长期处于停顿状态。当涂各公司 1928 年—1929 年生产有较大发展,由 50 余万吨增至 180 万吨,后因资本主义国家经济危机而衰退,1936 年才恢复到 29 万吨。

冶炼钢铁方面,因欧战时期铁价上涨,有和兴、阳泉、扬子、石景山四家华商铁厂创建,至本期仅有扬子、阳泉两家生产。阳泉 1928 年—1931 年年产生铁四五千吨,颇有盈余;其后铁价跌落,生产衰退,至1936 年才回复到 3600 余吨。扬子 1923 年由六河沟接办,以后停产时间多于生产时间,年产最高不过 1.1 万吨,惟 1935 年、1936 年又超过历史纪录,最高年产 1.5 万吨。此时还有上海大鑫钢铁厂,仅电炉炼少量钢;天津天兴制铁所于 1936 年才建厂。

民族钢铁业失败也是由于日本资本的压力。1936 年,日本投资和贷款控制的产量,占铁矿总产量的 99.2%,生铁产量的 96.8%(包括东北)③。当时中国输出铁矿石,进口钢铁和器材,成为典型的半殖民地

---

① 陈真:《中国近代工业史资料》第 4 辑,第 924、910 页。

② 陈真:《中国近代工业史资料》第 4 辑,第 912、914 页。

③ 严中平等:《中国近代经济史统计资料选辑》,第 129 页。

经济。

有色金属矿冶工业：中国有色金属矿主要有金、银、铜、铅、锡、锌、钨、锑、钼、锰、铋等矿，多由江西、湖南、广东、广西、云南、四川、贵州等省开采，其余如东北、山东、河北、安徽等省也有。这些有色金属矿原来大多数是私人集股民营，或是由地方政府经营，规模小，资金少，技术落后，大多是土法开采，产量甚少。1931 年以后，国民政府根据《矿业法》规定，将重要矿业归国营，逐步把一些大矿山收归国家经营。

1929 年—1933 年有色金产量　单位：吨，金、银为两

矿产	1929	1930	1931	1932	1933
锰	61219	70722	31850	21500	9550
钨	9708	6730	6580	2180	5500
钼	0.93	5			
金	82710	113986	128500	110000	100000
银	96000	119595	105000	148864	120349
铜	312	345	296	240	525
铅	2190	7752	5996	4965	4999
锌*	19859	15222	14618	10870	9994
锡	7528	7217	8598	7890	7987
汞	24.8	40.5	22.5	20	15
纯锑	18201	14276	11755	10530	11000
铋	216.42	157	150	50	50

资料来源：朱斯煌：《民国经济史》第 286 页。

＊系指含锌 35％—46％的锌矿石。

中国战前的有色金属生产，品种少，产量不稳定，或逐年下降，其中以锰、锌、铋的产量下降最为明显。中国特产品锑、钨，前期产量仍不多，1936 年资源委员会设立钨业管理处及锑业管理处，改善生产，统筹外销,经此整顿渐上轨道,产量有很大增加。锑、钨、锰矿产品成为抗战初期中国主要出口物之一,换回了大量军事物资。

1928 年—1936 年战前中国锑钨出口量统计表　　单位:担

年　份	锑出口量	钨出口量
1928	196337	121741
1929	239602	146654
1930	183500	144293
1931	105032	114357
1932	131703	34334
1933	139333	91590
1934	161846	47065
1935	187723	73833
1936	173116	70499

资料来源:朱斯煌:《民国经济史》第 283 页。

二　交通运输状况

交通是国家的命脉,对中国政治、经济、军事、文化的发展均有较大影响。中国地域十分广阔,战前交通虽然有很大发展,但仍很落后。当时的交通,分为陆路、水路、航空、邮电四方面,而水路包括海运和内河航运,陆路包括公路和铁路。

(一)铁路

南京政府成立后,接管了北洋政府的国有铁路,于 1928 年设铁道部,主管全国铁路建设事业。1929 年 1 月,铁道部长孙科提出《庚款筑路计划》,拟六年中从庚子赔款和关税中集资 4 亿余元,修建铁路 4000 余公里。1931 年,南京政府拟订《十年工业计划》,到 1936 年又拟订投资近 10 亿元,修筑铁路 7700 余公里,并修建黄河和钱塘江铁桥。

南京政府在拟订建设铁路计划的同时,为筹措资金,从整理铁路债务入手,举借外债,并以发行铁路公债方式向国内银行团借款。这一时期,南京政府共向外国借到铁路债款 15726.0535 万美元,约合法币 52910.5966 万元,国内借款 7455 万元,约合美金 2215.7699 万元①。

本期修建的重要铁路有:(1)粤汉铁路株洲至韶关段 456 公里,1936 年 9 月 1 日通车。(2)浙赣铁路自 1929 年动工,至 1937 年 9 月分别完成杭州兰溪段、金华玉山段、玉山南昌段、南昌萍乡段,全长 903 公里。(3)陇海铁路灵宝至宝鸡段、大浦至连云港,共计 408 公里,于 1936 年 12 月完工。(4)同蒲铁路由大同至风陵,全长 800 公里,于 1937 年 6 月竣工。(5)江南铁路由南京至孙家埠,全长 193 公里,1936 年 2 月完工。(6)京赣铁路由宣城至贵溪,全长 480 公里,由于抗战爆发仅完成 210 公里。(7)淮南铁路由田家庵至裕溪口,全长 216 公里,于 1935 年竣工。(8)苏嘉铁路全长 74 公里,1936 年 7 月完成。(9)沪杭甬铁路闸口至百官段 77 公里,1937 年 11 月通车。此外,还建成南京轮渡码头和钱塘江铁桥,使津浦、京沪杭甬、浙赣诸铁路连成一线。

1931 年,全国国有铁路 1.396 万公里,其中约 40% 在东北。除外国直接经营者外,中国自营的有 9594 公里,其中 1718 公里即约 18% 在东北,"九一八"事变后全部沦入日本之手。1932 年—1937 年,关内修筑铁路 3543 公里,而日本在东北修筑 4258 公里,1937 年全国铁路 2.1761 万公里中,东北占 45%,南京政府所控制的只有 1.1419 万公里,占总数 52.5%,其余 440 余公里为英、法资本控制②。

(二)公路

1928 年,全国已有公路 2.9127 万公里③。南京政府把公路建设

①　李占才:《中国铁路史》,汕头大学出版社 1994 年版,第 243 页。
②　许涤新等:《中国资本主义发展史》第 3 卷,第 86—88 页。
③　许涤新等:《中国资本主义发展史》第 3 卷,第 94 页。

亦列为国家经济建设的要政，交通部于 1928 年拟订全国公路计划，以兰州为公路中心，分全国公路为国道、省道、县道三种，总长为 4.155 万公里，预计十年完成。同年 11 月，铁道部成立，原属交通部主管的公路建设随即划归铁道部。1929 年 2 月，铁道部成立全国国道设计委员会，负责筹划有关选线、建筑计划、工程标准等事宜；旋制定国道工程标准，并颁布《国道条例》。嗣因内战，筹款无着，到 1931 年时仅有部分公路开工兴筑。

1932 年 5 月，全国经济委员会筹备处奉命督造苏、浙、皖三省联络公路。同年 11 月，豫鄂皖三省"剿共"总司令部在汉口召开豫、鄂、皖、赣、苏、湘七省公路会议，决定将三省联络公路扩大为七省联络公路，里程计 2.2 万余公里。1934 年，陕、甘、青、闽四省及闽粤赣边公路亦被纳入七省联络公路网中，全部联络公路路线里程增至 2.9 万余公里。1932 年 5 月经济委员会开始督造时，七省可通车之联络公路，仅有 7700 余公里，而至 1936 年 6 月止，各省完成联络公路共计 2.1 万余公里，可互通公路计 3 万余公里。此外，尚有已兴工路线 3900 余公里。各省联络公路中，重要者有京沪干线（两路）、京闽干线、沪桂干线、京鲁干线、京黔干线、京川干线、汴粤干线、京陕干线、洛韶干线等。

1935 年—1936 年，修筑西兰公路（西安至兰州）约 700 公里，西汉公路（宝鸡至汉中）250 余公里，汉宁公路（汉中至七盘关）150 余公里。至 1936 年底，全国共有公路 10.8117 万公里[①]，中国公路网已基本形成。同时，南京政府还注重公路交通的发展，每年进口客货汽车四五千辆，至 1937 年，全国约有公路营业客车一万辆，并在长沙、南京、汉口、南昌等地设立汽车机械厂、汽车配件厂和轮胎厂[②]。抗战前，南京政府

[①]　赵祖康：《中国的公路与运输》，引自许涤新等：《中国资本主义发展史》第 3 卷，第 157 页。

[②]　张公权：《抗战前后中国铁路建设的奋斗》，台北传记文学出版 1974 年版，第 235 页。

修筑公路 8 万公里,对中国经济的发展有一定的促进作用。但由于着眼于军事,在路线选择、修筑质量和运输设备上都不能配合,使公路运输的作用未能得到充分发挥。

(三)航运

南京政府成立后,交通部于 1928 年设立航政司,管理航运行政、船舶海事及海员等各项事务,中国始有正式的航政管理机关。交通部于 1931 年 1 月依照《航政局组织条例》,在上海、汉口、天津、广州、哈尔滨五个重要港埠设立航政局(其中广州局因广东情形特殊,当时没有成立,哈尔滨局成立后不久,因"九一八"事变而停顿),陆续公布各种航政法规①。

抗战前,南京政府在航运方面进行如下工作:

1. 建筑港湾:最先修筑者为葫芦岛港,嗣因"九一八"事变而停顿。1934 年建连云港。另自 1929 年后,筹建东方大港及北方大港,而民间亦有开辟三门湾的计划。

2. 疏浚航路:1928 年成立华北水利委员会,疏浚海河上游各河;同时成立导淮委员会,疏浚淮河。1929 年成立扬子江水道整理委员会,疏浚扬子江。1930 年,辽宁省开始疏浚辽河。

3. 整顿招商局:1932 年 10 月,南京政府决定将招商局收归国营,并交由交通部管理。1936 年 2 月开始从人事及业务上整顿,效率大增。1935 年度盈余 29.6 万余元,1936 年度较 1935 年度增加纯益达 65.6 万余元。到抗战前夕,招商局已有大小船舶 53 艘,8.638 万余吨②,占全国轮船总吨位 57.6 万余吨的 15%。

4. 建立水陆联运:招商局与陇海、平汉、京沪、胶济四铁路建立水陆联运关系,方便客户,加快了货物运转速度。

---

① 《交通杂志》第 5 卷第 3 期,第 173 页。

② 《国营招商局七十五周年纪念刊》,国营招商局档案四方八②/590 卷,中国第二历史档案馆藏,第 85 页。

5. 发展民营航运:1927 年至 1936 年的十年间,新成立的航业公司有 25 家,依成立年份,1927 年 5 家,1928 年 4 家,1929 年 2 家,1930 年 4 家,1931 年 7 家,1932 年 1 家,1933 年 2 家;依成立地点分,上海 22 家,厦门、温州、天津各 1 家。历年轮船艘数及吨数,依照在政府注册的资料,列表如下:

年份	艘数	吨数
1929	1691	324713
1931	3115	482013
1933	3528	616112
1935	3959	711952

另据 1936 年 3 月的资料,全国各地注册的帆船有 1.4417 万艘,共 665.7441 万吨[1],约为轮船吨数的十倍,可以看出,当时旧式交通工具在运输中所占的重要性。

(四)航空

1929 年 1 月,交通部设立航空筹备委员会,筹划航空专业计划。同年 5 月成立沪蓉航空线管理处,购史汀逊式飞机四架及其他机械,于上海、南京、汉口等处设机场,并于上海设飞机修理厂。7 月,首先开航沪蓉线京沪段。至抗战前,中国已拥有四家航空公司,开辟航线 17 条,通航里程约 1.78 万余公里。

1. 中国航空公司:1930 年 8 月由中美合资 1000 万元设立,交通部占 55%,美国飞机运输公司占 45%。至 1936 年 6 月,拥有飞机 17 架,先后开辟沪蓉、沪平、沪粤、渝昆、广河等航线。是年,该公司飞行 246.6 万公里,乘客 1.8567 万人,计 1200 万人公里,载运邮件 7.0806 万公斤[2]。

---

[1]　张玉法:《中国现代史》下册,台北东华书局 1979 年版,第 543 页。
[2]　许涤新等:《中国资本主义发展史》第 3 卷,第 96 页。

　　2. 欧亚航空公司：1931 年 2 月由中德合资设立。原定资本 300 万元，1936 年增为 900 万元，交通部占三分之二，德国汉莎航空公司占三分之一。公司拥有飞机 7 架，其中 4 架是租用的；并先后开辟沪新、平粤、兰包、陕蓉、蓉昆等航线。1936 年，该公司飞行 91.1 万公里，乘客 5115 人，计 312 万人公里，载运邮件 2.6961 万公斤①。

　　3. 西南航空公司：1933 年，由广东、广西省政府合组，资本 150 万元，内拟招民间投资 105 万元。该公司经营华南航运，并与法国航空公司合作，租用法航飞机飞往河内，与法航的欧洲航线衔接。至抗战前，开辟广河、广琼航线。

　　4. 惠通航空公司：1936 年 11 月设立，资本 270 万元，名义上为中日合办，中方出资 50 万元，日方出资 220 万元，实际上则全由日本人经营管理。总公司设在北平，经营平津与东北之间的航运，开辟津大、平津锦、津平承、津平张、平沈五条，总长 2500 公里②。因与伪满通航，引起民众与舆论界的抗议。

　　抗战前，铁路、公路、水运、航空的发展比较迅速，但火车、汽车、轮船、飞机在运输上所占的比重仍不及传统的交通工具。据 1933 年的资料分析，新交通工具的运输收入为 4.3 亿元，而旧交通工具的运输收入达 12 亿元③。

　　（五）邮电

　　中国的新式邮电始于清朝末年，到民国时期，国家才逐步独立办理邮件及电信传递业务，但仍然比较落后。

　　1. 邮电：1927 年南京政府成立后，交通部下设邮电总局，管理全国邮政事务。1931 年 6 月，交通部修订《邮政总局组织法》，规定总局设局长、副局长各一人，全由华人担任；总务、会计、经划、

---

①　许涤新等：《中国资本主义发展史》第 3 卷，第 96 页。

②　许涤新等：《中国资本主义发展史》第 3 卷，第 96 页。

③　张玉法：《中国现代史》下册，第 545 页。

联邮、供应等处处长、副处长,亦由局长遴请交通部委用。此后,在全国邮政系统中虽然还保留着大批洋员,并担任邮务长、副邮务长、会计长等职,但不掌握大权,改变了以前邮政主权旁落的现象。

南京政府收回邮权的同时,积极进行邮政建设。首先是增设邮政局所。交通部为谋邮政之推广,决定在内地及边远省区增设邮局,于是内地邮务大有发展。1928年,全国各类邮政局所为4.1675万所,到1937年6月底增加到7.269万所,十年间共增加3.1015万所①。其次,积极拓展邮路。过去邮路向以邮差邮路为主,1928年以后全国邮路随着铁路、公路、航空线、轮船航运线的开辟与发展而增加。1928年,全国各种邮路45.8051万公里,到1937年6月增加到58.4816公里,十年间共增加12.6755万公里②。第三,发展邮政业务和繁荣邮政经济。"九一八"事变后,东北各类邮局停办,使1932年度邮政业务与邮政收入减少。邮政总局自1934年起采取以下措施:各邮局自1934年4月1日起开办代订刊物业务;10月开办"平快"邮件业务,凡邮件于普通资费外,如加付平常快递资费(每件国币5分),邮局即按格外迅速手续办理;11月,取消海关邮包转口税,各邮局代售印花税;年底取消民信局,统一邮权,收回其经营的包封邮件业务;1935年1月,邮局开办代购书籍业务;4月举办小件邮件业务;5月将新疆、蒙古邮资与内地划归一律,增加包裹重量及尺寸限度;1936年3月,开始划一全国航空资费,7月重订国内包裹资费表。到1937年6月底,普通邮件较1931年度增加4460余万件,包裹增加258万件③。其历年业务发展及收支状况,列表如下:

① 陆仰渊等:《民国社会经济史》,第474页。
② 张玉法:《中国现代史》下册,第548页。
③ 陆仰渊等:《民国社会经济史》,第476页。

1928 年—1936 年邮政历年业务发展状况表

年份	普通邮件	包裹	航空邮件	航空包裹	邮传电报
1928	636,546,340	6,170,553	—	—	—
1929	724,512,360	6,857,250	—	—	—
1930	796,017,800	6,217,230	—	—	26,220
1931	837,025,200	6,518,200	3,740,500	600	30,800
1932	738,978,500	5,930,100	3,593,500	1390	24,870
1933	787,563,600	6,233,900	3,478,900	1700	20,700
1934	822,335,500	6,255,000	4,243,000	2100	34,000
1935	823,654,300	7,015,700	4,672,300	—	46,200
1936	881,634,000	9,105,200	6,563,600	—	56,800

资料来源:《交通年鉴》邮政编第 14 页,1935 年 12 月出版;《中华民国二十二、二十三、二十四、二十五年度邮政事务年报》,邮政总局档案 137/1186,中国第二历史档案馆藏。

2. 电信:电信事业分为有线电报、无线电报、市内电话及长途电话四方面。

有线电报方面,主要进行机构调整,如将电台与电报局合并,又将电报局与电话局合并,并将全国三等及以下的电报局,均与当地邮局合设一处,但仍各受本管机关管理。全国电报局所数目由 1927 年的 1132 所,增至 1937 年 5 月的 1461 所[①]。

无线电报方面,交通部于全国各地广设无线电台,据 1937 年调查,全国二十三省区,有电台 66 处,无线电报机 174 架(不包括军事与政府机关专用者)。国际无线电报,原操于外人之手,1931 年 2 月,交通部将所辖国际通信大电台筹备处与中菲电台、枫林桥支台等合并,成立国际电台,直接经营国际无线电通信事业。此后,交通部先后开放中越

---

① 俞飞鹏:《十年来的中国电信事业》,中国文化建设协会:《十年来的中国》,第 372—373 页。

(1931)、中瑞(1932)、中苏(1933)、中英、中日(1934)、中意(1935)等电路,与西贡、日内瓦、莫斯科、旧金山、伦敦、东京、罗马、柏林等处均可直接通报。到 1937 年 6 月,国际无线电台开放的直达电路已达十四条,加上地方政府及交通部所办线路,国际通信直达电路共有二十四条①。

　　长途电话方面,1932 年度扩充 1347 公里,1933 年度扩充 5560 公里,1934 年度扩充 1.2938 万公里,1935 年度扩充 1.0772 万公里②。全国线路总长度由 1933 年的 1.48 万余公里,到 1936 年上升到 4.8 万余公里③。随着长途电话的发展,带动了市内电话的建设。1927 年初,交通部所辖市内电话共二十处;到 1936 年 6 月增至三十六处(原设于东北之三处未予计算),通话局所达 72 所,装机容量为 7.338 万号,用户数为 5.2617 万户④。

三　农村及农业生产状况

(一)复兴农村经济

　　我国以农立国,农民占全国人口 80% 左右,农业所得占全国所得的五分之四,实为全国经济命脉之所系。我国农村经济之衰落由来已久,自"九一八"事变后,更因天灾人祸之频仍,衰惫益甚。东北失陷,国共内战,江淮大水,世界经济危机波及我国,造成农村经济衰落。农村经济的破产与农业危机,使本来正在激化的社会矛盾进一步尖锐,不仅

---

①　俞飞鹏:《十年来的中国电信事业》,中国文化建设协会:《十年来的中国》,第396—402 页。

②　国民党中央党部国民经济计划委员会:《十年来之中国经济建设》上编第 3 章,第 14 页。

③　秦孝仪:《革命文献》第 78 辑,第 278 页。

④　国民党中央党部国民经济计划委员会:《十年来之中国经济建设》上编第 3 章,第 19 页。

影响整个国民经济建设,而且对国民党的统治构成威胁。因此,南京政府不得不实行一些挽救和复兴农村经济的政策与措施,以巩固其统治的社会基础。30年代,南京政府颁布和实施一系列政策法令。

1. 制定土地法规:南京政府初期,土地集中现象相当严重。据各地典型材料估计,抗战前中国土地占有状况,地主约占有50%以上的土地,地主富农合计约占有70%—80%的土地,而占农村人口90%的贫农、雇农、中农和其他劳动人民,总共只占有约20%—30%的土地。就区域来看,华中、华南各省及新垦区(例如东北、西北诸省)地权更为集中,各地大约有15%—60%的户数没有土地,华北无地户约在20%左右,华中、华南及东北则在30%以上[①]。广大无地或少地的农民只有靠租佃地主富农的土地来维持生活,他们一般要交纳50%的地租,有的地方甚至达到70%—80%。沉重的地租剥削破坏了农民的简单再生产,连最低限度的生活都难以维持,无力改良土壤地力,土地日趋贫瘠,生产力不断下降。南京政府于1930年6月30日颁布《土地法》,全文共五编三百九十七条,包括土地行政、土地使用、土地税、土地征收四个方面的内容。《土地法》规定“地租不得超过正产物收获总额千分之三百七十五”,同时禁止预租制和押租制。这项限制地租的规定比当时普遍实行的地租率要低,有利于减轻农民负担。而禁止预租和押租制,有利于保证农民的租佃权,使租制相对稳定,提高农民经营土地的积极性。《土地法》又规定对乡村荒芜土地和未经改良的土地加重税率,而对经过改良的土地,则只收1%的土地税。用税收杠杆推动和鼓励农民耕种荒地、改良土壤,这对提高地力、促进农业生产的发展无疑是有积极作用的。然而这种立法在各省并未真正实施,而二五减租也只在浙江和湖北推行有些成绩,其他地区功效甚微。

2. 加强水利灌溉工程建设:民国以来因政局多变,中央政府对于水利事业未遑统筹。1927年南京政府成立后,就各水系流域为范围,

---

① 　严中平等:《中国近代经济史统计资料选辑》,第267页。

先后组设华北水利委员会、导淮委员会、黄河水利委员会、扬子江水利委员会、珠江水利局等机关，从事测量、设计与施工，创设中央水利实验处，主持有关水利设施的试验研究。1934 年，国民党中央政治会议决议通过《统一水利办法纲要》，并指定全国经济委员会为全国水利总机构，全国水利行政始告统一。

南京政府虽然在治黄、治淮及治理长江方面成效甚少，但各地的灌溉工程建设却较有成绩。1937 年以前，全国共完成了十三个灌溉工程计划，扩大了农田灌溉面积。其主要工程有：运河方面，山东南来之水，以微山湖为归宿，输水至徐州、海州各属，可灌田 2000 万亩；淮河方面，利用洪泽湖拦洪蓄水，引至苏北里下河及滨海盐垦各区，可灌田 2000 万亩，均由导淮委员会负责完成。另绥远开民生渠，干道 72 公里，支道 79 公里，于 1928 年开工，1932 年完成。宁夏建云亭渠，长 60 公里，可灌田 50 万亩，于 1934 年 12 月开工，1935 年 5 月完成。甘肃开洮惠渠，1935 年 10 月开工，1938 年 9 月干渠竣工，可灌田 3.5 万亩。陕西开泾惠渠，1930 年冬开工，1935 年夏完成，可灌田 7 万亩；洛惠渠，1934 年 5 月开工，1937 年春完成，可灌田 50 万亩；渭惠渠，1935 年春开工，1936 年 12 月完成。此外，河北、山东、河南、安徽、福建、广东、广西等省于此期亦有灌溉系统的兴建。水利建设促进了农业生产，也成为 1936 年中国农业全面丰收的重要因素之一。

3. 设立农作物试验机构，进行农产改进：南京政府于 1931 年成立实业部中央农业实验所，后改隶农村复兴委员会。该所主要任务是从事农艺研究工作。在农艺方面，有对小麦、水稻、棉花、马铃薯、甘薯等农作物的育种试验。在植物病虫害防治方面，有稻田害虫防治、小麦黑穗病防治、改良桐油品种、培植菌类试验。在施肥、蚕桑和兽医等方面也开展了实验。在农村经济方面，还组织力量深入到一些农村作抽样调查和召开有关学术讨论会。

继中央农业实验所之后，南京政府又设立全国稻麦改进所、中央棉产改进所、正定棉业试验场、蚕丝改良委员会、祁门茶叶改良场等科研机构。为配合这些科研机构的农业试验与推广工作,又令各省、县相应设立农业试验机构及研究机关,并在中央大学、金陵大学、北京大学、中山大学等一批高等学府增设农学院,与中央和地方农事试验机关共同开展农业科学的研究与推广工作。抗战爆发前,这些农业科研机构与高等院校在育种和推广良种方面取得比较好的成绩,如金陵大学培育出的小麦品种就有金大二九〇号、金大南宿州六十一号及一四一九号、金大开封一二四号、济南一九五号、太谷一六九号、徐州四三八号等品种,这些品种比常规品种增产 15%—30%[1]。中央棉产改进所经过两年的育种,获得斯字棉,它比标准品种,在 1934 年平均每亩增产 42.18 公斤,1935 年增产 53.27 公斤。同时将该棉种推广,在苏、豫、陕、晋四省,于 1934 年栽植 57.02 万亩,1935 年又增加河北省,栽植面积增至 128.8454 万亩[2]。蚕丝改进委员会则在产丝区进行监督指导,指令各地一律改用良种,如当时经过改良的"诸桂"及"新元"等蚕种,比较受江浙蚕农的欢迎。江浙两省的改良蚕种场在 1930 年改良蚕种的产量为 171.1041 万张,至 1935 年增至 262.7207 万张[3]。在防治病虫害方面,也找到了一些实用办法,如用砒酸、钙烟汁及植物油等喷施叶面,可以防止害虫对棉花和烟叶的侵袭等。

4. 建立农村金融机构,缓解农村金融恐慌:农村资金短缺,农业经济停滞不前,迫使南京中央及地方政府采取相应的措施。1927 年 5 月江苏省政府成立时,省政府决定将孙传芳时代征收未完成之二角亩捐,作为筹办江苏省农民银行资金,经中央政治会议核准后,遂于 1928 年 7 月正式设立总行。该行以低利资金贷放贫农,促进生产,扶助农村经济的发展。此后,各省纷起仿效。随后上海各商业银行亦因都市资金

---

①　沈宗翰:《中国农业科学化之开始》,《革命文献》第 75 辑,第 420 页。

②　秦孝仪:《中华民国经济发展史》(一),台北近代中国出版社 1983 年版,第 507 页。

③　上海社会科学院经济研究所等:《中国近代缫丝工业史》,第 538 页。

壅塞,农村资金枯竭,便以其剩余资金试作农村放款,如上海商业储蓄银行于1931年春开始农贷之尝试,1933年又在上海总行特设农业合作贷款部(后改为农业部),并于全国各地之分行处设立农业科课,分别办理农业贷款。此后,中国银行、交通银行、金城银行、大陆银行、农工银行等亦先后成立农业放款部,开展各该银行农贷业务。

1933年,成立豫、鄂、皖、赣四省农民银行。1935年以四省农行营业范围普及十二省,遂改称中国农民银行。同年,南京政府明令全国所有银行,应以储蓄存款总额五分之一投资于农业。中国银行除参加农业贷款外,并成立中华农业贷款银团,先后参加银行十余家,以此统一筹划农贷事宜。

1936年秋,南京政府设立农本局,以为强有力之中央农业金融机关,“以调整农业产品,流通农业资金,藉谋全国农村之发达为宗旨”[①],拥有资本3000万元。它与中国农民银行一起,成为南京政府控制农贷的国家专职农业金融机构。同年12月,南京政府又通令全国,规定在中央、省、县三级设立隶属于农本局的“合作金库”,进一步控制农村金融业。至此,南京政府的农业金融统治网最后形成。截至1937年7月止,全国性农业金融机关达一百六十余家,以省为范围的农业金融机关达三十余家,县农业金融机关达九百余家[②]。南京政府从上到下地在全国普遍设立农村金融机构,形成农贷网络,这是有助于农民解决资金困难和促进农业生产的一项措施。

(二)农业生产恢复与发展

战前我国农业状况缺乏精确统计资料,此处根据现有资料对农业生产状况作一粗略统计:

在耕地方面,据当时政府公报和其他有关资料综合统计,1926

---

①　《农本局组织规程》第一条。国民政府经济部档案四,4254卷,中国第二历史档案馆藏。

②　朱斯煌:《民国经济史》,第109页。

年—1933 年间全国耕地 14.1695 亿余亩,其中关内各省为 11.6648 亿余亩,比 1913 年 13.6 亿亩增加 4.1%①。这一时期,人口由 4.38 亿增至 4.5 亿,增长幅度为 2.7%②。耕地的增加基本上适应了人口的增长。统计数字也表明,中国人多地少,平均每人仅有三亩多一点,实为全世界人均拥有耕地最少的国家之一。

在主要农作物栽培面积与产量方面,据中央农业实验所发表的数字,列表如下:

1931 年—1935 年主要农产面积及产量

单位:千市亩、千市担

年份 农产 名称	1931		1932		1933		1934		1935	
	面积	产量	面积	产量	面积	产量	面积	产量	面积	产量
稻	257701	861585	259934	988642	278816	965743	295982	782867	278968	960793
小麦	295779	432360	310726	454584	292854	450562	293014	449212	312107	426052
大麦	103405	158552	101789	161603	94974	148295	95458	160605	99787	158112
棉	52230	14570	52284	15143	55890	16595	57371	15849	52182	14238
茶	17556	7900	—		—		—		—	
小米	79768	128678	81038	132910	82556	132829	81740	137284	79328	136247
糜子	22072	30691	22614	30686	23977	30360	23948	29885	24986	32523
高粱	79869	131535	79360	148314	76803	138324	78145	133139	71476	133551
玉米	69354	127744	71912	139495	64510	114988	63028	111184	70665	136889
燕麦	—		—		13807	15888	15338	18871	16322	17444
甘薯	30708	316537	30931	360699	34764	368041	32351	320633	33220	371611

资料来源:国民党中央党史委员会:《十年来之中国经济建设》第 2 章,1937 年 2 月,第 1—2 页。

---

① 陆仰渊等:《民国社会经济史》,第 399 页。
② 许涤新等:《中国资本主义发展史》第 3 卷,第 262、264 页。

从这些作物栽培面积看,战前我国以小麦居首位,历年约在3亿市亩左右,其次为水稻,约为2.6亿市亩。但就产量言,则以水稻居首位,小麦次之,后者仅约为前者一半。1931年—1935年的统计表明,中国农业中主要农产面积及产量均有增长,而中国农业战前发展比较快的是1936年。再据中央农业实验所统计,以我国农业作物水稻、麦类、棉花的单位面积产量、种植面积产量,列表如下:

1936年六种主要作物每亩产量及其与上年增减比较表

单位:斤

作物名称	亩产量	与上年比较	百分比
小麦	151	+14	10
大麦	166	+8	5
燕麦	113	+6	6
粳稻	370	+23	7
糯稻	346	+28	9
棉花	33	+6	6

资料来源:实业部统计处编印:《民国二十五年全国实业概况》,1937年出版,第6—7页。

1936年六种主要作物种植面积及其与上年估计增减比较表

单位:千亩

作物名称	本年种植面积	与上年增减比较	百分比
小麦	205,541	−6566	2
大麦	98,101	−1686	2
燕麦	15,945	−377	2
粳稻	241,080	−8864	4
糯稻	26,270	−2082	7
棉花	63,571	+11389	22

资料来源:《民国二十五年全国实业概况》,第3—4页。

1936 年六种主要作物产量估计及其与上年增减比较表

单位:千担

作物名称	本年总产量	与上年增减比较	百分比
小麦	461,555	+35503	8.3
大麦	162,784	+4636	2.9
燕麦	18,036	+592	3.4
粳稻	895,601	+25064	2.9
糯稻	90,959	+703	0.8
棉花	21,058	+6720	46.9

资料来源:《民国二十五年全国实业概况》,第 8 页。

根据中央农业实验所就全国省份中二十一省的统计,1936 年的上述六种农产产量均有相当幅度的增产。稻增产 2500 万担,棉花约增产 670 万担,小麦约增产 3500 万担。综合所有农产产量的增加数值与上年比较,在 10 亿元以上[1]。就上述三组统计表看,表一单位面积产量增加,普遍在 5%—10% 之间,其中小麦单位面积产量增加最大,年总产量增加 8.3%,但种植面积却减少 2%。稻的单位产量和年总产也分别增长 7% 与 2.9%,而种植面积却减少 4%。这种情况说明,在 1935 年至 1936 年间,即使在种植面积减少的情况下,总产量也有 2%—8% 的增长。棉花在种植面积和年总产量上,均有大幅度的增加。尽管棉花的单位产量仅比上年增加 6%,但年总产量却增加 47%。无疑这与种植面积增加 22% 有关系。

至于农产品的净产值,根据巫宝山的估计列表如下。巫宝山所说的农业系指广义农业,包括畜产、水产等产值。

---

[1] 实业部统计处编印:《民国二十五年全国实业概况》,1937 年版,第 3 页。

1931 年—1936 年农业产值

单位:千元

年份	稻麦等作物净产值	稻麦等作物净产值指数	特种作物、蔬菜、水果、牲畜、水产净产值	农业净产值合计
1931	2,699,771	112	11,059,260	13,759,301
1932	2,940,822	122	11,990,400	14,931,222
1933	2,410,510	100	9,860,407	12,270,917
1934	2,024,828	84	8,279,578	10,304,406
1935	2,579,246	107	10,593,242	13,172,488
1936	3,133,663	130	12,792,795	16,926,458

资料来源:巫宝山:《中国国民所得》上册第 48 页,中华书局 1947 年版。

上述统计表明,抗战前十年中国农业向前发展,1936 年达到高峰。粮食的总产量也于 1936 年达到历史的最高水平,其增长速度大体可与人口的增长率相当[1]。而经济作物的增长更快些,因而农业生产结构有一定的改善。

四 对外贸易状况

(一)南京政府的外贸行政与政策

1927 年以前,军阀当政,外受不平等条约的束缚,国际贸易几咸操于洋商之手;1920 年,北京政府为发展出口贸易,增进国际信用及普及经济知识,特设全国经济讨论处于北京。南京国民政府成立后,工商部派员接收全国经济讨论处,改组为工商访问局,1931 年改为实业部国际贸易局。该局宗旨是调查中外商情,指导国人经营对外贸易。同时,南京政府在驻外使馆中,亦渐有商务官之设置。此为我国国际贸易行政初基。

---

① 许涤新等:《中国资本主义发展史》第 3 卷,第 282 页。

　　鉴于世界经济危机的冲击,国外过剩商品向中国倾销,中国的丝茶特产渐失海外市场,南京政府始筹划国际贸易方面应付方策。

　　输出贸易政策:南京政府采取奖励出口政策,一方面修订出口税则,对于原料品及制成品在国外市场推销最感困难者,酌量免税减税;对手工艺品宜于奖励出口者,酌量免税,以利推广海外贸易。另一方面设立商品检验局,厉行检政,取缔假冒伪劣,检定质量等级,协助商人提高外销商品的品质。

　　输入贸易之政策:1929年前,进口税率受《南京条约》的束缚,对输入货品一律课值百抽五税率;其后恢复关税自主,为保护生产,进口税率先后改定三次,最高税率有达值百抽八十者。1930年1月实行关栈制度、领事证单标记办法均有保护国内产业,限制输入的作用。

　　(二)战前外贸进出口概况

　　1927年—1937年的10年间,中国对外贸易可分为三个阶段:1927年—1931年为平稳发展阶段;1932年—1935年为衰落阶段;1936年—1937年上半年为复苏阶段。1927年—1931年四年间,无论进口贸易,还是出口贸易,均为平稳发展阶段。其具体情况列表如下:

1927年—1931年中国对外贸易值

单位:千关两

年份	进口净值	出口净值	入超	贸易总值
1927	1,012,932	918,620	94,312	1,931,552
1928	1,195,969	991,355	204,614	2,187,324
1929	1,265,779	1,015,987	250,092	2,281,466
1930	1,309,756	894,844	414,912	2,204,600
1931	1,433,489	909,476	524,013	2,342,965

　　资料来源:许涤新等:《中国资本主义发展史》第3卷第23页。

上列资料表明,以1927年进口净值为100,则1928年为118,1929年为124.9,1930年为129.3,1931年为141.5。每年进口有一定程度的增加。出口方面,以 1927 年出口净值为 100,则 1928 年—1931 年分别为 107.9、110.5、97.4 和 99。从出口指数看,前两年增加,后两年减少,但并不是中国的出口货物减少,而是因为物价狂跌的缘故。下面是1929 年—1931 年中国主要出口商品价格变化情况:

商品名称	单　位	1929 年价格(美元)	1931 年价格(美元)
生丝	担	320.0	145.3
茶叶	担	27.8	16.2
猪鬃	担	100.7	54.2
大豆	担	32.2	16.0
桐油	担	234.0	182.0
花生油	担	169.3	88.0

资料来源:〔苏〕斯拉德科夫斯基著、郗藩封等译:《中国对外经济关系简史》,财政经济出版社 1956 年版,第 215 页。

以上六种主要出口商品可见,其价格在三年之中平均下跌了一倍左右。中国出口贸易因物价惨跌而受到损失。如果除物价因素,中国商品出口的货物总量在 1929 年—1931 年间实际上还是有所增加的。

1931 年—1935 年,中国的对外贸易处于衰落时期。其具体情况列表如下:

1932 年—1936 年中国对外贸易值

单位:千关两

年份	进口净值	出口净值	入超	贸易总值
1932	1,049,247	492,641	556,606	1,541,888
1933	863,650	392,701	470,949	1,256,351
1934	660,889	343,527	317,362	1,004,416
1935	589,994	369,582	220,412	959,576

（续）

年份	进口净值	出口净值	入超	贸易总值
1936	604,329	452,979	151,350	1,057,308

资料来源:许涤新等:《中国资本主义发展史》第3卷,第23页。

本期进出口贸易严重衰落的原因:从进口方面看,自1931年底开始,各国实行货币贬值政策,纷纷放弃金本位,特别是美国实行"白银法案",在全世界范围内大量高价收购白银,使中国白银大量外流,银根紧缩,影响了中国的进口。1932年开始世界经济危机波及中国,经济衰退,生产资料及机器设备需求减少。1933年和1934年南京政府两次修改税则,提高进口税率,使进口贸易额下降:1934年因税则提高进口减少23.2%,1935年则减少22.6%。与此同时,日本在华北大规模走私,也严重地影响了中国正常的进口贸易。这几年国民党连年发动内战,加上连续几年的自然灾害,人民的生命财产受到严重损失,购买力下降,进口商品需求量锐减,影响了进口贸易。从出口方面看,1931年日本侵占东北,东北出口货物为日本攫取,中国农产品出口受到严重打击。1931年前,东北对外贸易占全国进出口总额的37%,是唯一出超地区。"九一八"事变前的五年,每年平均输出额为6.6亿元,输入额为4.35亿元,出超2.25亿元。而且这一时期正值西方资本主义各国为摆脱经济危机,实行输入贸易统制政策,提高进口货税率,限制农产品进口,而中国出口商品中恰以农产品为最大宗,因此出口量大受影响。

1936年—1937年上半年为对外贸易的复苏阶段。世界经济危机已经过去,世界银价上涨,中国银币增值,加上南京政府的法币政策顺利实施,汇率趋于稳定,中国对外贸易出现转机,贸易数值与入超情形都开始向好的方面发展。1936年进出口贸易总值为105,730.8万关两,比1935年增加9773.2万关两,增长率为10%;1936年入超为15,135万关两,比1935年减少6906.2万关两,减少率为54.4%。

综观战前十年中国对外贸易有四个特点：

（1）入超空前增长。1929年爆发的世界性资本主义经济危机，给资本主义世界经济以沉重打击，国际贸易总额急剧下降。各国为了保护本国利益，都高筑关税壁垒，同时积极向殖民地、半殖民地推销商品，中国成为世界主要资本主义国家商品倾销地之一，入超急剧增加。1927年入超为9431.2万关两，1930年达到41,491.2万关两，1932年高达55,660.6万关两，创中国外贸史上入超新纪录。此后入超额虽不断下降，但数量仍很大。

（2）主要进口商品结构变化。其一是消费资料的进口日趋减少。20年代末期，消费资料在中国进口的外货中占有很大的比重；30年代以后，消费资料的进口明显减少。例如，棉布1927年进口额为21,222.1万元，占进口总额的13％，1931年则降至18,864万元，占进口总额的8.4％，1935年减至2137.9万元，仅及1927年的10％，占进口总额的2.2％①。其他几种主要消费物资，如棉纱、棉花、食糖、大米、小麦、面粉等进口额均逐年减少。消费资料的减少，说明中国农业生产有了发展，中国自己生产的农产品基本上可以自给。同时也说明中国轻工业得到了一定的进步与发展。其二是生产资料的进口日趋增加。1927年五金进口额为7837.7万元，占进口总额的4.97％，1931年增至13262.5万元，占进口总额的5.94％，1935年虽减为8837万元，但占进口总额的9.45％，1936年上半年增至占进口总额的10.3％；机器进口也由1927年占进口总额的1.79％，逐渐增至1931年的3％，1935年的7％②。生产资料进口的增长，相应地使中国社会生产力得到提高。

（3）主要出口商品结构的变化。中国出口商品中，一直以农副土特产品、手工艺品和矿石为主。1927年以前，以原料及半制品为最多，食

① 陆仰渊等：《民国社会经济史》，第426页。
② 陆仰渊等：《民国社会经济史》，第427页。

品及烟草次之,制造品则较少。1927年起,顺序略有变更,是年出口商品中,原料及半制品占34.5%,制造品次之,占33%,食品及烟草再次之,占31.1%,杂项则占1.4%。1931年因豆类输出特盛,输出额增至32710.7万元,于是食品及烟草遂跃居首位,占35.1%,原料占32.7%,制造品占31.2%,杂项占1%。1936年原料及半制品复居第一位,占38%,制造品次之,占33.7%,食品及烟草占27.5%,杂项占0.8%[①]。这时因东北失陷后豆类及豆制品出口数极微,所以食品及烟草由1931年的第一位降为第三位。

(4)各国在中国进出口贸易中的地位发生变化。1927年,以日本居首位,贸易额达4.57余亿元,美国与英国以2.59亿元与1.16余亿元,分居第二及第三位。1931年情势改变,美国跃居首位,计达5亿元,日本退居第二,计值4.6亿元,英国仍居第三位,计1.8亿元。1935年各主要输入国依次为美、日、德、英。这时期内,德国与中国的进出口贸易发展也较快,1928年只有6131.4万元,占3.8%,而1935年上升为1.03385亿元,占11.09%[②]。

第四节　抗战前中国资本主义
发展水平的估计

全国各个行业发展到1936年时,各项经济指标都达到了历史上的最高水平。这一年,农业已经复苏,财政收支有很大改善,交通运输和工矿企业发展迅速,因此,这一年是南京政府抗战前十年经济全面好转的一年,也是中国资本主义经济发展的最高峰。

近代中国的资本主义经济,可以分为三种资本形式,即外国资本、国家资本和私人资本。外国资本,指由外国人在中国开办的资本主义

---

① 秦孝仪:《中华民国经济发展史》第1册,第577—579页。
② 秦孝仪:《中华民国经济发展史》第1册,第580—581页。

企事业。这种资本具有很强的独立性,不仅超脱在南京政府的驾驭之上,而且对中国的国民经济发展具有强烈的影响,成为控制和垄断中国经济命脉的一种经济势力。由于外商的这种投资是在各国列强攫取中国政治经济特权的情况下进行的,带有很强的侵略性,因此,人们一般称之为帝国主义的经济势力。国家资本,指由南京中央政府和地方政府投资开办的资本主义企事业,其中还包括由政府拨款间接经营和控制的官商合营的资本主义企事业。这种资本代表国家经营,是垄断和操纵中国经济命脉的一种主要资本形式。私人资本,指由私人独资或合资兴办的资本主义企事业。真正代表中国资本主义经济发展水平的,是本国的国家与私人两种资本,而不是外国资本。一般说来,外国在华投资的比例越大,则中国半殖民地化的程度越深;反之,其投资比例越小,越能反映中国本国的资本主义独立发展水平。

近代中国资本主义经济出现于 19 世纪下半叶,经过 1895 年至 1913 年和 1914 年至 1920 年两个发展阶段,已经具有一定的规模。再经过 1921 年至 1936 年的进一步发展,资本主义生产关系已经在国民经济的各个生产部门中扩大开来。因此可以说,1895 年—1913 年为中国资本主义的初步发展时期,1914 年—1920 年为其进一步发展时期,1920 年—1936 年则为资本主义化时期①。中国资本主义发展水平可以列表如下:

1894 年—1936 年中国产业资本发展水平估计

单位:百万

年份	外国资本	本国资本	比率	国家资本	私人资本	比率	三种资本	近代工业比重	近代工业、手工业比重	近代交通比重
1894	54.34	35.19	60.7:39.3	27.96	7.72	79:21	89.52	—	—	

---

① 吴承明:《中国资本主义与国内市场》,第 129 页。

（续）

1913	1237	303.86	80.3：19.7	148.87	154.99	49：51	154	—	—	—
1920	1667	700.79	70.4：29.6	270.92	428.97	40：60	2368.3	4.9	10.8	45.6
1936	6434	1776	78.4：21.6	441	1335	24：76	8210	10.8	20.5	51

资料来源：吴承明《中国资本主义与国内市场》，第 114—135 页。

从表中可以反映中国资本主义发展的情况：

第一，在中国资本主义经济中，外国资本所占比重大。在 1894 年—1936 年的四十二年中，中国产业资本的总和增加 101.6 倍。其中外国资本增加 127.6 倍，本国资本增加 59 倍，外国资本比本国资本的增长速度要快一倍以上。19 世纪下半叶，外国在中国的投资主要集中在金融和外贸业，涉足工业的较少。从 20 世纪开始，外国资本投向又主要集中在铁路的兴建上。20 至 30 年代，其大量投资转向工矿业，到 1936 年时，外国在华的工业投资不下 29.2 亿元，加上铁路和航运业，资本总额约有 64.34 亿元。其中，日本在东北的投资占有很大比例，如不计东北，大约为 28.43 亿元。经过 20 至 30 年代大规模的投资，外国资本在中国工矿业中已经占据了垄断地位，大体上已经控制中国生铁产量的 95％、钢产量的 83％、机械采煤量的 66％、发电量的 55％[1]。也就是说，外国资本掌握了中国基础工业的主要部分。在轻工业中，外资在某些行业也占据相当大的比重，如纺织业中，外资占全国纱锭总数的 46％和织布机总数的 56％[2]。外资比重大，正好说明中国半殖民地化程度进一步加深。外资必然要排挤和打击中国的民族工业，这对中国

---

① 吴承明：《中国资本主义与国内市场》，第 131 页。
② 吴承明：《中国资本主义与国内市场》，第 131 页。

资本主义的发展十分不利。因此,外国资本主义对中国的经济侵略,是中国民族资本主义发展的主要障碍。

第二,抗战前夕,私人资本在本国资本中的比重大于国家资本,且在工业资本中居于优势。在 1894 年—1936 年的四十二年中,国家资本只增加 26 倍,私人资本却增加了 175.4 倍;国家资本在本国资本中的比重日趋下降,由 79% 下降到 24%,私人资本的比重则急速上升,由 21% 上升到 76%,私人资本发展越来越快。从四十二年的全过程来看,私人资本发展的最快时期是 1920 年—1936 年。在这十六年间,私人资本增加到 13.35 亿元,超过 1920 年以前积累资本总和的两倍多;而在这十六年中,又以 1927 年—1936 年南京政府建立的头十年发展最快。战前十年是私人资本发展的“第二个黄金时代”。抗战前,国家资本在工业方面并不占重要地位。如果剔除本国资本中的金融资本,全国工矿业资本总额是 13.76 亿元,其中私人资本约为 11.7 亿元,国家资本只有 2 亿元,仅占本国资本的 15%①。抗战前国家资本没有垄断工矿业,但国家资本在金融业中占有重要地位。据统计,1936 年全国 164 家银行的总资本为 4.0049 亿元,国家银行资本约有 1.66915 亿元,大约占总资本的 45%②;加上 1937 年春财政部向中国通商银行等所谓“小三行”增资的 1058.6 万元,国家资本达到 1.7 亿元。当时全国共有私营银行 135 家,资本额为 18619.1 万元③,加上全国 1269 家私营钱庄的资本 7784.8 万元④和 35 家私营保险公司的资本 4222.1 万元,其资本总和是国家银行资本的 1.6 倍。在 1936 年,从全国银行、钱

---

① 慈鸿飞:《关于 1935 年国民党政府币制改革的历史后果问题辨析》,《南开经济研究》,1985 年第 5 期。

② 慈鸿飞:《关于 1935 年国民党政府币制改革的历史后果问题辨析》,《南开经济研究》,1985 年第 5 期。

③ 朱斯煌:《民国经济史》,第 508 页。

④ 中国经济年鉴编纂委员会:《中国经济年鉴》,1936 年,上海商务印书馆第 3 编第 4 章。

庄、保险等金融业资本总额看,国家资本是不占优势的。国家银行资本只是凭借国家政权和通过货币、信用与外汇政策的力量,才在本国金融业中取得相对的优势①。例如,1931 年,国家行、局的普通存款只有8.89 亿元、储蓄存款 0.05 亿元,合计占全国金融业存款总额的 42%;而到 1937 年,国家四行二局的普通存款就增为 26.55 亿元,储蓄存款增为 1.88 亿元,合占全国金融业存款总额的 72%②。所以,抗战前国家资本在金融业中亦不占垄断地位。如果把国家资本在工业与金融业两方面的力量合起来,亦不占优势,仍是私人资本占显著优势。其比例是国家资本在本国资本总额中只占 24%,而私人资本则占了 76%。1936 年是私人资本发展史上的高峰点。

第三,资本主义发展水平比以前有明显的提高。经过鸦片战争后80 余年的发展,到 1920 年中国工农业生产总值已达到 219.03 亿元。其中农业为 165.2 亿元,占工农业总产值的 75.4%;工矿业为 53.83亿元,占工农业总产值的 24.6%。在工矿业总值中,手工工矿业产值约为 43.17 亿元(其中工场手工业约 12.95 亿元,占整个手工业产值的30%),占工农业总产值的 19.1%;近代资本主义工矿业产值为 10.68亿元,占工农业总产值的 4.9%,加上工场手工业的部分,整个近代资本主义工矿业的产值约为 23.61 亿元,占工农业生产总值的10.8%③。这个比例说明:中国资本主义(包括三种资本主义在内)在 20 世纪 20年代的发展水平是:新式资本主义企事业的产值大约占国民经济总产值的 5%,连同工场手工业(已具备资本主义性质)的产值在内,只有10%左右。近代资本主义经济在整个国民经济中的比重很小,也就是说,当时中国资本主义发展水平很低。但是,经过十六年的发展之后,

---

① 慈鸿飞:《关于 1935 年国民党政府币制改革的历史后果问题辨析》,《南开经济研究》,1985 年第 5 期。

② 中国通商银行:《五十年来之中国经济》(1896—1947),台北文海出版社1948 年版,第 51 页。

③ 吴承明:《中国资本主义与国内市场》,第 127 页。

即到 1936 年,中国资本主义发展水平则有了明显的提高。据统计,1936 年中国工农业生产总值已增加到 306.12 亿元,其中工矿业总产值约为 106.89 亿元,占工农业总产值的 35%;农业总产值为 199.23 亿元,占工农业总产值的 65%①。农业产值比重下降,工矿业产值上升,这是中国资本主义经济得到发展的标志之一。在工矿业总产值中,手工业产值为 73.71 亿元(其中工场手工业产值占 29.48 亿元),占工农业总产值的 10.8%。如果把工场手工业与近代新式工矿业的产值相加,则占工农业生产总值的 20.5%②。这表明,1936 年时中国资本主义发展水平已经提高到 20% 左右了。单就工业而言,提高更快,近代工业已占到整个工业产值的 58.6%。也就是说,在工业总产值中,有一半以上是属于资本主义性质的工厂生产的,这也是中国资本主义经济发展的一种标志。另外,在近代企业的各个领域中,资本主义生产方式已被普遍采用,如交通运输业,1936 年的航空、水运、铁路、汽车、人力车、搬运、电报、邮政等项总收入为 13.5 亿元,其中采用资本主义经营方式获得的收入占 51%③,比 1920 年提高了 5.4 个百分点。这表明:交通运输业中有一半以上已经资本主义化了,这是资本主义发展的又一标志。总而言之,抗日战争爆发前,中国资本主义发展水平比 20 年代初期有了进一步的提高,虽然资本主义经济在国民生产总值中的比例还不大,但资本主义生产关系已经扩大到国民经济生产的各个部门,这是中国经济发展中最有活力的部分。

---

① 吴承明:《中国资本主义与国内市场》,第 132—133 页。
② 吴承明:《中国资本主义与国内市场》,第 132—133 页。
③ 吴承明:《中国资本主义与国内市场》,第 133 页。

第十一章 国民政府的教育和学术研究

第一节 各级各类教育概况

一 初级教育

初级教育是现代教育的基础。国民政府成立后,于 1930 年 4 月第二次全国教育会议通过的宣言指出:"全国有百分之八十以上不识字的民众和大多数没有受教育机会的儿童是推行训政和建设的障碍,也就是推进民族文化的大阻力。"①朱家骅(1931 年 12 月至 1932 年 10 月任教育部长)认为:"在任何国家,如欲谋教育普及,必须推广小学教育使成义务教育。"②30 年代初,国民政府制订了一系列法令规章,推动初等教育的发展。1932 年 10 月,教育部颁布《幼稚园课程标准》,规定幼稚园招收 4—6 岁的幼儿,接受音乐、故事、儿歌、游戏、常识等方面的简单教育,以促进儿童快乐、健康发展。这一《标准》初步确立了幼稚教育制度的法律依据。1932 年 12 月,国民政府公布《小学法》。次年3月,教育部依据此法令颁布《小学规程》,初等教育发展步入轨道。

《小学法》规定,小学为施行国民义务教育的场所,小学教育的目标为:"遵照中华民国教育宗旨及其实施方针,以发展儿童之身心,培养国

---

① 教育部编:《第一次中国教育年鉴》戊编,商务印书馆 1934 年版,第 150 页。

② 朱家骅:《九个月来教育部整理全国教育之说明》,《教育部公报》第 4 卷第 49—50 期,1932 年 12 月出版。

民之道德基础,及生活所必需之基本知识技能。"①《小学规程》规定,"小学分二级,前四年为初级小学,得单独设立;后二年为高级小学,须与初级小学合并设立"②,初级小学实行义务教育。《规程》明确小学教育八项训练标准:(一)培养儿童健康体格,(二)陶冶儿童良好品格,(三)发展儿童审美兴趣,(四)增进儿童生活技能,(五)训练儿童劳动习惯,(六)启发儿童科学思想,(七)培养儿童互助团体之精神,(八)养成儿童爱国爱群之观念③。为保证儿童能得到国家民族思想的基本教育,《规程》确定:"非中华民国之人民或其所组织之团体,不得在中华民国领土内设立教育中国儿童之小学。"④

　　由于社会残破,民生凋敝,民国时期儿童失学现象极为普遍。《小学法》和《小学规程》特别强调,除六年制完全小学外,各地还可设立简易小学及短期小学,进行速成教育。简易小学招收不能入初级小学之学龄儿童,修业三年,不收学费。短期小学分一年制和二年制两种,不收学费,书籍用品由学校供给,招收 8—16 岁的年长失学儿童,每班每日授课 3—4 学时。年授课时间不少于 540 学时。学校进行基本用字和常识的教育,要求能掌握 1400 字的读写。在人口稀少、地方贫瘠,无法设立学校的地区还可设立巡回教学班。这些措施,在一定程度上使更多儿童接受到最基本的教育。1931 年—1936 年六年间,全国儿童就学率由 22.16％递增到 31.09％,学生人数增加 56.4％⑤。

----

　　① 《国民政府公布小学法》,《中华民国史档案资料汇编》第 5 辑第 1 编《教育》(一),江苏古籍出版社 1994 年版,第 538 页。
　　② 宋恩荣、章咸主编:《中华民国教育法规选编》,江苏教育出版社 1990 年版,第 237 页。
　　③ 宋恩荣、章咸主编:《中华民国教育法规选编》,江苏教育出版社 1990 年版,第 237—238 页。
　　④ 宋恩荣、章咸主编:《中华民国教育法规选编》,江苏教育出版社 1990 年版,第 238 页。
　　⑤ 参见教育部编:《第二次中国教育年鉴》第 14 编第 84—89 页有关数据,商务印书馆 1948 年版。

　　早在 1922 年颁发的壬戌学制中,就规定小学实行四年制义务教育,但当时仅为一纸空文。1931 年南京国民政府公布的《中华民国训政时期约法》中规定:"已达学龄之儿童,应一律受义务教育,其详以法律定之。"①1932 年 6 月,教育部颁发《第一期实施义务教育办法大纲》,规定 1932 年 8 月至 1935 年 7 月为第一期,在此期内,各地应设义务教育试验区,大力推行义务教育,实行强迫入学,入学儿童总数至少应达当地失学儿童的十分之一。第一期开始后,由于经费、师资、校舍、观念等原因,收效不大。

　　义务教育的停滞不前受到教育主管部门的关注。1935 年 5 月,国民政府教育部遵照国民党第四届中央执行委员会第五次全体会议关于"实施义务教育标本兼治"等决议案,制定《实施义务教育暂行办法大纲》等文件,具体推出推进义务教育的时间表,决定自 1935 年起,在 10 年左右时间内,分三期完成四年制义务教育的普及。第一期自 1935 年 8 月至 1940 年 7 月,全国学龄儿童除入普通小学者外,应要求进一年制短期小学学习,使 80％以上学龄儿童受到一年以上义务教育。第二期自 1940 年 8 月至 1944 年 7 月,开办两年制短期小学,保证 80％以上儿童享受两年义务教育。第三期自 1944 年 8 月开始,最终完成四年制义务教育期限②。8 月,教育部成立"全国义务教育委员会",具体负责义务教育推进工作。

　　经费问题是制约义务教育正常开展的最大障碍。国民政府相继颁布了《中央义务教育经费支配及拨付办法》、《各省市义务教育经费经管办法大纲》等条例,详细规定义务教育经费的来源、分配和补充办法,确定专款专用的原则。即由省、市自筹和中央补充相结合,省市县新增教育税收,省应提 30％,特别市应提 50％,作义务及成年补习经费;中央补助义务教育及成年补习教育经费,每年至少应占总金额 45％。据统

①　《中华民国教育法规选编》,第 47 页。
②　《中华民国史档案资料汇编》第五辑第一编《教育》(一),第 609—610 页。

计,1935 年至 1937 年的 3 年间,中央财政的补助额分别为 290 万元、438 万元、636 万元①。另外,为解决师资短缺问题,教育部还于 1936 年颁布《训练义务教育师资办法》,规定由教育部定期举办义务教育干部人员培训班,训练各省市义务教育人才。

　　30 年代,传统私塾小学在农村地区仍占很大比重。1935 年,全国私塾达 110,144 家,学生 1,878,351 人②,几乎达全国学生总数的十分之一。为此,教育部要求各地应着力改良私塾,各私塾课目一律依照短期小学或普通小学课程开设,不得擅定课程,私塾办理优良者可改为短期小学。1937 年 6 月,教育部颁布《改良私塾办法》,要求私塾塾师应文理清通,常识丰富,塾舍应宽敞,并有学生运动空地,采用教育部审定之教科书③。然而,这些规定在实际执行时是很难到位的。据统计,塾师中受过师范教育的仅占塾师总数的 8.55%④,教学质量仍难真正得到保证。

　　小学课程设置是初级教育的另一个重点,教育部对此也几经斟酌变更。1928 年 2 月教育部颁布的《小学暂行条例》中规定初级小学科目为:三民主义、公民、国语、算术、历史、地理、卫生、自然、乐歌、党童子军、图画、手工等,高级小学加设职业科目。这一课目叠床架屋,意识形态色彩浓厚。1929 年 2 月,教育部颁布《小学课程暂行标准》,简化、合并了一些科目,简化后的课目主要有党义、国语、社会、自然、算术、工作、美术、体育、音乐等。1932 年 10 月,教育部根据各地试行的结果,正式颁布《小学课程标准》,确定小学开设课目为:公民训练、卫生、体

---

　　①　《教育部民国廿四年至廿六年义教经费支配表》,国民政府教育部档案,中国第二历史档案馆藏。

　　②　《民国二十四学年度至二十五学年度全国私塾概况表》,《中华民国史档案资料汇编》第五辑第一编教育(一),第 682 页。

　　③　《教育部颁布改良私塾办法》,《中华民国史档案资料汇编》第五辑第一编《教育》(一),第 679 页。

　　④　《中华民国史档案资料汇编》第五辑第一编《教育》(一),第 682 页。

育、国语、社会、自然、算术、劳作、美术、音乐等。1936年7月,教育部
对此再作调整,进一步将课目简化为公民训练、国语、常识、算术、工作、
唱游。经过数次调整、简化,小学课程设置逐渐与小学生身心发展水平
较为符合,在民国时代被长期沿用。

在确定课程同时,教育负责部门还采取措施,改变教材零乱的状
况。国民政府成立前,各学校均为自由选用教材,各类教材充斥书坊,
良莠不齐。1928年,国民政府通令全国各小学必须采用经过审定的教
材,并查封了一批质量和政治上被认为有问题的教科书①。同时,当时
的教育主管机关大学院要求各地小学一律用语体文教学,不准采用文
言教科书。1930年,教育部通令全国小学禁止采用文言教科书,除国
文可兼用文言语体外,其他各科一律用语体文编辑。1933年4月,教
育部决定分期编订统一的教科书,由教育部聘请专家编写或委托国内
著名小学代编,至1936年,完成编订的有国语、算术、社会、自然等科。
部编教材的推出,统一了教材标准,提高了教材质量,对促进小学教
学质量提高有一定意义。显然,教材中也包含着国民党意识形态的
宣传。

教育主管部门对初等教育给予较多重视,30年代初、中期,初等教
育在所有教育门类中发展速度是最快的。从数量上看,1929年全国小
学生只有880多万人,1931年度即增至1172万人,1936年则达1836
万多人,八年时间人数翻了一番多②。另据统计,1935年全国学龄儿
童共49,022,202人,接受义务教育数为10,834,844人,占22.1%左
右,上海、山西、威海、青岛等省、市比例更高,达半数或半数以上,上海
高达68%,山西接近70%③。就教育经费言,1930年全国小学教育经

---

①　参见《取缔世界书局刊行小学国语读本有关文件》,国民政府档案,中国第二
历史档案馆藏。

②　《民国二十五学年度全国初等教育概况》,《中华民国史档案资料汇编》第五
辑第一编教育(一),第579页。

③　《中华教育界》第23卷第2期,1935年8月出版。

费为 5758 万元,1936 年达 11972 万元,增长了一倍强①。经过多方整顿,教育质量也有了一定的提高。

应该指出,虽然 30 年代小学教育取得了一定成绩,但问题也还是很突出的。整个 30 年代,全国有一半以上儿童仍未取得接受最基本教育的权利。虽然教育部宣称要逐步完成四年制义务教育,但实际进展十分缓慢。据在全国居前列位置的江苏省统计,1931 年该省有学龄儿童 518 万余人,实际入学者仅 133 万余人,仅占总数的 26%②。另据统计,1930 年广东全省共有失学儿童 320 多万名,全省完成义务教育,年需经费 1 亿多元,而同年度全省教育经费总计只有 1799 万元,倾全省财政所入也不过 7000 多万元,远远不敷所需③。中国教育落后的状况仍没有根本的改变。1936 年,教育经费虽然在国民生产总值中的比重达到创纪录的 4.8%,但同年儿童入学率只有 23.42%,失学儿童仍达76.58%④,普及小学义务教育终究只是停留在纸面上的美好许诺而已。

二　中级教育

和初级教育相比,30 年代中级教育发展相对缓慢。中级教育包括普通中学、中等师范和职业技术教育。1922 年颁布的壬戌学制中,规定普通中学附设师范、职业各科,江、浙等省甚至将师范与中学合并办理。这种普通中学与职业、师范二种教育合并设置的制度,弊端较多,

---

① 参见《民国十九年度全国初等教育概况》,《民国二十五学年度全国初等教育概况》;《中华民国史档案资料汇编》第五辑第一编《教育》(一),第 554、581 页。

② 《苏省各县学龄儿童统计》,《申报》1931 年 1 月 26 日。

③ 据《广东教育概况》、《广东国库、省库最近收支状况报告书》有关数据统计,分见《统计丛刊》第 2 卷第 8 期,《民国日报》1930 年 10 月 10 日。

④ 教育部编:《第二次中国教育年鉴》第 14 编,商务印书馆 1948 年版,第 87页。

"使中学教育系统混淆,目的分歧,其结果中学教育固无从发展,而师范与职业教育,亦流于空泛"。"中学生之程度,反日而降低,职业技能,未有充分之培养,师范各科,未有专业之训练,而中学应注重之基本教学,反不能严格,结果谋生任教与求学三者均不能自全"①。1932 年 9 月,国民政府教育部开始整顿全国教育,重点对中级教育实行改制,相继颁布《中学法》《师范教育法》《职业教育法》等一系列法令,分别设立三类学校。同时在这三项法令基础上,具体制定了各类中级学校规程。

《中学法》和《中学规程》规定:普通中学分初级中学和高级中学,修业年限各三年,其培养目标是:"继续小学之基础训练,以发展青年身心,培养健全国民,并为研究高深学术及从事各种职业之预备。"②确定:"中学为严格训练青年身心,培养健全国民之场所。"③具体要求则为:"(一)锻炼强健体格,(二)陶融公民道德,(三)培养民族文化,(四)充实生活技能,(五)培养科学基础,(六)养成劳动习惯,(七)启发艺术兴趣。"④这一德、智、体、美和劳动教育五育共同发展的教育目标,和教育发展的基本方向尚能契合。

中学是青少年思想发育的关键阶段,国民政府成立后,对中学生的意识形态灌输明显加强。教育部要求所有中学必须开设讲授国民党党义的课程,讲义由有关部门严格审定。实行严密的训育管理制度,确定中学训育的目标为:"根据团体化、纪律化、科学化、平民化、社会化的原则,使无处不含有三民主义的精神。"⑤所有公立中学的校长、训育主

---

① 《中华教育界》第 20 卷第 11 期,1933 年 5 月出版。

② 《中学法》,《中华民国史档案资料汇编》第五辑第一编《教育》(一),第 414 页。

③ 《中学规程》,《中华民国史档案资料汇编》第五辑第一编《教育》(一),第 422—423 页。

④ 《中华教育界》第 20 卷第 11 期,1933 年 5 月出版。

⑤ 李桂林主编:《中国现代教育史教学参考资料》,人民教育出版社 1987 年版,第 292 页。

任、生活指导员、公民课教员均须由国民党党员充任。党义教员和训育人员必须时时与学生接近,调查学生平时所阅刊物及其发表之言论,了解学生的思想活动。训育目标中同时也包括指导青年个性及身心发展,指导青年掌握从事职业所必备的技能①。

30年代中期,教育文化界既强调教育要面向世界,也注重弘扬民族精神。在中学课程安排中,1929年、1932年、1936年三年教育部分别颁布了中学课程暂行、正式、修订标准,其中1929年规定高中国文为24学分,外国语为26学分,外国语受重视程度超过国文;1932年修改为两者均为30学分,教学时数相等;1936年再作修订,确定国文为28—30学分,外国语为26—30学分,外国语时数略逊国文。

同时,国民党内也存在守旧复古的倾向。蒋介石多次强调:"必须恢复四维八德,发扬我们民族固有最高尚的精神和道德,以为一切科学之基础。"②要求:"我们的教员、学生,大家要相信、要努力研究大学、中庸之道⋯⋯完满的学到治国平天下的道理。"③表现出浓厚的守旧倾向。一些国民党内的大、小官员也纷纷起而响应,给教育当局造成一定的压力。时任教育部长的王世杰参加国民党五届三中全会后就感到:"全会予多数人以失望与恐惧之感者,为一部分人之'复古'提案,如何键之中小学校课提案,焦易堂等之设置中医学校皆是。凡此皆不免使负教育行政之责者感觉愤闷【懑】。因此种'复古'倾向,惟令众多知识分子与青年感觉失望,而共趋于偏激一途。"④

---

① 《各级学校党义教师及训育主任工作大纲》,《教育杂志》第23卷第10期,1931年10月出版。

② 蒋介石:《为学做人与复兴民族之要道》,秦孝仪主编:《先总统蒋公思想言论总集》第13卷,台北中国国民党中央党史委员会1984年编印,第194页。

③ 蒋介石:《进德修业与革命之途径》,《先总统蒋公思想言论总集》第11卷,第12页。

④ 《王世杰日记》第1册,1937年2月22日条,台北中研院近代史研究所1990年版,第30页。

这一时期,中小学毕业会考制度引起较大争议。1932年5月,教育部公布《中小学毕业会考暂行规定》,要求中、小学毕业生经所在学校考查合格后,再统一参加有关教育部门组织的毕业会考,会考合格者方得毕业。会考制度过于强调考试成绩,把学生命运系于一次考试中,使学生创造性和学校教学方向受到很大约束,因此招致不少批评。有人指出:"自从会考的号令下了之后……学校变了会考筹备处。会考所要的必须教,会考所不要的不必教,甚而至于不教。"①1935年,教育部公布《修正中学学生毕业会考规程》,放松了会考标准,学校毕业成绩和会考成绩可合并考查,此后又逐渐取消了小学的毕业会考,中小学会考制度名存实亡。

由于国民政府对普通中学主要着力于巩固、整顿、提高,这一时期普通中学从数量上看发展缓慢。1931年—1936年度,普通中学学校数和学生人数均基本保持平衡,只有少量增长,而且还主要是私立中学的扩张②。

和普通中学教育相比,职业技术教育的发展却比较迅速。1931年教育部根据第二次全国教育会议关于多设职业学校的提议,通令各省市限制设立普通中学,县立中学逐渐改办实业学校,新设私立中学应劝令改办职业学校。1932年制订了《职业学校法》,此后又陆续颁布《职业学校规程》、《职业补习学校规程》等法令,将职业学校发展纳入法制化的轨道。

为进一步促进职业学校的发展,教育主管部门颁发各省市中等学校设置及经费支配标准办法,规定职业学校经费需占中等学校总经费的35%(普通中学为40%,师范学校为25%),职业学校经费标准直逼

---

①　陶行知:《杀人的会考与创造的考成》,《生活教育》第1卷第8期,1934年6月出版。

②　参见《全国中等学校二十五学年度概况》、《民国十九年度至二十六年度全国中等学校毕业生累计数》;《中华民国史档案资料汇编》第五辑第一编《教育》(一),第518—519、530—531页。

规模远为庞大的普通中学①。1936年，教育部报请行政院批准，专门设立生产教育费，用于补助各公、私立职业学校教学、实习设备费用，进一步充实职业教育经费。为提高职业学校师生素质，鼓励接受职业教育，教育部规定公立职业学校学生一律不收学费，学校供给膳宿费及生活津贴，职校教师待遇也高于其他中等学校教师。此外，政府还设立了工业、护士、助产等四所国立职业学校，着力培养专门职业人才，此为中等学校由国家设立之仅有者。

职业学校的培养目标是"培养青年生活之知识与生产之技能"②。教育主管部门对经由中等职业教育培养实用技术人才寄予厚望。职业学校教学以培养学生的职业知能、职业道德和劳动习惯为主，课程分为三类：职业学科、普通学科和实习，实习要占总课时的50％左右。经过一段时间的努力，职业教育成为发展最快的教育门类，1928年全国职业学校仅149所，到1936年发展到494所，增长了三倍多，学生数由16641人增加到51822人，增加了311％，经费数由22万多元增加到42万多元，增加了近一倍③。一些经济较发达地区发展更为突出，上海市的职业学校几乎涵盖了上海的各个职业门类，包括金融、通讯、新闻、商业管理、医药卫生等各种新兴职业，"对上海的经济文化建设发挥了直接的促进作用"④。

中等师范教育以培养"小学之健全师资"为目标⑤，在小学教育备受重视情况下，也得到相当程度的发展。据教育部1929年统计，当年

① 黄问歧：《民国二十三年中国教育回顾与今后展望》，国民政府教育部档案，中国第二历史档案馆藏。

② 《教育部公布职业学校法》，《中华民国史档案资料汇编》第五辑第一编教育（一），第412页。

③ 《民国廿五、廿六学年度全国职业学校概况统计表》，《中华民国史档案资料汇编》第五辑第一编《教育》（一），第513—515页。

④ 张仲礼主编：《近代上海城市研究》，上海人民出版社1990年版，第1002页。

⑤ 《国民政府公布师范学校法》，《中华民国史档案资料汇编》第五辑第一编《教育》（一），第415页。

全国学龄儿童数为 4144 万人,已入学的 710 万人,失学儿童 3432 万人。要解决这些失学儿童的入学问题,仅师资一项就短缺 90 万人,而当年各师范学校毕业生总共只有 2.3 万人[①],远远不敷所需。因此,要普及小学义务教育,发展师范教育刻不容缓。1932 年 12 月,国民政府颁布《师范学校法》,师范学校脱离普通中学而独立;同时规定:中等师范教育机关,包括师范学校、简易师范学校,主要由政府办理,私人或社会团体未经教育部特许,不得任意创设。师范学校学生免收学费,膳宿、制服由各省市斟酌情形全部或部分供给。1933 年 3 月,教育部公布《师范学校规程》,次年 9 月又公布《师范学校课程标准》,师范教育步入稳步发展的轨道。

三　高等教育与留学教育

中国的高等教育在 20 世纪初经历了一个快速发展阶段,30 年代教育主管部门主要着眼点是巩固、充实、提高。国民政府建立后,相继发布《大学组织法》、《大学规程》、《专门学校组织法》、《大学研究院暂行组织规程》等,对大学、独立学院及专科学校、大学研究机关的设立、组织、性质、培养方向等作了详尽的规定,使大学教育有章可循,向制度化、正规化方向发展。

国民政府整顿大学教育的最显著例子是实科教育的发展。民国以来,实科教育一直是教育主管部门提倡的对象,但由于传统读书做官观念的影响,文法类学校一直远远超过实科学校。南京国民政府成立后明确规定"大学及专门教育,必须注重实用科学"[②],将调整实科和文法科比例失衡现象作为工作重点。1931 年全国专科以上学校学生共计

---

① 转引自高奇主编:《中国教育史研究》现代分卷,华东师范大学出版社 1994 年版,第 267 页。

② 《中华民国教育实施方针》,《革命文献》第 56 辑,第 198 页。

41677人,文科学生占近三分之二①,仍大大超过实科。对此,教育部一方面全力扩充实科学校,压缩超过需要、办理不善的文法科学校;另一方面于1934年起,对大学及独立学院招生规定严格的比率,大学文、法、商、教育等学院招收新生数,不得超过理、工、医、农科,对文科学生数严加限制。这些严厉措施很快见到效果,到1936年,实科类学生即全面超过文科,达到总数的53.3%②。

发展实科教育,旨在为技术不断进步、分工日益精密的现代社会提供各种专门人才。因此,在提高实科学生比例的同时,教育部对全国大学实行大规模的结构调整,压缩一些重复设置的文科院系,增加理、工、医、农类院系。清华大学市政工程系(后改为土木工程系)1928年还遭遇到被董事会裁撤的命运③,1932年却在该系基础上成立清华工学院,设立土木工程、机械工程、电机工程等三系,成为中国工程人才的重要摇篮。同济大学的理学院,中央大学、交通大学的航空工程学系也在这一时期相继设立。为适应社会不断增长的对专门人才的需要,教育部增设一批专科以上高等实科学校,培养学有专长且具实际工作能力的专门技术人才,修业年限一般为2—4年。1934年,据教育部统计,国立独立学院有上海医学院、北洋工学院、上海商学院、广东法科学院等,省立有河北工业学院等11所院校,私立有湘雅医学院、焦作工学院等,总计学生9951人④,另有杭州艺术专科学校等大专学校多所,学生4765人⑤。到1937年,全国专科以上实科学校主要有:西北农林专科学校、河南省立水利专科学校、四川工学院、山东省立医学专科学校、四川农学院、湘雅医学院、天津工商学院及上海女子医学院等,涵盖范围

---

① 据《教育部报告民国十九年度高等教育概况》统计;另参见《中华民国史档案资料汇编》第五辑第一编《教育》(一)第242页表5、第334页表13。

② 据《江西地方教育》第72期(1937年2月出版)有关数据统计。

③ 参见《国立清华大学校刊》第18至22号有关文件,1928年12月出版。

④ 《教育部统计最近全国独立学院概况》,《时事新报》,1934年2月8日。

⑤ 《教育部统计最近全国专科学校概况》,《时事新报》,1934年2月10日。

较为广泛。数年中,理、工、医、农类实科学校明显增加,一定程度上改变了高等教育结构失衡,科学技术人才异常紧缺的状况。

清末以来,高等教育几经整顿,但由于缺乏统一的规划与指导,各校质量参差不齐,师生素质鱼龙混杂。国民政府成立后,主要采取了三方面措施:

首先,从制度上对各学校进行全面规范。教育主管部门颁布了一系列法令规章,在确定高等教育基本原则的同时,对影响教育质量的若干具体问题诸如教师评聘、课程设定、生员来源等方面作了规定:颁布《大学教员资格条例》,规定教授、副教授、讲师、助教评聘资格,并明确以上四种职称仅大学教员可以使用;规定大学必修课,强调基础知识的训练,尽力保障、扩充学校基本的图书及教学设备;明令取缔学校中的宗教宣传,规定宗教团体设立的私立学校,不得以宗教科目为必修课,亦不得在课内作宗教宣传,部分教会学校的宗教宣传受到抑制;加强大学生入学资格审查,1937年,教育部令中央、武汉、浙江三所大学联合招生,为全国统一考试招收新生作准备,以根绝各校自行招生营私舞弊的不良现象;限制滥设大学,规定大学分国立、省立、市立、私立四种,必须具备三个以上学院者,始得称为大学,不符合上述条件者,为独立学院,开办大学、学院须经教育部核准,并须达到规定的经费限额;大学凡有三个研究所以上者,可设研究院,招收研究生,研究生在校期限原则上初为三年,后改定为两年。1935年公布学位授予标准,分学士、硕士、博士三级,获有硕士学位并在研究院继续研究两年以上,或在高校任教三年者,经审查合格均可申请授予博士学位。研究生教育尚处起步阶段,清华大学自1929年起开始招收研究生,1935年在校研究生只有55人[1],全国研究生总数也仅有数百人。

其次,严格对私立学校的管理,提高私立专科以上学校教育水准。

---

[1]　《呈教育部文》,《清华大学史料选编》二(下),清华大学出版社1991年版,第563页。

国民政府教育部对私立学校实行分别对待的奖惩制度,对办理不善者,实行惩处以至取缔,而办理优良者,则予以奖励。1934 年;教育部设置专科以上私立学校专门补助费项目,用于补助办学水平较高而经费困难的私立学校,同时对成绩优良而生活困难的私立学校学生实行救助,经费最初为 72 万元,1937 年度增至 122 万元,资助面扩大到省立学校,并为理、工、医、农类学校的设备补充、改造提供部分资金①。这些措施对刺激私立学校教学质量的提高有一定作用。

第三,增长高等教育经费。高等教育经费 1928 年仅有 1024 万余元,1934 年增至 1812 万余元,到 1936 年底,增为 2295 万余元,8 年间增加 1270 余万元,增长一倍以上,增速超过同期学生增长速度。其中,武汉、同济两大学 1928 年经费分别为 287,036 元、263,790 元,1937 年增至 997,100 元、754,000 元,增幅均在 3 倍以上。1937 年各大学经费预算居前两名的中山大学、中央大学,年经费分别达 1,936,000 元、1,700,000 元②。更大规模的资金投入,加上社会资助的增加,对高等教育的健康、稳步发展起到重要的支撑作用。

国民政府 30 年代巩固、调整高等教育的措施收到了一定成效。高等教育管理逐渐严格,教育方向渐趋实际,各类高等教育呈现一定的增长态势,实科教育的发展尤其引人注目。然而,这一时期高等教育的发展仍存在很多问题,首先是高等教育发展速度仍显缓慢,1931 年—1936 年全国高校在校学生数仅有微量增长,全国每年大学毕业生人数仅几千人。1931 年中国每万人中大学程度者不足一人,在世界上处于十分落后地位③。其次,高等教育发展的地理分布不平衡,有限的大学

---

① 《中国国民党第三次全国代表大会教育工作报告》,《革命文献》第 53 辑,第 132 页。

② 参见《革命文献》第 54 辑,第 183—184 页;《教育杂志》第 27 卷第 8 期,1937 年 8 月出版。

③ 《我国大学生与世界主要各国比较》,《江苏教育》第 4 卷第 1、2 期合刊,1935 年 2 月出版。

又形成高度集中的状况,大部分集中在上海、北平等大城市及东南沿海地区,上海和北平就占了全国大学院校总数的近40%,而中、西部十二个省仅有30所高等院校,仅占总数的20%左右。地理分布的不平衡,加大了各地教育文化水平的差异,进一步拉开地区间社会文化发展水平的距离。再次,教育经费较之20年代虽然有了较大增加,到位率也相对较高,但和需要相比,仍常显不足,加之各地常常克扣经费,经费问题仍是时常困扰大学教育的一个难题。1931年底,北大校长蒋梦麟曾哀叹:"学校的致命伤在经费的积欠,教员的灰心……好多教员,真是穷得没有饭吃。"①1934年平津各院校教师联合会致教育部书中也提到:"平津院校经费十九年度、二十年度、二十一年度共短发九个月有奇,以致各院校均向商家借款,积欠教职员之薪俸更巨。"②这些问题,在全国各大学中普遍存在。

　　30年代高等教育的另外一个重要问题就是国民党官方意识形态对高校的渗透。高等教育被强加上严密的政治思想灌输,学生除接受国民党党义课、军训教育之外,还必须接受各种训育指导,学生的自由思想和独立判断受到限制,人身安全也不能得到保障。当时担任国民党北平市党部常委的董霖写道:"'九一八'事变以后,学生激于爱国热潮,大举示威请愿。因为一时感情冲动,偶有逾越常轨,不无责难甚至反对政府的情事。不幸宪警机关认为其中必别有用心的,有时不加细察,采取逮捕的高压手段,而且迹近专断。"③"一二九"运动后,军警大肆逮捕学生,以致清华大学校长梅贻琦不得不出面要求当局"务取缓和处置,以免激起意外"④。

---

①　蒋梦麟1931年12月22日致胡适函,《胡适来往书信选》中册,中华书局1979年版,第97页。

②　《世界日报》,1934年3月23日。

③　《教学天涯五十年》,《传记文学》第23卷第1期,1978年7月出版。

④　梅贻琦1936年2月29日致翁文灏、蒋廷黻电,《清华大学史料选编》二(下),第913页。

在攸关教育成败的教学质量上,这一时期虽然有了很大改进,但仍未从根本上解决问题。由于没有严格的入学考试制度,入学学生素质难以充分保证,不少人把大学当作做官发财的阶梯,入学后对学业没有足够重视,学校考核也不严格。由此造成部分大学生素质低下,基础知识缺乏,以致有些毕业生不知道井田制,不知道张居正①,把上大学当作换取文凭的手段。这些情况对高等教育的健康发展都是不利的。

留学教育属于高等教育的一部分。国民政府成立前,留学教育管理比较松散,留学生质量没有保证。1929年,教育部相继颁布《发给留学证书规程》及《中央派遣留学生管理章程》,详尽规定了留学资格,同时成立中央训练部留学生管理委员会,加强留学教育管理。和大学教育相应,留学教育也强调以实科为主,规定"选派外国留学生,应注重自然科学及应用科学等,以应国内建设之需要","每次属于理、农、工(包括建筑)、医药者至少应占全额十分之七"②。1933年4月,教育部公布《国外留学规程》,进一步明确了留学标准,再次强调选派公费留学生应注重理、工、农、医等科。经过整顿,留学生质量提高较快,据统计,1929年—1934年间,中国赴美留学生共计934人③,以学习时间2—4年计,略微错后的1931年—1936年间,即有223人获得博士学位,396人获得硕士学位④,两组数据虽然不能简单类比,但大致可以看出,这一时期留美学生中获高学历者已过半数。此外,留学生所学学科比例也逐渐趋于合理,1932年,政府派遣的理工医农类留学生共213人,仅占总数的37%,1936年即增加到526人,占总数的52.5%⑤,后来对中

① 罗家伦:《中国大学教育之危机》,《时事新报》,1934年1月20日。
② 教育部编:《第一次中国教育年鉴》丙编,第5页。
③ 《民国十八年至二十六年留学生统计表》,《中华民国史档案资料汇编》第五辑第一编《教育》(一),第396页。
④ 《我国留美学生获得学位学校统计》,《世界日报》,1937年2月14日。
⑤ 《民国十八年至二十六年留学生统计表》,《中华民国史档案资料汇编》第五辑第一编《教育》(一),第396—397页。

国科学发展贡献卓著的科学家如周培源、赵忠尧、谈家桢、钱三强、钱学森、陆学善、张宗燧、黄汲清、华罗庚、苏步青等均是这一时期出国或完成学业回国的。

四　其他各类教育

民国以来,随着社会的不断发展,社会分工和社会结构日益繁杂,教育的功能也逐渐多样化,教育不再局限于学龄学生,而不断向社会扩展,由此兴起了社会教育的热潮。

二三十年代,社会教育的主要形式是民众学校、各类职业学校及民众教育馆等公共文化设施。1929年,教育部发布《民众学校办法大纲》,确定:"凡年在十二岁以上五十岁以下之男女失学者,均应入民众学校。"①民众学校修业期限一般为四个月,不收学费及其他费用,所有书籍文具均由学校供给。民众学校注意开展劳工教育,1931年5月成立劳工教育设计委员会,次年教育部和实业部联合发布《劳工教育实施办法大纲》,要求对劳工进行识字训练、公民训练及职业补习训练,各厂矿、公司、商店劳工在50人以上者,均应设劳工学校或劳工班,不满50人者由各机关联合办理,经费由设立机关承担。针对大批失学民众,教育部也先后制订方案,要求各地推行大规模定期强迫教育,首先对16—30岁青年失学男女进行扫盲,并逐渐推及全体民众,争取用六年时间分期分批肃清全国文盲。办理民众教育经费原则上由地方自筹,中央政府对边远贫瘠省份酌情予以补助,补助费1936年度为50万元。

民众教育馆是社会教育的另一重要形式。1927年江苏率先开办民众教育馆,此后各地纷纷仿效。1932年教育部公布《民众教育馆暂行规程》,鼓励各地开办民众教育馆,作为实施社会教育的中心机关,此后民众教育馆在各地纷纷涌现。民众学校、民众教育馆及社会职业学

---

① 《中华民国史档案资料汇编》第五辑第一编《教育》(二),第693页。

校的出现,确实解决了一部分失学者的扫盲问题,一些大城市的社会教育成绩尤为显著。据统计,1934年上海各类社会职业学校达1173所,在学人数164,566人,数量与正规学校不相上下①。市立民众教育馆、博物馆、美术馆、公共体育场等社会文化公共设施也初具规模。上海市政府还确定自1935年起两年内完成市区扫盲计划,因抗战爆发,计划未能如期完成。1936年,全国接受社会教育学生达386万多人,年投入经费1600多万元②,形成较大声势。

　　不过,国民政府庞大的教育普及计划和当时中国实际社会经济状况是存在很大距离的,尤其在广大农村地区,农民大规模接受扫盲教育的可能性微乎其微。截止1934年,全国曾经或正在民众学校及识字学校接受扫盲教育的为685万人,占全国2亿文盲的3.4%。著名教育家陶行知指出:"依据教育部的统计,每一个小学生每年要用八元九角钱的教育费,民众学生每年要用一元八角钱的教育费。现在中国有二万万失学成人,七千万失学儿童。这二万万七千万人当然是我们大众教育的对象。照上面的费用算起来就得要十万万元才能普及初步的大众教育。这个数目不但是大众自己办不到,就是教育部,去年费尽九牛二虎之力也只筹到三百多万元的教育经费,对于这十万万的大众教育经费也一定是筹不出来的。"③教育主管部门提出在全国范围短时期内消除文盲是不切实际的过高目标。

　　边疆少数民族教育长期来一直停滞不前,国民政府成立后开始把发展少数民族教育纳入议事日程。1930年,国民政府设置蒙藏教育司,负责蒙藏及其他边疆地区地方教育的具体事项。1934年,教育部从中央拨给边远贫瘠省份补助专款内,划出50万元作为推动少数民

---

　　①　上海市政府秘书处编:《上海市政报告书(1932—1934)》第82页附表。
　　②　《民国廿五学年度全国社会教育概况统计表》,《中华民国史档案资料汇编》第五辑第一编教育(二),第737页。
　　③　陶行知:《中国普及教育方案商讨》,《生活教育》第2卷第1期,1935年3月出版。

教育之用,次年又从各国退还庚款中加拨 20 万元用于少数民族教育,并拟出《推进蒙藏回苗教育计划》付诸实施。边疆民族教育获得发展,甘肃、青海、新疆、西藏、察哈尔、绥远、西康、贵州等地都相继设立了民族学校,到抗战爆发前,全国总计设有民族师范学校十一所又九班,中学三所,小学 2374 所。

"特种教育"是为配合对苏区的军事"围剿"产生的。1933 年 3 月,鉴于江西、湖北、福建、安徽、河南等省苏区及周围地区革命思想浓厚,国民党中央通过《特种地区暂行社会教育实施方法》,提出要在这些地区实行"特种教育",肃清革命思想影响。"特种教育"的宗旨是管、教、养、卫,即以开办民众学校的方式,政教合一,"以学校的方式,得到实施特种教育之程序;以政教合一的精神,得到实现农村自治之步骤;以学校为改进社会中心,得到建设农村文化之方案;以全区为农事改进对象,得到复兴农村自卫之办法。"①"特种教育"对象包括小学生在内的"特种区域"全体民众,通过开办民众学校方式,进行集中的思想灌输。民众学校以 16 岁为界,分成人与儿童班两种,成人班教授公民,每天授课两小时,两个月毕业;儿童班学习国文,每天上课四小时,一年毕业。学校均使用单独编印的教材,教材内容要求包括 60％以上的政治宣传②。

1934 年 9 月,蒋介石主持的军事委员会南昌行营颁发《赣闽皖鄂豫五省推行特种教育计划》,决定成立五省特种教育委员会,具体指导"特种教育"的进行。蒋介石为其在 1934 年、1935 两年每年争得 40 万以上的庚款补助资金③。其中江西每年 12 万元,福建、安徽、湖北、河

---

① 江西《民国日报》1934 年 11 月 14 日。

② 《特种小学校国语读本编辑要点》,国民政府国立编译馆档案,中国第二历史档案馆藏。

③ 《各庚款机关有关教育文化事业之工作》,《革命文献》第 53 辑,第 464—466 页;汪精卫 1934 年 6 月致蒋介石电、朱家骅 1935 年 3 月致蒋介石电,国民政府军事委员会档案,中国第二历史档案馆藏。

南四省每年 6 万元,其他特种补助费 4 万元①。

"特种教育"以反共教育为主,也兼顾文化教育。由于原苏区大多比较落后闭塞,加上战争频仍,教育文化水平很低,"特种教育"开办民众学校,鼓励人人就学,对形成重视教育风气有一定作用。英国人戴乐仁考察江西"特种教育"后提到:"弋阳一县设立中山民众学校五所,因此风气所及,民众自办学校次第设立者,竟有 105 所之多。"②随着时间的推移,"特种教育"的宣传性也在逐渐淡化,1935 年 7 月,蒋介石批发五省特种教育委员会决议,确定"特种教育"继续进行的四项原则:"一、特种教育应当与当地建设事业发生密切关系;二、应尽量利用已有学校,或就已有学校中增添中山民众学校之课程,或使兼办中山民教事业;三、每县各区应组织教员联合会;四、应兼办职业教育,与当地合作事业机关及领袖人物联络。"③1936 年 3 月,"五省特种教育委员会"划归教育部,4 月,教育部拟定"特种教育"方案,着重提出改良精神训练,厉行军训,在一定程度上开始向抗日目标转移。

军事常识及童子军教育是和正规教育协同进行的。蒋介石说:"军事教育,可以说就是国民教育的重心。"④南京国民政府成立后,军事教育成为教育政策中的一个重点。1928 年 5 月,第一次全国教育会议通过对高中以上学生实行军训的方案。1929 年 1 月,国民政府教育部和军事委员会训练总监部公布《修正高中以上学校军事教育方案》,将军事教育列为高中以上学生的必修科目,每周三学时,学习期限两年,每

---

① 《赣闽皖鄂豫五省推行特种教育计划纲要》,国民政府军事委员会档案,中国第二历史档案馆藏。

② 《戴乐仁对江西特种教育的调查报告》(1934 年 9 月),国民政府军事委员会南昌行营档案,中国第二历史档案馆藏。

③ 《委员长行营令发赣闽皖鄂豫五省特种教育委员会会议案》,国民政府军事委员会档案,中国第二历史档案馆藏。

④ 《当前整军抗争的要务和军事教育的重点》,《先总统蒋公思想言论总集》第21 卷,第 20—21 页。

年暑假还需集中训练三个星期。此后,教育部又对《修正高中以上学校军事教育方案》作了数次修订、补充,进一步严格军事教育纪律,基本套用了管理军队的办法。

对于初中和小学,当局组织童子军训练。童子军原为英国退伍军人贝登堡倡导,目的是培养儿童热心服务、勇敢进取及机智果断的精神品质,创立于1908年。清末民初传入中国。国民政府规定的童子军训练目标是:根据儿童生活、生理及心理之状态,为实施训练之准绳,以养成其服务民族、国家及社会所需要之基本能力。童子军在国民政府辖区内初称党童子军,1928年改称童子军,由各地教育主管机关办理。1930年4月,教育部在南京举行童子军第一次全国总检阅,促进童子军在各地的发展。1933年11月,教育部公布《中国童子军总章》,次年成立中国童子军总会,蒋介石、戴季陶、何应钦分任会长、副会长,王世杰为理事长。童子军教育倡导并努力培养儿童的集体意识、劳动观念和独立生活能力,加强对儿童的纪律教育。1936年10月,教育部举行万名童子军露营大检阅,参加的童子军表现出较好的精神面貌。军事教育和童子军教育对提高学生身体素质,加强纪律观念有一定作用,同时还包含着应付民族战争的意义。"九一八"事变后,教育部发出《高中以上学校加紧军事训练方案的通令》,随后又令各校于每周课外讲演日本侵略中国史①,激励学生的民族精神。

五　乡村教育运动

五四新文化运动后,随着"教育救国"浪潮的掀起,教育改革运动也在全国迅速展开,各类教育团体不断涌现,其中黄炎培的中华职业教育

---

① 《教育部要求各校每周课外讲演日本侵略中国史令》,《中华民国史档案资料汇编》第五辑第一编《教育》(二),第1266页。按:该件编者断为1931年6月17日,应为1932年之误。

社、陶行知的生活教育社、晏阳初的中华平民教育促进会及陈鹤琴的儿童教育社等影响较大。随着教育改革运动的深入，不少人认识到，中国问题的关键在农村，而农村又是教育最为薄弱的地区，因此，到乡村开展乡村教育成为很多人不约而同的选择。他们以西方职业教育、平民教育等理论为基础，开展平民及乡村教育实验，试图由此找到一条振兴民族、挽救国家的道路。1925 年—1935 年间，各地建立的民众教育实验区共有 193 处，其中最早提出在农村进行教育改革实验的，是黄炎培领导的中华职业教育社。

中华职业教育社成立于 1917 年，是一个以倡导、研究、宣传和推行职业教育为宗旨的民间教育团体。该社成立后，举办了各种类型的职业教育学校，出版《教育与职业》杂志，大力推广职业教育。尤其重视发展农村教育。早在 1919 年，职业教育社即成立了农村教育研究会，研究普及农村教育。1925 年 8 月，黄炎培在山西太原出席职教社年会期间，提出"划区试办乡村职业教育计划"①，首次揭示出在乡村举办职业教育的基本思想。1926 年 4 月，中华职业教育社联合中华教育改进社、中华平民教育促进会等团体在江苏昆山徐公桥开办农村改进试验区，明确提出："鉴于近今教育事业大都偏向都市，又其设施限于学校，不获使社会成为教育化，爰拟从农村入手，划定区域，从事实验，期以教育之力改进农村一般生活，以立全社会革新之基。"规定试验区要达到的具体目标是："无旷土，无游民，村民生活状况日趋改善，知识日进，地方生产日增加合格。"②

经过两年试点，积累一定经验后，1928 年 4 月，职教社开始独立在徐公桥进行正式试验，试验期为六年，至 1934 年 6 月截止。试验区面积约 10 平方公里，人口三千余人，区内成立乡村改进会负责管理，下设总务、建设、农艺、教育、卫生、娱乐、宣传七部，负责指导包括农业生产、

---

①　《黄炎培教育文选》，上海教育出版社 1985 年版，第 152 页。

②　《农村教育丛辑》第 1 辑，中华职业教育社 1936 年版，第 4 页。

教育文化、医疗卫生等共二十二项改进事业项目。六年中进行的主要工作有：

生产方面，建立农艺试验场、合作养鱼池、养蜂场等，推广农业新技术；编制指导耕作的农家历，建立测候所，预报天气，传输初步的农业科学知识，使农、副、渔业单产及总产都有较大幅度的提高。

教育方面，扩大小学规模，推行义务教育；开办夜校，讲授基本文化知识及公民常识；建立阅书室，举办露天识字、露天讲演等，提高全民文化知识水平。

村政建设方面，开展村民普选，在乡村中实行民主管理；组织信用合作社，设立公共仓库，加强农村合作；设立民众公园、民众体育场及婚嫁改良会、儿童幸福会等，移风易俗，改变传统生活观念。

经过六年的精心组织，试验取得了一定成效。1934 年截止时，儿童入学率由 70.7％增加到 82.3％，成人识字者由 540 人增加到 1524 人，识字率达 40％多，小学由两所增加到六所，另有两个公共流动教室和露天识字班等。试验区内共有合作社社员四百多人，参加兴修水利，建立公共设施，改善当地的生产环境和乡村风貌，提高公共卫生水平。农业技术和农业科学知识的推广普及，提高了生产水平，改进区的小麦单产从每亩 8—9 斗增加到 1.4—1.5 石，养鱼由不及千尾增加到 2.3 万尾，家畜数量也有大幅度提高。

除昆山徐公桥外，中华职教社还创办了江苏镇江黄墟农村改进试验区、江苏吴县善人桥农村改进试验区、沪郊农村改进区等，同时开办有徐公桥乡村改进讲习所、上海漕河泾农村服务专修科、漕河泾农学团及浙江余姚诸家桥农村改进实验学校等。二三十年代，中华职业教育社办理或代办的乡村事业有三十多处。职教社广大同人本着"替受教育者谋出路"[①]的原则，将教育与职业、教育与生产紧密相连，把发展农村教育与开发农村经济、解决农民生计、改变农村风俗结合起来，对推

① 《黄炎培教育文选》，第 16 页。

动局部地区的乡村教育与社会发展起了一定作用。

中华平民教育促进会成立于 20 年代。初期主要在城市开展平民识字运动,后逐渐把重点转向农村。促进会总干事晏阳初对平民教育的解释是,"冀以最短之时间,最少之经济,使全国 10 岁以上、40 岁以下失学之人民,无分男女,皆能领受人生及共和国民必不可少之基本教育"①;而且由于"中国人百分之八十住在乡间,中国大多数不识字的,也都是乡下人"②,因此要发展教育,改造中国,首先要从农村做起。

1926 年 10 月,平教会选择河北定县翟城村作为开展平民教育的试验区,最初参加工作者有十余人,"在村外的一个破庙内办公治学,饮食起居都是在这一点破庙的里面,过的完全是乡间农民生活"③。他们以"除文盲、作新民"为宗旨,大力在村民中推行识字教育,扫除文盲。1929 年,平教会将总会由北平迁至定县,次年正式成立定县农民教育试验区。

定县农民教育试验区成立后,不再满足于单纯的识字扫盲教育,而是进一步扩及生活思想的改造及乡村社会整体建设。晏阳初提出:"平民教育运动的目标,就是要在生活的基础上,谋全民生活的基础建设,为中国的教育谋一出路,为中国人的生活问题,谋一解决。"④为达到这一目标,要对农民进行文艺、生计、卫生、公民四大教育,以医治中国农民愚、贫、弱、私四大病症。即以文艺教育培养"知识力",治愚;以生计教育培养"生产力",治贫;以卫生教育培养"强健力",治弱;以公民教育培养"团结力",治私。晏阳初认为,这四大教育"实为根据实际生活之要求,逐渐演进而创出之新民教育内容之荦荦大端"⑤。为实践四大教

---

① 《晏阳初 1925 年 1 月致孔祥熙函稿》,《民国档案》,1989 年第 4 期。
② 《平民教育定县的试验》,中华平民教育促进会 1927 年版,第 19 页。
③ 《中华平民教育促进会平民教育运动史略》,国民政府社会部档案,中国第二历史档案馆藏。
④ 《平民教育定县的实验》,平民教育促进会秘书处 1931 年编印,第 1—2 页。
⑤ 《平教会定县实验工作报告》,《乡村建设实验》第 2 集,第 43—44 页。

育主张，平教会在定县推行学校式、社会式、家庭式三大教育方式，谋求通过学校、社会、家庭相辅相成的教育，把定县整个社会都变成一个大的教育课堂，以"因时因地分工合作，联锁进行"的不间断教育，"整个的改进国民生活"①。

文艺教育是定县平民教育的基本。平教会以县为单位，设实验平民学校，各乡村分别设平民学校，鼓励青少年和儿童到学校就读。对成年人则施以社会教育，举办讲演、展览，并以电影、戏剧、音乐等逐步丰富其知识素养。在普及教育的同时，平教会更注重提高教育效果。他们自编出版了《平民千字课》、《市民千字课》、《农民千字课》及《市民高级文艺读本》、《农民高级文艺读本》等教材及自然、社会、应用科学等各方面的课外读物，到1935年共出版了600册。同时定期出版《农民周报》，在全县范围发行。著名戏剧家熊佛西应邀指导组成了农民剧团，编写农村戏剧，在全县各地巡回演出，深受农民欢迎。

生计教育是四大教育的关键。平教会在定县设立两个实验农场，成立几十处合作社，进行小额抵押贷款，扶植农村经济。编印生计教育书刊资料几十种，传授农业技术，组织农民接受应付农村实际需要的必要训练。

卫生及公民、乡政教育是四大教育的辅助部分。平教会设立县卫生院，联村设保健所，建立医疗卫生保健网，在全县开展卫生宣传教育。同时，设立公民教育部，建立"公民服务团"，组织农民进行服务训练。编写《公民读物》发放到各个村、镇，培养、灌输农民的公民和民族意识。

平教会的乡村建设展开后，受到各方重视。美国财团出资资助，名记者埃德加·斯诺实地考察后，称赞其为"在中国所见到的最重要的事业"②。1931年蒋介石电邀晏阳初到南京会面，称赞"公民训练"是个好办法，希望把定县教育试验区纳入政府的轨道。1932年，平教会与

---

① 《平民教育定县的实验》，第5页。
② 斯诺1933年10月17日致晏阳初函，《民国档案》1990年第3期。

河北省政府合作，成立定县实验县。次年设立"河北省县政建设研究院"，晏阳初任院长，实验区许多工作逐步纳入县政的轨道。1935年国民政府通令全国实行县政改革，设立实验县，晏阳初及平教会积极参加，大力推广定县的平民教育计划，在全国形成较大影响。

二三十年代，陶行知及其生活教育理论在国内教育界声誉颇著。陶行知早年留学美国，师从实用主义哲学家、教育家杜威，深受其"教育即生活"、"学校即社会"观念的影响，回国后积极投身平民教育，与晏阳初等共同创立了中华平民教育促进会。20年代中期，他逐渐认识到乡村教育的重要性，1926年曾与赵叔愚等以中华教育改进社的名义设立乡村师范学院，按照教学做合一原则，培养从事乡村改造的新型人才。1927年2月，他又在南京郊外的晓庄建立晓庄中心小学，3月与赵叔愚等创办南京试验乡村师范学校。在此期间，正式提出其生活教育理论[①]。

陶行知的生活教育理论，主要包含有"生活即教育"、"社会即学校"、"教学做合一"三方面思想。其中前两者脱胎于杜威"教育即生活"、"学校即社会"的理论，但和杜威相比，拓宽了教育的领域和源泉，使教育向生活化、社会化、实际化方向跨越性迈进。他明确表示："生活教育是给生活以教育，用生活来教育，为生活向前向上的需要而教育。"[②]

晓庄学校开办后，短短几年时间发展成多层次的综合性学校，包括中心小学八所，中心幼稚园四所，另有民众夜校、中心茶园及工场、医院等多项教育、培训设施。学校设有图书馆，出版《乡教丛讯》半月刊。陶行知在教学指导中，根据生活教育理论，强调培养学生分析、解决问题

[①]　1939年1月，陶行知曾撰文指出："生活教育之理论，发端于十二年前。在此理论影响之下，曾先后成立晓庄学校……"（《生活教育社成立经过》，《民国档案》，1990年第3期）可见其生活教育理论的提出，当在1927年晓庄学校成立前后。

[②]　《陶行知文集》，江苏人民出版社1981年版，第694页。

的能力,把教育与生产劳动、社会生活紧密相连。他为学校毕业生实际上也是为学校提出的目标是:"一年使学校气象生动;二年能使社会信仰教育;三年能使科学农业著效;四年能使荒山成林,废人生利。"①崭新的办学方式,一时使学校名闻遐迩,一些知名学者纷纷来校授课,蒋介石、宋美龄曾往晓庄参观,冯玉祥等军政大员也多次予学校以帮助。1930年,晓庄学校师生因举行抗议列强侵略中国主权的示威游行,引起当局不满,学校被南京市教育局强行接收,次年2月始发还。陶行知本人也遭通缉,被迫潜赴日本。

1931年春,陶行知由日本回国,继续从事教育普及工作,与先前晓庄师范部分师生一起,在上海创办"自然学园",介绍最新的科学知识。次年,他发表《古庙敲钟录》,提出建立工学团的主张,并拟定《乡村工学团试验初步计划说明书》,希望以工学团将工场、学校、社会融为一体。1932年9月,上海工学团正式成立。工学团以"工以养生,学以明生,团以保生"为办学宗旨,培养团员生产、科学、文化、军事及运用民权、节制生育等方面的知识、能力,使之具备现代国民的基本知识。

上海工学团成立后得到教育界的普遍关注。青年、儿童、妇女工学团相继成立,报童、养鱼、棉花等各具体职业的工学团也陆续出现,不少贫苦的失学青少年及妇女儿童得到了入学的机会。根据当时教员不足的实际情况,陶行知提出"小先生制",主张"即知即传",强调学生既要立足学习,又要承担以自己所学教会、影响别人的责任,通过以小教大,相互学习,加快知识的普及推广。他编写了通俗教材《老少通千字课》,专供"小先生"使用。在陶行知的倡导下,"小先生制"被全国各省市普遍推广采用,成为普及初级教育的重要方式之一。

梁漱溟的乡农学校实验是乡村教育运动中具有独特风格的部分。梁漱溟是文化哲学家,在他看来,"中国问题并不是旁的问题,就是文化

---

①　《中国乡村教育之根本改造》,《陶行知教育文选》,教育科学出版社1981年版,第57页。

的失调——极严重的文化失调"①。要解决这一问题,必须从中国社会的基础农村入手,通过学校把乡村组织起来,开展乡村教育,以逐步恢复中国传统的伦理情谊基础,造就一种扎根传统又适合时代的新型的乡村社会组织。

20 年代下半叶,梁漱溟着手展开其乡建活动。1927 年底,他南下广州,次年在李济深支持下开办乡治讲习所,但反响不大。李济深失势后,他回到北京,主办《村治月刊》,不久应韩复榘之邀,到河南创办村治学院。1930 年 9 月,韩复榘调主鲁政,河南村治学院解散,韩氏随即于次年初邀梁漱溟、梁仲华等到山东邹平建立山东乡村建设研究院,正式开始"乡村建设"与"乡村教育"的试验。乡村建设研究院初期由梁仲华任院长,下设乡村建设研究部、乡村服务人员训练部及实施乡村建设的试验县、区等,梁漱溟任研究部主任,1934 年梁仲华调任他职后,梁漱溟接任院长。

研究部是研究院的灵魂,负责研究乡村建设的基本理论,设计乡村建设和乡村教育的具体方案。该部招收受过高等教育或有同等学力者,由专门的导师指导训练,梁漱溟为他们主讲"乡村建设理论"。学院开办期间,共招收两期学员计 58 人,结业后成为开展乡村建设的骨干。

训练部主要培养乡村服务人才,招收具有中等程度学力的学生,每年一期,共招收三期,培养学员千余人。训练内容有乡建理论、精神陶冶、自卫训练、农业常识等,毕业后学员多充实到乡农学校或到实验县、区任职,是当地乡村建设运动的主力。

山东乡村建设实验区最初选定在邹平,1933 年扩大到菏泽,1935 年又以菏泽为中心,增划济宁等十三个县,成为当时乡村教育活动中范围最广的一个实验区。实验区主要以乡农学校的形式开展活动。"乡农学校

---

① 《乡村建设理论》,山东邹平乡村书店 1937 年版,第 256 页。

由三部分人组成,一是乡村领袖,二是成年农民,三是乡村运动者"①,这三部分人分别即为校长、学生、教员,原区公所、乡公所的职能由乡学取代。乡学(低一级为村学)的课程主要包括识字扫盲、历史地理、音乐、农业技术及精神讲话等,担负着学校教育及社会教育的双重职能。

梁漱溟的乡村建设和乡农教育,理论相对完整,计划也较为周密,他主持的乡村建设研究院各部门培养的学员累计达3000人。这些人毕业后深入实验区各地,对促进农村社会文化的发展及社会风气的转变发挥了一定作用。当然,和梁漱溟重建乡村的宏大信心相比,这些成果是有限的,抗战开始后,乡建运动即无形解体。

除上述团体、个人开展的乡村教育运动外,当时在全国影响较大的还有江苏省立教育学院创办的黄巷民众教育实验区,大夏大学举办的金家巷民众教育试验区,燕京大学与中华全国基督教协会在江西黎川创办的基督教(新)农村服务实验区,以及卢作孚在四川合川、江北、巴县、璧山四县进行的乡村教育运动。江西黎川实验区的创办者曾受到蒋介石接见,蒋表示:"这是给你们一个表现基督教怎样能重建中国社会秩序的机会。请你们和我们合作,筹划一个详细的复兴程序。"②到1935年,全国各地共有各种农村教育实验区193处,影响民众数百万人,虽然和广大的农村人口相比,这一数字微不足道,但风气所及,对乡村教育的发展仍然发挥了一定作用。乡村教育运动充分注意到中国农村社会落后的现实,认为"只有乡村有办法,中国才算有办法","只有乡村一般的文化能提高,才算中国社会有进步"③,把教育发展乃至社会发展的重点和难点放在农村,希望以教育为中心,实现对农村社会的整体改造。他们跳出教育论教育,要求教育要深入实际,"深入民间,站在

---

①　《乡农学校的办法及意义》,《邹平的村学乡学》,邹平乡村书店1936年版,第313页。

②　《女铎》第24卷第9期,1934年3月出版。

③　《山东乡村建设研究院设立旨趣及办法概要》,《梁漱溟教育文集》,江苏教育出版社1987年版,第45页。

农夫的立场,去研究解决农事的实际问题……不仅是书本之知识与舶来之学说而已"①。把发展教育与政治、经济及社会文化、风气习俗的改造紧密相连,大力引进现代政治、经济管理制度及科学文化技术,灌输医学卫生常识,丰富了教育的内涵和功能,对教育与社会的改革、发展都是一种有益的尝试。当然,乡村教育运动的局限也是明显的,当时有人考察定县后提出五点意见:"平民教育的理论,系'县为自治单位'之一部,深盼勿以办法认为主义,造成社会之畸形风气";"实验区似应有一定期限,期满即交还人民自办";"地方舆论与平教会尚多不满";"以后'农村建设'应以少数之钱,少数之人,做多量这事,始能从根本将农村救起";"平教会已经工作,只注意扫除成年文盲,而忽略未来(青年)之文盲,如此愈除愈多,永除不尽"②。这些问题在其他实验区也不同程度存在。和庞大的旧势力及根深蒂固的农村旧有结构比,乡村教育运动同仁的力量终究过于微薄,所以黄炎培慨叹:"吾们既没有政权,赤手空拳地来改良农村社会,除掉根据一点热诚所发出的情感,还有什么武器可以利用!"③这确实是由衷之言。乡村教育运动虽含有与当时中共领导的农民运动争竞之意,也因其改革终究流于枝节,自然成效甚微。有关详况请读者参阅已有的论著。

第二节 学术研究的奠基与发展

一 中央研究院

1927 年南京国民政府成立前,中国由政府主办的自然科学研究机

---

① 《致中华教育文化基金董事会请款书稿》,《晏阳初全集》第 1 卷,湖南教育出版社 1989 年版,第 90 页。

② 《李宗黄考察定县平民教育实验区纪实》,《中华民国史档案资料汇编》第五辑第一编《教育》(一),第 767—768 页。

③ 黄炎培:《我之农村工作经验谈》,《断肠集》,生活书店 1936 年版,第 293 页。

构仅有工商部地质调查所,民间也只有中国科学社生物研究所、黄海化学工业研究社等屈指可数几个机构。政府用于学术研究的经费微乎其微,各类科学技术人才异常缺乏,学术研究成果也乏善可陈。与此同时,随着中国对外部世界认识的不断加深,科学技术的重要性在社会上获得普遍承认,"五四"时代,科学与民主成为追求进步、新知的中国人的两面大旗,不断发展的大学和留学教育也为科学和学术的发展准备了一批有用人才。

设立中央研究院,是发展学术的重要一步。早在民国初年,马相伯、章炳麟、梁启超等曾倡议设立"函夏考文苑",是为设立国家级科学研究机构的最早动议。1924 年冬,孙中山为召集国民会议离粤北上前,提出设立中央学术院为"全国最高学术研究机关"①的设想,旋因孙中山病逝,局势动荡,一直未能付诸实施,但此动议逐渐引起知识界的重视。蔡元培指出:"教育文化为一国立国之根本,而科学研究尤为一切事业之基础。"②1926 年 10 月,他致函胡适提出:"若有一最高之研究院(大学院),不分畛域,选各校一部分较优之教员为导师(自然可别延国内外学者),而选拔各校较优之毕业生为研究生,则调和之机,由此而启……此等学术研究机关,即不在北京,亦无不可,文化中心,人力可以转移之。"③1927 年 4 月,蒋介石等酝酿在南京成立国民政府,蔡元培、李石曾等以国民党中央监察委员身份参与其中,乘机提出设立国家科研机构问题。17 日,李石曾在国民政府正式成立前一日举行的国民党中央政治会议上,提议"设中央研究院"④,随获通过,李及蔡元培、张静江三人被指定共同起草中研院组织法。5 月,中央政治会议第九十

①　张其昀主编:《国父全书》第 4 册,台北中华学术院 1975 年版,第 1372 页。

②　《蔡元培言行录》杂著,上海广益书局 1932 年版,第 74 页。

③　《蔡元培 1926 年 10 月 8 日致胡适函》,《胡适来往书信选》上册,中华书局 1979 年版,第 404 页。

④　《中国国民党中央政治会议第七十四次会议纪录》,《革命文献》第 22 辑,第 174—175 页。

次会议正式决定设立中央研究院筹备处,以蔡元培、张静江、李石曾等为筹备委员。7月,南京国民政府决定设立大学院为全国学术教育最高行政机关,中央研究院附属该院①。8月中旬,蒋介石下野,南京政局动荡,筹备工作暂时中辍。

1927年10月,中华民国大学院成立,蔡元培就院长职,中研院筹备工作继续进行。11月20日,蔡元培召集王世杰、王琎、宋梧生、吴承洛、张奚若、周览、胡刚复、曾昭抡等三十余名学术界知名人士组成中研院筹备会及各专门委员会,通过《中华民国大学院中央研究院组织条例》,规定:"本院受中华民国大学院之委托,实行科学研究,并指导、联络、奖励全国研究事业,以谋科学之进步,人类之光明。"②同时决定筹设理化实业研究所、社会科学研究所、地质调查所和观象台四个研究机构,中研院筹备工作进入具体实施阶段。

1928年4月,国民政府决定改中央研究院为独立机构,特任蔡元培为院长。同时颁布《修正国立中央研究院组织条例》,确定该院为"中华民国最高科学研究机关",任务是"实行科学研究,并指导、联络、奖励全国研究事业"③。后又颁布《中央研究院组织法》,将"科学"易为"学术",规定其为全国"最高学术研究机关"④。"学术"一词的涵盖,较科学更为广泛。6月9日,蔡元培在上海主持召开首次院务会议,中研院正式宣告成立。中央研究院直属国民政府,除院长由国民政府特任外,其余行政及研究人员均由院长聘任。全院迄至抗战爆发前,共成立十个研究所,即1928年1月设立的地质研究所,1928年5月设立的社会科学研究所,1928年7月设立的物理研究所、化学研究所、工程研究所,1928年10月设立的历史语言研究所,1929年2月设立的天文研究

---

① 参见《中华民国大学院组织法》,《大学院公报》第1卷第1期,1928年1月出版。

② 《革命文献》第53辑,第4页。

③ 《国立中央研究院概况》,中央研究院1948年出版,第4页。

④ 《国民政府公报》第15号,1928年11月10日出版。

所、气象研究所,1929 年 5 月设立的心理研究所,1934 年 7 月设立的动植物研究所(前身为成立于 1930 年 1 月的自然历史博物馆)。

中央研究院成立后,立即开展学术研究工作。和主持北大时一样,蔡元培在中研院也特别重视科学研究的学术性和独立性。早在研究院成立前,他就希望国内学者:"静心研究,于中国文化上,放一点光彩,以贡献于世界。"①主持院务后又一再强调:"西洋所谓'学院的自由',即凭研究者自己之兴趣与见解,决定动向,不受他人之限制之原则,仍应于合理范围内充分尊重之。盖学院自由,正是学术进步之基础也。……就中央研究院之立场言,更宜注意科学研究之自由精神,自不待言。"②蔡元培着力建设各研究所,广泛搜罗人才,奖励科研,发扬学术民主,形成兼容并包、畅所欲言的风气。研究院各研究所汇集了一大批优秀学术人才,如物理学家丁燮林、化学家王琎、庄长恭,工程学家周仁、王季同,地质学家李四光、翁文灏,气象学家竺可桢、涂长望,天文学家高鲁,历史学家傅斯年、陈垣、陈寅恪,经济学家陈翰笙,社会学家陶孟和,语言学家赵元任,考古学家李济,动物学家王家楫等,均为一时之选,代表了国内学术界的最高水平。蔡元培不拘一格,延揽各方面人才,经济学家陈翰笙思想左倾,蔡元培不避嫌忌,延揽其到社会科学研究所从事农村实地经济考察,并取得一批研究成果。陈翰笙认为:"在白色恐怖下,如果没有蔡先生的掩护,我们的工作是无法进行的。"③

中研院的组织也较好体现了学术民主的宗旨。院中分设研究、行政、评议三大部。研究部包括各研究所及博物馆、图书馆等,是研究院的基础;行政方面,由总办事处主持,设总干事,在院长指导下综理全院

---

① 《蔡元培 1926 年 7 月 2 日致胡适函》,《胡适来往书信选》上册,第 395 页。

② 《国立中央研究院工作进行大纲》,《中央研究院评议会第二次报告书》,中央研究院 1937 年版,第 110—111 页。

③ 陈翰笙:《纪念蔡孑民先生》,《人民日报》1980 年 4 月 3 日。

行政,从研究院成立至抗战爆发,总干事共历五任,即杨铨(杨杏佛)
(1928.11—1933.6)、丁燮林(1933.7—1934.5 代理)、丁文江
(1934.6—1936.1)、丁燮林(1936.2—1936.5)、朱家骅(1936.6 起);评
议会是全院也是全国最高学术评议机关,负责决定学术研究方针,督导
学术进步发展,促进国内外学术合作与交流,同时在院长需要更换时,
负责推选院长候选人数名,交国民政府裁定。该会成立于 1935 年,成
员有蔡元培、丁燮林、庄长恭、汪敬熙、陶孟和、王家楫、李书华、姜立夫、
叶企荪、吴宪、侯德榜、赵承嘏、李仪祉、凌鸿勋、唐炳源、秉志、林可胜、
胡经甫、谢家声、胡先骕、陈焕镛、丁文江、翁文灏、朱家骅、张云、张其
昀、郭任远、王世杰、何廉、周鲠生、胡适、陈垣、陈寅恪、赵元任、李济、吴
定良等共四十一人。评议会具有广泛的代表性,分别来自北平研究院、
实业部地质调查所、中国科学社生物研究所、静生生物调查所、黄海化
学工业研究社、中央农业实验所、中央大学、清华大学、武汉大学、中山
大学、北京大学、浙江大学、南开大学、燕京大学、协和医学院等多所研
究机关及高等院校,代表了国内有影响的各学术研究机构,集中了学术
界公认的中坚人物。评议会成立过程中,时任中研院总干事的丁文江
出力甚大,胡适称许他"把这个全国最大的科学研究机关,重新建立在
一个合理而持久的基础之上"①。蔡元培也认为,评议会的成立,"是本
院历史中可以'特笔大书'的一件大事","评议会运用得好,他们就找到
了中国学术合作的枢纽"②。

　　充足的经费是学术研究正常进行的必要保证。中研院成立之初,
每年核准的经费为 120 万元,因当时内战尚在进行,政府基础未稳,中
研院 1927 年度(1927.10—1928.6)实发经费为每月 5 万元,1928 年度
始达 10 万元,次年度增至 11 万元,1930 年度加拨当年临时费 40 万

---

　　①　胡适:《丁在君这个人》,《独立评论》第 188 期,1936 年 2 月出版。
　　②　蔡元培:《中央研究院与中国科学研究之概况》,《中央周报》第 387、388 期合刊,1935 年 11 月出版。

元,"九一八"事变后,一度减为每月 10 万元①。以当时物价水平和中央财政收入衡量,这笔经费尚属可观。1929 年,中研院研究员最高一级薪金达每月 500 元,助理员的最低月薪也有 60 元②,而当年国内一个五口之家的平均年收入仅 12.21 元③,收入较高的上海银行界职员也仅在 100 元以下④。另外,当时各大学教授月薪普遍在 200 元—400元左右,清华大学规定初聘教授月薪为 300 元⑤,可见中研院所定待遇确属不菲,这和其相对充裕的经费应不无关系。1936 年度,该院实发经费为 140 万元,和规模远较其庞大的清华大学相仿。

在国贫民瘠的整体大环境下,中研院相对较好的资金状况也无法真正满足学术事业健康发展的需要,主事者仍常有捉襟见肘之感。为促进学术研究的进步发展,社会各界尤其是庚款基金管理机关给予了重要资助。中华教育文化基金董事会从 1929 年起,分三年补助中研院物理、化学、工程三所 50 万元建设经费⑥,同时资助历史语言研究所每年 3 万元。据李济回忆:"最初几年,田野考古工作,差不多全由中华教育文化基金董事会捐助。"⑦中英庚款董事会从 1934 年起,分三年补助中研院科学仪器设备制造费 10 万元,至 1936 年度付讫⑧。1937 年度,

　　①　参见《大学院十六年度决算报告书》,《革命文献》第 53 辑,第 39—46 页;《国立中央研究院十八年度总报告》,第 56 页;中研院总办事处秘书组编印:《中央研究院院史初稿》,台北中研院 1988 年版,第 8—14 页。

　　②　《国立中央研究院第一届院务年会纪录》,《国立中央研究院院务月报》第 2卷第 1 期,1930 年 7 月出版。

　　③　中国经济研究会编:《中国经济》第 2 卷第 6 期,1934 年 6 月出版。

　　④　参见朱邦兴:《上海产业与产业职工》,上海人民出版社 1980 年版,第 60 页。

　　⑤　《国立清华大学教师服务及待遇规程》,《清华大学史料选编》二(上),第177 页。

　　⑥　参见《中央研究院院史初稿》,第 13—18 页。

　　⑦　李济:《对于丁文江所提倡的科学研究几段回忆》,《丁文江这个人》,台北传记文学出版社 1979 年版,第 207 页。

　　⑧　《管理中英庚款董事会之工作》,《革命文献》第 53 辑,第 463 页。

该会又拨出息金 5 万元继续资助中研院①。此外,中研院开办的试验场、实验馆及田野考古工作也曾得到中基会、中英庚款会及全国经济委员会等机构的资助。

基金是平衡、调节研究院经费的重要杠杆。国民政府规定的研究院基金规模最小限度为 500 万元,但政府拨支仅 50 万元,远未达到额定规模。研究院初创时期,基金效用未得发挥。丁文江出任总干事后,决定设立基金保管委员会,加快、加强基金的聚集与运作。规定:"在基金总数未达五百万元以前,本院得以所举办事业以及其他一切收入拨入基金。"②同时决定运用每年基金利息补助研究及建设事业,具体资助范围为:"一,有特殊重要性质之讲座及研究生名额;二,有促成学术进步功用之奖学金;三,院内有利事业之投资;四,其他特别建设设备或事业。"③基金保管委员会的成立对有效地聚集和运用现有财力有着一定作用。

作为全国最高研究机关,中研院负有指导、促进全国学术进步之责。因本身经费较紧及评议会成立较晚,中研院这方面工作展开不够,仅资助过中央博物馆、青岛海洋研究所水族馆的筹备工作,为北平地质调查所、北平图书馆、南京中央大学陶瓷试验所、上海科学月刊社等提供部分经费。

中央研究院成立后,研究人员迅速增加,1931 年 8 月,全院共有研究人员 235 人,其中专任研究员 53 人,特约研究员 50 人,兼任研

　　①　《本年度中英庚款支配计划》,《教育杂志》第 28 卷第 10 期,1938 年 10 月出版。

　　②　蔡元培:《丁在君先生对于中央研究院之贡献》,《独立评论》第 188 期,1936年 2 月出版。

　　③　蔡元培:《丁在君先生对于中央研究院之贡献》,《独立评论》第 188 期,1936年 2 月出版。

究员四人，名誉研究员二人①，阵容颇为强大。研究内容主要包括：第一，属于常规和永久性质之研究；第二，利用科学方法，研究本国之原料及生产，以解决各种实业问题；第三，纯粹科学研究及与文化社会有关之历史、语言、人种、考古、社会、经济、法制学等之研究及调查②。

历史语言研究和考古发掘是中研院实力较强的研究领域，成绩引人注目。历史语言研究所成立后，设立考古学组，负责对古代文物进行科学发掘。从 1928 年 10 月开始，考古组对河南安阳殷墟进行了多次发掘，先后发现殷代宫廷建筑遗址、殷代王陵墓葬及大批刻字甲骨、石器、陶器和铜器，证实殷商文化的存在，将中国有文字可考的历史向前推进了一千年。史语所的梁思永、李济等主持了殷墟的多次发掘，为殷墟发掘作出重大贡献。1930 年，李济和梁思永又主持发掘山东龙山城子崖遗址，发现大批制作工艺高超的磨光黑陶，命名为黑陶文化（即龙山文化）。城子崖遗址，是中国考古学者发现、发掘的第一处新石器时代遗址，发掘成果编成中国第一部田野考古报告集《城子崖》，对中国考古学发展起了重大推动作用③。历史研究方面，历史语言研究所研究员、辅仁大学校长陈垣，历史语言研究所研究员、清华大学教授陈寅恪都出版了大量专著，对中古史及中西交流史进行深入研究，陈垣的《中西回史日历》被誉为"中西交通史的开山作"④。日本侵占东北后，历史语言研究所在傅斯年组织下，编纂多卷本东北史，说明东北自古以来就

---

① 蔡元培：《中央研究院过去工作之回顾及今后之计划》，《中央周报》第 190 期，1932 年 1 月出版。

② 《中国国民党第五次全国代表大会中央研究院工作报告》，《革命文献》第 53 辑，第 444—448 页。

③ 参见傅斯年、李济、梁思永等编著：《中国考古报告集之一·城子崖》，中央研究院 1934 年版，第 1—15 页。

④ 顾颉刚：《五十年来的中国史学》，《五十年的中国》，胜利出版社 1945 年版，第 202 页。

是中国的领土①。该所至抗战前夕,共出版各类专著(包括论文集)十七种,研究所集刊七卷、收录论文 183 篇,史料丛书五种 36 册②,出版量在中研院各研究所中独占鳌头。

社会科学研究重点在经济学和社会学。1934 年,原由中华教育文化基金董事会主办的北平社会调查所与该所合并,使该所研究质量及经济来源均有较大改善。社会科学研究所注重调查研究,展开多种社会经济及农村状况调查,保存了一批显示当时社会实况的有价值的数据,如该所出版的《北平生活费指数月报》,对北平地区的物价乃至经济变动作了详尽、准确的记录,其在保定和无锡展开的农村调查,也取得显著成绩。

地质学是近代中国基础最好的学科,1912 年即成立中国第一个近代化的科学研究机构地质调查所。中研院地质所成立后,组织研究人员分赴各省进行实地考察研究,足迹遍及大江南北十数个省份,调查路线、勘测矿产、研究地形地貌,对江西庐山、南岭西段及宁镇山脉的考察尤为详尽,在庐山脚下的江西星子县设立白石陈列馆,展示该所发现的第四纪冰川遗迹。在实地考察基础上,该所注重加强地质理论的研究,李四光强调:"本所的研究工作,应特别注重讨论地质学上之重要理论……解决地质学上之专门问题,而不以获得及鉴别资料为满足。"③李四光本人身体力行,对地壳运动进行了深入研究,提出地球自转速度的变化是产生地壳运动的主因,在地质学界产生较大影响。1936 年,他完成《中国地质学》一书,这是中国人自己撰著的第一部地质学专著。

天文、气象研究分别由天文、气象研究所主持。天文所主要进行观察、研究、编历三项工作。该所利用新建的紫金山天文台,通过新式天

① 参见傅斯年 1931 年 10 月 6 日致王献唐函,《近代史资料》第 91 号,中国社会科学出版社 1997 年版,第 149 页。

② 参见陶英惠:《蔡元培与中央研究院(1927—1940)》,《史语所集刊》第 7 期第 30 页表,台北中研院近代史研究所 1978 年版。

③ 中央研究院档案,中国第二历史档案馆藏。

文仪器,观测日象、星云,每年定期编制国民历及国历摘要,并进行改良历法的研究。

气象所由竺可桢任所长,聘有胡焕镛、涂长望等著名气象学家,主要进行地面和高空测候,太阳热力与微尘量,历代及当代气候、灾害的调查研究等。高空测候纪录每年汇集成《高层气流观测纪录》专集出版,有关历代气候状况及各地雨量、水旱灾的研究,有助于加强抵御自然灾害的能力。竺可桢、涂长望关于中国长期天气预报的研究,为后来中国的长期天气预报工作奠定了基础。气象所成立后,积极推进全国气象工作,两次主持召集全国气象会议,并和各地合作设立气象观测所,同时开办测候人员培训班四次,毕业近百人,训练各省保送生50人①。经过气象所及全国气象学界的努力,到抗战前夕,全国范围天气预报的科学程度与准确度均大为提高。

心理学在中国相对起步较晚,在唐钺、汪敬熙主持下,进行了普通心理、动物心理、神经解剖等多项研究。1935年起,与清华大学理学院心理学系合作,在平绥路南口机厂及南通大生纱厂开展了工业心理研究。

物理学是除地质学外,在中国较"有固定的重心,有可靠的标准,有研究的空气"②的一门学科,30年代尤为活跃。中央研究院物理研究所在丁燮林等主持下,积极展开有关电学、磁学、电磁振动及光谱学等方面的研究,研究成果大量发表在《中央研究院物理研究所季刊》及《中国物理学报》上,按研究种类分,计有十二种之多③。1932年,该所参与发起成立中国物理学会,负责指导、协调全国物理学研究工作。该所还设有物理检验室、地磁观测台及仪器工场等,将物理学研究成果推向

---

① 《国立中央研究院十年来工作概况》,《中华民国史档案资料汇编》第五辑第一编《教育》(二),第1364页。

② 陶孟和:《追忆在君》,《独立评论》第188期,1936年2月出版。

③ 《国立中央研究院十年来工作概况》,《中华民国史档案资料汇编》第五辑第一编《教育》(二),第1361页。

实践。

中国的化学研究开展较晚,迄抗战爆发前五六年,化学研究始有所进展。中研院化学所是国内化学研究的中心,所内设四组,分别研究有机、物理、生物及工程化学,发表论文共四十余篇①。该所为适应中国实业发展的需要,十分重视应用科学的研究,对国产天然药材,本国食品营养及国产硫化矿提硫等均有研究。1932 年 8 月,为促进国内的化学研究与交流,以该所化学家为主体,发起成立中国化学会,发行《中国化学会杂志》和《化学》两种杂志,1935 年,该会会员由成立时的七十余人增至七百多人。

工程研究由工程研究所主持,主要研究陶瓷、钢铁、玻璃的结构与制造。先后在上海建成陶瓷试验场和钢铁试验场,试制各种钢铁材料,研究现代陶瓷工艺,力求使该项技术能应用于“商业竞争”②。1934 年又设立棉纺织染实验馆,研究改进纺织染制造技术。上述实验场馆的设立,对于提高国内陶瓷、钢铁、棉纺工业水平,引进国外新技术发挥了重要作用。

中研院动植物研究所包括动物学和植物学两个研究方向。动物学着重于鱼类、昆虫及细胞遗传的研究,尤其注重海洋生物。所内研究人员各有所长,伍献文、方炳文等专长鱼类及双栖动物的研究,所长王家楫研究鸟类,贝时璋于实验动物学方面学有专长。1935 年 4 月,中研院联合北平研究院、中国科学社、静生生物调查所、资源委员会、经济委员会、实业部、中国动物学会、山东大学、厦门大学、江浙两省水产试验场及海军有关部队等多个机构、学校、部门,联合组成太平洋科学协会中国分会,在厦门、定海、青岛、烟台各设立一个海洋生物研究所,中研

---

① 《国立中央研究院十年来工作概况》,《中华民国史档案资料汇编》第五辑第一编《教育》(二),第 1361 页。

② 《中国国民党第四次全国代表大会教育工作报告》,《革命文献》第 53 辑,第 138 页。

院负责主持定海海洋生物研究所，实地研究、考察海洋生物。

　　动植物所的植物学研究着重于植物分类、形态、病理、细胞遗传等方面。该所由裴鉴负责，曾组织人力到云南、贵州、广西等地广为搜集植物标本。1930年，时为中研院自然历史博物馆植物学技师的秦仁昌，代表中央研究院出席在英国举行的第五届国际植物学会议，中国科学家开始加入世界植物学研究的行列中。

　　作为国家最高研究机关，中研院对国际、国内的学术合作与交流也比较重视。该院定期出版发行《院务月刊》、《院年度工作总报告》及有关学术论文专辑等，详细报告全院最新学术研究成果。院内设有出版品国际交换处，专门负责与国内外同行交流最新出版的研究成果，利用该院出版的大量书刊，架起与国内外学者联系的重要桥梁。该院学者还积极参加国际学术会议与学术研究活动。1929年，翁文灏代表该院出席第四届太平洋科学会议；次年，气象研究所研究人员出席在香港举行的远东气象台台长会议；1933年，竺可桢、沈宗瀚、凌道扬参加在加拿大召开的第五届太平洋科学会议；1935年，天文研究所研究人员出席在法国巴黎召开的国际天文协会第五届大会，次年又加入国际天文学界对有关天文现象的国际联合观测。这些对外交流与合作，对中国学者开阔眼界，加强中外学术界的相互了解，有一定促进作用。

　　由于作为"中央研究院之学术领袖"①的蔡元培的开明领导，加上院内学者的共同努力，中央研究院成立后，筚路蓝缕，开拓前进，为中国科学事业的进步、发展作出了十分重要的贡献。

二　北平研究院及其他研究机构

　　中央研究院成立不久，1928年11月，国民政府开始筹备设立北平研究院，当时计划附属于北平大学区，后因大学区制取消，改隶教育部，

---

　　①　《毛泽东书信选集》，人民出版社1983年版，第46页。

1929 年 9 月 9 日正式成立①。该院强调"学理与实用并重,以实行科学研究,促进科学进步为其任务"②,院长为李石曾,副院长李书华。

北平研究院初期设物理、化学、生物、动物、植物、地质等六个研究所,1932 年增设镭学与药物学两个研究所,1934 年生物研究所易名为生理研究所,1936 年史地研究会改为史学研究所,前后共设九个研究所。院内设出版部,出版《国立北平研究院会报》、《物理学研究丛刊》、《化学研究所丛刊》、《药物研究所丛刊》、《生理学研究所丛刊》、《考古专报》、《气象月报》、《动物学研究丛刊》、《植物学研究丛刊》等多种刊物③。至 1938 年院内共有研究员 35 人,助理员约五十人,研究力量较为雄厚④。经费原核定为每月 5 万元,实发约 3 万元左右。

和中央研究院一样,北平研究院在物理、化学、地质等学科方面,也投入了较大力量,取得了不少成果。物理学注重光学与地球物理之研究,研究力量较强,在英、美、德等国科学杂志上发表论文五十余篇。化学所以应用化学研究为主,共发表有关论文 20 篇。本着学理与实用并重原则,理、化两所都强调将研究成果应用于实际的产业发展中。物理所运用光学研究成果,对矿产及金属进行光谱分析,为各地电台制造水晶振动器,加工光学零件;化学所设立工学化学实验室,成立小型化学工厂,生产有机原料;地质所与实业部地质调查所合作,展开考古发掘,同时进行土壤、燃料等多项实用研究,调查各地矿产情况,进行地震监测,其地震监测纪录最早起于 1930 年 9 月。该所研究人员谢家荣在煤

① 《国立北平研究院十年来工作概况》,《中华民国史档案资料汇编》第五辑第一编教育(二),第 1367 页。
② 《国立北平研究院组织规程》,《国立北平研究院院务汇报》第 6 卷第 5 期,1935 年 9 月出版。
③ 参见李石曾:《国立北平研究院缘起、筹备经过及组织》,《李石曾先生文集》上册,台北中国国民党党史委员会 1980 年版,第 258—260 页。
④ 《国立北平研究院十年来工作概况》,《中华民国史档案资料汇编》第五辑第一编教育(二),第 1368 页。

岩学方面进行了深入研究，开创了中国煤地学研究、应用的新领域。

北平研究院不少研究项目各具特色。植物所的植物分类和植物地理在国内较有影响，植物标本采集以中国北方地区为主，足迹遍及内蒙、新疆等边远地区，对厘清中国植物状况做了大量基础性工作。抗战前十年间，前后采集各类植物标本六万余种，发表论文六十余篇，编纂出版《中国北部植物图志》五册①。动物所以海洋动物及淡水动物的调查研究为主，每年派员赴沿海各地采集动物标本，收集了不少珍贵资料。1935 年，该所与青岛市政府合作，组建胶州湾海产动物采集团，采集胶州湾沿海地区海产动物并进行海洋学的相关研究②。药物所与协和医学院合作，在所长赵承嘏领导下，以科学方法分析中国传统中草药成分，提取有效药质，鉴定药理作用，对中国医药学发展起到一定作用。镭学所系与中法大学合作成立，是中国各研究机构中独有的一门学科，研究放射性物质及 X 光，为原子科学研究所的前身，代表中国科学研究的新方向。所长严济慈于 1935 年当选法国物理学会理事，1937 年前在各西方国家刊物上发表物理学研究论文共十九篇，在国际物理学界有一定影响。史学研究所以史料搜集整理及北平地方史研究为主，萧一山辑录的《太平天国诏谕》及《中国秘密社会史料》影响较大。考古组徐炳昶等领导发掘陕西斗鸡台遗址，发现大批仰韶文化实物，并挖掘多座先周至西汉时代墓葬，为研究中国史前及古代社会提供宝贵的实物资料。生理学研究所着重研究细胞学、生理学、实验动物学，同时在所长经利彬领导下，开展对中草药生理作用的研究。1935 年，著名生物学家朱洗到所后，与罗宗洛等发起成立中国生物科学学会，创办《中国实验生物学杂志》，积极推进、发展中国的生物学研究③。

---

① 参见《国立北平研究院十年来工作概况》，《中华民国史档案资料汇编》第五辑第一编《教育》（二），第 1375—1376 页。

② 参见《国立北平研究院十年来工作概况》，《中华民国史档案资料汇编》第五辑第一编《教育》（二），第 1375—1376 页。

③ 参见于有彬：《朱洗》，《中国当代科学家传》第 1 辑，第 78—79 页。

　　除上列九个研究所外,北平研究院还成立字体研究会、人地学研究会、博物馆、艺术陈列馆等,1936年,与国立西北农林专科学校合组中国西北植物调查所,所涉研究范围颇为广泛。北平研究院对北方地区学术研究的发展、提高,起了重大作用。

　　这一时期,中央政府、各地方政府、各级机关、企业实体及广大学者同人也纷纷组织、成立各种、各级学术团体及研究机构。据统计,1928年,全国共有学术团体和研究机构41个,到1933年即增至100个,1935年高达144个①,八年间增加三倍多。其中中央政府设立的主要有实业部地质调查所、中央工业试验所、中央农业实验所、资源委员会、经济委员会卫生实验处等;地方政府设立的主要有上海、广东、山东、河北等省市的工业试验所,广西的化学试验所,湖南、河南、江西等地的地质调查所及两广地质调查所等;民间创办的主要有中国西部科学院、北平静生生物调查所、黄海化学工业研究社、中华化学工业研究所、中国科学社生物研究所、中国营造学社、中国物理学会、中国化学会、中国经济学会、中国植物学会、中国工程师学会、中国纺织学会、中国古物保管委员会、上海雷斯德医学研究院等。这一时期,大批留学生学成归国,国内各大学、研究机构也培养出一批学术人才。据不完全统计,到1937年,全国从事自然科学的专业人才约在三万人左右。科研经费也有较大幅度增加,1934年,中央研究院、北平研究院、实业部地质调查所等23个全国主要学术机关年经费为280多万元②,全国科研经费超过400万元。和西方发达国家相比,投入的绝对值仍然很低,但中国科学毕竟逐步由此走上了正轨。1937年2月,国民党五届三中全会通过设置总理纪念奖金的议案,准备拨置300万奖励基金,以息金奖励社会

　　①　参见黄建中:《十年来的中国高等教育》,《十年来的中国》下册,商务印书馆1939年版,第528—529页;蔡元培:《中央研究院与中国科学研究之概况》,《中央周报》第387、388期合刊,1935年11月出版。

　　②　《全国主要学术机关一览表》,《中华民国史档案资料汇编》第五辑第一编《教育》(二),第1396—1401页。

科学、自然科学及文艺、教育方面有突出成绩者。嗣因抗战爆发，议案未能实施。著名物理学家吴大猷认为，这一时期，"政府对学术的重要的认识，较前深入多了"[1]，可谓中肯之言。

实业部地质调查所正式成立于1916年10月，最初隶属农商部[2]。国民政府成立后，先后由大学院、农矿部管理，1930年改隶实业部。该所包括古生物、燃料、土壤、地质四个研究室及地质地产陈列馆，年经费额定为每年6万元，集结了丁文江、翁文灏、杨钟健、黄汲清、裴文中等一批著名学者，与中央研究院、北平研究院、两广地质调查所以及各省、市地质研究、调查所通力合作，在矿产、古生物学、岩石、地文、土壤、工程地质等方面展开调查研究，绘制了一批全国地质图，并培养一大批地质研究人员，成果颇著。调查员黄汲清提出的中国二叠纪地层理论，对煤、锰、石油、天然气等矿产的勘测、开发具有重要指导意义[3]。杨钟健在研究哺乳动物进化方面，独有心得，其对古化石的研究鉴定，国内领先。尤其是该所1929年成立专门研究新生代地质学、古生物学和古人类学的新生代研究室后，深入进行北京周口店遗址的发掘工作，并于同年12月发现第一个北京人头盖骨，后又相继发现北京人牙齿、颌骨化石，出土当时所知的中国最早的石器，发现人工打制的石英制品和人类用火遗迹。北京人和山顶洞人的发现，成为研究人类进化的最重要材料之一，使国际学术界为之震动。

中国工业试验所最初动议于1928年。时任工商部长的孔祥熙本

①　吴大猷：《我的科学心路历程》，《口述历史》第1辑，台北传记文学出版社1989年版，第32—33页。

②　参见朱庭祜：《记中国地质调查工作创始时期》，《文史资料选辑》第80辑，文史资料出版社1982年版，第26—27页。

③　参见郭健：《黄汲清》，《中国当代科学家传》第1辑，知识出版社1983年版，第292页。

着"工业之振兴,必本于科学,而科学之昌明,尤资于试验"①的认识,呈请国民政府设立一个全国性的工业试验机构。10月,工商部开始筹备设所,1930年7月,该所正式宣告成立。12月,由于工商、农矿两部合并为实业部,该所改属实业部领导。该所成立后,由国民政府一次性拨给19.5万元作为开办费,此后每年拨款九万余元作为常年经费,资金比较充足,投入研究的速度也较快。抗战爆发前主要进行了新式造纸技术及汽油、柴油替代品的试验,耐火材料的研究及活性炭的研制等,同时积极向工业界提供咨询。由于当时中国工业总体还处于幼稚水平,技术落后,门类不健全,因此该所研究和试验领域比较狭窄,规模也不大,包括各类技术、行政人员仅五十多人,只有化学与机械两个试验组,所长为顾毓瑔。

中央农业实验所酝酿于1928年。是年,农矿部召开全国农矿会议,沈宗瀚等提出设立国立农事试验场的议案,经会议通过,报请国民政府采纳②。1931年4月,中央农业研究所筹备委员会成立,沈宗瀚等十四人为委员。筹备期间,考虑到农业发展应"注重'实用'的试验而不仅是理论的研究,故定名为中央农业实验所"③,1932年1月于南京正式成立。该所拥有谢家声、冯泽芳、沈宗瀚等农业科技人员,负责全国农业的研究、调查、实验改良工作,并进行农产品检验、农情报告和人员训练等辅助工作。该所与附设于所内的中央棉产改进所、全国稻麦改进所及全国稻米、小麦检验处合作,为全国稻、麦、杂粮、蔬菜等优良新品种的培育与推广,蚕桑优化,药剂治虫,家畜防疫等作了许多努力。所内出版有学术刊物,宣传、普及科学的农业观念,沈宗瀚认为:"自民国二十二年至二十六年秋抗日战争开始为止……是中国农业学术发展

---

　　①　《经济部中央工业试验所一览》,转引自《抗战时期重庆的科学技术》,重庆出版社1995年版,第128页。

　　②　参见黄俊杰著:《沈宗瀚》,《中华民国名人传》第5册,近代中国出版社1986年版,第87—91页。

　　③　沈宗瀚:《中国农业科学化之开始》,《革命文献》第75辑,第423页。

的黄金时代。"①这一成绩,和中央农业实验所的努力是分不开的。

资源委员会是一个具有一定科学研究性质的机构,前身为成立于1932年的国防设计委员会,蒋介石期望以该会延揽贤才,筹划军事以外各项工作②。该会具体职掌是:一、拟订全国国防之具体方案,二、计划以国防为中心之建设事业,三、筹议关于国防之临时措施。聘请李四光、曾昭抡、竺可桢、吴有训等一批专家为所属各专门委员会的委员。1934年,资源委员会正式成立,蒋介石任委员长,翁文灏、钱昌照分任正、副秘书长。资源委员会集中全国大批科学研究人才,从事矿产、冶金、电气等重要工业的试验和研究,同时对全国的矿产、土地、水力、森林及人口资源进行广泛调查,为国防及科学决策提供第一手资料。

两广地质调查所成立于1927年9月,附属于中山大学矿物地质学系,主要进行广州附近及北江、西江流域地质的调查研究,是两广地区的区域地质研究机构,年经费4.8万元。该所与中研院地质研究所及国内其他地质研究机构都有合作,地质学家叶良辅、谢家荣、朱庭祜均曾到所协助、指导、调查研究,朱家骅曾任该所所长。

中国西部科学院是中国第一家民办的科学院,1930年10月,由著名实业家卢作孚在重庆北碚创办。该院以卢作孚属下的民生公司为基础,加上各界的支持、赞助,共拥有16万多元的产业基金,每年大约有五万元左右经费,院内所办产业中也可获部分收入,1937年创收1.3万余元③。自1932年起,中华教育文化基金董事会每年提供二三千元的补助④。西科院下设理化、农林、地质、生物四个研究所及博物馆、图

---

① 沈宗瀚:《中国农业科学化之开始》,《革命文献》第75辑,第423页。

② 翁文灏:《回顾往事》,《文史资料选辑》第80辑,第2页;另见《回忆国民党政府资源委员会》,中国文史出版社1988年版,第67页。

③ 《国民党四川省党部呈送中国西部科学院文件的说明》,《中华民国史档案资料汇编》第五辑第一编(二),第1387页。

④ 参见杨翠华著:《中基会对科学的赞助》,台北中研院近代史研究所1991年版,第203页。

书馆、兼善学校等,立足于四川及西南地区,注重应用科学的研究,以"研究实用科学,促进生产文化事业"①为宗旨,为地方政府及社会各界提供咨询。该院地质所成立于1932年,主要调查四川地区矿产资源,在著名地质学家常隆庆领导下,先后调查、发掘南川煤田及綦江铁矿的矿藏储量,将探明量提高了几十倍,对政府及实业界进行矿产开发有重要指导意义。地质所还与生物所合作,详细调查了川西雷、马、峨、屏及大小凉山地区,除发现一批矿产外,对当地独特的风土人情及民族习俗也进行了深入考察,所著《雷马峨屏调查记》是当时有关彝族状况的唯一研究著作。生物所还曾多次组织考察团,分赴四川、西康、甘肃、青海等地考察,搜集西南、西北地区特有的大量珍贵植物标本。农林所创建于1931年4月,下设农林、棉作、畜牧等六个组及气象测候所、农事试验场等,人员最多时不过十余人,以"垦荒地,培育森林,并收求优良稻、麦、蔬菜、果树及牲畜(品种)作改良之研究"②为宗旨,引进大批优质树木及蔬菜、禽兽品种,对四川及西南地区农业科学技术发展有积极影响。

北平静生生物调查所成立于1928年10月,由中华教育文化基金董事会与尚志学会合作设立,分动、植物二部,秉志、胡先骕先后任所长,研究人员最多时达五十余人。该所主要搜集、研究中国生物资源,足迹遍及全国大部分地区,共搜集到动植物标本15万种,居全国之冠。该所标本室主任、研究员秦仁昌1932年写成《中国蕨类植物志初稿》80万字,是中国有关蕨类植物研究的第一部专著,记载11种86属1200多种中国蕨类植物。1930年—1937年,他先后编印《中国蕨类植物图谱》四卷,此书被誉为"东亚研究蕨类最重要之图籍"③。1934年,他到

①　《国民党四川省党部呈送中国西部科学院文件的说明》,《中华民国史档案资料汇编》第五辑第一编(二),第1388页。

②　《中国西部科学院概况》,《档案史料与研究》,1993年第3期。

③　胡先骕:《二十年来中国植物学之进步》,刘咸主编:《中国科学二十年》,中国科学社1937年编印,第28页。

江西庐山与江西省立农业院合办庐山森林植物园，占地 9000 余亩，至 1937 年，从三十多个国家引进 2800 多种植物，为全国最大森林植物园。所内其他研究人员中，秉志擅长解剖学，享有国际声誉。胡先骕长于高等植物分类，与陈焕镛合著《中国植物图谱》，前后出版四集，发现植物新属种达数百种之多。胡适曾赞扬说："在秉志、胡先骕两大领袖领导之下，动物学植物学同时发展，在此二十年中，为文化上开出一条新路，造就许多人才，要算在中国学术上最得意的一件事。"①该社每年得到中华教育文化基金董事会数万元资助，1936 年高达 91000 元。

黄海化学工业研究社是中国第一个私办化工研究机构，1922 年范旭东创办于天津塘沽。范旭东认为："中国如没有一班人肯沉下心，不趁热，不惮烦，不为当世功名富贵所惑，至心皈命，为中国创造新的学术技艺，中国决产不出新的生命来。"②该社经费主要依赖范氏创办的永利、久大两公司，中华教育文化基金董事会自 1928 年起每年资助一万元左右③，研究目标是为企业生产服务，努力解决公司生产中遇到的技术问题。研究社成立后，在制碱、发酵、肥料制造、菌学等方面，都有深入研究。侯德榜曾称赞："化工研究社执工业之成功锁钥，实为工业智囊也。"④侯德榜、孙学梧、李烛尘等都为研究社的创立、发展作出重要贡献，尤以侯德榜最为突出。

上海雷斯德⑤医学研究院开办于 1929 年，由英国人主办，分临床、生理学及病理学三个研究所，下设研究部，包括预防医学、生物化学、药

---

①　转引自刘咸：《科学史上之最近二十年》，刘咸主编：《中国科学二十年》，第 15 页。

②　《黄海二十周年纪念词》，《中国科技史料》1983 年第 1 期。

③　陈调甫：《范旭东与黄海化学工业研究社》，《文史资料选辑》第 80 辑，第 61 页。

④　侯德榜：《追悼范旭东先生》，《科学》第 28 卷第 5 期，1946 年 5 月出版。

⑤　雷斯德（Henry Lester），英国人，1840 年生，1860 年来华，建筑师。经营建筑及房地产业致富，1926 年去世。遗嘱将其财产捐献给上海各医院及学校，一部分作为医学教育和研究之用。

物学、微生物学、组织病理学、血清学、免疫学等。该院拥有汤飞凡、蔡翘等知名生物学专家，汤飞凡是中国第一个微生物学教授，在细菌学方面有深入研究；蔡翘在研究院期间，与助手易见龙等进行肝糖原代谢的研究，成果受到国际生理学界重视①。1936 年春，该院与金陵大学农村经济系合作，在南京附近的淳化镇进行农村经济调查，调查农村营养状况，第一次在中国将营养学的调查、研究深入到农村②。

中国工程师学会成立于 1931 年，由中国工程师会（1912 年成立）和中国工程学会（1918 年成立）合并而成，是中国成立最早的学术团体之一，规模、影响在民国各学术团体中也首屈一指。主要成员有陈体诚、茅以升、李仪祉、顾毓琇、凌鸿勋、翁文灏、吴承洛等。该会以"联络工程界同志，协力发展中国工程事业，并研究促进各项工程技术"③为宗旨，积极促进国内工程理论和工程技术的发展提高，每年召开年会，出版《工程》杂志，讨论技术的改造、革新问题。学会设有工程荣誉金牌，颁发给国内工程技术方面有突出贡献者。1935 年首枚金牌授予侯德榜，次年授予凌鸿勋，1937 年因抗战爆发中断颁发，1941 年恢复后颁给茅以升。侯、凌、茅三人均为工程学界的杰出代表。侯德榜，福建闽侯人，1913 年赴美留学，回国后到永利公司任职，率永利厂同人第一次在中国制造出纯碱。1931 年，他赴美考察和进修，在美期间，用英文出版专著《纯碱制造》，首次公开了苏维尔制碱法的技术秘密④，大大推动世界制碱工业的发展，英国化工学会特聘其为名誉会员。1934 年，永利制碱公司改组为永利化学工业公司，研究、生产范围进一步拓展，侯德榜任总工程师，开始筹建制造合成氨、硫酸、硫酸铵的硫酸铔厂。

---

①　参见陈高钦：《蔡翘》，《中国当代科学家传》第 1 辑，第 342 页。

②　参见姚诗煌、苏瑞常：《王应睐》，《中国当代科学家传》第 1 辑，第 7—8 页。

③　参见吴承洛：《三十年来中国之工程师学会》，中国工程师学会编：《三十年来之中国工程》，1946 年版，第 1045 页。

④　参见宋子成：《侯德榜》，《中国当代科学家传》第 1 辑，第 196 页；黄汉瑞：《回忆范旭东先生》，《文史资料选辑》第 80 辑，第 39 页。

1937年2月,永利硫酸铔厂正式投产,成为当时东方最大的联合化学企业。凌鸿勋,广州人,早年留学美国,1929年7月起任陇海路工程局长,负责修筑陇海路河南灵宝至陕西潼关段。1932年,调任粤汉路株韶段工程局长兼总工程师,修筑株洲至韶关段铁路,接通粤汉线。在任期间,精心指挥,按较高标准于1936年4月提前一年接通全线。粤汉线的开通,对中国政治、经济、军事均关系重大,"计由七七起至武汉两地失陷的十六个月期间,这段路曾开过军队列车2341列,运送部队达210多万人,军品列车533列,重53万9千吨,由九龙转入内地的建设材料七十几万吨。"①茅以升,江苏镇江人,早年毕业于美国康奈尔大学桥梁专业,1934年出任钱塘江大桥工程处长,负责浙赣线钱塘江桥的建造,于1937年9月正式把全长1400余米的大桥建成通车,这是中国工程界自己主持设计、施工的第一座大型现代化铁路桥梁。

这一时期,中国科学研究比较引人注目的两个实绩是紫金山天文台和青岛水族馆的建立。紫金山天文台由中央研究院天文研究所负责建立,位于南京城外紫金山上,天文仪器一部分由原中央气象台移交,同时新购一大批先进仪器,整个工程共耗资40多万元,于1934年建成,是中国天文事业发展的标志性建筑。该天文台建成后,主要进行太阳系及天体行星、恒星的观测研究,并对中国古天象理论及观测纪录进行发掘、研究,是当时东亚最先进的天文台,在国际上也享有一定声誉②。青岛水族馆筹备于20年代初,当时蔡元培、李石曾等在青岛发起筹组中国海洋研究所,筹备委员会决定先行创办水族馆,1932年几经周折终告建成。馆内收藏各种鱼类标本一千余件,附设有鲛鱼标本室、养鱼池、展览室、研究室等,不定期出版馆刊《工作报告》。水族馆的建立,为中国海洋研究打下了扎实的基础。

---

①　凌鸿勋:《十六年筑路生涯》,台北传记文学出版社1968年版,第50页。

②　参见余青松:《南京紫金山天文台建设经过及研究方针》,《东方杂志》第33卷第1号,1936年1月出版。

三　高校学术研究的开展及
社会各界对学术的促进

　　高等学校是教育发展的重心，也是学术研究的重要基地。1934年，教育部制定《大学研究院暂行组织规程》，为高等学校开展学术研究确定标准。到 1937 年，经教育部核准成立的各大学研究所有：北京大学、清华大学、燕京大学的文科、理科、法科研究所，中山大学的文科、教育、农科研究所，金陵大学的理科、农科、法科研究所，中央大学的农科、理科研究所，武汉大学的工科、法科研究所，辅仁大学的文科、理科研究所，南开大学的商科、理科研究所，以及北洋工学院、东吴大学、岭南大学分别设立的工科、法科、理科研究所。各研究所下按专业设部，其中清华大学包括物理、化学、哲学、经济等十多个部，北京大学有地质、生物等七个部，中山大学有教育心理、农林植物等六个部①。契合当时重视理、工、医、农类实科教育的趋向，大学研究门类也向实科方面倾斜，在总共四十二个研究部中，实科类有 23 个，占了近 55%。据教育部统计，全国专科以上学校教员中，1934 年—1936 年间作专题研究者共1066 人，占全体大学教员总数之 14% 强，其中理、工、医、农等实科研究课题有 754 项，文法类 370 项，实科研究占有绝对主导地位②。

　　高等学校的学术研究开展各有千秋。清华大学的物理学研究在当时国内堪称一流，吴有训、叶企荪、赵忠尧、萨本栋、周培源等均为国内

---

　　①　参见《大学研究院统计表》,《中华民国史档案资料汇编》第五辑第一编《教育》(三),第 1385—1386 页;《中国国民党第五次全国代表大会教育工作报告》,《革命文献》第 53 辑,第 174—178 页;教育部高等教育司编:《全国高等教育概况》,《革命文献》第 56 辑,第 153—156 页。

　　②　《全国专科以上学校教育研究专题概览》,转引自陶英惠:《抗战前十年的学术研究》,《抗战前十年国家建设史讨论会》(上),台北中研院近代史所 1985 年版,第 87 页。

物理学人才的一时之选。吴有训是国内开展物理学研究的先驱者之一,1930年他在英国《自然周刊》发表《单原子气体散射之X线》,为国内物理学研究成果在国际学术界的首次亮相[1]。此后,他又相继在英、美等权威科学杂志上发表多篇学术论文,在国际物理学界产生较大反响,1935年被推为德国自然研究者皇家会会员。赵忠尧1927年赴美留学,在美期间,取得正负电子对产生和湮没过程的最早实验证据,对正、负电子的发现起了重要启迪作用。1931年回国后,组建清华核物理实验室,进行原子核物理的研究,研究成果在国际物理学界屡获好评。该系还为国内物理学界培养了一批优秀人才,如施士元、王淦昌、赵九章、何汝楫、张宗燧、钱伟长、钱三强、王大珩等均为物理学界的一时之选[2]。除清华大学外,北京大学、中央大学、辅仁大学等校的物理学研究也开展较好。中央大学的张钰哲留美期间,曾发现过一颗新的小行星,是中国人发现的第一颗小行星,由其本人命名为中华号。回国后他致力于天体物理研究,著有《天文学论丛》一书,在天文学界有很大影响,被聘为中央研究院天文所特约研究员[3]。

高校的化学研究成绩显著。北平协和医学院在生物化学领域处于国内领先地位,赵承嘏、吴宪、张锡钧、陈克恢等均学有专长,赵、吴二人当选为中央研究院评议会第一届评议员。另外,北京大学的汪敬熙对大脑皮层构造也有深入研究。有机化学研究者较多,北京大学的曾昭抡、孙承谔,清华大学的高崇熙、萨本铁、黄子卿,中央大学的袁翰青等都取得不少成果。中法、金陵、南开、燕京也有一批研究成果涌现。

地质学在各大学中以北京大学和中山大学实力较强。1931年,中

①　严济慈:《近数年来国内之物理学研究》,《东方杂志》第32卷第1号,1935年1月出版。

②　参见《清华大学第1—9级毕业生一览》,《清华大学史料选编》第2卷(下),第782—857页。

③　参见古平:《张钰哲》,《中国当代科学家传》第1辑,知识出版社1983年版,第156—157页。

研院地质研究所所长李四光任北京大学地质系主任，使北大地质学研究水平有了较大提高，在该系任职或兼职的孙云铸、谢家荣也均为地质学研究的中坚力量。该系曾多次组织往西南地区考察，对西南尤其是贵州一带地层有较深入研究。中山大学地质学系（1928 年 9 月改称矿物地质学系）依托两广地质调查所，阵容也较强。该系每年均组织十余次调查活动，足迹遍及四川、浙江、内蒙等地。1928 年 5 月，该系与两广地质调查所合作，组织考察团调查西沙地理及矿产资源，并设法协助制止部分日商在西沙开采磷酸矿、掠夺中国矿产资源的活动①。

中山大学的动、植物研究也颇有成就。该校设农科研究所，下分农林植物与土壤二部，同时还拥有国内各大学中唯一的一所植物园，研究条件较好。农科所采集大量广东和海南岛地区植物标本，所长陈焕镛著有《中国经济树木学》及《中国植物图谱》（与胡先骕合著）等，并获得中华教育文化基金董事会设置的五个科学研究教授席中大学的唯一一席（其他四席为翁文灏、李济、秉志、庄长恭）②。此外，北京大学的张景钺、清华大学的李继侗、东吴大学的刘承钊、中央大学的邹钟琳及金陵大学、圣约翰大学、燕京大学、厦门大学、武汉大学、北平协和医学院等校一批学者，在动植物研究方面也各有所长。

抗日战争前，数学在中央、北平两研究院中均未设专所，研究人才主要集中在浙江、清华、北京等大学中。浙江大学是当时中国的数学研究中心之一。教师中，"陈建功之于分析，苏步青之于几何，朱叔麟之于代数，均极能称职"③。陈建功、苏步青均为留日学者，获博士学位后回国。陈建功留日期间，用日文出版《三角级数论》，为国际上最早出版的三角级数论专著之一，代表了当时研究的最新成果。他回国后，继续开

① 　参见关国煊：《朱家骅先生与中国地质学》，台北《传记文学》第 43 卷第 2 期，1983 年 8 月出版。

② 　参见任鸿隽：《十年来中基会事业的回顾》，《东方杂志》第 32 卷第 7 号，1935 年 4 月出版。

③ 　《竺可桢日记》第 1 卷，人民出版社 1984 年版，第 27 页。

展研究,先后发表数学论文多篇。苏步青1931年回到国内,在浙大进行微分几何研究,美国数学家认为"以苏步青为首的中国微分几何学派在浙江大学建立"①。清华大学算学系研究部成立于1930年,该系主任熊庆来是中国数学研究奠基人之一,他定义的无穷级的亚函数,被国际数学界称为"熊氏无穷级"。研究部的成员还有教授郑之蕃、赵访熊等,华罗庚也是该部成员,陈省身为该部培养的第一个研究生②。华罗庚早年辍学,后自学成才,1932年被熊庆来延揽到该系。1932年—1936年四年间,他先后发表数论方面的论文十余篇,逐渐蜚声海内外,1936年由中华教育文化基金董事会资助赴英,留学期间发表有关华林问题、他利问题、哥德巴赫问题的论文共十八篇,其关于他利问题的研究成果,被国际数学界称为"华氏定理"③。北京大学在数学研究上较突出者主要有江泽涵、冯祖荀等。

人文科学研究基础较好,研究人员较多,在各大学中广泛展开,其中史学研究最为兴盛。全国高校研究所所设十九个文法类部中,史学就有六个,独占鳌头。北京大学的胡适、孟森、顾颉刚、稽文甫,辅仁大学的陈垣,清华大学的蒋廷黻、陈寅恪(均为兼职),中央大学的金毓黻及北平中国大学的吕振羽等,在史界乃至学术界均享有很高声誉。此外,梁漱溟、冯友兰、汤用彤、金岳霖、潘光旦、吴景超、俞平伯、朱自清、黄侃、何廉、马寅初、陈岱孙、周鲠生、张奚若等分别在哲学、社会学、语言学、文学、经济学、法学等领域各领风骚。考古学这一时期成果累累,北京大学在各高校中贡献尤其突出。1927年4月,为更好地研究、发掘、保存我国历史文物,防止文物大量外流,北京大学联合北平地质调查所、北平图书馆、故宫博物院、清华大学等国内多个学术机构与瑞典科学考察团合作组成西北科学考察团,调查西北地区历史、地理及民族

---

①　参见刘征泰:《苏步青》,《中国当代科学家传》第1辑,第123—124页。

②　陈省身:《学算四十年》,台北《传记文学》第5卷第5期,1964年11月出版。

③　参见顾迈南:《华罗庚》,《中国当代科学家传》第1辑,第94—95页。

状况。考察团共有中方团员 35 人,北大教授徐炳昶和瑞典探险家斯文赫定分任中、瑞双方团长。在考察过程中,北大学者黄文弼首先发现了居延汉简①。接着中、瑞学者又相继发现高昌古城遗址及大批简牍文书、壁画、钱币等,为研究西域历史、地理、民族沿革及中外文化交流提供了重要的文字与实物资料。孟森、傅斯年、蒙文通等都参加了对所发现的一万多件汉简的整理工作。30 年代前后,北京大学、中山大学、厦门大学、沪江大学等校又分别或合作组织考察团到陕西、山西、山东、江苏、浙江、台湾、新疆等地进行考古发掘,发现陕西和山西等地的仰韶文化遗存,证实长江以南地区存在石器时代,提出台湾和新疆等地自古以来与内地联系密切的考古证据,推动了全国考古工作的深入进行。

　　博物馆、图书馆是学术研究的基础,二三十年代,中国的博物馆、图书馆建设获得长足发展。1928 年 10 月,国民政府颁布故宫博物院组织法及理事会条例,以之直属国民政府,任命李石曾、易培基、于右任、宋子文、汪精卫、蒋介石、蔡元培等为理事,李石曾为理事长,易培基为院长(1934 年由马衡继任),开始对博物院展开大规模整顿。院内设古物、图书、文献三个馆,建立严格的文物保管制度,增辟文物陈列室,出版影印字画、图书文献等,对文物进行有计划的陈列与展示。经过整顿,故宫博物院管理逐渐走上正轨。1931 年“九一八”事变后,平津地区直接受到日本侵略者威胁,为保证文物安全,经国民政府行政院批准,故宫珍贵文物分类装成 19577 箱分批南运,第一批于 1933 年运抵上海。文物南运,使祖国稀世珍宝在日本侵华战争的空前浩劫中得到妥善保存。

　　30 年代前后,一批新博物馆相继建立,其中规模较大者有:河南省民族博物院(1928 年 10 月成立,1930 年 12 月易名为河南省博物馆)、浙江省西湖博物馆(1929 年 3 月设立)、中央研究院自然历史博物馆(1930 年 1 月成立)、震旦大学博物院(1930 年成立)、广西省立博物馆

（1933年成立）、上海市博物馆（1936年4月成立）等①。1933年4月，经蔡元培等大力倡导，国民政府教育部在南京成立中央博物院筹备处，准备建设一座规模宏大的全国性博物馆。筹备处由傅斯年、李济主持，蔡元培为中博理事会第一届理事会理事长②。1935年11月，中央博物院举行奠基礼，正式开始动工兴建，期间从各方陆续接收大批珍贵历史文物，到抗战爆发前夕已初具规模。抗战爆发后，筹备工作被迫中断。

　　图书馆事业在抗战前发展较快。1927年12月，大学院公布《图书馆条例》，使图书馆建设有章可循。次年5月全国教育会议期间，不少代表纷纷要求重视图书馆的建立与发展③。1930年5月，教育部颁布《图书馆规程》，规定："省及各特别市应设图书馆，储集各种图书供公众之阅览。各市、县得视地方情形设置之。""私人以资财设立或捐助图书馆者，得由主管机关遵照捐资兴学褒奖条例呈报教育部核明给奖。"④在各方支持、督促下，图书馆事业逐渐走上正规发展的轨道。1934年，仅上海一地就有22个图书馆⑤，全国各级各类图书馆则达2955所⑥，十年中增加了六倍多。全国大部分县、市政府所在地均设有图书馆，最大的国立北平图书馆藏书近百万册，私立图书馆中规模最大的东方图书馆，据1931年12月调查，存书达502,765册，其中善本书为3745种

---

　　①　参见史全生主编：《中华民国文化史》中册，吉林文史出版社1990年版，第727—729页。

　　②　《国立中央博物院筹备处工作报告》（1933年4月—1935年10月），《中国博物馆协会会报》第1卷第2期，1935年12月出版。

　　③　《全国教育会议中关于图书馆之提案》，《图书馆学季刊》第2卷第3期，1928年8月出版。

　　④　《中华民国史档案资料汇编》第五辑第一编《教育》（二），第783—785页。

　　⑤　上海市政府秘书处编：《上海市市政报告书》（1932—1934）第82页附表。

　　⑥　《全国图书馆概况统计表》，《中华民国史档案资料汇编》第五辑第一编《教育》（二），第808—813页。

35083 册(次年"一二八"事变中遭日军战火破坏)①。此外,各高等院校及部分中、小学图书馆也迅猛发展,1933 年,全国公、私立高等院校共拥有图书 340 万册②,此后几年又续有增加。图书馆事业的发展、壮大,对教育和学术水平的提高具有重要意义。

　　30 年代,随着学术的发展及国人对科学事业认识的加深,一些政界及学术界名流还发起过一个科学化运动。陈立夫、张道藩、张其昀、吴承洛等均积极参与其中。1932 年 11 月,中国科学化运动协会在南京成立,最初会员有五十余人,次年出版《科学的中国》半月刊,系统宣传科学化运动的宗旨③。他们提出,"没有经济的转变,固然不会造就近代的文化,没有科学和机械的发明创造,更何从发端今日世界艳丽的文明"④,强调科学家的重要使命就是:"把科学知识送到民间去,使它成为一般人民的共同智慧。"⑤科学化运动协会成立后,先后组织工业生产、农业生产、商业经营研究改进会等组织,推广先进的科学技术,展开科学知识的普及与宣传,"致力于中国社会之科学化"⑥,提出"以五百万人受科学知识之直接宣传为最低要求"⑦。当然,由于当时中国整体文化及科学水平的限制,科学化运动推广、发展受到很大限制,虽然协会会员到 30 年代末发展到 3000 人,但运动始终局限于科学界本身,

---

　　①　丁致聘编:《中国近七十年来教育纪事》,国立编译馆 1935 年版,第 257 页。

　　②　《全国各大学民国二十五年度图书册数分类统计表》,《中华民国史档案资料汇编》第五辑第一编《教育》(一),第 324—329 页。

　　③　参见陈立夫:《我的创造、倡建与服务》,台北东大图书公司 1989 年版,第 19 页。

　　④　《中国科学化运动协会发起旨趣书》,《科学的中国》第 1 卷第 1 期,1933 年 1 月出版。

　　⑤　《中国科学化运动协会发起旨趣书》,《科学的中国》第 1 卷第 1 期,1933 年 1 月出版。

　　⑥　曾昭抡:《中国科学化运动》,《时事月报》第 8 卷第 2 期,1933 年 2 月出版。

　　⑦　《中国科学化运动协会第二期工作计划大纲》,《科学的中国》第 5 卷第 5 期,1935 年 3 月出版。

未能如发起者期望的那样真正推向社会。

　　总的来看,自国民政府成立至抗战爆发的十年间,中国学术的发展还是比较健康的,广大知识界、学术界及社会各界人士为之作了不懈的努力。当然,由于中国学术发展的基础过于薄弱,30年代前后,中国的科学技术和学术研究水平总体说还是落后的,也存在不少问题。首先是研究不系统,人才匮乏。据统计,1937年全国农林方面的专门技术人才仅4113人,相当于全国农村人口的十万分之一,而天文人才总数仅67人,最多的工矿业也仅1.9万余人[1],远远不敷所需。每年新毕业的大学专门人才,工矿方面最多也仅及千人,杯水车薪,无法从根本上扭转落后局面。其次是经费不足,研究难以深入开展。中央研究院是国内各科研机构中经费最高的,但也常有"异常支绌"[2]之感,北平研究院则常因经费紧张,致使研究工作难以正常开展,一些地方及民间团体研究机构的经济情况则更为窘迫,常常遭遇"不可思议之穷困"[3]。第三,政府对科学事业的管理尚欠完善。中央研究院成立后相当长一段时间,没有也无力担当起领导全国科学发展的重任,学术发展缺乏总体规划,各级科研机构的分工合作远未有效进行,中央研究院和北平研究院在研究机构设置上就有所重复。所有这些,都在一定程度上阻碍着中国学术事业的进一步发展。

---

　　①　维涛:《战时技术人员训练》第46—51、73—77页有关数据,重庆独立出版社1943年版。

　　②　《国立中央研究院院务月报》第2卷第4期,1930年10月出版。

　　③　《中国西部科学院概况》,《档案史料与研究》,1993年第3期。

参考文献 *

中文档案文献

辽宁省档案馆藏档，沈阳

上海市公安局藏档，上海

国民党中央执行委员会及各部会档案，中国第二历史档案馆藏，南京

国民政府及各部会档案，中国第二历史档案馆藏，南京

军事委员会及各部会档案，中国第二历史档案馆藏，南京

中央档案馆藏档，北京

《访问沙千里、胡子婴、张友渔、徐雪寒记录》，藏地不详

《关于西安事变的参考资料及调查》，日本外务省外交史料馆藏，东京

《李公朴日记》，藏地不详

《史良个人未刊资料》，藏地不详

《黄炎培日记》，中国社会科学院近代史研究所藏，北京

中文著作

《财政年鉴续编》，财政部财政年鉴编纂处编，南京，中央印务局，1948

《蔡廷锴自传》，哈尔滨，黑龙江人民出版社，1982

《蔡元培全集》，高平叔编，北京，中华书局，1982—1988

---

* 本书目所收为本卷所引的主要参考文献。中文和日文书目以书名汉字的音序排列，西文书目以作者姓氏字母顺序排列。

《蔡元培传》,周天度著,北京,人民出版社,1984

《CC内幕》,柴夫编,北京,中国文史出版社,1988

《察哈尔民众抗日同盟军资料》,中国第二历史档案馆编,南京,1958

《察哈尔实录》,赵谨三编,上海军学社,1933

《长城血战记》,中国艺术公司编,北平,京城印书局,1933

《成败之鉴——陈立夫回忆录》,台北,正中书局,1994

《陈布雷回忆录》,台北,传记文学出版社,1967

《陈光甫先生传略》,张寿贤著,台北,1997

《陈果夫传》,徐咏平著,台北,正中书局,1978

《重光葵外交回忆录》,天津市政协编译委员会编译,北京,知识出版社,1982

《从"九一八"到"七七"国民党的投降政策与人民的抗战运动》,中国现代史资料编
　　委会编,上海人民出版社,1958

《大西南的抗日救亡运动》,中国人民政治协商会议西南地区文史资料协作会议
　　编,重庆,出版时间不详

《戴笠传》,良雄著,台北,传记文学出版社,1980

《帝国主义与中国铁路》(1847—1947),宓汝成著,北京,人民出版社,1980

《第二次国共合作的形成》,中共中央党史资料征集委员会编,北京,中共党史资料
　　出版社,1989

《第二次中国教育年鉴》,教育部编,上海,商务印书馆,1948

《第二次中日战争史》,吴相湘著,台北,综合月刊社,1973

《第三国际》,中国人民大学马列教研室编,北京,中国人民大学出版社,1958

《第一次中国教育年鉴》,教育部编,上海,商务印书馆,1934

《东北军与民众抗日救亡运动》,中共东北军党史组编,北京,中共党史出版社,
　　1995

《东北抗日义勇军史》,潘嘉廷等著,沈阳,辽宁人民出版社,1985

《杜重远》,张宝裕、杨美君、关继廉著,乌鲁木齐,新疆大学出版社,1987

《端纳与民国政坛》,符致兴编译,长沙,湖南出版社,1991

《冯玉祥日记》,南京,江苏古籍出版社,1992

《冯玉祥与抗日同盟军》,河北省政协文史资料委员会编,石家庄,河北人民出版
　　社,1985

《福建事变档案资料》,福建省档案馆编,福州,福建人民出版社,1984

《傅作义生平》,政协全国委员会文史资料研究委员会编,北京,文史资料出版社,
　　1985

《革命文献》,罗家伦主编,中国国民党中央委员会党史史料编纂委员会,台北,
　　1967—1978

《共产国际有关中国革命的文献资料》,第2、3辑,中国社会科学院近代史研究所
　　翻译室译,北京,中国社会科学出版社,1982、1990

《共匪西窜记》,胡羽高编,贵阳,羽高书店,1947

《国立中央研究院概况》,中央研究院编,南京,1948

《国民党政府政治制度档案史料选编》,中国第二历史档案馆编,合肥,安徽人民出
　　版社,1994

《国民革命战史》,蒋纬国、王多年主编,台北,黎明文化事业股份有限公司,1980

《国难会议纪录》,中国国民党第四次全国代表大会编,出版地不详,1932

《何应钦将军九五纪事长编》,何应钦将军九五纪事长编编委会编,台北,黎明文化
　　事业股份有限公司,1984

《红军长征在四川》,中共四川省委党史工作委员会编,成都,四川省社会科学院出
　　版社,1986

《红军在贵州资料汇辑》,中共贵州省委党史办编,贵阳,1983

《红军转战贵州》,中共贵州省委党史办编,贵阳,1981

《胡适来往书信选》,中国社会科学院近代史研究所中华民国史组编,北京,中华书
　　局,1979

《沪案真相二编》,苏高中电讯社编,苏州,小说林书社,1932

《沪战纪实》,韦息予编,上海,开明书店,1932

《华北抗日战纪》,国民政府参谋部编,出版地不详,1934

《华北治安战》,日本防卫厅战史室编,天津市政协编译组译,天津人民出版社,
　　1982

《荒谬集》,王造时著,自由言论社,出版地不详,1935

《黄仁霖回忆录》,台北,传记文学出版社,1985

《黄炎培教育文选》,中华职业教育社编,上海教育出版社,1985

《黄膺白先生年谱长编》,沈云龙编,台北,联经出版事业公司,1976

《回顾录》,邹鲁著,南京,独立出版社,1946

《回忆国民党政府资源委员会》,全国政协文史资料委员会编,北京,中国文史出版社,1988

《火柴工业报告书》,国民政府经济委员会编,南京,1935

《江浙财阀与国民政府》,[美]小科布尔著,蔡静仪译,天津,南开大学出版社,1987

《蒋冯书简》,上海,中国文化信托服务社,1946

《蒋介石政府与纳粹德国》,[美]柯伟林著,陈谦平等译,北京,中国青年出版社,1994

《蒋廷黻回忆录》,台北,传记文学出版社,1979

《蒋总统集》,"国防研究院"编,台北,1961

《蒋总统秘录》,[日]古屋奎二著,"中央日报社"译,台北,1975

《蒋总统年表》(增订本),王德胜编,台北,世界书局,1982

《剿匪战史》,"国防部"史政编译局著,台北,中华大典编印会,1967

《今日的绥远》,丁君陶编,上海,三星书店,1937

《金融法规汇编》,中央银行经济研究处编,上海,商务印书馆,1937

《近代中国高等教育研究——国立中山大学》,台北中研院近代史研究所编,台北,1988

《近代中国科技史论集》,台北中研院近代史研究所编,台北,1991

《近代中国史料丛刊》,沈云龙主编,台北,文海出版社,1984

《近五十年中国与日本》,张篷舟主编,成都,四川人民出版社,1985

《九一八事变史料》,李云汉编,台北,正中书局,1977

《"九一八"——"一二八"上海军民抗日运动史料》,上海社会科学院历史研究所编,上海社会科学院出版社,1986

《旧中国的通货膨胀》,杨培新著,北京,三联书店,1963

《旧中国机制面粉工业统计资料》,中国科学院经济研究所编,北京,中华书局,1966

《旧中国治安法规选编》,戴鸿映编,北京,群众出版社,1985

《救国会》,周天度编,北京,中国社会科学出版社,1981

《救国无罪》,上海,1937

《救国无罪——"七君子"事件》,上海,时代文献社,1937

《救亡言论集》，丁石民编，上海，1936

《抗日战史》，"国防部"史政编译局著，台北，1970

《抗战前后中国铁路建设的奋斗》，张公权著，台北，传记文学出版社，1974

《抗战前华北政局史料》，李云汉编，台北，正中书局，1982

《抗战前十年货币史资料》，卓遵宏编，台北，1982

《抗战时期的经济》，清庆瑞著，北京出版社，1995

《孔祥熙年谱》，郭荣生著，台北，商务印书馆，1991

《孔祥熙其人其事》，寿充一编，北京，中国文史出版社，1987

《孔庸之（祥熙）先生讲演录》，刘振东编，台北，文海出版社，1966

《苦笑录》，陈公博著，北京，现代史料编刊社，1984

《拉贝日记》，[德]约翰·拉贝著，《拉贝日记》翻译组译，南京，江苏人民出版社，
　　1997

《李石曾先生文集》，中国国民党中央委员会党史委员会编，台北，1980

《李宗仁回忆录》，南宁，广西政协文史资料研究委员会印，1980

《历史的回顾》，徐向前著，北京，解放军出版社，1985

《梁漱溟教育文集》，宋恩荣编，南京，江苏教育出版社，1987

《领袖的认识》，贺衷寒著，北平，中国文化服务社，1945

《寥寥集》，沈钧儒著，重庆，峨嵋出版社，1944

《刘鸿生企业史料》，上海社会科学院经济研究所编，上海人民出版社，1981

《刘湘》，乔诚、杨续云著，北京，华夏出版社，1987

《留学教育》，"国立编译馆"编，台北，1980

《六大以来》，中共中央书记处编，北京，人民出版社，1981

《六一运动后白崇禧的言论》，南宁，虎声出版社，1939

《鲁迅全集》，北京，人民文学出版社，1981

《马寅初演讲录》，上海，商务印书馆，1929

《满铁史资料》，《满铁史资料》编辑组编，北京，中华书局，1979

《满洲事变》，[日]关宽治、岛田俊彦著，王振锁等译，上海译文出版社，1983

《满洲事变作战经过概要》，日本参谋本部编，田琪之译，北京，中华书局，1981

《漫话救国会》，沙千里著，北京，人民出版社，1983

《毛泽东年谱》，中共中央文献研究室编，北京，人民出版社、中央文献出版社，1993

《毛泽东书信选集》,北京,人民出版社,1983

《毛泽东选集》,中共中央文献编辑委员会编,北京,人民出版社,1991

《冒险犯难记》,邓文仪著,台北,学生书局,1973

《美国与中国的关系》,美国国务院1949年出版,北京,中国现代史资料编辑委员
会翻印,1957

《蒙古"自治运动"始末》,卢明辉著,北京,中华书局,1980

《民国财政简史》,贾德怀著,上海,商务印书馆,1947

《民国财政经济史》,董长芝著,大连,辽宁师范大学出版社,1997

《民国财政史》,杨荫溥著,北京,中国财政经济出版社,1985

《民国二十四年全国新生活运动》,新运促进总会编,南京,1936

《民国二十五年全国实业概况》,实业部统计处编,南京,1937

《民国经济史》,朱斯煌著,上海,银行学会、银行周报社,1948

《民国社会经济史》,陆仰渊等著,北京,中国经济出版社,1991

《民国阎伯川先生(锡山)年谱长编初稿》,阎伯川先生纪念会编,台北,商务印书
馆,1988

《民国政制史》,钱端升等著,上海,商务印书馆,1945

《民国职官年表》,刘寿林、万仁元等编,北京,中华书局,1995

《聂荣臻回忆录》,北京,战士出版社,1983

《潘汉年诗文选》,陶柏康等编,上海人民出版社,1995

《彭德怀自述》,北京,人民出版社,1981

《七君子传》,周天度著,北京,中国社会科学出版社,1989

《七人之狱》,沙千里著,上海,生活书店,1936

《启新洋灰公司史料》,南开大学经济研究所编,北京,三联书店,1963

《侵略——日本战犯的自白》,日本从中国归国者联络会、新读书社编,济南,山东
人民出版社,1985

《清华大学史料选编》,清华大学校史研究室编,北京,清华大学出版社,1991

《全国各界救国联合会成立大会工作检讨》,上海,1937

《全国教育统计》,教育部统计室编,1936

《全国银行年鉴》,中国银行经济研究室编,上海,商务印书馆,1937

《日本帝国主义对外侵略史料选编》(1931—1945),复旦大学历史系日本史组编,

　　上海人民出版社,1975

《日本帝国主义侵华档案资料选编——"九一八"事变》,中央档案馆等编,北京,中
　　华书局,1988

《日本对中国东北的政治统治》,王希亮著,哈尔滨,黑龙江人民出版社,1991

《日本海军在中国的作战》,日本防卫厅战史研究室著,天津市政协编译委员会译,
　　北京,中华书局,1991

《日本侵华内幕》,〔日〕重光葵著,齐福霖等译,北京,解放军出版社,1987

《日本侵略中国东北史》,陈本善等著,长春,吉林大学出版社,1989

《日本天皇的阴谋》,〔美〕戴维·贝尔加米尼著,杨品泉等译,北京,商务印书馆,
　　1984

《日本在旧中国的投资》,杜恂诚著,上海社会科学院出版社,1986

《戎马春秋》,董其武著,北京,中国文史出版社,1986

《三民主义力行社史稿》,邓元忠著,台北,实践出版社,1984

《上海钱庄史料》,中国人民银行上海市分行编,上海人民出版社,1960

《邵元冲日记》,上海人民出版社,1990

《申报年鉴》,申报社编,上海,1934—1936

《沈钧儒纪念集》,中国民主同盟中央委员会编,北京,三联书店,1984

《沈钧儒文集》,周天度编,北京,人民出版社,1994

《沈宗瀚自述》,台北,正中书局,1975

《盛世才祸新记》,周东郊著,出版地、时间不详

《十九路军抗日血战史》,华振中、朱伯康著,上海,神州国光社,1947

《十九路军抗日战史》,上海,战地新闻社,1932

《十九路军兴亡史》,邱国珍著,台北,文海出版社,出版时间不详

《十六年筑路生涯》,凌鸿勋著,台北,传记文学出版社,1968

《十年来的中国》,中国文化建设协会编,上海,商务印书馆,1937

《十年来之中国经济建设》,国民党中央党部国民经济计划委员会编,南京,扶轮日
　　报社,1937

《斯诺文集》,北京,新华出版社,1984

《四川军阀混战》,萧波、马宣伟著,成都,四川社会科学院出版社,1984

《四川军阀史》,匡珊吉、杨光彦著,成都,四川人民出版社,1991

《四海之内》，〔英〕李约瑟著，劳陇译，北京，三联书店，1987

《四年从政录》，陈公博著，上海，商务印书馆，1936

《淞沪抗日画史》，中国史事研究社编，上海，中国科学公司，1933

《淞沪血战回忆录》，翁照垣著，上海，申报馆，1933

《淞沪战斗详报》，蔡廷锴、蒋光鼐、戴戟著，上海，中华书局，1933

《宋哲元与七七抗战》，李云汉著，台北，传记文学出版社，1973

《宋子文评传》，吴景平著，福州，福建人民出版社，1992

《绥远抗战集》，上海，星华出版社，1937

《孙中山全集》，北京，中华书局，1981－1986

《太平洋战争史》，日本历史学研究会编，金锋等译，北京，商务印书馆，1959

《韬奋全集》，中国韬奋基金会韬奋著作编辑部编，上海人民出版社，1995

《韬奋文集》，《韬奋文集》编辑委员会编，北京，三联书店，1955

《陶行知教育文选》，中央教育科学研究所编，北京，教育科学出版社，1981

《陶行知文集》，江苏省陶行知教育思想研究会等编，南京，江苏人民出版社，1981

《特工秘闻——军统活动纪实》，陈楚君、俞兴茂编，北京，中国文史出版社，1990

《土地革命战争纪事》，蒋凤波、徐占权编，北京，解放军出版社，1989

《土肥原秘录》，土肥原贤二刊行会著，天津市政协编译组译，北京，中华书局，1980

《唯生论》，陈立夫著，重庆，正中书局，1943

《围追堵截红军长征亲历记》，中国人民政治协商会议全国委员会文史资料委员会
　　编，北京，中国文史出版社，1990

《伪满经济统治》，滕利贵著，长春，吉林教育出版社，1992

《伪满中央银行史料》，吉林省金融研究所编，长春，吉林人民出版社，1984

《伪满洲国史新编》，解学诗著，北京，人民出版社，1995

《我的回忆》，胡愈之著，南京，江苏人民出版社，1990

《我的科学心路历程》，吴大猷著，台北，传记文学出版社，1989

《我的前半生》，爱新觉罗·溥仪著，北京，中华书局，1977

《我所认识的蒋介石》，冯玉祥著，哈尔滨，黑龙江人民出版社，1981

《吴稚晖先生全集》，中国国民党中央委员会党史委员会编，台北，1969

《五十年的中国》，潘公展主编，胜利出版社，出版地不详，1945

《五十年来之中国经济》，中国通商银行编，台北，华文书局，1948

《西安事变处理与善后》,何应钦著,台北,1984

《西安事变档案史料选编》,中国第二历史档案馆、云南省档案馆、陕西省档案馆编,北京,档案出版社,1986

《西安事变纪实》,申伯纯著,北京,人民出版社,1979

《西安事变简史》,全国政协西安事变史领导小组编著,北京,人民出版社,1980

《西安事变亲历记》,吴福章编,北京,中国文史出版社,1986

《西安事变史料》,秦孝仪编,台北,正中书局,1985

《西安事变始末之研究》,李云汉著,台北,近代中国出版社,1982

《西安事变与二二事件》,高存信、白竞凡著,香港,同泽出版社,1995

《西安事变与周恩来同志》,罗瑞卿、吕正操、王炳南著,北京,人民出版社,1978

《西安事变资料》,姜克夫、黄德昭、王秦编,北京,人民出版社,1980

《西安事变资料选编》,全国政协文史资料委员会编,北京,1980

《西安事变资料选辑》,西北大学历史系中国现代史教研室编,西安,1979

《西行漫记》,〔美〕斯诺著,董乐山译,北京,三联书店,1979

《细说西安事变》,王禹廷著,台北,传记文学出版社,1989

《先总统蒋公全集》,张其昀编,台北,中国文化大学,1984

《先总统蒋公思想言论总集》,秦孝仪编,国民党中央执行委员会党史史料编纂委员会,台北,1984

《现代中国货币制度》,赵兰坪著,台北,中华文化出版公司,1955

《现行保甲制度》,李宗黄著,上海,中华书局,1945

《宪法草案意见书摘要汇编》,立法院宪法初稿审查委员会编,南京,1934

《宪法起草委员会第十四次会议速记录》,立法院宪法初稿审查委员会编,南京,1934

《宪法起草委员会第五次会议速记录》,立法院宪法初稿审查委员会编,南京,1934

《新编中国东北地区经济史》,孔经纬著,长春,吉林教育出版社,1994

《新疆纪游》,吴蔼宸著,上海,商务印书馆,1936

《新疆五十年》,包尔汉著,北京,文史资料出版社,1984

《新生活运动言论集》,蒋介石著,重庆,正中书局,1940

《新生活运动之理论与实际》,陈又新等编,南京警官高等学校,1935

《徐可亭先生文存》,徐堪著,台北,1970

《续修曲阜县志》,出版地不详,1934

《学钝室回忆录》,李璜著,台北,传记文学出版社,1975

《晏阳初全集》,宋恩荣主编,长沙,湖南教育出版社,1990

《杨虎城传》,米暂沉著,西安,陕西人民出版社,1979

《一二九以后上海救国会史料选辑》,中共上海市委党史资料征集委员会编,上海
　　社会科学院出版社,1987

《一二九运动》,中共北京市委党史资料征集委员会编,北京,中共党史资料出版
　　社,1987

《"一二九"回忆录》,北京,中国青年出版社,1961

《一九二七至一九三七年中国财政经济情况》,[美]杨格著,陈泽宪等译,北京,中
　　国社会科学出版社,1981

《一九三二年度报告》,中国银行编,上海,1933

《一九三六年绥远抗战始末》,董其武、孙兰峰著,出版地不详,1937

《亦云回忆》,沈亦云著,台北,传记文学出版社,1980

《银海忆往》,刘健群著,台北,传记文学出版社,1966

《银行周报三十周纪念刊》,银行周报社编,上海,1948

《远东国际法庭判决书》,张效林译,北京,群众出版社,1986

《张老帅与张少帅》,司马桑敦著,台北,传记文学出版社,1984

《张闻天文集》,张闻天选集编辑组编,北京,中共党史资料出版社,1993

《张学良文集》,毕万闻编,北京,新华出版社,1992

《张学良与西安事变》,应德田著,北京,中华书局,1980

《张治中回忆录》,北京,文史资料出版社,1985

《政坛回忆》,程思远著,南宁,广西人民出版社,1983

《中德外交密档》(1927—1947),中国第二历史档案馆编,桂林,广西师范大学出版
　　社,1994

《中共党史参考资料》,中国人民解放军政治学院党史教研室编,出版地、时间不详

《中共中央抗日民族统一战线文件选编》,中央统战部、中央档案馆编,北京,档案
　　出版社,1985

《中共中央文件选集》,中央档案馆编,北京,中共中央党校出版社,1991

《中国保甲制度》,闻钧天著,上海,商务印书馆,1935

《中国东北沦陷十四年史纲要》,王承礼著,北京,中国大百科全书出版社,1991

《中国对外经济关系简史》,[苏]斯拉德科夫斯基著,郗藩封等译,北京,中国财政经济出版社,1956

《中国对外贸易史简论》,李康华著,北京,对外贸易出版社,1981

《中国国民党第五届中央委员会第三次全体会议纪录》,中国国民党中央执行委员会秘书处编,南京,1937

《中国国民党历次代表大会及中央全会资料》,荣孟源编,北京,光明日报出版社,1986

《中国国民党历次会议宣言及重要决议案汇编》,中国国民党中央执行委员会编,重庆,1941

《中国国民党与经济建设》,"中央文化工作会"编,台北,1984

《中国国民教育发展史》,司琦著,台北,三民书局,1987

《中国国民所得》(一九三三),巫宝三著,上海,中华书局,1947

《中国海军史》,包遵彭著,中华丛书编审委员会,台北,1970

《中国恢复关税自主之经过》,国民政府外交部编,南京,1929

《中国货币金融史略》,石毓符著,天津人民出版社,1984

《中国教育史》,李桂林著,上海教育出版社,1989

《中国教育史研究》(现代分卷),高奇著,上海,华东师范大学出版社,1994

《中国金融年鉴》,沈雷春编,上海,中国金融年鉴社,1939

《中国近代币制改革史》,卓遵宏著,台北"国史馆",1986

《中国近代兵器工业档案史料》,《中国近代兵器工业档案史料》编委会编,北京,兵器工业出版社,1993

《中国近代财政史》,孙文学著,大连,东北财经大学出版社,1990

《中国近代工业史》,祝慈寿著,重庆出版社,1989

《中国近代工业史资料》,陈真编,北京,三联书店,1961

《中国近代国货运动》,潘群祥编,北京,中国文史出版社,1996

《中国近代国民经济史参考资料》,中国人民大学国民经济史研究室编,北京,中国人民大学出版社,1962

《中国近代经济史统计资料选辑》,严中平等编,北京,科学出版社,1953

《中国近代面粉工业史》,上海粮食局等编,北京,中华书局,1987

《中国近代农业史资料》，章有义编，北京，三联书店，1957

《中国近代缫丝工业史》，上海社会科学院经济研究所等编，上海人民出版社，1990

《中国近七十年来教育纪事》，丁致聘编，南京，国立编译馆，1933

《中国经济论文集》，中国经济报社编，上海，生活书店，1936

《中国经济年鉴》，中国经济年鉴编纂委员会编，上海，商务印书馆，1936

《中国经济史——近代部分》，孙健著，北京，中国人民大学出版社，1989

《中国经济研究》，方显廷著，上海，商务印书馆，1938

《中国抗日战争史》，军事科学院军事历史研究部著，北京，解放军出版社，1991

《中国棉纺织史稿》，严中平著，北京，科学出版社，1955

《中国民主宪政运动史》，平心著，上海，进化书局，1947

《中国民族火柴工业》，青岛市工商行政管理局编，北京，中华书局，1977

《中国农村经济资料续编》，冯和法编，上海，黎明书局，1935

《中国农民银行》，中国人民银行金融研究所编，北京，中国财政经济出版社，1980

《中国事变陆军作战史》，日本防卫厅研究所战史室著，齐福霖、田琪之等译，北京，
　　中华书局，1979—1983

《中国税制史》，吴兆莘著，上海，商务印书馆，1937

《中国铁路史》，李占才著，汕头大学出版社，1994

《中国现代出版史料》，张静庐编，北京，中华书局，1957

《中国现代教育史教学参考资料》，李桂林编，北京，人民教育出版社，1987

《中国现代经济史》，董长芝、李帆著，长春，东北师范大学出版社，1988

《中国现代史》，张玉法著，台北，东华书局，1979

《中国现代史资料选编》，魏宏运编，哈尔滨，黑龙江人民出版社，1980

《中国现代文学运动史料摘编》，北京出版社，1985

《中国现代宪政运动史》，王永祥著，北京，人民出版社，1996

《中国现代政治史资料汇编》第2辑，中国科学院历史研究所第三所南京史料整理
　　处，南京，出版时间不详

《中国新工业发展史大纲》，龚骏著，上海，商务印书馆，1933

《中国政府》，董霖著，上海，世界书局，1941

《中国纸币发行史》，李骏跃著，重庆，中央银行经济研究室，1944

《中国制宪史》，吴经熊、黄公觉著，上海，商务印书馆，1936

《中国资本主义发展史》,许涤新等著,北京,人民出版社,1993

《中国资本主义与国内市场》,吴承明著,北京,中国社会科学出版社,1985

《中华民国大事记》,李新总编,北京,中国文史出版社,1997

《中华民国法规大全》,徐百齐编,上海,商务印书馆,1936

《中华民国海军通史》,陈书麟、陈曾寿著,北京,海潮出版社,1993

《中华民国教育法规选编》,宋恩荣、章咸编,南京,江苏教育出版社,1990

《中华民国经济发展史》,秦孝仪主编,台北,近代中国出版社,1983

《中华民国开国七十年之教育》,郭为藩著,台北,广文书局,1987

《中华民国史档案资料汇编》第5辑,中国第二历史档案馆编,南京,江苏古籍出版社,1994

《中华民国史事纪要》,朱汇森编,台北"国史馆",1987

《中华民国统计年鉴》,国民政府主计部编,南京,1948

《中华民国政治制度史》,徐矛著,上海人民出版社,1992

《中华民国重要史料初编——对日抗战时期》,秦孝仪主编,中国国民党中央委员会党史委员会,台北,1981

《中基会对科学的赞助》,杨翠华著,台北中研院近代史研究所,1991

《中美关系资料汇编》第1辑,北京,世界知识出版社,1957

《中统内幕》,南京,江苏古籍出版社,1987

《中外旧约章汇编》,王铁崖编,北京,三联书店,1962

《中央银行史话》,寿充一、寿乐英编,北京,中国文史出版社,1987

《中央研究院院史初稿》,台北中研院编,台北,1988

《周恩来年谱》(1898—1949),中共中央文献研究室编,北京,人民出版社、中央文献出版社,1989

《周恩来书信选集》,北京,中央文献出版社,1989

《周恩来统一战线文选》,中共中央统一战线工作部、中共中央文献研究室编,北京,人民出版社,1984

《周恩来选集》,中共中央文献编辑委员会编,北京,人民出版社,1980

《周恩来传》,金冲及主编,人民出版社、中央文献出版社,1989

《朱德选集》,北京,人民出版社,1983

《朱家骅先生言论集》,台北中研院近代史研究所编,台北,1977

中文报纸

《北平晨报》,北平

《大公报》,天津、上海

《大美晚报》,上海

《广西日报》,桂林

《桂林日报》,桂林

《华北日报》,天津

《江声日报》,厦门

《解放日报》,西安

《救国时报》,巴黎

《立报》,上海

《民国日报》,广州、上海、济南、福州、南宁

《群众新闻》,上海

《人民日报》,福州、北京

《申报》,上海

《时报》,上海

《时事新报》,上海

《天下日报》,上海

《团结报》,北京

《新天津晚报》,天津

《新闻报》,上海

《益世报》,天津

《庸报》,天津

《中兴报》,香港

《中央日报》,南京、上海、重庆

《字林西报》,上海

中文期刊

《大陆杂志》,台北

《大众生活》,上海

《党的文献》,北京

《党史研究资料》,北京

《东方杂志》,上海

《斗争》,瑞金

《独立评论》,北平

《妇女生活》,上海

《工商半月刊》,上海

《广西文献》,南宁

《国立北平研究院院务汇报》,北平

《国立清华大学校刊》,北平

《国民》,上海

《国民政府财政公报》,南京

《国民政府公报》,南京

《国难教育》,上海

《国难新闻》,上海

《国闻周报》,天津

《国讯》,上海

《红色中华》,瑞金、延安

《火线》,天津

《江海学刊》,南京

《江苏教育》,上海

《江西地方教育》,南昌

《交通杂志》,南京

《教育杂志》,上海

《解放》,延安

《救亡情报》,上海

《军事杂志》,南京

《科学》,上海

《科学的中国》,南京

《历史档案》,北京

《救国通讯》,上海

《明报月刊》,香港

《民国档案》,南京

《民众三日刊》,上海

《南华评论》,广州

《南开经济研究》,天津

《清华周刊》,北京

《群众论丛》,南京

《山东省政府公报》,济南

《上海文化界救国会会刊》,上海

《上海职业界救国会会刊》,上海

《社会科学战线》,长春

《申报月刊》,上海

《生活教育》,上海

《生活知识》,上海

《生活星期刊》,上海

《时论》,上海

《统计丛刊》,出版地不详

《外交部公报》,南京

《文化建设》,上海

《文史资料选辑》,全国及各省市

《文献和研究》,北京

《文学》,上海

《协和》,长春

《新人》,上海

《新认识》,上海

《新生活促进总会会刊》,南京

《新生活月刊》,南京

《新运导报》,南京

《学生报道》,上海

《银行月报》,出版地不详

《银行周报》,上海

《永生周刊》,上海

《浙江党务》,杭州

《中共党史资料》,北京

《中国工业》,上海

《中国经济》,南京

《中国经济史研究》,北京

《中国论坛》,上海

《中国农史》,北京

《中国社会经济史研究》,北京

《中华教育界》,上海

《中外杂志》,台北

《中央党务月刊》,南京

《中央银行月报》,南京

《中央研究院院务月报》,南京

《中央周报》,南京

《传记文学》,台北

《作家》,上海

日文档案文献

《远东国际军事法庭战犯审讯记录》(IMTFE),日本国会图书馆藏,东京

日文著作

《满洲国史》,满洲国史编纂刊行会,东京谦光社,1973

《满洲年鉴》,福富八郎编,满洲日日新闻社,1941

《满洲特殊会社制度问题》,横滨,横滨银行调查部,1942

《满洲中央银行十年史》,枥仓正一著,长春,满洲中央银行,1942

《日本外交年表及主要文书》,日本外务省,东京,1978

《日中战争》(五),日本现代史资料(13),出版地、时间不详

《日中战争史》,秦郁彦著,东京,河出书房新社,1961

《现代史资料》,小林龙夫等著,东京,美铃书房,1985

英文档案文献

Shen, I. Y. *China's Currency Reform*, Mrcury Press, Shanghai, 1941

U. S. Department of State, *Foreign Relations of the United States: Diplomatic Papers*, 1932. Vol. 3, Washington, 1948

Foreign Relations of the United States: Diplomatic Papers, Japan: 1931 - 1941, Vol. 1, Washington, 1943

W. N. Medlicott, Douglas Dakin and M. E. Lambert, ed. *Documents on British Foreign Policy, 1919 - 1939*, Series 2, Vol. 9, London, 1965, Vol. 10, London, 1969

人名索引 *

---

* 本索引收入本卷中出现的人名，中国、日本、朝鲜、越南人名以其汉字的音序排列，其他国家的人名以其译音汉字的音序排列，并附其原文，少数不知原文者暂付阙如。